성낙인의 법과사회 칼럼집

# 우리 헌법 읽기

# 서문

저자가 오랜 기간에 걸쳐서 발표한 칼럼 중에서 대한민국 헌법과 직결되는 사안을 중심으로 칼럼을 모아서 '우리 헌법 읽기'라는 제목으로 이 책을 상재한다.

대한민국 헌법 제1조는 '대한민국은 민주공화국이다'라고 천명하고 있다. 이는 1948년 제헌헌법 이래 수많은 헌법사적인 굴곡 속에서도 단 한 번도 변함없는 명제이기도 하다. 바로 그런 점에서 민주공화국은 우리가 수호해 온 최고의 가치이다. 1948년 헌법 제정 이래 1987년 6월항쟁의 결과물로 탄생한 현행헌법에 이르기까지 아홉 차례의 개헌을 겪었다. 제헌헌법까지 포함하면 1948년에서 1987년 사이에 무려 10개의 헌법을 가진 셈이다. 그 중에서 1960년 4월 학생혁명으로 탄생한 제2공화국, 1961년의 5 · 16 군사정변 이후 1962년에 탄생한 제3공화국, 1972년의 이른바 유신헌법, 1980년 서울의 봄을 무참하게 짓밟은 제5공화국, 그리고 1987년 헌법에 이르기까지 다섯 차례에 걸친 실질적인 헌법제정이 있었기에 1987년 헌법을 제6공화국 헌법으로 지칭한다.

1987년 헌법 소위 87년 체제에서 우리는 그 이전의 권위주의 시대에 어느 정도 자리를 잡은 산업화를 바탕으로 이제 민주화의 대장정을 완결편으로 이끌어 내고 있다. 1997년과 2007년의 대통령선거를 통한 평화적 정권교체는 민주화를 알리는 두 번의 정권교체(이른바 two turn-over)를 달성함으로써 외형적 민주주의의 토대를 마련하였다. 하지만 아직도 이 땅에 민주주의의 뿌리가 제대로 착근하고 있는지에 대한 의문이 여전히 제기되고 있다. 그 사이에 심화된 양극화 속에서 바람직한 내일의 대한민국이 무엇인가에 대한 근본적인 고민이 제기되지 않을 수 없다.

87년 체제는 직선쟁취라는 시대적 구호에 매몰되어 대한민국 헌법이 안고 있는 문제점들에 대한 근본적인 성찰이 부족하고 곳곳에 헌법적 흠결을 안고 있다는 데 대하여는 이론의 여지가 없다. 하지만 헌법을 새롭게 단장하는 작업은 그리 쉽지도 않고 순탄하지도 않다. 2008년에는 국회의장 주도로 헌법연구자문위원회가 구성되었고 저자도 일단의 책임을 지고 참여한 바 있다. 그 이후에도 제18대 국회에서나 제19대 국회에 이르기까지 끊임없이 개헌 논의가 진행되어 왔지만 정치권의 합의는 아직도 요원한 상태다. 1948년에서 1987년에 이르기까지 평균 3.9년에 불과했던 헌법의 존속기간이 이제 1987년 헌법체제에서 사반세기를 뛰어넘어 27년에 이르고 있다. 연속된 헌정의 파탄은 헌법의 불안정으로 이어졌지만, 헌법의 안정은 새로운 헌법의 탄생을 더욱 어렵게 만들지도 모를 일이다.

본서는 총론적 논의로서 대한민국은 민주공화국(**제1장**)을 시작으로 헌법의 제정과 개정(**제2장**)에 이어서 국가정체성(**제3장**)을 논한 다음에, 각론적으로는 대통령을 중심으로 한 정부(**제4장**), 의회민주주의(**제5장**)와 같은 정치제도의 작동 틀을 살펴보고 이어서 대학의 자유(**제6장**), 현대적인 정보인권(**제7장**), 자유와 권리(**제8장**)에서는 헌법적 가치를 갖는 기본권을 주로 살펴보고 마지막으로 세계화 시대에 있어서 나아가야 할 방향(**제9장**)을 살펴보는 것으로 마무리하고 있다.

저자는 그 동안 다양한 매체를 통하여 민주공화국 대한민국의 정통성과 정체성을 수호하기 위한 소론을 펼쳐 왔다. 이를테면 2002년 대통령선거에 즈음하여 동아일보에서 설치한 내셔날아젠다위원회 총괄위원장으로서 특히 정치개혁과 사법개혁을 집필하기도 했다. 2007년부터 2008년부터는 동아일보에 격주로 '성낙인의법과사회'라는 기명칼럼을 발표하면서 헌정개혁에 관한 논의를 소홀히 하지 않았다. 2009년부터 현재에 이르기까지 매일경제신문의 객원논설위원으로서 인사이드 칼럼을 집필해 왔다. 그밖에도 조선일보, 중앙일보, 한겨레신문, 문화일보, 세계일보, 서울신문, 국민일보, 한국경제신문 등에서 고정 칼럼 또는 시론을 집필하였다. 또한 시사 월간지나 주간지뿐 아니라 대학언론, 이를테면 서울대 대학신문, 이대학보 등 여러 대학신문에도 저자의 소론을 펼칠 수 있는 기회를 가졌다. 특히 법률저널에서는 지난 2009년 이래 매달 첫 주에 성낙인 칼럼을 게재해 왔다. 이들 칼럼들을 모아서 '우리 헌법 읽기'라는 칼럼집을 출간하게 되었다. 하지만 시간적 거리가 너무 많기 때문에 가급적 2000년대 이후에 발표한 칼럼에 한정하여 출간하였다.

이번 칼럼집에서는 비록 시간 차이가 있음에도 불구하고 기존의 시대상을 정확하게 이해할 수 있는 계기도 마련하고 앞날을 내다본다는 의미에서 가급적 칼럼 원래 내용을 100% 그대로 유지하였다. 다만 독자들의 이해의 편의를 위해서 칼럼의 게재 매체와 일자를 기재하였고, 미발표 칼럼의 경우에도 작성일자를 명기해 두었다. 일부 내용은 칼럼이 아니지만 독자들이 알아두면 좋을 것 같은 내용을 주로 성낙인 저 헌법학(제14판, 법문사, 2014)에서 발췌한 내용도 있음을 밝혀 둔다. 단순한 칼럼 차원이 아니라 헌법의 이해를 위해서는 성낙인 저 만화판례헌법 (1)(**헌법과정치제도, 법률저널, 2012**), 만화판례헌법 (2)(**헌법과기본권,**

# 서문

**법률저널, 2013)**을 참조하면 좋을 것이고, 특히 헌법학입문(제3판, 법문사, 2013)은 헌법을 이해하는데 소중한 양식이 되리라 믿는다.

여러 가지로 부족한 내용과 어려운 출판여건에도 불구하고 흔쾌히 출간에 응해주신 법률저널의 공병익 발행인님과 이상연 편집국장님을 비롯한 관계자 여러분에게 감사드린다. 졸저를 통해서 우리나라 입헌주의와 법치주의의 발전에 조금이라도 기여할 수 있었으면 하는 간절한 바람으로 이 책을 펴낸다.

2014년 2월 15일
음력 정월 대보름날에 관악산 기슭 연구실에서 성낙인 씀

contents

## 제1장 대한민국 헌법 제1조 주권재민의 민주공화국



## 제2장 헌법제정(제헌)과 헌법개정(개헌)

contents

## 제2장 헌법제정(제헌)과 헌법개정(개헌)



## 제3장 헌법과 국가정체성

# contents

## 제4장 대통령, 인수위, 국무총리, 정부구성



## 제5장 국회와 대의민주주의

contents

제5장 국회와 대의민주주의



제6장 대학교육

contents

## 제7장 정보의 보호와 공개



## 제8장 기본권보장과 인간다운 삶

contents

제8장 기본권보장과 인간다운 삶



제9장 세계화를 향한 대한민국 입헌주의

# 제1장

## 대한민국 헌법

## 제1조 주권재민의 민주공화국

# 광복의 완성 통일, 긴 호흡으로

'흙 다시 만져 보자 바닷물도 춤을 춘다.' 내일은 제62주년 광복절이다. 광복 이전에 한반도에서 펼쳐진 혼돈의 세월은 우리에게 새삼 어제의 역사적 교훈을 통해 오늘을 되돌아보고 내일을 설계할 소여所與를 제공한다. 우리에게 광복 이전의 100년은 어쩌면 잊고 싶은 한 세기인지도 모른다. 19세기 후반에 서구 열강은 제국주의적 세계 경영에 나섰다. 아직도 잠에서 깨어나지 못한 동양 각국은 이들에게 더없이 좋은 먹잇감이었다.

아편전쟁 이후의 청나라를 비롯해서 인도차이나 각국은 차례로 이들의 손아귀에 들어갔다. 500년 조선왕조도 위정척사衛正斥邪론의 깃발 아래 전개된 쇄국론과 설익은 개화開化세력 사이의 갈등 속에서 종말에 이르고 있었다. 하지만 일본은 메이지明治유신을 단행하여 서세동점西勢東漸의 굴욕적인 상황을 개혁과 개방을 향한 능동적 의지로 변환한 바 있다. 그들의 탐욕은 국내에 그치지 않고 대동아공영권大東亞共榮圈의 건설로 나아갔다. 바로 그 과정에서 조선은 식민지 수탈의 대상으로 전락했다.

광복은 한반도에 새로운 희망과 광영만을 부여하여야 마땅하다. 흩어진 가족, 찢어진 민족이 새로운 국가공동체를 건설하는 환희의 장이어야 했다. 하지만 자력이 아닌 타력으로 이룬 광복은 결국 미소 양대 세력에 의한 남북 분단의 비극을 안겨 주었다. 1948년 남쪽에는 자유민주주의에 기초한 대한민국이 수립됐고, 북쪽에는 공산주의 이데올로기에 기초한 조선민주주의인민공화국이 자리 잡았다. 허리가 찢어진 두 개의 공화국은 각기 자신만의 정통성을 주장하는 가운데 결국 민족상잔의 6 · 25전쟁으로 내닫고 말았다. 기나긴 갈등의 세월을 뛰어넘어 2000년 6월 15일에 이어 2007년 8월 28일 두 번째 남북 정상회담으로 온 나라가 들떠 있다. 통일을 향한 잰걸음에 이의가 있을 수 없다. 하지만 민족의 대의가 결코 특정 정당이나 특정 정치인의 전유물일 수는 없다.

'우리의 소원은 통일'이긴 하지만 그 자체에 완결적 의미를 부여해서는 안 된다. 무조건적인 통일일 수는 없다. 통일이 세계사의 수레바퀴를 거스를 수는 없다. 온 민족이 인간으로서의 자유와 권리를 누리는 가운데 인간다운 생활을 보장받을 수 있어야 한다. 그들만의 정의正義가 아니라 민족이 호응하는 정의여야 한다. 글로벌 사회에서 시장경제를 통하여 개혁과 개방에 능동적으로 대응하여야 한다. 차제에 어설픈 통일지상주의자들은 분명한 태도를 밝혀야 한다. 신성한 통일 명제에 숨어서 대한민국의 정통성을 부정하려는 음모는 차단되어야 한다. 갑년이 넘도록 서로 다른 체제에서 살아온 민족적 이질성은 민족 화해의 차원에서 포섭해야 한다. 하지만 그 화해는 적어도 방어적 관용의 한계를 뛰어넘을 수는 없다.

최근 우리 사회 내부에서 대한민국 4대 국경일에 대한 재평가 논란이 일고 있다. 민족자존을 일깨워 마침내 대한민국임시정부 건설의 계기를 마련한 3·1절, 국법의 초석인 헌법을 제정한 제헌절, 나라를 되찾은 광복절, 민족의 시원을 알리는 개천절은 무슨 날이 아니라 절節로 격상되어 있다. 그런데 헌법을 조롱하고 국조國祖를 부정하는 그릇된 행태에 편승하여 제헌절과 개천절을 깎아내리려는 기도가 엿보인다. 건국과 함께해 온 국경일이 어느 특정 세력에 의한 일회적 유희의 대상이 되어서는 안 된다. 분단의 속앓이로 인한 미완의 광복은 이제 조국 통일의 온전한 광복으로 승화되어야 한다. 결과 못지않게 과정을 존중하면서 통일의 염원을 긴 호흡으로 맞이하는 지혜가 필요한 시점이다.

동아일보, 2007. 8. 14.

## 대한민국 헌법 제1조 "대한민국은 민주공화국이다."

헌법 제1조 제1항에서는 "대한민국은 민주공화국이다"라고 규정하고 있다. 이에 민주공화국의 헌법적 의미와 그 규범성이 논의되어 왔다. 민주공화국의 규범적 가치를 어떻게 평가할 것이냐에 따라 그 헌법적 의의가 달라질 수 있다. 그것은 헌법개정의 한계와도 직접적으로 연계된다.

헌법의 핵에 해당되는 내용이 바로 헌법 제1조의 민주공화국과 국민주권주의라는 점에 이론의 여지가 없다. 특히 프랑스 제4공화국헌법, 프랑스 제5공화국헌법, 이탈리아 헌법에서는 공화국 국가형태가 헌법개정의 대상이 될 수 없음을 명시하고 있다.

헌법개정의 한계와 관련하여 국내 헌법학계의 통설은 한계긍정설이다. 즉 헌법이 동일성을 유지하는 가운데 그 내용을 보완·삭제하는 경우는 헌법개정일 수 있지만, 헌법개정을 통하여 헌법의 핵을 이루는 내용에 대한 개정은 할 수 없으며, 그것은 헌법제정에 해당된다는 것이다.

헌법상 공화국은 헌법의 핵이라 할 수 있으므로 헌법개정의 대상이 되지 아니한다. 그러므로 공화국 국가형태의 군주국(군주제도국가)으로의 변경은 곧 헌법제정권자의 시원적 제헌권의 발동을 통해서만 가능하며, 헌법개정을 통하여 헌법 제1조의 민주공화국을 (입헌)군주국으로 변경할 수는 없다.

민주공화국으로서의 대한민국은 ㉠ 국민주권주의에 입각하고 있다. 헌법 제1조 제2항에서는 "대한민국의 주권은 국민에게 있고, 모든 권력은 국민으로부터 나온다"라고 하여 국민주권주의를 분명히 하고 있다. ㉡ 국민주권주의원리에 따라 대의민주주의를 채택하고 있으며(간접민주정), 여기에 국민투표제를 가미함으로써(직접민주정) 순수대표가 아닌 半代表의 원리에 입각하고 있다. ㉢ 민주공화국에서 추구하는 민주주의는 자유민주주의를 의미하기 때문에 권위주의적이고 전체주의적인 인민민주주의를 배척한다. 그것은 헌법 제8조 제4항의 위헌정당해산을 통하여 민주주의의 적에 대한 방어적 민주주의로 나타나고 있다. ㉣ 오늘날 대의민주정은 정당국가화 경향으로 나아가고 있다. 헌법 제8조에서도 정당에 대한 적극적인 보호와 육성을 기하고 있다. ㉤ 민주주의에 있어서 자유와 평등은 현대적인 사회복지국가원리에 따라 국가생활에서 적극적이고 실질적으로 구현되어야 한다. 이와 같은 논리는 헌법전문, 제10조, 제34조 등에서 구현되고 있다. ⓑ 그 밖에도 대한민국은 연방국가가 아닌 단일국가이다.

헌법상 국가형태의 논의에 있어서 헌법총론에서는 특정 국가의 특수헌법체계보다는 헌법학 일반이론의 차원에서 국가형태와 정부형태를 종합적 · 체계적으로 이해하여야 한다. 특히 정부형태론에서는 자유민주주의원리에 충실한 모델에 한정하여 집중적인 논의가 이루어져야 한다.

국가형태론에 관한 고전적인 국체 · 정체 분류론에 따른 논의가 한계에 이르고 있음은 국민주권국가의 보편화에 따른 당연한 결과이다. 이제 군주제도를 두고 있는 나라를 제외하고는 공화국원리를 천명하고 있고, 나라에 따라서는 헌법에 명시적으로 공화국 국가형태가 헌법개정의 대상이 되지 아니한다고 규정하기에 이르렀다. 그러나 공화국 국가형태가 국민주권주의원리에 충실한 "국민의, 국민에 의한, 국민을 위한 정부"를 의미한다면, 자유민주주의원리가 구현되는 곳에서만 공화국 국가형태는 국민과 생명을 같이할 수 있다.

근대국가가 형성된 이후 여전히 전형적인 국가형태로 논의되고 있는 단일국가 · 연방국가 · 국가연합의 논의는 오늘날 상당한 변용을 겪고 있다. 단일국가에서의 지방자치의 완결에 따른 연방국가화, 지구촌화에 따른 연방국가의 단일국가화는 전형적인 예이다. 다른 한편 국가연합은 다양한 형태로 전개되고 있다. 영연방 · 독립국가연합CIS은 비록 국가연합의 형태를 취하고 있지만 그 본질적 성격을 달리하고 있다. 또한 유럽연합의 향방도 어떠한 국가연합의 형태를 취할지 주목거리다. 통일한국의 국가형태와 관련하여서도 "낮은 단계의 연방제"를 합의한 바 있으나, 북한이 주장하는 연방제는 Confederation이라는 점에서 국가연합적 성격을 갖고 있기 때문에 연방제로 직접 연계시키기에는 어려운 문제점도 있다.

국가형태와 정부형태의 종합적인 조감에 비추어 당해 국가의 정부조직 또한 상당한 변용을 겪고 있음을 눈여겨 볼 필요가 있다. 그런 점에서 보면 한국에서 정부형태론의 논의에 있어서 그간 그 하부조직인 정부조직에 관한 논의가 뒷전으로 밀린 것은 안타까운 일이다.

성낙인, 헌법학 제14판에서 발췌

## 주권재민의 민주공화국

헌법 제1조 제1항에서는 "대한'民'국은 '民主'공화국이다," 제2항에서는 "대한민국의 주권은 국민에게 있고, 모든 권력은 국민으로부터 나온다"라고 규정하고 있다. 그것은 곧 헌법전문에서 대한국민이 헌법을 제정하였다는 헌법제정권자로서의 국민을 천명한 것과 동일한 맥락에서 이해된다. 여기서 말하는 국민은 전체국민이며, 주권보유자로서의 국민이다.

이러한 국민주권주의의 법적 기초 아래 그 하위개념으로서 주권의 현실적 행사자는 바로 선거인 내지 유권자다. 그 선거인은 선거법상의 자격과 요건을 갖춘 일정한 국민에 한정된다. 주권(보유)자로서의 국민은 주권행사자로서 국민투표권(제72조, 제130조 제1항)과 대표자선거권자로서 대통령선거권(제67조) · 국회의원선거권(제41조)을 가진다.

국민주권주의의 주체인 국민의 자유와 권리가 실질적으로 보장되지 아니하는 한, 그 국민주권론은 허구에 그치고 만다. 여기에 국민의 자유와 권리의 실질적 보장이 헌법상 요구된다. 헌법 제2장 국민의 권리와 의무는 국민주권주의의 실질화를 위한 헌법적 의지의 표현이다. 인간의 존엄에 기초한 기본권의 실현이 그것이다. 특히 국민주권의 현실적 행사와 직접적으로 관련되는 정치적 기본권과 그 정치적 기본권의 구현을 위한 표현의 자유는 정치적 원리로서의 국민주권주의를 구현하기 위한 기본권적 표현이다.

헌법상 개인으로서의 국민은 기본권향유자로서의 국민과 의무주체로서의 국민으로 나누어 볼 수 있다. 기본권주체로서의 국민은 개개 국민을 의미한다. 그러나 기본권의 자연권적 성격에 비추어 본다면 국민뿐만 아니라 외국인도 일정한 기본권향유자가 될 수 있다. 하지만 주권자로서의 국민이란 점에 비추어 본다면 외국인의 기본권에는 일정한 제한이 불가피하다. 그 전형적인 예가 주권보유자로서의 국민이 행사하는 선거권이다. 한편 의무주체로서의 국민도 국가구성원으로서의 국민의 지위에서 비롯된 것이기 때문에 기본권향유자로서의 국민의 경우와 마찬가지로, 헌법상 규정된 국민의 의무는 내국인에 한정되는 것이 원칙이다. 그것은 한국헌법상 6대의무 즉 납세 · 근로 · 교육 · 국방 · 재산권 행사의 공공복리적합 · 환경보전 의무로 표현되어 있다. 다만 외국인도 일정한 경우에는 의무의 주체가 될 수 있다.

주권적 의사의 현실적 구현, 즉 주권의 행사는 스스로 하는 것이 바람직하지만(**직접민주주의**), 현실적으로 이를 직접 행사할 수 없기 때문에 정치적 기술로써 대표자를 통하여 행사한다(**간접민주주의**). 대표자는 보통 · 평등 · 직접 · 비밀선거를 통하여 선출된다. 한국헌법에서는 대의민주주의(**간접민주주의**)를 채택하고 있지만, 동시에 직접민주주의적인 국민투표제도도 도입하고 있다.

특히 21세기 정보사회에서 인터넷의 보편화에 따라 루소가 추구한 직접민주주의의 이상이 새롭게 구현되고 있다. 그것은 곧 전통적인 대의민주주의가 안고 있는 문제점을 극복하는 과정으로 볼 수도 있다. 하지만 비제도화된 인터넷을 통하여 제도화된 대의민주주의를 보완한다는 점에서, 제도화된 직접민주주의를 통한 대의민주주의의 보완과는 본질적으로 구별된다.

대의제원리는 자칫 대표자의 전횡으로 이어져 결과적으로 국민주권주의를 말살할 가능성이 있다. 여기에 대의민주제를 적극적으로 지탱할 수 있는 정치적 기술로서 권력분립주의가 필수적으로 등장한다. 종래 권력분립론은 수평적 권력분립론에 중점을 둔 입법·행정·사법의 견제와 균형에 맞추어져 있었다. 그러나 오늘날 권력분립론에서는 여 · 야간의 실질적 권력분립을 위한 의회의 견제기능강화와, 아래로부터 민주주의를 정착하기 위한 수직적 권력분립으로서 지방자치제의 보장 등이 강조된다.

직접민주주의의 이상이 작동하는 곳에 대의민주주의는 배척될 수밖에 없지만, 근대입헌주의국가에서 민주주의는 간접민주주의 즉 대의제를 기초로 정립되어 왔다. 이에 따라 직접민주주의적인 사상적 세계에서 배척될 수밖에 없는 정당제도는 이제 대의제의 실질적 구현을 위한 불가피한 제도로 인식되었고, 특히 다원적 민주주의의 이상을 구현하는 데 불가결한 요소로서 복수정당제도가 보장되기에 이른다(**제8조**).

주권자인 국민에게 봉사하고 책임을 지는 공무원제도는 국민주권주의의 구현을 위한 현실적 제도이다: "공무원은 국민 전체에 대한 봉사자이며, 국민에 대하여 책임을 진다"(**제7조**).

성낙인, 헌법학 제14판에서 발췌

## 공화국 개념의 혁명적 신비성

군주제도를 대체하는 공화국 국가형태가 근대입헌주의 이래 하나의 틀로서 확립되었다. 그러나 공화국의 정확한 의미를 정립하는 데에는 아직도 일정한 한계가 있다. 군주제도가 아니라는 소극적인 의미로서의 공화국을 뛰어넘는 공화국의 적극적 개념모색이 대두되고 있다.

1970년대 이래 서양 정치학계에서 활발하게 논의되고 있는 주제 중 하나는 공화주의republicanism이다. 이는 개인주의적 자유주의에 기초한 국가론을 비판하면서, 개인이 사적으로 누려야 할 권리의 확보보다는 시민으로서 갖추어야 할 덕德, virtue의 고양을 강조하는 정치이론이다. 따라서 이는 전통적인 헌정체제로서의 공화국과는 구별되는 이론적 흐름이다.

전통적으로 공화국은 군주나 황제와 같은 모든 형태의 권력세습을 부인하는 헌정체제이다. 이러한 소극적 의미의 공화국 개념은 프랑스 제3공화국시절의 대표적 헌법학자인 뒤기Duguit의 '헌법학원론'에서 분명히 제시되고 있다. "국가원수가 세습적일 때, 그 정부는 군주국이며, 그렇지 않을 경우에는 그 정부는 공화국이다. 그 이외에 실제로 군주국과 공화국의 다른 차이를 발견할 수 없다: 군주국은 세습적인 국가원수가 존재하는 국가(정부)형태이다; 공화국은 국가원수가 존재하지 아니하거나 국가원수가 세습적이 아닌 국가형태이다."

이에 반해 공화국의 적극적인 개념정의는 여러 가지 어려움에 직면한다. 이에 파브르Fabre는 다음과 같이 프랑스에서 공화국 개념정립의 어려움을 적시하고 있다. 그 첫째는 공화국이라는 용어가 이중의 의미를 가지고 있다는 점에 기인한다. 기술적인 의미에 있어서, 공화국은 국가가 어떠한 정치체제를 취하든 간에 국가와 혼동되고 있다. 예컨대 보댕J. Bodin은 군주제적 공화국이라는 용례를 사용한다. 둘째는 공화국적인 헌법의 숫자이다. 프랑스에서 1789년 이래 공화국임을 천명한 헌법이 10개 이상이나 된다. 파브르에 의하면 헌정체제란 공화국이라는 "헌법의 상품전시장"에 불과하다고 본다. 헌정체제가 기능하는 시기에 따라, 공화국적인 체제는 같은 색조를 띠지 않는다고 본다. 셋째는 프랑스 제5공화국은 진정한 공화국이라고 할 수 있는지, 드골주의는 제왕주의의 부산물에 불과한 것인지, 제5공화국이 그 이전보다 현저한 발전을 향한 하나의 단계에 불과한 것인지 아니면 프랑스에서의 공화국체제의 전통적 원리를 전복시키려는 것인지 라는 의문이다. 그것은 바로 공화적 군주의 문제와 연결된다.

아무튼 공화국은 특정한 헌정체제(국가형태)를 지칭한다. 그런데 그 공화국은 단지 군주국이나 (황)제국을 부인하는 국가형태만은 아니다. 이러한 소극적 개념만으로는 결코 충분하지 않다. 공화국은 특히 정치철학일 뿐만 아니라 하나의 신비스런 문제이기도 하다. 공화국은 국민의 권리의 절대적 존중, 자유의 확고한 방어, 모든 개인적 권위주의 헌정체제에 대한 혐오를 의미하기 때문이다. 사실 모든 헌정체제는 신비적인 것으로부터 영감을 얻는다. 자유 · 평등 · 박애라는 공화국의 신비성은 프랑스 국가인 '라 마르세이즈'la Marseillaise처럼 혁명적이다. "자유가 정치적 혁명을, 평등이 사회적 혁명을 유도할 것인가"라는 의문이 끝없이 이어질 수 있다.

공화국정부의 조직원리로서 두 개의 경향이 근대공화국가에서 나타나고 있다. 그것은 주권이론과 직접적으로 연계된다. 루소의 인민Peuple주권이론에 의하면, 공화정부란 하나의 위임된 임무나 직무를 가지는 데 불과하다. 정부를 구성하는 개인이나 단체(개인들)는 국민nation의 대표자로서의 성격을 결코 갖지 않는다. 그들은 유일하게 국민의 총의를 대표하는 의회의 대리인으로서 단순히 집행자일 뿐이기 때문에, 전적으로 의회에 복종해야 하며 의회에 대하여 어떠한 행동도 취할 수 없다. 반대로 국민Nation주권이론에 의하면 정부도 의회와 마찬가지로 국민주권의 진정한 대표자로 간주된다. 권력분립의 엄격이론에 따라 국민주권은 의회와 정부가 공유하거나 주권의 행사에 협력체제를 구축하지만, 그 구조상의 차이로 인하여 상이한 방법으로 참여한다. 이 경우에도 정부는 여전히 의회의 통제 아래 놓여진다. 그러나 정부 또한 의회에 대하여 일정한 행동을 취할 수 있다.

프랑스의 뒤베르제Duverger는 공화적 군주국이라는 새로운 형태의 국가형태를 체계화하여, '공화적 군주국'La monarchie républicaine을 "경제적으로 가장 발달하고 또한 가장 오랜 민주주의의 역사를 가지고 있는 국가에서 공화국이 취하는 현대적 형태"로 보고 있다. 공화적 군주제에서는 비록 선출된 군주가 정부를 장악한다고는 하지만 그 정부의 장악이 진정으로 민주적 절차를 통해서 이루어진다. 즉 실질적으로 자유로운 경쟁의 원리에 따라 선거가 실시되고 있다.

헌정의 실제에 있어서 공화국이 선포되었다거나 혹은 법적으로 국민주권을 인정하는 공화국이 성립되었다고 해서 그것이 곧 국민의 자유와 평등의 실질적 보장을 의미하지는 않는다. 공화국에서도 실질적으로는 독재정치가 행해질 수 있다. 바로 그런 의미에서 아직도 헌법학교과서에서는 공화국의 유형으로 민주공화국과 비민주적인 공화국을 적시하고 있다. 자유와 평등 그리고 복지의 원리가 공화국이라는 국가형태로서 헌법규범뿐만 아니라 헌법현실 속에서 자리잡고 있을 때 그 공화국은 영속성을 보장받을 수 있다.

성낙인, 헌법학 제14판에서 발췌

## 국가형태로서의 자유민주주의

국가형태란 국가의 전체적 성격을 나타내는 전반적인 조직과 구성에 관한 유형이다. 한편, 정부형태는 특히 입법권과 행정권 사이의 권력분립형태를 의미한다는 점에서 국가형태와는 일응 구별된다 할 것이나, 국가형태와 정부형태는 상호 불가분의 관계에 있다.

전통적인 국가형태론은 고대 그리스시대 이래 일반화되어 있는 국가형태론에 관한 논의의 기초선상에서 출발하고 있다. 현대적인 국가형태의 모델로서는 자유민주주의 모델과 권위주의 모델을 제시할 수 있다.

전통적으로 한국에서의 국가형태론은 주권의 소재(**주권자가 누구냐**)에 따른 국체**國體**와 국가권력(**통치권**)의 행사방법에 따른 정체**政體**의 구별론이 전개되어 왔다. 이 이론에 의할 경우 주권이 군주에게 있으면 군주국, 주권이 국민에게 있으면 공화국이라 하여야 할 것이나, 오늘날 군주제도를 두고 있는 나라는 있으되 군주주권국가는 사라졌다는 점에서 국체론은 그 의미를 상실하고 있다. 즉 실질적으로 공화국과 대비되는 군주국이 존재하지 않는 오늘에 있어서는 국가형태의 분류에 있어서 군주국과 공화국을 대비케 하는 것은 아무런 실익이 없다. 따라서 프랑스의 통설에 있어서와 같이 국가형태의 분류에 있어서 민주주의적 국가와 전체주의 또는 독재주의적 국가를 분류하는 경우가 보다 현실적일 수 있다."

또한 국가권력의 행사방법에 따라 전제정체와 입헌정체로 구분할 수 있으나, 오늘날 국가권력의 행사방법이 전제적인 전제정체를 표방하는 국가는 없고, 모두 입헌정체를 표방하고 있다는 점에서 정체론도 한계가 있다. 이에 아리스토텔레스가 제시한 국가형태론의 준거 자체를 부정하지 않으면서도, 그것이 현대적으로 변용되어 일반적으로 수용되고 있는 국가형태론이 제기된다. 그것은 동시에 좁은 의미의 정부형태 즉 권력분립론에 기초한 정부형태론에도 자연스럽게 연결될 수 있다.

사실 국가형태란 국가권력의 형태와 부합할 수도 있다. 즉, ㉠ 국가권력의 구조가 단일적이냐 연방적이냐에 따라 단일국가와 연방국가로 나누어 볼 수 있고, ㉡ 국가권력의 목적이 자유주의적이냐 권위주의적이냐에 따라 자유민주국가와 권위주의국가로 나누어 볼 수 있고, ㉢ 국가권력의 행사방식에 따라 대통령제 · 의원내각제(의회제) · 반대통령제(이원정부제) · 회의정체 등으로 나누어 볼 수 있다고 한다. 한 국가에서의 정치적 상황을 보다 종합적으로 이해하기 위해서는 이들 세 가지 요소를 반드시 동시에 고려하여야 한다.

국가형태와 정부형태의 종합적 유형화

| I. (다원식) 자유민주주의 모델 | |
|---|---|
| 1. 의원내각제(의회제) | |
| 일원적 의원내각제 | 영국식, 독일식, 이탈리아식 |
| 이원적 의원내각제 | 프랑스 제5공화국의 헌정실제 (동거정부) |
| 2. 대통령제 | |
| 진정대통령제 | 미국식 |
| 대통령주의제 | 프랑스 제5공화국의 헌정실제 (드골정부) |
| 3. 혼합정체(반대통령제) | 프랑스 제5공화국식 |
| 4. 회의정체 | 스위스식 |
| II. 권위주의 모델 | |
| 1. 마르크스적인 사회주의체제 | 구 러시아연방 |
| 2. 파시스트체제 | 독일의 히틀러, 이탈리아의 무솔리니 체제 |
| 3. 개발도상국의 체제 | 신대통령제적인 제3국가 체제 |

또한 국가형태를 논함에 있어서 한 국가가 처해 있는 법적 · 제도적 틀뿐만 아니라 정치적 상황까지도 동시에 고려함으로써, 국가형태의 보다 포괄적인 유형을 제시할 수 있다. 즉 국가형태의 논의에 있어서 헌법상 정립된 정치제도뿐만 아니라 역사적 · 이데올로기적 · 경제적 요소도 동시에 고려하여야 한다. 이와 관련하여 저자는 이미 1995년에 간행된 '프랑스헌법학'(법문사)에서 현대 프랑스 헌법학을 대표하는 11권의 헌법학교과서에서 제시하고 있는 국가형태(헌정체제)의 모델을 살펴본 후에, 국가형태(헌정체제)의 모델을 크게 자유민주주의 모델과 권위주의 모델로 분류한 바 있다. 한편 권위주의 모델과는 별도로 전체주의 모델을 제시하는 학자들도 있다. 하지만 전체주의도 결국 민주주의에 대

칭되는 또 다른 권위주의 모델에 불과하다고 보아 이를 권위주의의 한 유형으로 다루고자 한다.

국가형태가 보다 거시적인 한 국가의 헌정체제 전반을 의미한다면, 정부형태란 국가형태보다는 좁은 의미로서 주어진 헌정체제에서 권력분립원리의 실천방식이다. 그러므로 국가형태와 정부형태의 유기적 이해가 요망된다. 다만 국가형태의 고전적 · 전형적 유형인 연방국가와 단일국가에 관해서는 별도의 논의가 추가되어야 한다.

성낙인, 헌법학 제14판에서 발췌

## 민주주의의 이상적 모델로서의 자유민주주의

민주주의의 개념정의에 대하여는 그간 많은 논의가 전개되어 왔다. 오늘날 일반적인 민주주의의 개념으로서 가장 많은 구성원들이 정치적으로 평등하게 참여하는 권력체제, 미국의 링컨A. Lincoln 대통령이 게티스버그 연설에서 적시한 "국민의, 국민에 의한, 국민을 위한 정부"the government of the people, by the people for the people, 치자와 피치자의 자동성identification원리를 보장하고 있는 헌정체제 등이 원용되고 있다. 이를 이어 받아 프랑스 헌법 제2조 제6항에서는 "공화국의 원리는 국민의, 국민에 의한, 국민을 위한 정부이다"라고 명시되어 있기도 하다.

민주주의라는 용례를 사용하고 또 민주주의를 구현하고 있는 헌정체제라고 하지만 사실상 그 의미는 다양하기 때문에 진정한 민주주의체제란 무엇인가에 대한 의문이 제기된다. 오늘날 일반화되어 있는 민주주의란 자유민주주의 또는 다원적 민주주의를 의미한다. 하지만 사회주의적 이데올로기에 기초한 인민민주주의는 그 기본적 이념을 달리하는 전체주의적 성격을 띠고 있다.

모든 권력의 원천이 국민에 기초하고 있는 민주주의에서는 가장 많은 국민의 의사가 반영되어야만 한다. 이에 따라 민주주의국가의 선거는 보통선거여야 하며, 정당을 비롯한 정치집단의 다원성과 시민과 시민단체의 자유가 보장되어야 한다. 이러한 다원성을 용해시키는 과정에서 궁극적으로 다수결원리가 불가피하게 수용된다.

정치적 다원주의로서의 민주주의란 모든 국민이 치자를 자유롭게 선택할 수 있음을 의미한다. 즉 선거인들에게 다양한 선택가능성이 보장되어야 한다. 그것은 곧 어떤 특정한 이데올로기에 의한 지배가 배척될 뿐만 아니라 정당이 자유롭게 결성되고 활동할 수 있어야 한다는 것을 의미한다. 사실 오늘날 지배적 헌정체제인 자유민주주의체제는 비록 그것이 완결적이지는 않다고 하더라도 적어도 이 시점까지 인류가 실천하고 있는 체제로서는 가장 민주적이라고 할 수 있다. 자유민주주의는 어떤 특정의 이데올로기에 지배되지 아니하고 모든 이데올로기를 그 체제 속으로 수용할 수 있어야 한다. 그 자유민주주의는 공산주의나 공산당까지도 허용하는 다원성을 통하여 구현되고 있다. 다만 대한민국은 분단국가의 특수상황을 감안하여 인민민주주의를 배척하고 있다.

그런데 20세기 후반 이래 자유민주주의의 우월성이 확실하게 입증되었음에도 불구하고 자유민주주의가 갖는 일련의 한계를 극복하기 위한 노력이 지속되고 있다. 참여민주주의participatory democracy와 숙의민주주의deliberative democracy는 이러한 흐름을 대표하는 이론으로서 그 지향점이 유사하다. 참여민주주의는 루소의 직접민주주의적 이념을 계승하여 자유민주주의의 현실적 대안으로 제시되고 있다. 특히 국민투표나 주민투표 등과 같은 제도화된 참여 이외에도 인터넷의 보편화에 따른 전자민주주의 시대를 맞이하여 사이버 공간에서의 참여를 통하여 간접적으로 직접민주주의의 이상을 구현할 수 있게 되었다. 한편 숙의민주주의는 사회구성원들의 삶에 유용한 지식을 기반으로 하여 문제해결을 숙의하고 가장 경제적이고 효율적인 해답을 찾아내려는 점에서 긍정적인 측면이 부각되고 있다. 하지만 숙의민주주의는 엘리트주의와 실적주의를 수용하고 있다는 점에서 자유민주주의의 한 변형에 불과하다는 비판도 받고 있다. 그럼에도 불구하고 이 두 이론을 폭넓게 수용하여 "숙의과정을 충분히 거친 참여"만이 진정한 자유민주주의의 이상을 구현할 수 있을 것이다.

정치적 자유주의로서의 민주주의는 개인이나 집단이 자유롭게 자신의 의사를 표명할 수 있는 체제를 말한다. 개인과 집단은 기본권 특히 언론의 자유보장을 통하여 자신의 의사를 표현할 수 있어야 한다. 이것은 특히 집권세력에 반대하는 개인이나 정당이 합리적인 비판을 통하여 정권교체를 실현하기 위한 불가결의 요소이다. 민주주의국가에서 "오늘의 소수는 내일의 다수가 될 수 있어야만 한다."

민주주의 사회에서 다수결원리란 참여자 전원의 의사합치가 불가능할 경우에 참여자 과반수의 의사를 전체의 의사로 간주하는 원리를 말한다. 이 때 참여자의 의사는 주로 선거와 투표에 의하여 표출되는데, 모든 국민은 선거권연령 · 국적 등으로 인하여 투표권이 봉쇄되지 않는 한 개개인의 자유의사에 따라 투표할 수 있어야 한다. 선거결과는 다수결원리에 의하여 결정된다. 하지만 다수결원리에서의 다수는 소수를 배척하는 다수가 아니라 소수파도 보호하고 포용하는 다수여야 한다.

결국 민주주의란 주권자인 국민의 민주적 참여가 보장된 제도를 의미한다면, 민주적 주권원리에 비추어 보건대 대의제 · 직접 및 간접민주주의 · 반半대표제 등은 국가최고기관의 구성에 있어서 민주적인 주권적 의사의 표현이고, 정당제도 · 선거권 및 선거제도는 국민에 의한 주권실현의 표현이다.

성낙인, 헌법학 제14판에서 발췌

# 민주주의가 발전되고 승화된 모델로서의 자유민주주의

근대 시민혁명은 절대군주제로부터 국민주권주의로 이행하는 새로운 시대를 열었다. 1787년에 미국은 영국의 식민국가로부터 우리들 국민We the People이 주인이 되는 독립국가를 마련하였다. 연이어 1789년에 프랑스는 루이 왕조의 절대군주제로부터 국민주권국가를 창설하였다. 세계사를 가로지른 이 두 개의 혁명은 바로 인간이 인간으로 대접받는 사회와 국가를 만들고자 하는 인류사회의 혁명이었다. 그 이전에 인간은 말이 인간이지 인간이라기보다는 금수禽獸나 시장에서 사고파는 물건에 불과하였다. 인간이 물건처럼 매매의 대상이 되고, '짐이 곧 국가'라는 구체제ancien régime가 작동하는 한 짐만이 나라의 주인이고 백성은 한 낫 아래 것에 불과할 수밖에 없었다.

그런데 이제 그 임금을 단두대의 이슬로 내리치고 세상의 주인이 바로 백성이라는 시대를 연 것이다. 우리나라에서도 조선조 말에 펼쳐진 개화의 물결과 동학의 이념은 바로 만백성이 주인이 되는 시대를 열고자 하는 처절한 몸부림이었다. 바로 그러한 점에서 양의 동서를 막론하고 전개된 근대사에서의 화두인 나라의 주인이 만백성이라는 국민주권주의는 근대 입헌주의 헌법의 법적 이념적 초석이라 아니할 수 없다.

한 국가의 창설과 존재를 확인하는 법적 징표는 헌법으로부터 비롯된다. 1948년에 제정된 대한민국 제헌헌법 제1조에서 주권재민主權在民의 국민주권주의를 명시하고 있다. "대한민국은 민주공화국이다. 대한민국의 주권은 국민에게 있고 모든 권력은 국민으로부터 나온다."

프랑스 혁명 이후 전개된 국민주권주의의 논쟁 과정에서는 온건 혁명파의 국민Nation주권론과 과격 혁명파의 인민Peuple주권론 사이에 치열한 논쟁이 전개되었다. 대의민주주의를 이상으로 하는 국민주권론과 직접민주주의를 이상으로 하는 인민주권론의 논쟁은 권력분립론의 필요성과 권력통합론의 가능성을 두고도 논쟁이 전개되었다. 하지만 두 개의 주권이론은 세계사적인 입헌적 민주주의의 발전과정에서 통합과 화합의 길을 통해서 상호융합하면서 오늘날의 국민주권시대를 열어 왔다.

나라의 주인이 국민이라는 국민주권주의는 정치적 이데올로기로서 국민이 주인이라는 민주주의로 자연스럽게 연결된다. 그 민주주의는 국가권력으로부터 억압을 받지 않는 '자유 아니면 죽음을 달라'는 명제에 따른 자유주의를 이상향으로 삼아 왔다. 19세기에 전개된 야경국가夜警國家가 이를 단적으로 증명한다. 국가는 더 이상 국민의 삶에 개입하지 말고 어두운 밤에 질서가 잘 유지하는 정도에만 그치라는 취지의 야경국가는 소극국가를 웅변으로 대변한다. 이 시대는 바로 국가권력과 압제로부터의 자유를 지상 최고의 명제로 삼는다.

하지만 19세기 산업혁명의 성공은 국가로부터의 자유만이 아니라 이제 가진 자와 가지지 못한 자 사이에 야기되는 갈등을 해결하여야만 하는 상황에 직면하게 된다. 이 과정에서 근대입헌주의적 질서에 대한 새로운 도전이 야기된다. 그것은 다름 아닌 무산대중을 위한 공산주의 사상이다.

20세기 벽두에 전개된 제1차 세계대전에서 독일은 참담한 패배에 직면했다. 1917년 러시아에서는 차르지배 시대를 마감하는 공산주의 혁명이 성공을 거둔다. 이는 자유민주주의에 대응하면서 20세기를 양분한 인민민주주의가 현실세계에서 안착함을 의미한다.

칼 마르크스의 고국이면서 동시에 극우파가 자행한 제1차 세계대전 발발의 당사국인 독일은 이제 더 이상 유아독존의 길을 걸어갈 수 없는 한계상황에 이르렀다. 여기에 1919년 바이마르 공화국은 전통적인 자유민주주의의 이데올로기에 인민민주주의가 주창하는 평등과 복지의 이념을 함께한 이른바 타협적 구조로서의 바이마르 체제를 탄생하기에 이른다. 이는 곧 20세기적인 사회복지국가원리의 헌법적 구현을 의미한다.

20세기의 역사는 모든 인간의 자유와 민주를 이상적으로 구현하고자 하는 자유민주주의démocratie libérale, liberal democracy와 모든 인류가 평등한 삶을 구현할 수 있다는 유토피아에 입각한 인민민주주의démocratie populaire, people's democracy로 양분되고 만다. 인민민주주의에 터 잡은 공산주의 종주국 소련에서부터 중국 대륙을 장악한 중화인민공화국에 이르기까지 공산주의는 지구촌을 양분하기에 이른다. 소련을 종주국으로 하는 동유럽 여러 나라와 중국을 종주국으로 하는 아시아 여러 나라를 중심으로 공산주의는 이제 인류의 삶에 불가결한 존재로 인식되기에 이른다.

확실히 공산주의는 그 이념이나 사상에서는 자유민주주의가 터 잡은 자본주의에 대해 분명한 경고의 메시지이자 새로운 사상의 혁명이라 아니할 수 없다. 1968년을 기점으로 한 열혈 청년 학도들의 새로운 세계를 향한 몸부림도 바로 여기에 터 잡고 있었다. 바로 그런 점에서 한 때 유럽 지성계는 공산주의에 대한 동경으로 어루만져지기도 했다. 하지만 공산주의는 그 이상적이고 유토피아적인 성격에도 불구하고 현실의 국가에서는 결코 성공을 거두지 못하고 만다. 제2차 세계대전 이후에 오랜 기간 전개된 냉전시대는 20세기말에 이르러 공산주의 종주국 소련의 붕괴로 이어진다. 개혁과 개방이라는 물결 앞에 그 공산주의 종주국은 허무하게 무릎을 꿇고 만다. 결과적으로 공산주의 종주국과 그 주변국가들이 자유의 물결에 휘둘릴 수밖에 없었던 것은 그만큼 공산주의가 기반으로 하는 인민민주주의가 인간의 본질적 자유를 제대로 보장해 주지 못하였음을 반증하는 것이기도 하다. 그러므로 인민민주주의는 이미 공산국가들이 조락을 걷기 이전에서부터 자유민주주의에 대척점에 선 권위주의authoritarian regime 체제로 낙인찍히게 된다. 어쩌면 그것은 인민민주주의의 몰락을 학문적으로 예언한 것이기도 하다. 앞으로 향후 50년 백년 후에 다시금 공산주의가 인민민주주의가 환생할지도 모른다. 하지만 적어도 이 시점에서는 공산주의나 인민민주주의나 한물간 오래된 레코드판임에 틀림없다.

동서냉전의 와중에 갈라진 독일도 동독(독일인민민주주의공화국)이 그 역사적 사명을 다하고 사라지면서 이제 한반도가 지구촌의 유일한 냉전의 산물로 남아 있다. 공산당 1당 독재에 천착한 인민민주주의는 한반도의 북쪽에서 조선민주주의인민공화국으로 잔존한다. 한반도의 남쪽은 자유민주주의에 터 잡은 대한민국이 지속된다. 양분된 반도의 두 정치체제는 양극단을 걷고 있는 가운데 이제 인류의 보편적 가치에 보다 충실한 체제로의 귀결을 이루어 나가야 할 시점이다.

이 와중에 불거 터진 민주주의냐 자유민주주의냐의 논쟁은 새삼 우리들 가슴에 상처를 남기기도 한다. 민주주의란 정말 아름다운 이름이고 길이 보전되어야 할 이념이자 가치임에 틀림없다. 그러나 우리는 민주주의가 안고 있는 다양한 접두사를 결코 외면할 수가 없다. 자유민주주의, 사회민주주의, 인민민주주의 이들 세 가지 접두사에 대한 각자의 견해와 해석이 분분할 수 있다는 점에는 동의한다. 하지만 무엇이 가장 아름답고 바람직하며 추구하여야 할 민주주의인가에 대한 해답은 이미 내려진 것이나 다름없다.

물론 민주와 자유민주에 대한 우리 헌법의 표현도 통일되어 있지 않다는 점에 이론이 없다. 헌법전문과 제4조의 자유민주, 헌법 제8조 · 제32조 · 제119조 등의 민주라는 용례를 보면 확실히 우리 헌법은 자유민주와 민주에 대한 분명한 획이나 원칙을 제시한 것 같지는 아니하다. 따라서 우리 헌법이 지향하는 가치질서가 민주주의냐 자유민주주의냐의 문제는 여전히 논쟁적이고 여백을 남긴 것이라 할 수 있다. 분명한 것은 우리 헌법의 해석에 있어서 비록 민주라고 표현되어 있다고 하더라도 여기에는 당연히 사회민주까지 포괄하는 개념으로 이해하여야 한다.

여기서 우리가 분명히 해야 할 것은 자유민주주의에는 이미 20세기적인 사회민주주의적 의미까지 포괄하고 포섭하는 것으로 보아야 한다는 사실이다. 물론 논자에 따라서는 자유민주주의는 사회민주주의까지 배척하는 것이기 때문에 그 스펙트럼이 지나치게 협량하다는 비판을 가하기도 한다. 적어도 자유민주주의를 그렇게 해석하는 한 이는 지나치게 편협하다는 비판을 받아 마땅하다. 하지만 오늘날 자유민주주의를 지향하고 자유민주주의 국가라고 지칭되는 미국, 영국, 독일, 프랑스, 이탈리아, 일본 같은 나라에서 사회민주주의를 배척한다는 것은 상상할 수도 없고 또 자유민주주의를 그렇게 좁게 보는 시각도 존재하지도 아니하고 또 존재해서도 안 된다. 그만큼 자유민주주의는 오늘날 인류의 보편적 가치에 보다 충실한 이데올로기라는 점에서 이를 받아들인다. 이에 따라 자유민주주의를 지향하는 이들 소위 선진 자유민주주의 국가에서는 인민민주주의를 표방하는 공산당까지도 널리 포용하고 포섭한다.

하지만 대한민국의 특수성을 외면해서는 안 된다. 한반도는 여전히 냉전시대의 잔존물로서 대한민국과 조선민주주의인민공화국이 대척점에 서 있다. 바로 그런 점에서 대한민국은 가치 상대주의에 입각한 민주주의의 관용에도 한계가 있음을 분명히 해야 한다. 그것은 바로 대한민국의 자유민주주의가 갖는 한계이기도 하다. 그것은 다름 아닌 대한민국이 추구하는 자유민주주의는 그 적에 대한 관용에 한계가 있다는 점이다. 즉 인민민주주의를 주창하는 공산당까지 허용할 수는 없다는 점이다.

결론적으로 대한민국이 추구하여야 할 민주주의는 민주주의를 보다 승화시키고 인류의 보편적 가치에 충실한 자유민주주의여야 한다. 대한민국이 민주주의를 근본으로 한다는 점에서는 변함이 없다. 그런 점에서 대한민국은 민주주의 국가라고만 하여도 그만일 수 있다. 하지만 소위 선진 민주주의 국가의 정치학·헌법학 교과서에서 정치체제·국가형태론·정부형태론에서 보편적으로 인식되고 있는 권위주의 모델(**인민민주주의국가가 이에 해당**)에 대칭되는 모델로서의 자유민주주의 모델을 굳이 외면할 필요도 없고 또한 외면해서도 안 된다. 대한민국의 정치체제 · 국가형태 · 정부형태가 민주주의에 입각해야 한다는 점을 외면하거나 부인하자는 것이 아니다. 민주주의 중에서도 인민민주주의와 대척점에서 인류의 보편적 삶과 가치에 보다 충실한 자유민주주의가 더 정확하다는 점을 분명히 인식하여야 한다.

차제에 민주주의냐 자유민주주의냐의 논쟁을 뛰어넘어 대한민국의 국가정체성을 다시 한번 다지는 계기로 삼아야 할 것이다. 그것은 조선민주주의인민공화국에 대한 대한민국의 역사적 우위를 분명히 함과 동시에 과연 어떠한 체제가 국민들의 생명, 신체, 자유, 재산을 명실상부하게 보장해 줄 수 있는 체제인가를 확실하게 해야만 한다.

대학지성(한국대학총장협회)_2012. 1.

## '자유민주주의'가 정답이다

1789년 루이 왕조의 절대왕정을 무너뜨리고 창건한 프랑스 제1공화국은 근대 민주주의 국가의 효시를 이룬다. 민주주의란 국민이 신민**臣民**이나 노예의 신분에서 자유로운 인격체로서 주인이 되는 정치질서다. 민주주의의 기저에는 임금 대신에 백성이 주인이 되는 국민주권주의가 그 이념적 · 법적 기초를 이룬다. 우리 헌법 제1조도 "대한민국은 민주공화국이다. 대한민국의 주권은 국민에게 있고, 모든 권력은 국민으로부터 나온다"라고 해 대한민국은 주권재민의 민주공화국임을 분명히 한다.

자유 · 평등 · 박애에 입각한 근대 민주주의는 1917년 러시아에서 공산주의 혁명의 성공으로 새로운 전환점을 맞는다. 만민 평등을 주장하는 공산주의는 인류세계에서 유토피아를 꿈꾸는 이데올로기다. 하지만 현실 세계에서 공산주의 국가는 인민의 자유와 권리를 보장해 주지 못하는 권위주의적 전체주의로 전락하고, 인민민주주의는 20세기 말 베를린 장벽의 붕괴로 그 종말을 고한다.

동서냉전의 와중에 공산당 일당 독재에 천착한 인민민주주의는 한반도의 북반부를 장악한 조선민주주의인민공화국으로 현신해 있다. 반면에 대한민국은 사회적 다원성을 존중하는 정치질서로서 자유민주주의를 지향한다. 헌법 제8조에서 규정하는 바와 같이 정당의 목적이나 활동이 '민주적 기본질서'에 위배된 때에는 위헌정당이 된다. 여기서 지칭하는 민주는 인민민주주의를 포괄하는 민주가 아니라 인민민주주의를 배척하는 자유민주라는 점에서 대한민국 헌법이 추구하는 민주주의의 정향성을 분명히 드러낸다. 헌법의 전문이나 제4조의 자유민주적 기본질서와 제8조의 민주적 기본질서는 그 표현상의 차이에도 불구하고 민주주의의 보다 구체화된 모습으로서의 자유민주주의를 의미하는 것이다.

우리 헌법이 지향하는 자유민주주의는 서유럽 국가에서 구현되고 있는 사회민주주의까지를 포괄하는 자유민주주의라는 데 이론의 여지가 없다. 하지만 그 민주주의가 인민민주주의까지 포섭하는 민주주의라고 한다면 이는 대한민국의 국가적 정통성과 정체성에 어긋날 수밖에 없다. 바로 여기에 한국적 민주주의의 가치상대주의는 그 관용의 한계를 드러낸다. 선진 민주주의 각국의 헌법학과 정치학 교과서에서 국가형태론**(헌정체제론)**의 현대적 모델에 관한 일반적이고 보편적인 논의는 사회의 다원성을 수용하는 자유민주주의liberal democracy 내지 다원적 민주주의와 권위주의 및 전체주의로 구획되고 있다. 권위주의의 또는 전체주의의 극좌에 있는 인민민주주의people's democracy나 극우에 있는 파시스트 세력은 배척돼야 할 경계의 대상이다.

민주주의냐 자유민주주의냐 하는 논쟁은 우리 헌법이 대한민국의 정체성을 규범적으로 표현하는 데 매우 인색한 점도 그 원인의 하나다. 예컨대 현행 헌법은 국시國是, 국가(애국가), 국어(한글), 국기(태극기), 수도(서울)에 관해 침묵으로 일관하고 있다. 차제에 대한민국의 국가적 정향성은 국민주권주의에 기초한 자유민주주의임을 분명히 함으로써 앞으로 있을 개정헌법의 지표로 삼아야 한다.

중앙일보_2011. 8. 29.

## 자유민주주의가 우리 근 · 현대사 진실 표현에 더 정확

한국사 교과서의 내용을 둘러싼 이념대립이 그간 계속돼 왔다. 그 논쟁이 우리 헌법에 대한 해석으로 확산되는 양상이다. 대한민국 헌법의 이념은 자유민주주의인가, 아니면 민주주의인가. 국내 대표적 헌법학자인 성낙인 서울대 교수에게 민주주의 개념의 차이와 대한민국 헌법 정신에 대해 들어봤다.

-일부 한국사 학자들이 교과서 속 대한민국의 정체성과 관련해 자유민주주의라는 용어를 쓰는 데 반발하고 있다. 민주주의란 표현만으로 충분하다는 주장인데 어떻게 보는가.

"민주주의도 틀린 말은 아니다. 다만 자유민주주의로 쓰는 게 더 정확하다. 헌법적 진실, 우리 근 · 현대 역사의 진실을 더 정확히 표현한 용어가 자유민주주의다. 세계사적으로도 자유민주주의로 귀결됐고, 한국 상황을 보면 더욱 그러하다."

-반발하는 학자들은 자유민주주의란 용어가 냉전반공시대의 유물이라는 주장을 한다.

"그건 아니다. 냉전시대 이후의 아름다운 민주주의가 자유민주주의다. 다른 민주주의는 아름답지 못해서 망했다."

-다른 민주주의란 무엇인가.

"인민민주주의다. 구舊 소련과 동구권의 체제가 인민민주주의였다. 그 체제가 종식됨으로써 냉전시대가 끝이 났고 그 이후엔 자유민주주의가 큰 흐름을 형성하고 있다."

-인민민주주의란 무엇인가.

"자유민주주의가 자본주의를 기반으로 하는데, 이를 부정하는 체제가 인민민주주의다. 자본주의의 모순을 공산주의 혁명으로 없애보려고 했다. 그 실험이 성공했으면 구 소련과 동구권은 오늘날 아름다운 나라가 되어 있을 것이다. 인민민주주의가 성공했다면 자유민주주의는 크게 위협받았을 것이다."

-인민민주주의는 왜 실패했나.

"권위주의로 전락했기 때문이다. 권위주의 체제에서는 국민의 자유 · 생명 · 재산이 보장되지 않는다. 오늘의 시점에서 볼 때 인민민주주의를 받아들일 수 없는 것은 그 때문이다. 지난 100년의 역사를 돌이켜보면 인민민주주의는 유토피아를 지향하는 이데올로기였을 뿐이다. 현실 역사 속에서 명백히 실패했다."

-한국 사회에선 왜 여전히 민주주의와 자유민주주의의 개념 논란이 일어날까.

"이데올로기 상으로 볼 때 자유민주주의만 지고지선(至高至善)하고, 인민민주주의는 '악의 꽃'이라고 말할 순 없다. 우리의 경우도 1930~40년대 민족 없는 설움에 무정부주의나 공산주의에 경도된 이들이 적지 않았다. 유럽지성사를 돌아봐도 극우 인종주의자인 파시스트는 척결의 대상이었지만, 극좌 공산주의는 있을 수 있는 하나의 이론으로 간주되었다. 젊어서 코뮤니스트가 아니면 지성인이 아니다라는 말도 유행할 정도였다. 80년대까지 유럽 국가에서 공산당은 대체로 10%의 득표를 했다. 우리나라와 달리 공산당이 법적으로 허용됐다. 하지만 종주국 소련이 망한 후 공산당 지지도는 한자리수로 떨어졌다."

-한국도 유럽과 같은 상황으로 봐야 하는가.

"우린 그런 차원의 문제가 아니다. 해방 직후 우리 지성계는 좌 · 우파로 극렬하게 나뉜 기억을 가지고 있다. 여전히 인민민주주의에 대한 동경이 있을 수밖에 없다. 또 국민소득 1만 달러가 되면 자생적 공산주의자가 10%는 생긴다는 이론도 있다. 인민민주주의 이론가도 있게 마련인 것이다. 그렇다고 죄악시할 필요는 없다. 다만 한국은 방어적 민주주의를 채택한 상황이란 점을 명심해야 한다."

-방어적 민주주의란.

"우리의 민주주의는 수용하는 한계가 있다는 것이다. 민주주의의 적들에게까지 관용을 베풀 수 없음을 명확히 했다. 독일 헌법에 '기본권 실효'라는 규정이 들어있다. 독일 헌법을 반영한 우리 헌법에는 '민주적 기본질서'라고 표현해 놨다. 독일과 한국은 분단국이란 공통점이 있었다. 우리 헌법은 민주적 기본질서에 위배될 때는 정당까지 해산할 수 있게 돼 있다. 물론 민주적 절차에 의해서다. 정부가 헌법재판소에 제소하는 절차를 거쳐야 한다. 이른바 위헌정당해산제도가 방어적 민주주의의 대표적 사례다."

-사회민주주의는 어떤가.

"사회복지국가 원리에 사회민주주의가 포함돼 있다. 자유민주주의 개념 속에 이미 사회민주주의가 들어있는 것이다. 유럽의 사회민주주의자들은 자본주의 체제를 인정하는 자유민주주의자라고 할 수 있다. 그들은 자유민주주의 못지않게 '다원적 민주주의'란 표현을 선호한다."

-앞으로 전망은.

"인류 역사는 민주주의 발전사라고도 할 수 있다. 얼마든지 민주주의를 이야기할 수 있다. 너무 이런 걸 다툼의 차원에서 볼 것이 아니다. 인민민주의가 좋다고 하는 사람은 열외로 치고, 자유민주주의 자체를 부정하지 않는다면 상호 소통의 과정에서 얼마든지 다양한 민주주의를 이야기할 수 있다고 본다."

중앙일보_2011. 9. 22.
배영대 기자와의 대담

## 역사교과서, 좌우 편향 모두 안된다

진보 정부 10년을 거친 후 보수 정부가 새로운 틀을 짜는 과정에서 근현대사 교과서 논쟁이 뜨겁다. 학생의 교과용 도서가 안타깝게도 진보와 보수의 이념적 갈등의 현장으로 변하고 있다. 권위주의 시절의 초중등교육은 정부의 일방적인 홍보의 제물이었다. 이승만 박정희를 미화하는 정권의 도구가 교과서였다. 민주화 이후에도 매한가지다. 지난 10년 사이 어느새 교과서는 진보 이론으로 덧칠돼 있다.

교과서 논의의 기저에는 한국사회를 보는 시각의 차이가 현저하게 녹아들어 있다. 건국과 산업화세력은 1948년에 수립된 대한민국의 정통성과 정체성을 강조한다. 도가 지나쳐 광복절을 건국절로 대체하려까지 한다. 이승만 박정희 두 전직 대통령에 대한 평가도 긍정으로 일관한다. 그들이 남긴 어두운 그림자는 옥동자를 출산하기 위한 진통쯤으로 여긴다. 반면에 민주화세력은 한반도의 북쪽에 자리 잡은 조선민주주의인민공화국을 내팽개친 남쪽만의 일방적인 건국 그 자체의 정통성에 의구심을 드러낸다. 이승만의 독자적 건국을 폄하하고 친일세력을 등용한 역사적 과오의 청산을 주장한다. 박정희의 산업화 성취보다는 그가 뿌려 놓은 권위주의적인 반민주적 행태에 대한 부정적 평가가 앞선다.

대한민국 건국 자체를 부정적으로 보는 시각이 있는 한 부정의 역사를 긍정의 역사로 치환하기란 불가능하다. 건국 60주년에 즈음하여 드러난 건국에 대한 부정적 시각은 교정돼야 한다. 미국과 소련이 한반도를 분점하고 있는 상황에서 남쪽만의 단독 정부 구성이 아쉽기는 해도 그렇다고 북쪽을 옹호할 만한 어떠한 명분도 없다. 하지만 건국 60년의 성공의 역사, 발전의 역사, 기적의 역사를 강조하는 과정에서 건국과 산업화의 성취에만 매몰돼서도 안 된다. 민주주의의 횃불을 든 4 · 19혁명을 데모쯤으로 폄하하는 역사의식을 갖는 한 교과서 문제 해결을 위한 단초는 열리지 않는다.

한 시대의 역사는 긍정적인 면과 부정적인 면이 동시에 오버랩 될 수밖에 없다. 지난 10년을 풍미한 교과서는 지나치게 과거의 부정에 매몰돼 있다. 반면에 대안교과서는 과거의 잘못을 미화하는 데 치중한다. 그래 가지고는 어느 한 쪽도 공동체의 동의를 얻을 수 없다. 한 쪽으로만 경도된 역사관을 가지고는 자라

나는 학생을 위한 객관적인 교육이 불가능하다. 진보와 보수를 아우르는 대승적이고 통합적인 저술이 필요하다.

교과서 저자에게 역사관을 바꾸라고 강요할 수는 없다. 그러나 교과서는 헌법이 보장하는 학문의 자유에 기초한 대학교수의 학술 연구서가 아니라 성장과정에 있는 학생을 위한 교육용 교재에 불과하다. 헌법재판소도 대학교수의 강학講學의 자유는 학문의 자유로 보호받지만 초중등 교사의 수업의 자유는 교육의 자유로서 보장받을 뿐이기 때문에 더 많은 제한이 불가피하다고 판시한다. 특정 이념에 천착한 일방적인 교육은 청소년의 역사인식을 왜곡하기 마련이다. 지나온 역사의 발자취는 객관적으로 공정하게 기술해야 한다. 부정을 긍정으로 미화해서도 안 되겠지만 긍정을 부정으로 매도하는 자학적 행태도 안 된다. 역사적 사실(史實)을 균형감각 있게 전달하는 일이 교과서 집필자의 사명이다. 사실에 대한 최종적인 판단은 독자의 몫이다.

역사교과서를 둘러싼 보수와 진보의 갈등은 어린 학생을 상대로 한 그들만의 파이 키우기에 불과하다. 상대방을 내치는 편협한 역사관을 갖고는 어느 쪽도 진정한 승자가 될 수 없다. 건국과 산업화, 인권과 민주주의는 대한민국 60년이 쌓아 올린 위대한 금자탑이다. 지금은 그 금자탑을 보듬어 안고 미래를 설계할 때다.

동아일보_2008. 12. 16.

## 민주법치국가의 건설

한반도의 정세를 둘러싸고 있는 상황이 예사롭지 않다. 불의의 천안함 사태로 온 국민의 가슴을 찢어 놓고 있다. 하지만 우리는 여기서 멈출 수는 없다. 21세기 자랑스러운 대한민국을 건설하기 위해서는 새로운 도약의 발판을 마련해야 한다. 1948년, 이념적 갈등을 안고 건국 신화를 창조했다. 동족상잔의 비극적인 전쟁의 폐허 속에서도 좌절하지 않았다. 마침내 세계에서 그 유례를 찾아보기 어려울 정도로 초단기간에 산업화와 민주화의 대업을 이루어냈다. 50년 전 국민소득 200달러에서 이제 2만달러 시대를 열어간다. 원조를 받던 나라에서 이제 원조를 주는 나라로 위상이 바뀌었다.

하지만 산업화와 민주화를 동시에 달성하는 과정에서 새로운 갈등을 잉태했다. 산업화는 빈부 갈등과 노사 갈등을 부채질했다. 결국 사회적 양극화는 심화됐다. 산업화의 그늘에서 민주주의는 희생의 제물이 됐다. 산업화의 결과물로서 민주주의도 새롭게 둥지를 틀었다. 두 번의 평화적 정권교체는 한국적 민주주의의 새로운 이정표이기도 하다. 하지만 외형적인 산업화와 민주화의 성공적인 정착의 이면에는 여전히 갈증이 해소되지 않고 있다. 산업현장에서의 노사갈등은 법과 원칙에 입각하지 못하고 일시적인 임기응변식 땜질 처방에 급급하다. 정치적 안정의 이면에는 민주화 과정에서 뿌리 깊게 각인된 자기만의 정의에서 벗어나지 못한다. 법과 원칙은 민주주의의 이름으로 무시돼 왔다. 이제 선진 대한민국을 건설하기 위해서는 글로벌 스탠더드에 부합하는 법과 원칙이 뿌리내려야 한다.

국가의 최고규범이자 국가의 이념적 지표를 제시하고 있는 헌법은 온 국민의 생활전범이어야 한다. 헌법에 기초해 국민의 대표로 구성된 국회에서 제정한 법률은 국민주권의 실질적 표현이다. 그럼에도 여전히 헌법과 법률에 대한 왜곡이 그치지 않고 있다. 이제 생활법치를 구현할 때가 됐다. 일상적인 생활 속에서 온 국민이 법의 소중함을 일깨워야 한다. 다툼이 있을 때 무엇이 법인지에 대한 투철한 인식만 있다면 당사자 사이에 쉽게 합의할 수 있다. 오늘날 법규범은 특정국가의 개별성으로부터 벗어나서 보편화돼 간다. 우리가 원하든 원하지 않든 간에 국제적인 표준 규범이 정립돼 간다. 인류의 보편적 가치인 인권의 국제화는 이미 정립된 지 오래다. 세계시민의 일상생활도 일반규범으로 정립돼 간다.

우리도 이와 같은 세계사적인 흐름에서 이방인으로 머물 수는 없다.

우리 국민 모두가 그리는 이상사회는 선진 민주법치국가의 건설이다. 모든 국민에게 기회의 균등이 보장되고 인간다운 삶을 영위할 수 있는 터전이 마련돼야 한다. 다문화사회의 진입에 따른 전통적인 민족적 민주주의의 해체, 남북분단에 따른 이념적 갈등의 심화, 고도 산업사회의 진전 과정에서 심화되는 양극화, 민주주의의 실질적 수혜자가 되지 못한 계층의 잃어버린 불만 표출구, 이 모든 것을 용해할 수 있는 유일한 길은 법과 원칙이 살아 숨 쉬는 사회로 진입하는 길밖에 없다.

법을 제정하는 입법부, 그 법을 집행하는 행정부, 분쟁이 발생하고 권리가 침해됐을 때 무엇이 법인가를 최종적으로 선언하는 사법부가 국민의 사랑을 받아야 한다. 특히 법적 문제로 현장에서 국민과 마주치는 법원과 검찰은 법치주의의 살아 있는 실험장이기에 법조인은 그 어느 직역보다 높은 직업윤리와 도덕의식이 요구된다.

국민적 염원이던 민주국가의 건설이 진정 국민과 더불어 가기 위해서는 법치국가의 건설이 뒤따라야 한다. 다수의 목소리가 지나치게 투영된 민주주의는 소수자와 약자에 대한 배려가 소홀히 되기 쉽다. 그 사회적 배려는 법의 몫이다. 법의 제정과 집행에서 온기溫氣가 필요한 이유다. 국민이 참 주인이 되는 진정한 민주국가는 법치주의와의 결합을 통해서 완결성을 갖는다. 민주법치국가의 건설이야말로 이 시대 우리 모두에게 주어진 소명이다.

세계일보_2010. 5. 2.

## 쏠림현상을 극복해야 한다

자유민주주의는 다원적 민주주의와 동의어다. 자유민주주의의 고향인 유럽에서는 다원적 민주주의라는 용례를 더 선호한다. 자유와 다원성은 어느 누구로부터도 속박을 받지 않고 다양한 스펙트럼이 공존함을 의미한다. 우리나라도 1987년 체제 속에 헌법과 정치사회의 안정을 통해서 자유를 만끽하고 있다. 하지만 다원성에 관한 한 아직도 제대로 인식되지 못하고 있다. 오히려 한 쪽으로의 쏠림현상이 심화되고 있다.

대의민주주의의 본원지여야 할 국회에서도 다원성은 용납되지 않는다. 오로지 자신의 주장만 정의인양 포장된다. 광장민주주의의 진원지로 자리 잡은 서울시청 광장에도 한 가지 목소리만 요란하다. 민주화 과정에서는 민주주의를 외치는 목소리만 정의로웠다. 하지만 민주화 이후의 의회나 광장에는 하나의 주장만 정의일 수 없다. 결국 각자의 목소리를 존중하는 가운데 자신의 주의나 주장을 최대한 관철하는 타협과 관용만이 민주주의를 발전시킬 수 있다.

사회의 다른 각 분야에서도 마찬가지다. 민주화 이후 활성화된 노동운동의 현장에는 노동자들의 목소리만 요란하고 사용자는 악의 축인 양 매도된다. '기업이 살아야 노동자도 산다'라는 너무나 평범한 명제는 뒷전으로 밀려난다. 반면에 기업인들의 소리만 들으면 대한민국은 과격한 노동운동 때문에 당장이라도 거들날 것 같다. 하지만 소위 '과격노조'가 있는 기업에서도 훌륭한 경영성과를 거두는 곳도 많다. 노조는 사용자를 사용자는 노조를 서로 네 탓만 하고 있는 셈이다.

국민들의 삶의 모습도 마찬가지다. 쌍거풀과 짧은 치마로 치장된 TV 드라마에 나오는 탤런트의 모습은 판에 박은 듯 한결 갖다. 시민들의 패션이나 생김새도 모두 다 엇비슷하다. 인조인간 로봇을 보는 기분이다.

전문성과 자율성에 기초해서 다양한 이론이 전개되어야 할 학문의 전당인 대학에서도 쏠림 현상은 여전하다. 특정 연구주제가 인기라면 너나할 것 없이 덤벼 덤빈다. 그 와중에 온갖 비리가 스며든다. 줄기세포연구로 온 세계를 떠들썩하게 했던 황우석 사건도 예외는 아니다. 전 국민의 관심사인 입시제도도 마찬가지다. 획일적인 정부의 잣대로 대학입시에서 본고사, 고교등급제, 기여입학

제를 금지하는 소위 3불정책이 터잡고 있다. 3불을 폐지해도 각 대학의 자율성이 강조될 수 있는 소지는 얼마든지 있다. 또 3불정책을 무력화시키는 대학들의 입시행태도 여전히 횡횡한다. 변질된 본고사, 외형만의 고교등급제 속에 허울만의 3불정책에 매달려 있다.

최근에 서울대를 비롯한 몇몇 대학에서 도입한 입학사정관제도는 온 대학에 들불처럼 번지고 있다. 입학사정관제도를 도입해야만 교과부로부터 각종 인센티브를 얻을 수 있으니 대학은 울며 겨자먹기 식이다. 이전에 없던 제도를 전국적으로 시행하려하니 입학사정관도 기근현상이다. 미국과 일본에서 도입한 이 제도는 장점뿐 아니라 단점도 많이 드러나 있다. 그런데도 대통령과 교과부의 독려에 온 대학이 난리다.

국립대 통폐합과 법인화 정책도 마찬가지다. 각 지역과 대학의 특성을 외면한 채 획일적인 정부의 잣대로 오로지 정책적 목표를 달성하기 위한 도구로만 이용한다면 성공하기 어렵다.

언제쯤이면 우리 사회도 이와 같은 쏠림현상을 제어하고 다양성을 발휘할 수 있을지 걱정이 앞선다. 일찍이 로마의 철학자 키케로는 정의란 '각자에게 그의 것을'이라고 설파한 바 있다. 이제 우리 사회의 건전성을 담보하기 위해서는 쓰나미같은 쏠림현상을 제어할 수 있는 사회적 역량을 제고해야 한다.

미발표 칼럼_2009. 8. 13.

## 국가가 국민을 못 지키면

국가의 존재 이유는 예나 지금이나 국민의 생명·신체·재산의 보전에 있다. '자유 아니면 죽음을 달라'는 근대 시민혁명 이후의 명제는 국가로부터의 소극적인 안전과 자유를 의미하는 야경국가夜警國家로 한정된다. 하지만 20세기 이래 국민의 자유와 권리를 적극적으로 보장하기 위해 국가의 개입을 정당화하는 사회복지국가로 진화한다.

오늘날 국가적 위기와 국민적 위험이 일상화됨에 따라 국민의 삶에서 국가의 적극적 개입은 더욱 증대할 수밖에 없다. 특히 우리나라는 농경사회에서 산업사회로 급격하게 진입하는 과정에서 사회적 위험에 대한 적응력의 한계를 드러낸다. 남북 분단의 특수상황 속에서 성장지상주의에 매몰돼 국민소득 2만 달러, 세계 13위의 경제대국에 어울리지 않는 현상이 속출한다.

안보 제1주의를 표방하는 나라에서 북한군에 의한 금강산 관광객의 피살, 해병대 초소 붕괴로 인한 장병 사망 사건이 발생했다. 사회적 위험에 대한 부실한 적응력은 태안 앞바다의 기름 유출 사고, 국보 제1호 남대문의 소실, 고시원의 대규모 인명 참사로 이어진다. 금강산 피격 사건은 묘하게도 대통령이 제18대 국회에서 첫 시정연설을 하는 날 새벽에 일어났다. 군사분계선 북쪽에서 선량한 시민에게 가해진 총격이 있은 후 8시간 30분 만에 대통령에게 보고됐다. 그러니 오후에 행한 국회연설에서 새로운 상황에 따른 정부의 입장이 제대로 표명될 수가 없었다. 청와대의 위기관리 시스템에 허점이 드러난 셈이다. 뒤늦은 폭우로 인명과 재산 피해가 속출한다. 해마다 반복되는 현상이지만 위험을 최소화하려는 인식과 노력이 부족하다. 그 와중에 '무적 해병'은 전투가 아니라 자신이 근무하는 초소에서 꽃다운 청춘을 마감했다. '가고 싶은 군대, 보내고 싶은 군대'를 표방하는 군에서 발생한 참사에 국민은 또 한 번 분노하고 좌절한다. 1자녀 가정이 보편화된 상황에서 사랑하는 아들을 군에 보낸 부모의 안타까운 마음을 헤아려야 한다. 이래서야 누가 안심하고 자녀를 입대시키겠는가. 군복무라는 공법상 특수신분관계를 충직하게 수행하는 장병을 보호하지 못한 국가의 책임이 무겁다.

국가는 국민의 자유와 권리를 보장해 주는 대신 국민에게 의무를 요구한다.

국민개병제는 국방의무의 산물이다. 국가보위에 대한 인식 부족을 탓하기 이전에 국민의 불안을 해소할 의지와 능력을 보여줘야 한다. 국군의 전투력 현대화 작업은 장병이 안심하고 군무에 임할 수 있는 제도 개선으로부터 비롯돼야 한다. 병영환경은 적어도 경제협력개발기구OECD 국가 수준으로 끌어올려야 한다. 국민의 허리띠를 졸라매서라도 국내총생산GDP 대비 국방예산의 실질적 증가도 필요하다.

문화재의 허술한 관리가 초래한 국민의 정신적 충격은 물질적 보상이 불가능한 문제다. 산업화시대의 구로동 '닭장이나 벌집'을 연상케 하는 고시원은 고단한 서민의 삶의 보금자리지만 대형참사의 시한폭탄을 안고 있다. '다중이용업소의 안전관리에 관한 특별법'에서 주거시설로 확인받지 못한 고시원은 스프링클러도 없다. 법적 흠결이 화를 불러왔다.

사회 곳곳에 도사린 위험은 언제든지 재앙을 초래할 수 있다. 국가와 사회에 밀려오는 위기와 위험은 전통적인 안보뿐 아니라 일상적 국가생활에서 총체적인 사회안전망의 확충을 요구한다. 안전에 대한 소홀함의 대가가 남의 것으로 머물지 않고 우리 각자의 삶 속으로 스며들고 있다는 점에서 더욱 그러하다. 무엇과도 바꿀 수 없는 소중한 생명을 허무하게 앗아가는 일이 재발해서는 안 된다.

동아일보_2008. 7. 29.

## 경무대行과 청와대行의 차이

1960년 4월, 이승만 대통령의 하야를 요구하며 경무대(지금의 청와대)로 돌진하던 청년학도들의 꽃다운 청춘은 경찰의 총구 앞에 이슬처럼 스러졌다. 1987년 6월, 시민과 학생들이 어우러진 호헌철폐는 직선쟁취로 이어졌다. 권위주의의 질곡으로부터 민주회복을 열망하는 시민들에게 실정법은 거추장스러운 장식물에 불과했다. 비록 국가와 사회의 완전한 변혁을 이루지는 못했지만 4·19와 6월민주항쟁은 현대사에서 혁명으로 자리매김한다.

혁명은 기존 체제를 넘어 새 시대를 알리는 '미래의 전달자(porteur d'avenir)'이다. 전체 국민의 환호와 함께하는 혁명의 정당성은 극소수 반란세력이 도모하는 쿠데타(coup d'Etat)와 구분된다. 새로운 법이념을 고취시키는 혁명은 주어진 법에 기초한 법치주의의 틀을 뛰어넘어 폭군방벌放伐론적 민주주의를 정당화한다. 혁명이 진행되는 동안에 실정법은 사실의 규범력에 자리를 내줘야 한다. 오로지 정의의 칼만 통용될 뿐이다.

20년을 뛰어넘어 2008년 5월 시작된 촛불문화제는 6월의 촛불시위로 이어지면서 이제 겨우 출범 100일을 맞는 권력의 심장부를 향하고 있다. 정권 타도, 대통령 탄핵과 같은 거친 언어가 난무해도 성난 민심의 과장된 표현법으로 받아들인다. 어느새 촛불시위는 언론 출판 집회 결사의 자유가 넘쳐나는 시민축제의 현장으로 진화한다. 집시법을 무시하고 수도 서울의 한복판에 교통대란이 일어나도 민주주의의 생명선인 표현의 자유를 우선 보장한다. 남녀노소 각계각층의 자발적 참여는 열린 소통의 공간으로 자리 잡는다. 특정 세력에 좌우되지 않는 성숙한 시민의식은 절제와 금도를 지켜왔다.

하지만 깊은 밤 촛불시위 행렬의 청와대행은 결국 공권력과의 충돌을 야기하고 만다. 성난 군중은 경찰의 물대포에 저항한다. 시위대는 경찰이 이명박 정권의 앞잡이라고 비난한다. 왜 민주시민의 앞길을 가로막느냐고 항의한다. 하지만 경찰이 심야의 청와대행진을 수수방관할 수는 없지 않은가. 그럼 청와대 앞에서 어쩌자는 것인가. 이 지경에 이르도록 대통령과 정부여당은 속수무책이다.

한밤중 대치하는 경찰과 시위대 모두 민주시민이다. 다만 주어진 현실이 그들을 창과 방패로 구분하고 있을 뿐이다. 젊은 그들의 우발적 충돌은 또 다른 불행을 야기할지도 모른다. 이제 시위대도 민주화 과정에서 권력의 앞잡이로만 치부하던 경찰로 보아서는 안 된다. 경찰은 대한민국 공권력과 법치의 상징이다. 혁명의 시대에 경찰은 공공의 적이지만, 민주의 시대에는 공공의 수호천사라야 한다.

1960년 4월의 경무대행과 2008년 6월의 청와대행을 분명히 가릴 줄 아는 지혜가 필요하다. 경무대행은 헌법과 민주주의를 지키려는 장엄한 의전행사였다. 하지만 지금의 청와대행은 혁명 전야의 행진이 아니다. 청와대행은 대통령을 향한 국민적 열정의 가장 적극적인 표현일 뿐이다. 민주주의의 이름으로 법치주의를 통째로 무시할 수 있는 상황도 아니다. 이제 민주주의와 법치주의를 조화롭게 발전시키는 선진 시민사회가 뿌리내려야 한다. 민주주의의 성전에 불을 지피던 그 시대의 시위와 능동적 시민의 참여로 이뤄낸 축제적 시위의 차별적 인식이 전제돼야 한다.

촛불시위의 제1구호는 대한민국 헌법 제1조다. "대한민국은 민주공화국이다. 대한민국의 주권은 국민에게 있고, 모든 권력은 국민으로부터 나온다." 대한국민이 이 나라의 주인이다. 주인은 주인답게 행세해야 한다. 주인의 품격이 머슴의 행실을 좌우한다. 권력을 수탁 받은 머슴들도 주인을 제대로 섬겨야 한다. 머슴이 주인 노릇하려 들면 국기**國基**가 송두리째 뒤흔들린다. 말로만 낮은 자세로 섬기지 말고 진심을 보여야 한다.

동아일보_2008. 6. 3.

# 촛불집회도 적법절차 따라야

사랑하는 친구인 국민가수 조용필은 노래한다. “그대는 왜 촛불을 켜셨나요?” 민중가수 정태춘도 촛불을 음유한다. 이 땅의 어머니들은 정화수 받아 놓고 촛불 앞에서 자식의 성공을 두 손 모아 기도한다. 촛불은 자신의 몸을 불살라 주위를 밝게 비추고**(희생)**, 약한 바람에 꺼지지만 여럿이 모여 온 세상을 채우고**(결집)**, 어둠 속에서도 새벽까지 빛을 밝히는**(꿈과 기원)** 불꽃이다.

2002년 한일월드컵대회에서 지구촌을 뒤흔든 붉은 악마의 “대~한민국”으로 상징되는 응원 열기는 한국적 집회문화의 새 장을 열었다. 밤낮을 가리지 않고 한민족을 결집시킨 월드컵 열기는 미군 장갑차에 희생된 효순 미선이의 꽃다운 삶을 추모하는 모임에서 촛불시위로 연결된다. 사건의 특성상 반미 구호가 난무하고 미대사관으로 향하는 ‘이동하는 집회’를 감행했어도 관용의 한계를 벗어나지 않았다.

어둠이 찾아든 도시의 한가운데에서 촛불이 불러일으키는 묘한 파장은 모든 참여자의 마음을 업**(up)**시키기 마련이다. ‘뇌 송송, 구멍 탁.’ 온 나라가 미국산 쇠고기 광우병 파동에 들끓는 와중에 진행되는 촛불집회는 촛불문화제로 치환되고 있다. 어둠을 뚫는 촛불집회는 불법적이지만 촛불문화제는 합법적일 수 있기 때문이다. 정제되지 않은 언어와 폭력적 행동이 난무하던 지난날의 촛불시위와는 확연히 구별된다. 그만큼 민주시민의식이 성숙했음을 입증한다. 하지만 어느 순간 불순한 책동에 선량한 시민들이 동조한다면 걷잡을 수 없는 혼란에 빠질 위험이 상존한다. 민주시민의 역량을 높이 평가하면서도 일말의 의구심을 지울 수 없는 이유가 여기에 있다.

주권국가 시민으로 검역주권을 지키려는 의지를 탓할 수는 없다. 하지만 감수성이 예민한 중고교생을 중심으로 전개되는 촛불문화제를 마냥 지켜만 볼 수 없는 안타까움이 긴 여적을 남긴다. 어른들이 저지른 잘못을 어린 학생들이 걱정하는 모양새가 영 마음에 걸린다.

민주국가에서 집회의 자유는 최대한 보장돼야 한다. 집회의 자유는 집단적 표현의 자유로서 대의제도를 보완하는 기능을 가진다. 시위도 장소 이동적인 집회로서 보장된다. 하지만 ‘집회 및 시위에 관한 법률’이 정한 원칙에 충실해야 한다. 옥내집회는 아무런 제한이 없다. 주간 옥외집회나 시위도 신고만 하면 널리 허용된다. 하지만 야간의 옥외집회나 시위는 원칙적으로 허용되지 아니한다. '다만, 집회의 성격상 부득이하여 주최자가 질서유지인을 두고 미리 신고한 경우에는 관할 경찰관서장은 질서 유지를 위한 조건을 붙여' 허용할 수 있다(제10조). 이 경우에도 '학문, 예술, 체육, 종교, 의식, 친목, 오락, 관혼상제 및 국경행사에 관한 집회에는' 적용하지 아니한다(제15조). 하지만 오늘의 촛불집회가 집시법의 적용이 배제되는 문화행사라는 데에는 선뜻 동의하기 어렵다. 마녀사냥식 범법자로 몰고 가서도 안 되겠지만 적법성 여부는 곰곰이 따져 봐야 한다.

차제에 시위문화도 개선돼야 한다. 민주화를 주창하던 시대의 초법적인 구국적 시위와는 구별돼야 한다. 근래 외국에까지 나가는 원정시위도 일상적이다. 워싱턴 DC에서 펼친 시위에서는 미국 경찰당국과의 약속을 엄격하게 지켰다. 하지만 홍콩에서의 시위는 정반대였다. 결국 사법처리 문제까지 야기했다. 여기에 우리 시위대의 이중적 인식이 드러난다.

집회와 시위에 대한 정부당국의 일관성 없는 법 적용의 잣대가 법에 대한 불신을 가중시킨다. 집회와 시위는 정당하고 법에 따라 이를 제지하는 공권력은 부당하다는 선입견도 거두어들일 때가 됐다. 이제 우리도 헌법과 집시법이 정한 원칙대로 법을 집행함으로써 정당성에 기초한 공권력의 적법성을 확보해야 한다.

동아일보_2008. 5. 20.

# 민주주의, 갈 길이 멀다

'민주화시키지 않아요.' 이 한마디로 그토록 희구하던 민주화와 민주주의가 희화화되고 있다. 정부교체가 일상화하면서 한국적 민주주의가 외견상 정착됐다고 볼 수도 있다. 하지만 그 속을 들여다보면 아직도 갈 길이 멀기만 하다. 오늘 우리는 대한민국 헌법 전문에서 천명하고 있는 '정치 · 경제 · 사회 · 문화의 모든 영역에서' '자유와 권리에 따르는 책임과 의무'를 다하고 있는지 자문하지 않을 수 없다.

'뉴스타파'라는 낯선 인터넷 매체를 통해 조세피난처에 페이퍼컴퍼니(법인)를 설립한 인사들의 속살이 드러나기 시작했다. 전직 대통령의 아들에서부터 재벌과 대학총장, 언론인, 탤런트에 이르기까지 가히 기득권 계층이 총집결한 모양새다. 이제 겨우 서막이라 하니 그 폭로전의 인기는 주말연속극을 능가할 태세다.

갑을甲乙 논쟁이 한동안 뜸하던 경제민주화를 다시 점화시키고 있다. 알량한 금력과 권력을 가지고 군림하는 갑에 대한 국민적 저항이다. 대표적 갑인 재벌들은 불과 1% 미만의 주식을 소유하면서도 온갖 전횡을 일삼는다. 족벌경영, 차명재산, 부정 세습, 부정 입학, 딸들의 빵집 경쟁, 원정출산 등 이루 헤아릴 수 없는 지경이다. 그럼에도 정작 골육상쟁의 송사(訟事)에 빠져들어 제살 파먹기에 급급하다.

이 지점에서 금권의 이면에 도사린 정치권력과 법조권력의 유착도 탓하지 않을 수 없다. 정치권은 경제민주화와 친서민을 부르짖지만, 막상 비리 사건이 터질 때마다 정치권과 금권의 합작품이었음이 백일하에 드러난다. 5년마다 되풀이되는 일들을 타산지석他山之石으로 삼지 못한 채 국가권력을 사유화하고 있다.

법치주의 수호를 위한 최후의 보루여야 할 사법부도 예외가 아니다. 유사 이래 재벌 총수가 실형實刑을 선고받은 적이 없었다. 검찰이 아무리 중형을 구형해도 결과는 징역 3년에 집행유예 5년이었다. 하지만 최근에는 징역 4년의 실형이 선고되기도 한다. 그래도 다른 화이트칼라 범죄에 비하면 봐주기 재판이라는 비난을 면하기 어렵다. 수백억 원에서 수천억 원에 이르는 업무상 횡령과 배임에도 그 정도 형량이라면 유사 사건에서 이보다 더 중한 처벌을 받는 사람들만 억울할 뿐이다.

그러기에 비록 못 믿을 구석이 있긴 해도 사회적 거악巨惡 척결에는검찰에 마지막 희망을 기댈 수밖에 없다. 정작 법원이 중형을 선고한들 수단 방법을 가리지 않고 재판 결과를 무력화시킨다. 국가원수인 대통령에게 부여된 특권인 사면권은 보은報恩의 수단으로 전락했다. 수감된 줄 알았던 이들이 버젓이 교도소 밖을 활보하니 오죽했으면 '사모님방지법'까지 나왔겠는가.

음지가 있으면 양지가 있는 법. 진보세력의 독무대였던 사이버 공간도 보수를 표방하는 세력들에 난타당하고 있다. 인터넷실명제는 위헌결정이 났고, 미네르바 처벌도 안 된다고 했다. 사이버모욕죄 신설도 안 된다고 한다. 결국은 선량한 시민의식에 기댈 수밖에 없는데, 진보 매체보다 더 원색적이고 자극적인 보수 매체의 등장에 사이버 세계조차 두 동강이 난 채 제 멋대로 나뒹굴고 있다.

정부수립 65년, 민주화 25년에 이르는 동안에 난마같이 얽혀온 모든 관계를 전면적으로 재점검해 근본을 다시 찾아야 할 때가 됐다. 경제 부흥과 경제민주화를 재조명해 창조적 기업을 이끌도록 해야 한다. 일만 터지면 정치권이나 관료들은 대기업 때리기로 일관한다. 누가 그들의 잘못을 방치했던가. 대기업과 납품 · 하청 · 체인업체 사이, 기업과 소비자 사이에도 실사구시적인 법과 정책이 제시돼야 한다. 시민들도 더 이상 방관자가 아니라 참여자가 돼야 한다. 자신의 잘못은 애써 외면한 채 남의 탓만 하는 소극적이고 소외된 시민이 아니라 스스로를 성찰하는 능동적이고 적극적인 시민이어야 한다.

이제 정부 · 여야 · 시민사회가 함께하는 사회계약 참여자의 총의를 모아야 한다. 밑동은 둔 채 잔가지만 쳐서는 사안의 본질을 꿰뚫고 나갈 수 없다. 일회성 땜질요법으로는 안 된다. 근본부터 다스려야 한다. 인기에 영합해선 더더욱 안 된다. 원칙을 올바르게 세워야 한다. 욕을 먹는 한이 있더라도 원칙에 투철하다보면 난마처럼 얽힌 일들도 쉽게 해결의 실타래가 풀릴 수 있다.

문화일보[오피니언/時評]_2013. 6. 4.

# 제 2 장

## 헌법제정(제헌)과 헌법개정(개헌)

## 헌법은 권력과 자유의 조화의 기술이다

헌법 또는 헌법학Constitutional Law은 다른 실정법(학)과 마찬가지로 한국이나 동양의 전통적 법규범·법질서에서 유래하는 것이 아니라, 서양의 법질서·법체계를 이어받은繼受 것이다. 영어·독일어·불어 등에서 헌법이라는 용어의 사전적 의미는 구성·조직 등이므로 헌법(학)의 기본적 의미는 "국가의 조직과 구성에 관한 법"이다. 국가에 현존하는 모든 제도의 유지·관리는 정치권력을 통해서 국가 속에서 구현된다.

역사적으로 근대입헌주의 이전의 절대군주시대에 있어서는 군주주권이었으므로, 국민은 단순히 군주의 충실한 신민臣民에 불과하였다. 절대권력을 향유하는 자의 말이 곧 법이 되는 시대에 국민의 자유와 권리는 제대로 보장될 수 없었다. 절대군주시대의 폐해를 통감한 몽테스키외는 '법의 정신'에서 "권력을 가진 자는 항시 그 권력을 남용하려 한다. 그는 그 권력의 한계에 이르기까지 이를 행사하려 한다"라고 하여 합리적인 권력통제의 필요성을 강조한 바 있다. 이러한 사상적 흐름은 18세기 말 미국과 프랑스에서 근대시민혁명의 성공을 통하여 "권력과 권력이 서로 차단하고 제어"할 수 있는 권력분립의 원리를 헌법규범으로 정립하기에 이르렀다. 1789년 프랑스혁명기에 천명된 '인간과 시민의 권리선언' 제16조에서는 "권리의 보장이 확보되지 아니하고 권력의 분립이 규정되지 아니한 모든 사회는 헌법을 가진다고 할 수 없다"라고 규정하여, 권력분립의 원리가 국민의 자유와 권리를 확보하기 위한 불가결한 요소임을 분명히 하고 있다. 이에 따라 근대입헌주의 헌법 이래 모든 국민주권국가에서는 권력분립의 원리가 헌법상 권력제도의 기본을 이루고 있다. 권력분립은 국가업무의 원활한 수행과 국민의 기본권 존중이라는 목표를 합리적으로 이룩할 수 있는 하나의 정치적 기술이며, '정치적 지혜'이다.

국가의 조직과 구성에 관한 권력의 학문으로서의 헌법학이라고 할 때 그것은 적어도 국가의 모습을 갖추고 있는 한 고대국가에서부터 어느 시대 어느 나라에서나 존재하여 왔다. 하지만 오늘날 학문으로서의 헌법학이라고 할 때에는 근대입헌주의 이래 정립되어 온 국민주권주의원리에 입각한 헌법과 헌법학을 지칭한다. 근대입헌주의는 곧 군주주권에서 국민주권으로서의 전환을 의미하며, 여기에 주권자인 국민의 자유와 권리가 확보되지 아니한 헌법이란 상정할 수 없게 되었다.

1789년 프랑스혁명을 통하여 천명된 '인간과 시민의 권리선언'은 바로 억압과 굴종으로 점철된 앙시앙 레짐ancien régime 즉 구제도와 구시대를 청산하는 기념비적인 인권장전이라 아니할 수 없다. "모든 정치적 결합의 목적은 인간의 자연적이며 박탈할 수 없는 권리의 보장에 있다. 그 권리란 자유, 재산, 안전 및 압제에 대한 저항이다." 프랑스 인권선언의 정신은 곧바로 혁명헌법으로 이어졌으며, 그 사상적 흐름은 근대입헌주의 헌법의 이념적 기초가 되었다. 이는 곧 권력에 의한 자유의 억압으로부터 인간의 자유를 향한 의지를 헌법이념으로 구현한 근대적 자유이념의 헌법적 수용을 의미한다. 그 자유의 주체는 바로 인간 개개인일 수밖에 없지만, 한편 그 인간은 또한 사회와 국가의 구성원이기도 하다. 여기에 인간의 권리와 시민의 권리라는 두 가지 측면이 동시에 제기된다. 그러나 그 자유의 근원은 어디까지나 인간의 천부인권적인 자유에 기초하고 있기 때문에 인간의 권리가 확보된 후에 비로소 시민의 권리도 보장될 수 있다. 이에 따라 권력의 학문으로서의 헌법학에 있어서 인간의 권리는 그 권력에 대한 소극적 · 방어적 · 항의적 성격의 자유일 수밖에 없었다.

근대입헌주의의 국민주권주의적인 논리적 기초에서 인간의 자유는 최대한의 보장과 더불어 국가로부터의 자유를 의미하였다. 그러나 근대입헌주의의 정립과정에서 단순히 소극적 명제에 입각한 자유를 향한 의지는 이제 국가의 적극적 개입을 통한 실질적 자유의 확보라는 새로운 이데올로기의 정립으로 나아가게 되었다. 그것은 국가로부터 방임된 자유가 아니라 국가의 틀 속에서 보호받고 수호되는 자유를 의미한다. 여기에 인간의 천부인권적인 자유의 보장이라는 명제 아래에서 국민의 실질적 자유와 권리를 보장하기 위한 새로운 자유와 권리가 정립된다. 국가의 기능과 역할 또한 근대적 소극국가(야경국가)에서 현대적 사회복지국가로 전환되면서, 국민의 실질적 자유와 권리의 보장을 위한 사회적 기본권이 확대 · 강화될 수밖에 없다.

국가의 근본법 내지 기본법으로서의 헌법개념인 고유한 의미의 헌법으로부터, 국민주권주의와 국민의 자유와 권리의 보장원리에 기초한 근대입헌주의 헌법으로의 전환은 헌법학의 권력의 학문으로서의 특징과 자유의 학문으로서의 특징을 극명하게 보여준다. 주권자인 국민의 자유와 권리가 살아 숨 쉬는 곳에 권력은 권력자를 위한 권력이 아니라 국민을 위한 권력으로 자리 잡을 수 있다.

여기에 헌법학연구에 있어서 주권자인 국민의 자유와 권리보장이 강조되는 이유가 있다. 그러나 헌법학연구에 있어서 자유와 권리 · 인권 등의 개념에만 집착할 경우 그것은 자칫 사변적 · 철학적 · 담론적 수준에서의 논의에 그칠 가능성을 배제할 수 없다. 헌법학의 실천과학으로서의 성격을 외면할 수 없다면, 헌법학은 권력과 자유의 상호융합과 조화 속에서 국가법질서의 근간으로서의 성격을 유지해 나가야 한다.

결국 근대입헌주의 이래 헌법 혹은 헌법학이라 함은 국민주권주의에 기초하여 국민의 자유와 권리가 보장되는 헌법과 헌법학을 의미하며, 여기에 권력의 학문으로서의 헌법학은 곧 권력의 민주화를 위한 학문을 의미한다. 이에 헌법은 "권력과 자유의 조화의 기술"로서의 성격을 분명히 드러낸다.

성낙인, 헌법학 제14판에서 발췌

## 근대입헌주의 헌법의 역사적 발전

근대 입헌주의 헌법은 네 가지 큰 흐름에 따라 발전하여 왔다. '첫 번째 물결'은 미국독립과 프랑스혁명으로 야기되었다. 시대순으로는 1776년 미국독립선언과 1787년에 제정된 미국 헌법이 1789년의 프랑스혁명에 앞서고 있으나, 후자가 근대헌법의 탄생에 보다 큰 기여를 하였다. 유럽 각국에서의 헌법제정은 그 사상적 배경을 자유주의에 기초하고 있다. 이는 봉건적 지배체제의 종식을 의미하며, 사회적으로는 산업화 단계로의 진입을 의미한다. 한편 라틴 아메리카 각국은 스페인이나 포르투갈로부터의 독립을 통하여 미국식 헌정제도를 채택하였지만, 유럽 각국에서의 근대입헌주의 물결과는 달리 지주계층에 의하여 지배되는 가톨릭적 과두정치체제에 머무르는 한계를 가졌다. 특히 잦은 정변으로 인하여 집행부우월적인 라틴 아메리카형 대통령주의제가 등장하게 되었다.

'제2의 물결'은 1830년과 1848년의 프랑스혁명에 연계된다. 1830년 혁명은 유럽 헌법의 흐름에 직접적인 영향을 미쳤다. 이러한 흐름에 따라 제정된 1831년의 벨기에 헌법은 의회제적 군주제를 채택하여 권력의 균형을 이룬 헌법으로 평가받고 있다. 1848년 혁명 이후 제정된 프랑스 제2공화국헌법은 유럽 여러 나라 국민의 호응을 불러 일으켰던바, 특히 독일과 폴란드 · 이탈리아 등의 헌정사에 큰 영향을 미친 바 있다.

제1차 세계대전 이후 나타난 '제3의 물결'은 봉건적 제국의 붕괴와 러시아제국의 붕괴에 이어서 바이마르공화국 헌법의 제정과 더불어 소비에트 헌법 및 1931년 스페인 공화국헌법으로 이어진다. 제3의 물결은 급진적이며 상이한 두 개의 흐름으로 나타난다. 인민민주주의적 정치제도를 채택한 소비에트 헌법과 프랑스 헌법의 영향을 받은 입헌주의적인 중부 및 동부유럽의 헌법이 그것이다. 전자는 사회주의를 표방하였으며, 후자는 합리화된 의회제를 특징으로 한다. 특히 후자의 국가에서 채택한 합리화된 의회제의 개념은 영국식 내각우위의 내각책임제보다는 프랑스식 의회우위의 의원내각제로 기울어져 있었다. 종래 제정(제국)에 의한 집행부우위에 강한 불신을 갖고 있던 좌파의 영향과, 프랑스의 제1차 세계대전 승리가 그 중요한 요인이라 할 수 있다. 합리화된 의회제는 정부와 의회의 원만한 관계유지를 위하여 의회의 정부구성과 정부에 대한 정치적 책임

추궁의 남용을 방지하기 위한 장치를 마련해 두고 있다. 하지만 이러한 제도적 장치에도 불구하고 제1차대전 후에 채택된 헌법은 대부분 초기단계에서 좌초되고 말았다. 의회제의 합리화 여부를 떠나 자유민주주의의 전통이 취약한 이들 나라는 러시아에서 공산주의가 승리함에 따라 헌정체제가 과격하게 단절되었으며, 이탈리아 · 독일 · 오스트리아 · 폴란드 · 루마니아 · 포르투갈 · 스페인 등은 차례로 파시즘의 희생자가 되었다.

'제4의 물결'은 제2차 세계대전 이후에 나타난다. 제4의 물결은 인민민주주의에 입각하고 있는 동유럽을 제외한 세계 각국으로 널리 퍼져 나갔다. 이것은 세계적인 탈식민지화 경향과 그 궤를 함께 한다. 이제 세계 각국은 그 헌법체제의 현실적 적용문제는 논외로 하고, 자유민주주의원리에 입각한 헌법체제의 정립기를 맞이하고 있다. 앙드레 오류는 이로써 헌법의 팽창이 그 종착지에 이를 것이라고 전망하면서도 동유럽 국가의 문제는 여전히 예외로 남겨두고 있다. 한편 고르바초프의 페레스트로이카로 대변되는 러시아를 정점으로 한 공산주의 국가에서의 변혁의 물결은 서유럽 자유민주주의체제로의 헌법체제전환을 의미한다는 점에서, 1980년대 후반부터 제4의 물결의 확대 또는 '제5의 물결'로 평가할 수 있다.

근대시민혁명 이후 전개된 헌법의 발전을 통하여 국민주권주의에 기초한 국민의 자유와 권리의 보장은 이제 상당한 수준에 이르고 있다. 특히 20세기에 성공적으로 정립된 서유럽의 대의민주주의에 기초한 자유민주주의는 그와 더불어 세계를 양분해 왔던 인민민주주의를 굴복시키고 말았다. 더 나아가 헌법의 최고규범성을 확보하기 위한 헌법재판제도의 정립은 규범으로서의 헌법을 실질적으로 담보하기에 이르렀다. 한편 20세기 후반에 시작된 정보사회의 급속한 전개는 이제 헌법학의 이해와 실천에 그 누구도 예측할 수 없는 엄청난 변화를 초래하고 있다. 21세기 전자민주주의시대의 전개에 따라 전통적인 대의민주주의도 새로운 도전에 직면하고 있으며, 지난 2세기에 걸쳐 정립된 헌법상 기본권도 재발견과 재해석이 불가피하다.

성낙인, 헌법학 제14판에서 발췌

## 헌법질서상 적법성과 정당성

헌법상 적법성과 정당성은 그 본질상 서로 다른 범주에 속하는 개념이다. 적법성이란 실정헌법질서에 연계되는 구속적 효과를 지칭하며, 이를 어기면 제재를 가하는 공권력에 의하여 보장된다. 정당성은 권력에 연계된 자격이며, 그 권력의 준거기준 · 고취연원 및 이데올로기는 다수국민이 결집하는 대상이다.

그 본질상 서로 다른 적법성과 정당성이란 두 개의 개념은 결코 상호 이율배반적인 것만은 아니다. 실정헌법질서가 일반국민의 법감정과 일치하며 폭넓은 컨센서스를 형성하는 정당성을 갖는 것이 바람직하다. 일반적으로 실정헌법질서는 정당성과 서로 조화를 이루고 있다. 하지만 헌법상 적법성은 명백하고 구체적인 법적 개념이지만, 정당성은 불명확하고 측정하기가 힘들며 특히 한계상황에서는 주관적 개념이 되기도 한다. 사실 어떤 특정 시점에 있어서 한 국가의 실정헌법질서는 단 하나만이 존재하지만, 반면에 주권적 의사에 부합하는 정당성을 결정하기란 결코 쉬운 일이 아니다.

적법성과 정당성의 괴리를 평가하기란 쉬운 일이 아니다. 이와 관련하여 흔히 인용되는 예가 바로 1940년에서 1944년까지의 프랑스 페탱Pétin 정부이다. 1940년 7월 10일 법률이 권력의 이양을 적법하게 보장하였다는 점에서 이 정부의 시작은 적법한 것으로 평가할 수 있다. 또한 국민의 다수견해에 부합했다는 점에서 그 정부는 정당한 것으로 평가받았다. 그러나 일반국민과 애국시민의 감정이 적과의 협력을 거부하고 프랑스의 독립으로 나아감에 따라 페탱 정부는 정당성을 상실하게 되었다. 물론 정당성과 적법성에 관한 문제로서 이를 해결하기에는 다소간 문제점이 없는 바도 아니다. 즉 비쉬Vichy 정부의 적법성도 인정할 것인가에 대해 논란의 소지가 있고, 또한 페탱 정부의 집권 초기에 과연 프랑스 국민의 정당성을 확보한 것으로 볼 수 있는가에 관해서도 의문이 제기될 수 있다. 나아가서 페탱 정부문제를 적법성과 정당성의 예로 든다고 하더라도, 페탱 정부가 정당성을 상실한 시기를 구체적으로 적시한다는 것은 사실상 불가능하다. 반면에 런던에 망명중이던 드골de Gaulle 정부는 결코 적법한 것으로 간주할 수는 없다고 하더라도, 드골 정부에게 모든 프랑스 국민의 희망이 전해지고 또한 당해 정부는 프랑스 공화국의 정당성을 견지하는 것으로 인식하는 상황에서 바로 드골 정부에 대해 진정한 정당성을 부여할 수 있었다.

정당성 발견의 어려움을 고려하여 오늘날 지배적인 흐름은 인류의 보편적 이데올로기인 '민주주의 이데올로기'로부터 정당성을 추구하려 한다. 그러나 민주주의도 인민민주주의와 자유민주주의라는 두 개의 흐름이 있고, 또한 정당성을 민주주의라는 보편적 이데올로기와 동일시하는 것은, 자칫 국가공동체에 특유한 신뢰성과 관계되는 정당성개념을 객관화시켜 버릴 우려가 있기 때문에 바람직한 것만은 아니다.

실정헌법질서, 즉 헌법상 적법성이 명령적 · 강제적 성격을 가진다는 점에는 이의가 없다. 실정헌법질서에 대하여 어떠한 가치판단을 가하거나 또는 이를 수정 · 대체하려는 시도가 있다고 하더라도 이 명령적 · 강제적 성격은 변하지 아니한다. 이에 반해 정당성은 부당한 체제에 저항하는 국민의 권리를 도덕적 · 정치적으로 정당화시켜 준다.

성낙인, 헌법학 제14판에서 발췌

# 대한민국 헌법 전사(前史)

우리나라에서 근대입헌주의적 의미의 헌법에 관한 논의는 19세기 말터 시작되었다. 그 이전에 경국대전經國大典과 같은 국가의 조직과 구성에 관한 기본법제가 있었지만 근대국가의 헌법이라고 할 수는 없다.

1894년 12월 12일에 제정된 홍범洪範14개조는 자주독립에 기초한 국정의 민주적 개혁을 천명한 최초의 근대국가의 헌법적 성격을 띠고 있다. 하지만 이는 체계화된 근대적 의미의 헌법이라기보다는 개혁정치의 기본강령적 성격을 가진다. 1899년 8월 17일에 제정된 대한제국大韓帝國 국제國制는 최초의 성문헌법으로 평가되고 있는바, 전문 9개조로 구성되어 있으며, 국호를 조선에서 대한제국으로 변경하고 국가형태로서 전제군주국을 천명하고 있다.

19세기 근대 조선의 개국과 서양 헌법이론의 초기 수용과정에서 나타난 이들 규범은 새로운 개혁정치를 상징하는 의미를 가진다. 하지만 1910년 8월 29일 일본에 강제 병합됨에 따라 국권을 상실하고 말았다.

1919년 3월 1일의 기미독립운동을 기점으로 상해에 대한민국임시정부를 수립하였다. 임시정부는 1919년 4월 11일에 대한민국임시헌장憲章을 제정하고, 9월 11일에는 대한민국임시헌법을 제정하였다. 이 헌법은 그 이후 대한민국임시헌법(1925. 4. 7.), 대한민국임시약헌(約憲, 1927. 4. 11.), 대한민국임시약헌(1940. 10. 9.), 대한민국임시헌장(1944. 4. 22.)으로 개정된 바 있다.

1945년 8월 15일 일본의 패망에 따라 광복을 맞이하였지만 '조선에 관한 모스크바 3국외상회의 결정서'(1945. 12. 27.)에 따라 미소공동위원회가 설치되었지만 결국 결렬되고 말았다. 이에 미군정은 남조선과도입법원(1946. 12. 12.)을 개원하고, 이어서 남조선과도정부(1947. 5. 17.)를 구성하였다.

광복에 따른 정부수립 논의는 행정연구위원회, 미소공동위원회, 남조선과도입법의원에서의 헌법논의를 거치면서 진행되었다. 이후 김구 · 김규식 등 민족진영 인사들의 단독정부 구성반대에도 불구하고 남북은 분단국가로 치닫게 된다.

1948년 2월 27일 유엔소총회에서 가능한 범위 내에서의 총선거실시를 결의함에 따라 미군정은 5월 10일 국회의원총선거를 실시하였다. 총선거에서 선출된 198명의 국회의원으로 5월 30일에는 제헌국회가 구성되었다.

1948년 6월 3일에는 헌법기초위원 30명과 전문위원 10명으로 헌법기초위원회를 구성하였다. 위원회에서는 유진오안을 원안으로 하고 권승렬안을 참고로 하여 초안을 작성하였다. 유진오안은 ㉠ 정부형태로서 의원내각제, ㉡ 국회의 양원제 등을 주요내용으로 하고 있었다. 그러나 이승만은 정부형태를 의원내각제로 할 경우 그 자신의 권력행사에 일정한 한계가 따를 것을 두려워한 나머지, ㉠ 정부형태를 대통령제로 하고, ㉡ 국회를 단원제로 하는 헌법안을 채택하게 하였다. 6월 23일 국회에 상정된 헌법초안은 7월 12일 국회를 통과하여 마침내 1948년 7월 17일 국회의장이 서명 · 공포함으로써 당일로 시행되었다.

제헌헌법은 전문 · 10장 · 103조로 구성되어 있다. 제1장 총강, 제2장 국민의 권리 · 의무, 제3장 국회, 제4장 정부, 제5장 법원, 제6장 경제, 제7장 재정, 제8장 지방자치, 제9장 헌법개정, 제10장 부칙으로 구성되어 있다. 제헌헌법의 기본틀은 대체로 현행헌법까지 유지되고 있다.

성낙인, 헌법학 제14판에서 발췌

## 광복과 제헌의 무게와 깊이를 재인식하자

한여름 더위가 기승을 부리는 7월과 8월은 대한국민과 대한민국에게 특별한 계절이다. 62년 전 오늘 우리의 선조들은 대한민국의 법적 토대인 헌법을 제정하고, 대한민국의 건국을 만 천하에 알렸다. 하지만 이 위대한 역사적 과업은 일부 논자들에 의해 때로 그리 대단치 않은 일로 치부되기도 하여 안타까움을 더한다. 이제 세월을 거슬러 올라가서 그 시대의 상황을 곱씹어 볼 때가 되었다.

100년 전 경술국치庚戌國恥로 조선왕조를 이은 대한제국은 국권을 상실했다. 하지만 나라를 되찾겠다는 민족적 의지는 마침내 1919년 3·1운동으로 새로운 전환점을 맞이하였다. 이를 기점으로 상해에 대한민국임시정부가 수립되었다. 임시정부는 4월 11일에 대한민국임시헌법을 제정하였다. 이 헌법은 그 후 수차례의 개정을 거듭하였지만 그 무엇보다도 5천년 한민족의 역사상 최초로 민주공화국을 천명하였다는 점에서 새로운 시대를 여는 헌법임에 틀림없다. 세습적인 군주제를 거부하면서 동시에 군주주권이 아닌 국민주권 시대를 열었다는 점에서 공화국은 새 역사의 창조를 의미한다. 하지만 온 겨레가 함께 한 자주독립의 뜻을 모아 건립한 상해 임시정부의 상징성에도 불구하고 임시정부 gouvernement provisoire라는 한계를 인식하지 않을 수 없다. 비록 임시정부이긴 하지만 국권회복을 위한 무장독립투쟁과 평화적인 외교활동을 펼친 점은 세계사적으로도 높이 평가되어야 한다.

1945년 해방은 한민족의 노력 여하와는 별개로 제2차 세계대전에서 동맹국이 패망함에 따른 결과적 산물이었다는 점에서 우리에게는 한편으로 광복의 영광이 찾아왔지만 다른 한편으로는 아쉬움을 남기게 되었다. 그 결과는 전승국인 소련과 미국에 의해 38선을 기점으로 한반도의 분할통치를 초래하게 되었다. 신탁통치의 열풍을 거치면서 한반도의 남반부는 미군이, 북반부는 소련에 의한 통치를 겪을 수밖에 없었다. 그 와중에 1948년 2월 27일 UN소총회에서는 가능한 범위 내에서의 총선거실시를 결의하였고 이에 따라 미군정의 통치 아래 5월 10일 제헌국회 겸 제1대 국회의원총선거를 실시하였다.

1948년이라는 시대적 상황은 남북분단의 어수선한 정치상황은 계속되고 있었고, 정상적인 총선거가 실시되기는 어쩌면 불가능한 상황이라 해도 과언이 아니다. 그럼에도 총선거는 실시되었고 결과적으로 선거는 평화롭게 진행되었다. 사실 대한민국임시정부에서 민주공화국을 천명하긴 하였어도 한반도에서 보통 · 평등 · 직접 · 비밀 · 자유선거를 실시한 것은 역사상 최초이다. 더구나 국민의 절대다수가 문맹인 상황에서 치러진 보통선거는 민주주의의 고향이라는 영국보다 불과 20년밖에 늦지 않았다는 점에서 역사적인 기적이라 해도 과언이 아니다. 비록 한반도의 북반부를 제외한 남반부에서만 실시되었다는 한계를 안고 있었음에도 불구하고 그 총선거는 한민족의 역사를 새롭게 반전시키는 결정적인 사건임을 부인할 수 없다. 남쪽에서만의 반쪽선거는 결과적으로 북쪽에 빌미를 제공하였다는 비판적인 시각도 일부 제기되고 있지만 이는 동시대의 상황을 제대로 이해한다면 어쩔 수 없는 선택이었음을 충분히 인식하여야 한다.

1948년 5월 30일에는 198명의 국회의원으로 제헌국회가 구성되었다. 제헌국회는 6월 3일 헌법기초위원회를 구성하였다. 사실 헌법기초위원회가 구성되기 이전에도 이미 해방공간에 많은 헌법안이 제기되었고 이들 헌법안에 대한 국민적 논의가 활성화되어 있었기 때문에 헌법기초위원회의 헌법논의는 새로운 공화국의 헌법적 기초를 마련하는 공론의 장으로 전개되기에 충분하였다. 헌법기초위원회에서 제시된 정부형태로서의 의원내각제안은 비록 대통령제로 변환되기는 하였지만 의원내각제안에 덧칠된 대통령제였기 때문에 여전히 의원내각제적인 요소를 담고 있는 절충형 대통령제라 할 수 있다. 제헌국회에 제출된 헌법초안은 7월 12일 국회를 통과하여 마침내 7월 17일 공포와 더불어 시행에 들어갔다. 주권재민의 이념적 지표아래 최초의 민주공화국 헌법제정을 기리는 제헌절은 3 · 1절, 광복절, 개천절과 더불어 대한민국 4대 국경일이다. 그런데 지난 참여정부에서 공휴일을 축소한다는 명분으로 4대 국경일의 하나인 제헌절만 유독 공휴일에서 제외시킨 것은 그 어떤 이유로도 용납하기 어려우며 이는 자칫 국민들로 하여금 국법의 기초에 대한 의식을 약화시킬 우려를 자아낸다. 오늘의 시점에서 제헌을 바라보면 별 것 아닌 것으로 치부할 수 있을지 몰라도 동시대로 회귀해서 본다면 진정 1948년 7월 17일은 한민족의 새로운 법적 토대를 마련한 쾌거라 아니할 수 없다.

제헌헌법에 기초하여 8월 15일에는 대한민국 정부가 수립되었다. 8월 15일은 바로 1945년 일제 치하를 종식시킨 광복절이기도 하다. 근자에 뜻하지 않게 8월 15일을 건국절로 하자는 논쟁이 제기되어 한바탕 홍역을 치른 바 있다. 그런데 역사인식은 어떤 특정 계층이나 특정 세력에 의해 재단되어서는 안 된다.

그것은 단순히 법적인 의미만으로서 전개되어서도 안 되고 그렇다고 법적인 틀을 무시해서도 안 되는 이중적인 측면이 있음을 인식해야 한다. 여기서 잠시 우리들 선조들이 채택한 대한민국 제헌헌법의 전문**前文**을 살펴 볼 필요가 있다. 참고로 세계적으로 헌법을 제외한 그 어떠한 법규범에도 전문이 없다. 헌법에서만 유독 전문을 두는 이유는 나라의 법적 토대를 이루는 기본법인 헌법이 어떠한 성립유래와 이념을 담고 있는지를 천명할 필요가 있기 때문이다. 제헌헌법 전문은 이렇게 시작 된다: "유구한 역사와 전통에 빛나는 우리들 대한국민은 기미 삼일운동으로 대한민국을 건립하여 세계에 선포한 위대한 독립정신을 계승하여 이제 민주독립국가를 재건함에 있어서…". 이 표현만 문구 그대로 본다면 분명 헌법제정권력자의 의지 속에는 대한민국 임시정부가 건국한 대한민국을 1948년 헌법을 통하여 재건하는 것이기 때문에 대한민국의 건국은 1919년으로 거슬러 올라간다. 현행 헌법도 유사하다: "유구한 역사와 전통에 빛나는 우리 대한국민은 3 · 1운동으로 건립된 대한민국임시정부의 법통 …계승하고…". 대한민국임시정부의 법통을 계승한다는 법통**法統**의 사전적 의미는 법의 계통이다. 그렇다면 제헌헌법이나 현행헌법 모두 대한민국의 법통은 1919년으로 거슬러 올라간다. 그런 의미에서 대한민국의 건국은 1919년이라고도 할 수 있다.

하지만 건국의 의미가 갖는 상징성과 법적인 의미에서의 엄격성은 구별되어야 한다. 비록 국권을 상실하였지만 1919년 임시정부를 통해서 대한민국의 건국을 만 천하에 고지한 것은 자주독립 국민으로서 당연한 노력의 결과이다. 그런데 국민, 영토, 주권은 전통적인 국가의 3요소설의 핵심사항이다. 대한국민이 있고, 한반도가 있다는 점에서 국민과 영토는 존재하였지만, 국내외적으로 국권을 상실하였기 때문에 한반도에 대한 실효적 지배가 불가능하였기 때문에 주권국가의 모습을 보일 수가 없었던 엄연한 역사적 사실을 외면할 수 없다. 바로 그런 점 때문에 임시정부라는 특수성을 안고 출범한 상해정부는 대한민국의 정통성을 상징하는 정부이긴 하지만 실효적 지배력을 갖는 정부가 아니었다는 점을 인정해야 한다. 따라서 민주독립국가를 재건한다는 헌법전문의 의미는 임시정부의 정통성을 이어 받은 대한민국 헌법제정의 정통성과 정당성을 다시 한번 확인한다는 의미의 상징성을 갖는 것으로 충분하다.

그런데 정통성을 갖는 대한민국 헌법을 제정하고 정부를 수립하였다고 1948년 8월 15일을 건국절로 하자는 일각의 논의는 불필요한 오해를 부채질하는 무의미한 논란에 불과하다. 8월 15일은 이미 임시정부에서 천명한 민주독립국가 건설의 서막을 알리는 광복절로도 충분하기 때문이다. 즉 1945년 8월 15일의 광복은 대한민국 임시정부에서 추구하던 민주독립국가의 염원이 현실적으로 구현될 수 있는 결정적인 계기를 마련한 역사적 의미를 갖는데 충분하다. 하지만 스스로의 힘에 의한 광복이 아니라 외부의 힘에 의한 일본의 패망선언이 결정적이었기에 광복이후 대내외적인 혼란과 외국군정의 지배로 민주독립국가 건설은 다소 지체되긴 하였지만 1948년 대한국민의 주권적 의사의 표현에 따라 스스로 독자적인 헌법을 제정하고 그 헌법에 기초한 정부가 구성되었다는 역사적 사실을 외면할 수 없다.

결론적으로 우리의 선조들이 설정한 4대 국경일은 여전히 유효하고 또 영원히 유효하여야 한다. 비록 현실적 역사성에 있어서 논란이 없는 바가 아니지만 5천년 한민족의 개국**開國**을 의미하는 개천절은 한민족공동체의 상징적 국경일이다. 5천년 역사의 도전과 응전 속에서 마침내 자주독립국가를 건설하기 위한 주권재민의 현대적인 민주공화국을 최초로 천명하는 결정적 계기를 제공한 기미독립운동은 새로운 대한민국의 정통성과 정당성을 대변하는 쾌거였다는 점에서 3 · 1절은 충분히 의미부여가 된다. 일본제국주의자들의 온갖 만행과 억압에도 불구하고 불굴의 자주독립국가 건설의 의지를 펼쳐 보인 독립운동은 마침내 1945년 8월 15일의 해방으로 이어졌다는 점에서 온 민족의 환희를 의미하는 광복절은 민족적 기념일이어야 한다. 3년의 과도기를 거치긴 했지만 이 땅에서 최초로 정상국가**正常國家**의 모습으로 출범한 법적 토대를 마련한 제헌절은 민주공화국의 새로운 실천을 알리는 국경일이어야 한다. 1948년 8월 15일은 제헌헌법의 구체적 구현을 의미하는 새 정부의 탄생을 알리는 정부수립일이다. 바로 그런 의미에서 건국은 헌법 제정으로부터 비롯된다.

법제시론(한국법제연구원)_2010. 8

# 정부수립 50년을 뒤돌아 본다

### 1. 1948년, 건국과 헌법제정

한말 서세동점의 와중에서 결국 일제의 식민지배를 겪게 된 20세기 전반의 국가적 시련은 1945년 일본 군국주의의 몰락과 더불어 광복을 가져 왔으나 여전히 독립국가를 건설하지 못하고 미군정청의 지배를 받아야만 하였다.

1948년 5월 30일 분단된 국가의 아픔속에서 UN의 공인하에 남쪽만의 총선거를 실시한 후 7월 12일 헌법을 제정함으로써 5천년 역사상 최초의 민주공화국가를 건설하게 되었다. 그것은 왕조국가 · 식민국가에서 일시에 자유민주주의국가를 건설하였음을 의미한다. 하지만 서구민주주의가 수백년의 도전과 응전과정을 통하여 20세기적인 모델로 정착되었음에 비추어 본다면 대한민국은 그러한 일련의 과정을 생략한 채 20세기적인 입헌주의 국가의 외관을 헌법전 속에 명시하기에 이르렀다. 그것은 숙명적으로 그 시행과 실천과정에서 시련과 갈등을 야기할 수밖에 없는 것이기도 하였다.

이제 건국과 헌법제정 50년을 맞이하고 있다. 반세기에 걸쳐 대한민국이 겪어 온 온갖 풍상은 이루 형언키 어려운 지경이다. 건국과정에서의 정치적 소용돌이, 남과 북이 갈라진 허리를 다시 한 번 강타한 한국전쟁은 건국초기에 이미 국가적 혼란과 간난을 예고한 것이기도 하다.

### 2. 1948-1998, 반세기의 성찰과 교훈

#### 2-1. 상처투성이의 헌법사

신생독립국가의 틀을 이겨 내지 못하고 있는 혼란의 와중에서 국가의 최고규범이자 국민적 합의문서인 헌법 또한 온전할 수가 없었다. 1948년 제정이래 9차에 걸친 헌법개정이 있었고, 그 중 5차에 걸친 헌법개정은 헌정중단사태에 연이은 사실상의 헌법제정이라고 할 수 있다. 1952년 제1차 헌법개정은 한국전쟁의 와중에서 정치적 소용돌이를 일으켜 이승만 대통령을 위한 대통령직선제 헌법개정인 바 그것은 헌법상 명시된 헌법개정절차를 위배한 개정이다. 1954년 제2차 헌법개정은 초대 대통령에 대한 중임제한을 철폐하여 1인 장기집권을 영구화하려는 개헌인 바 이 또한 헌법상 명시된 의결정족수를 위배하였다. 1인 장기집권에 따른 필연적 결과로 야기된 1960년 3 · 15 부정선거는 학생들의 고귀한 4월혁명으로 이어졌고 마침내 순수한 의원내각제를 도입한 제2공화국헌법으로 귀결되었다.

그러나 짧았던 자유와 민주의 만끽은 1961년 5 · 16군사정부의 출현으로 헌정중단사태를 초래하게 되었다. 군정을 종식시키고 1963년에 출범한 제3공화국은 여전히 박정희장군의 지배로 이어졌다는 의미에서 그것은 군사정부의 긴 턴넬을 예고한 것이기도 하다. 1인 지배의 합리화는 결국 1969년 3선개헌을 서막으로 결국 1972년 유신헌법으로 이어졌다. 비극적인 1979년 10 · 26사건과 권력의 공백기간에 야기된 1980년 서울의 봄은 다시금 정치군인에 의한 5 · 17사태로 이어졌고 강압적인 실존적 힘을 바탕으로 한 1981년 5공정부는 마침내 1987년 시민들의 참여에 의한 6월항쟁으로 1987년 대통령직선제 6공헌법으로 귀결되었다.

### 2-2. 주권적 의사의 시련

헌법 제1조 제2항이 명시하는 바와 같이 "대한민국의 주권은 국민에게 있고 모든 권력은 국민으로부터 나온다." 하지만 이러한 국민주권의 원리는 제대로 작동되지 못하였다. 주권자인 국민의 의사는 정치지도자에 의하여 왜곡되어 왔으며 오히려 주권자의 의사는 독재권력을 정당화하기 위한 수단으로 악용되었다. 15 차례에 걸쳐 실시된 대통령선거 · 국회의원선거를 비롯한 각종 선거는 항시 부정선거의 후유증을 유발하였다. 국민의사를 집약하여야 할 5차례 실시된 국민투표는 집권자의 집권을 합리화시키기 위한 보나파르트식 신임투표로 전락하고 말았다. 그것은 한 번도 자유 · 평등 · 직접 · 비밀선거를 실시해 보지 못하던 민주시민 의식의 한계도 중요한 한 몫을 하였음을 부인하기 어렵다.

공정한 게임의 원리가 작동하지 않았던 선거를 통하여 당선된 집권세력은 자유민주주의의 원리에 입각한 국정운용에 임하지 않기 마련이었다. 대통령을 향한 권력의 인격화의 경향은 급기야 신격화의 경지에까지 이르렀다. 1789년 프랑스 인권선언에서 적시한 "권력분립이 이루어지지 않은 사회는 헌법을 가진 것이라고 할 수 없다"라는 명제에도 불구하고 허울 뿐인 헌법상 권력분립은 대통령 1인을 향한 권력의 독점체제로 전락하고 말았다.

대통령을 정점으로 위계화된 국가권력체제하에서 국민의 대표기관인 국회는 정부의사를 대변하는 거수기적인 통법부로 전락하고 말았다. 소수 야당의 집권세력을 향한 몸부림은 투쟁적인 전사에 불과하였다. 여기에 대화와 타협의 장이어야 할 국회는 진정한 민의의 대변장이 될 수가 없었다.

국민의 자유와 권리를 수호하여야 할 최후의 보루인 사법부는 대법원장이 아니라 사법부장관으로 비하될 정도로 정치세력에 의하여 오염되어 왔다. 더구나 기소독점주의를 향유하는 준사법기관으로서의 검찰은 정치적 하수인이란 비난을 면하기 어렵다. 이러한 차제에 국민의 자유와 권리는 제대로 보호받을 수가 없었다. 이른바 공안사건에서 중앙정보부나 국가안전기획부에서 제시한 공소사실이 검찰의 공소장과 법원의 판결문에 토씨 하나 바뀜이 없이 그대로 나타난 사례까지 발생하기에 이르렀다. 여기에 법조관료주의는 기승을 부리며 국민의 자유와 권리의 수호자가 아니라 오히려 국민을 지배하는 또 다른 권위주의가 자리잡게 되었다.

### 2-3. 1987년-1998년, 새로운 미래를 위한 성숙과정

지난 50년의 헌법사와 헌정사를 반추해 보면 그것은 주권자인 국민의 의사와는 관계없이 헌법이 오로지 집권세력의 도구로 전락하고 있었다는 점이다. 헌법은 집권자를 위한 편의적인 장식품에 불과하였다. 그러나 독재권력의 발호에도 불구하고 4월혁명과 6월항쟁으로 집약되는 학생과 시민의 민주화를 향한 의지는 오늘에 이르는 한국민주화의 도약을 위한 처절한 몸부림이었다. 민주화를 향한 국민적 열망은 지난 반 세기동안 끊임없이 새싹을 일구워가고 뿌리를 찾아가기 시작하였다. 권력자의 비수가 깊어 갈수록 민초의 저항도 거세져 갔다는 사실은 곧 지난 반세기는 한국민주주의의 발전을 위한 끊임없는 도전과 응전의 연속선상으로 이해할 수 있다.

여기에 신생독립국과 한국전쟁이라는 폐허와 무에서 한강의 기적을 일구워낸 국민적 저력은 마침내 한국적인 시민사회의 형성을 앞당겨 왔으며 그것은 결국 1987년 6월 시민항쟁으로 극명하게 드러났다. 이제 더 이상 철권통치의 한계에 이른 집권세력은 스스로 6 · 29선언을 통하여 국민에게 항복하게 되었다. 그것은 개발도상국에서 일상화되어 있는 4월학생혁명과 유사한 피비린내 나는 투쟁의 과정이 아니라 무혈혁명의 성공을 의미하는 것이며, 이는 곧 한국적인 시민사회의 성숙을 의미하는 것이다.

1987년 사실상 최초로 여야합의에 의한 대통령직선제헌법에 따른 6공헌법의 시행은 지난 10여년간 새로운 역사적 전기를 가져왔다. 1987년 대통령선거에서 국민적 열망을 외면한 야당지도자의 분열은 군인출신 대통령을 맞이하였지만 이제 더 이상 그는 종래의 권위주의적인 대통령일 수가 없었다. 더구나 연이은 국회의원선거에서의 여소야대는 이를 제도적으로 못을 박는 결과를 초래하게 되었다. 1992년 비록 3당합당이라는 한계를 안고 있었지만 실로 오랜만에 맞이하는 문민대통령이었다. 그것은 마침내 1997년의 대통령직의 정권교체를 통하여 국민대통령시대를 맞이하게 되었다. 하지만 여전히 국회는 대통령과 정치적 소신을 달리하는 정당에 의하여 지배되고 있다는 사실은 새로운 정치적 실험장이 되고 있다.

무엇보다도 지난 10여년간의 헌정사적인 변화는 이제 법과 제도를 통한 통치의 시대가 열려가고 있음을 알리는 서곡이라는 점이다. 1987년 이래 헌정사상 최초로 10여년간 헌정중단사태없이 정권교체까지 일구워냈다는 사실은 곧 새로운 미래를 위한 밝은 기약이기도 하다.

### 3. 민주화의 착근을 위한 과도기적 시련의 극복

#### 3-1. 대통령직의 정권교체, 민주주의의 외관 구비

1998년 대통령직의 정권교체를 통하여 작은 정권교체를 실현하였다는 것은 한국 민주주의의 미래를 위한 새로운 첫 장을 연 셈이다. 고인 물은 썩기 마련이다. 바로 그런 점에서 우리가 지칭하는 자유민주주의 국가 중에서 정권교체 한 번 이룩해 보지 못한 나라는 없다는 사실에 비추어 본다면 그것은 역사적 사건일 수밖에 없다.

그러나 직위나 사람의 교체가 곧 민주화의 완결을 의미할 수는 없다. 오랜 세월 민주화를 위한 투쟁을 통하여 집권에 성공한 소위 민주세력은 그들의 민주역정만큼이나 처절한 투쟁과정에서 제대로 된 집권을 위한 준비가 부족할 수밖에 없었다. 그렇다고 민주세력을 제쳐 둔 채로 권력을 향한 해바라기들에게 잔치상을 차려 줄 수도 없는 실정이다. 여기에 최고정치지도자의 문민출신 카리스마적인 성향은 직위나 사람의 교체를 의미할 뿐 진정한 합법적이고 합리적인 지배의 시대를 열어가고 있는지 의문이다. 김영삼 · 김대중정부에 이르는 과정에서 과연 권력의 심장부인 청와대는 그 이전의 군인출신 대통령시대와 무엇이 본질적으로 달라진게 있는지 심각하게 자문해 보아야 한다. 그리고 국회는 무엇이 과거와 달라졌는지, 김영상정부하의 여대국회가 보여준 행태가 그 이전 여대국회의 모습과 무엇이 달랐는지 의문이다. 김대중정부하의 여소국회는 없어져야 할 암적 존재가 아니라 오히려 한국민주주의의 발전을 위한 불가피한 현상으로 수용·극복되어야 할 과제이다.

### 3-2. 새로운 미래를 위한 남은 과제

김영삼·김대중 대통령으로 이어지는 민주화세력 출신의 집권으로 군사정부식의 잔재는 상당부분 청산되어 가고 있다. 특히 사회 곳곳에 스며든 과거의 적폐를 시정하는 개혁의 고삐는 더 이상 멈출 수 없는 우리 앞에 놓여진 역사적 과업이기도 하다. 그러나 비록 한 술에 배부를 수는 없다고 하더라도 문민출신 대통령의 시대에도 여전히 과거의 권위주의적인 모습과 잣대가 사라지지 않고 있다. 그것은 한국 민주화의 상징적 인물인 이들의 집권기간에도 여전히 권위주의적인 잔영이 드리워지고 있음을 의미한다. 김영삼대통령 특유의 집권양태는 총제적인 경제정책의 실패로 인하여 결국 실패한 대통령으로 기록되고 있다. 그렇다면 김대중대통령 특유의 집권양태는 과연 한국민주화를 완성시킨 대통령으로 기록될 수 있을 것인가의 의문이 제기된다. 그러나 적어도 이 시점에서 본다면 그 역시 서구에서 찾아 볼 수 있는 민주적인 집권자이기보다는 혼자서 이끌어 가는 집권자의 모습이 강하게 투영되고 있다. 이러한 현상은 어쩌면 이들 민주투사가 안고 있는 정치적 본성일지도 모른다. 여기에 양김 대통령이 안고 있는 한국민주화의 과도기적인 인물로서의 한계가 드러난다.

김영삼대통령의 집권시절 여당은 김영삼정당이라는데 부인할 수 없었다면, 지금의 김대중대통령의 여당 또한 김대중정당임을 부인할 수 없다. 현대적인 정당국가화의 경향에 비추어 본다면 정당의 민주화는 곧 그 국가의 민주화의 주요한 척도이다. 하지만 한국정당은 여전히 특정인물을 중심으로 형성된 사당적 성격을 띠고 있다. 여기에 민주화의 완결에 한계가 따른다. 그간의 민주화과정을 통하여 헌법도 안정기에 접어들었고 또한 선거도 최소한의 공정성을 확보하고 있는 가운데 일련의 법과 제도도 상당부분 정비되어 있다. 그러나 여전히 정당민주화는 잰걸음상태이다. 실망스럽게도 현실은 정당민주화의 완결편은 다음 세기로 넘겨야 할 것 같은 안타까움이 든다.

#### 4. 새로운 도약을 위하여

21세기를 앞둔 문명사적 전환기에 서 있는 한국은 국내외적으로 통일대업과 IMF위기 탈출이라는 두 마리의 토끼를 동시에 쫓아가야 하는 어려운 상황에 처해 있다. 그럼에도 불구하고 국내정치는 여전히 집권세력내부에서 비롯된 내각제 개헌이라는 권력구조 개편 인자가 잠복해 있다. 또한 2,000년에 치루어지는 제16대 국회의원총선거는 직선대통령이 이끄는 정부와 국회 사이의 갈등을 어떻게 치유해 나갈 것인지 주요한 시금석이 될 수밖에 없다.

이러한 갈등에 비추어 전면적인 헌법개정이 하나의 돌파구가 될 수는 있다. 그러나 전세계 민주국가에서도 항시 헌법상 권력구조의 틀에 대한 변화의 논의가 끊임없이 제기되고 있지만 기존 틀을 쉽사리 저버리지 못하고 있다. 현행 한국헌법이 대통령제적인 요소와 의원내각제적인 요소의 혼재로 인하여 정치적 혼란을 야기시킬 소지가 있는 것은 사실이다. 그러나 헌법개정보다 더 주요한 가치는 최초로 국민적 합의에 의하여 탄생한 헌법이 정상적으로 작동될 수 있는 터전을 마련해 주는 것이 보다 한국민주화의 완결을 위하여 바람직한 일이다. 헌법이 요동치는 나라치고 안정된 민주국가를 찾아보기 어렵다는 사실 하나만으로도 더 이상 설명을 요하지 아니한다.

이 시점에서 우리에게 필요한 것은 정치적 소용돌이나 갈등이 아니라 정치와 헌법의 안정위에 국민적 통합을 이룩하는 것이다. 온 나라를 초토화시킨 바 있는 북한집단과도 햇볕정책을 통하여 대화와 타협을 이끌어 나가고 있는 마당에 국내 정치와 관련된 대화와 타협이 불가능할 수는 없는 일이다. 정치계 스스로의 자성을 기대하며 이들을 독려할 언론과 시민단체의 따가운 감시는 발전을 위한 국민통합의 길을 열어갈 수 있게 할 것이다. 비록 시련에 처해 있지만 그간 우리가 일구워 놓은 경제적 한강의 기적을 이제 정치적 한강의 기적으로 승화시켜 나가야 할 때이다.

국회보_1998. 8

## 대한민국 헌법사에 있어서 공화국의 숫자매김(순차)

대한민국헌법사를 조명하는 시각은 다양하게 전개되고 있고, 특히 공화국의 시대적 구분 등에 관하여는 여전히 미해결로 남아있다. 소극적으로는 군주제를 배척하고 적극적으로는 자유 · 평등 · 복지의 원리에 입각한 국민주권주의를 의미하는 공화국은 헌법사적인 혼란의 와중에서 새로운 순차 매김을 강요당하여 왔다. 1960년 4 · 19의 완성된 혁명 여부, 1961년 5 · 16쿠데타로 비롯된 공화국헌법의 일시중단과 1962년 새 공화국헌법 시행, 1972년 이른바 유신정변, 12 · 12와 5 · 18쿠데타에 이은 1980년 헌법, 1987년 6월항쟁 및 그에 따른 헌법의 전면적 변혁을 어떻게 새길 것이냐에 따라 순차 매김이 달라질 수 있다.

우선 공화국의 숫자 매김이 프랑스에서 일반화되어 있다는 점에는 이론의 여지가 없지만, 프랑스 헌법사에 있어서 공화국의 숫자 매김에 대하여는 오해가 있다. 프랑스 제1공화국은 혁명 이후 나폴레옹 독재체제가 출현할 때까지 지속되었다. 하지만 이 기간 동안에도 헌법이나 헌정체제의 전면적인 변화를 초래하였다는 점을 간과하고 있다. 다른 한편으로는 1958년의 제5공화국은 제4공화국과의 완전한 시간적 · 정치적 단절과정을 거쳤다고 보기는 어렵다. 따라서 프랑스에서 공화국의 숫자 매김조차 우리의 숫자 매김에 반드시 유사한 것이라고 볼 수는 없다. 오히려 프랑스에서 공화국의 숫자 매김은 주권자인 국민의 실질적 헌법제정권력의 발동을 통하여 새로운 국민적 정당성을 가진 공화국헌법의 제정으로 나아갔다는 데에 중점을 두고 있는 것으로 평가하여야 한다.

생각건대 우선 헌정사와 헌법사는 모두 헌법과 헌법현실(**정치현상**)을 대상으로 삼을 수밖에 없다고 하더라도, 헌정사는 주로 사실적 측면에 중점을 두고, 헌법사는 규범적 측면에 중점을 둔다는 점에서 양자의 본질적인 차이점이 있다. 헌정사적인 관점에서 볼 경우에 제1공화국 이승만정부는 적어도 집권초기에는 비교적 민주주의적 헌정운용이 있었음을 평가하여야 한다. 그럼에도 불구하고 독재공화국으로의 전락은 곧 4월혁명으로 이어졌다는 점을 유념하여야 한다. 반면에 박정희정부는 비록 5 · 16쿠데타를 통하여 집권하였지만 민정이양 후 집권초기는 비교적 민주주의적 원리가 작동하였던 시기라는 점도 평가하여야 한다. 따라서 박정희정부를 총체적으로 권위주의정부로 평가하는 것도 재고되어야 한다. 그러므로 헌정사적 평가도 사실상 새 헌법의 제정시점을 기준으로 이를 다소 광역시기화한 것에 불과하다는 비판이 가능하다.

한국 헌법사에 있어서 공화국의 시대구분에 대하여는 헌법규범 자체에서조차도 제5공화국 헌법전문처럼 혼란을 일으키고 있다. 바로 그런 의미에서 공화국의 숫자 매김을 통한 정치적 상징조작이 이루어졌다는 점 또한 부인할 수 없다. 공화국의 숫자 매김은 헌법전문의 개정이라는 표현에도 불구하고, 헌정중단을 야기할 정도의 헌정사적 변혁의 와중에서 주권자인 국민들의 직접적인 개입을 통하여 새로운 헌법을 탄생시켰다면, 그것은 새로운 공화국으로 숫자 매김하여도 무리가 아니다.

새로운 공화국의 순차 매김은 새 공화국의 탄생을 의미한다. 기존 헌정체제가 중단이나 위기에 처하여 주권자인 국민의 직접적인 개입을 통하여 국민적 정당성을 새로이 담보한 헌법이 탄생하였을 때, 적어도 새로운 공화국의 숫자를 매김할 수 있다. 제1공화국에서 제2공화국으로의 이행은 4 · 19의 성공한 혁명 여부를 떠나 4 · 19로 인하여 제1공화국의 종말을 고하였고, 그에 따라 주권적 의사에 입각한 새로운 헌법을 제정하였다는 점에서 1960년 헌법은 제2공화국헌법으로 보는 데 전혀 무리가 없다. 또한 비록 쿠데타에 의하여 제2공화국헌법이 사실상 정지되었다가 새로운 헌법제정에 국민적 합의가 이루어졌고 이에 따라 새 헌법이 제정되고 공화국헌법체제가 부활되었다는 점에서 1962년 헌법은 제3공화국헌법이라 하여도 무방하다. 1987년 헌법은 적어도 25년간 지속되어 왔던 권위주의군사정부가 시민의 힘에 의하여 항복함에 따라 국민적 합의에 기초하여 탄생한 헌법이라는 점에서 새로운 공화국의 자리 매김에 손색이 없다.

1972년 헌법과 1980년 헌법은 편의상 각기 제4 · 제5공화국헌법이라고 칭하더라도 그것은 다른 공화국과는 구별되는 전제주의적 독재공화국헌법에 불과하다. 하지만 전제주의적 독재국가체제로 왜곡된 형태라고 하더라도 헌법학계의 통설에 따를 경우 여전히 공화국의 한 유형으로 볼 수밖에 없으므로, 그 성격상의 상이함에도 불구하고 이 공화국에도 공화국의 숫자 매김을 하는 것이 헌법사의 편년체적인 이해에 기여할 수 있다.

공화국의 숫자 매김은 반드시 일의적으로 정의할 수 없는 어려움이 있는 것은 사실이다. 하지만 헌법제정권력의 발동을 통하여 실질적 헌법제정에 이른 헌법사적 변화를 공화국의 숫자 매김을 통하여 정리하는 것도 의의가 있는 일이다. 바로 그런 점에서 새로운 공화국의 숫자 매김은 과거의 부정이 아니라 미래를 향한 논의여야 한다.

**성낙인, 헌법학 제14판에서 발췌**

# 헌법의 실패와 공화국의 영속성 (헌법 실패와 정권 실패)

제헌의회는 1948년 7월12일 공화국의 새로운 헌법을 제정하고 이를 7월17일에 공포함으로써 '제헌절'로 기리고 있다. 그 공화국 헌법의 제정주체는 바로 '유구한 역사와 전통에 빛나는 대한국민'이었다.

헌법 제1조에서는 '대한민국은 민주공화국'임을 명시하고 있다. 그 공화국은 북한의 인민민주주의공화국에 대칭되는 자유민주주의공화국이다. 그러나 제헌헌법의 그 타협적이고 갈등적인 헌법규범은 오늘날까지 한국헌법사를 얼룩지게 하는 긴 흠집을 남기고 있다. 국민의 자유와 평등, 그리고 복지를 향한 공화국의 이념과 지표보다,당리당략에 얽매인 집권세력의 일탈된 행동은 헌법을 요동치게 했다. 공화국 건설의 주체인 국민은 뒷전으로 밀려나고,집권자의 자의적 노리개로 헌법은 전락했다. 그런 척박한 상황에서 그 어떠한 헌법이 탄생한들 그것은 정권의 실패와 헌법의 실패로 이어질 수밖에 없었다.

그간 아홉 차례에 걸친 헌법개정사는 그 얼룩진 단면을 적나라하게 보여주고 있다.

△ 이승만 대통령의 집권연장을 위해 대통령직선제를 도입한 1952년 제1차 개헌의 절차적 위헌성

△ 초대대통령에 대한 중임제한을 철폐한 1954년 제2차 개헌의 의결정족수를 위배한 소위 4사5입 개헌

△ 1960년 3 · 15부정선거에 항의한 4 · 19학생혁명에 따른 제2공화국의 의원내각제 헌법

△ 반민주행위자 처벌을 위한 소급입법의 헌법적 근거를 마련하기 위한 1960년 제4차 개헌

△ 5 · 16군사쿠데타에 따른 헌법의 정지와 1963년 제3공화국 헌법

△ 대통령의 집권연장을 위한 1969년 제6차 개헌

△ 유신정변에 따른 1972년 제4공화국 헌법

△ 1980년 서울의 봄을 무참하게 짓밟은 제5공화국 헌법을 거쳐

△ 대통령직선제 쟁취를 위한 6월 항쟁 이후 마련된 현행 제6공화국 헌법으로 이어졌다.

그 사이에 대한민국이라는 공화국은 자의반타의반 여섯 자리 숫자에 이르는 공화국 숫자의 증가로 이어졌다. 1987년 민주화 시대를 풍미한 야당의 지도자 김영삼 김대중의 분열은 군출신 대통령시대를 연장할 수밖에 없었다. 1992년 3

당야합이라는 비판속에서도 김영삼은 대통령에 당선됐다. 국민적 개혁의지를 국정에 투영하려는 문민정부의 노력에도 불구하고,임기말 터진 아들의 비리에 이은 금융비리는 마침내 미증유의 IMF체제로 막을 내렸다. 김영삼정부의 실패는 역설적으로 1997년 김대중정부의 탄생으로 이어졌다. 정권교체 한번 해보지 못한 '한국민주주의의 한恨'은 국민의 정부 탄생으로 새로운 전기를 맞이했다. 그러나 임기말 불거진 부패 스캔들과 친인척 비리는 또 다른 실패를 예고하고 있다. 문민정부와 국민의 정부의 실패는 민주화투쟁 경력이 곧 국가경영 능력으로 연결될 수 없음을 극명하게 보여주게 됐고, 그것은 곧바로 대한국민과 한국민주주의의 부담으로 남게 됐다. 군사문화에 젖은 권위주의시대에 대통령 권력의 인격화를 통한 지배는 이제 문민지도자에 의한 영웅주의적 대통령의 시대를 맞이하고 말았다. 그것은 제왕적 대통령제란 이름으로 정부의 실패를 문책하기도 하고,대통령중심제적인 헌법의 실패를 나무라기도 한다.

1997년 대통령선거기에 제기됐던 권력분점론은, 이제 또 2002년 대통령선거를 앞두고 제왕적 대통령제의 극복이라는 명제를 던져주고 있다. 전·현직 대통령의 실패가 헌법의 실패이든 정권의 실패이든 간에, 그 실패는 실패 그 자체로 끝나는 것이 아니라 새로운 미래를 위한 설계로 이어져야 한다.

지난 반세기 이상 나라의 민주화를 위한 국민적 열망은 새로운 공화국의 숫자 매김과 더불어 새로운 웅비를 준비해 왔다. 아무리 거센 파도가 휩쓸어 가도 그 자리에 남겨진 파도의 흔적은 한국민주주의의 발전을 위한 고귀한 싹으로 작동해 왔다.

돌이켜 보면 그간 제 발로 걸어서 청와대를 나가지 못하던 '대통령의 실패'에 이은 '헌법의 실패'는 정권교체와 더불어 이제 살아있는 전직 대통령들의 시대를 열어가고 있다. 비록 그들이 여전히 실패한 대통령으로 머물지라도 그들의 실패는 새로운 교훈을 남겨 줄 것이다. 그 옥석을 가리는 것은 국민의 몫으로 남게 된다. 그 국민적 통찰력과 예지를 통해 미래를 향한 공화국의 영속성이 보장될 수 있을 것이다.

한국경제신문_2002. 7. 16.

## 몽테스키외의 권력분립론과 현대적 전개

정치적 기술로서의 권력분립은 국가작용의 원활한 수행과 개인의 기본권보장을 위하여 입법 · 행정 · 사법 등의 국가기능이 상호 독립성을 유지하는 가운데 각기 상이한 기관이 담당하게 하는 것이 합리적이라는 데에 기초한 이론이다. 그런 의미에서 권력분립은 하나의 '정치적 지혜'의 원리이다. 권력분립론은 정치적으로 어려운 상황에 직면하여 어떤 특정 시점에서 보다 안락한 정치적 양태로서 제기된 이론이다. 따라서 권력은 그 본질상 당연히 분리되어야 한다는 것도 아니고 또 그것이 둘 혹은 셋으로 반드시 분리되어야 한다는 의미도 아니다. 다만 둘 혹은 셋으로 분립되는 것은 헌법제정자의 의사에 따라 그 시대적 상황에 부응한 것에 불과하다.

권력분립의 원리는 그 이론적 기초로서 대의제와 직접 관련된 이론이다. 따라서 직접민주주의제에서는 권력분립론이 특별히 차지할 위상이 없다. 예컨대 직접민주주의를 실천하고 있는 스위스에서는 권력분립론이 특별한 의미를 갖지 못하고 있고, 또한 고대민주주의국가에서 권력분립론이 엄격히 적용되지 못하였던 것도 같은 의미로 받아들일 수 있다.

역사적으로 권력분립론은 국민주권론과 더불어 절대권력에 대항하는 하나의 무기로서 등장하였다. 그런 의미에서 미국독립혁명과 구체제를 청산하는 프랑스혁명 과정에서 자연스럽게 권력분립론이 제기되었다. 정치적으로 권력분립의 원리는 상호 분립된 권력 사이의 공화를 통한 균형을 이룸으로써 정치적 자유의 원동력으로서 기능하고 있다. 그리고 대의제원리에 따라 의회 등에 의한 국민의 자유와 권리의 침해가능성을 방지하는 하나의 중요한 원리로 정착되었다.

### 몽테스키외 이전의 권력분립이론

몽테스키외 이전에도 다수의 학자들은 이미 국가기능의 유형화이론을 제시한 바 있다. 고대 그리스의 아리스토텔레스는 '정치학'에서 공적 업무를 심의하는 의회, 공무원단, 사법관 사이의 기능을 유형화한 바 있다. 근대에 이르러 자연법론자들도 정치적 기능의 분립을 논하였다. 그러나 이들이 제시한 논리는 단순히 국가기능의 이론적 분석에 그치고 있으며, 그것을 헌법상 국가기능의 조직에 실제로 적용시키는 것까지는 미처 생각하지 못하였다. 이러한 흐름은 로크의 '시민정부2론'에서도 마찬가지였다. 그는 국가기능을 다음과 같이 분류하였다. 즉 국가권력을 규율할 권리를 갖는 입법권은 공동체와 그 구성원의 보전을 담당하고, 집행권은 법률의 시행을 보장하고, 동맹권은 대외관계에 있어서 국가를 대표한다.

또한 몽테스키외 이전에도 국가의 주요기능을 동일한 기관이 장악하는 것은 바람직하지 못하다는 견해가 제기되었다. 그러나 권력의 균형은 왕과 의회 그리고 귀족 사이의 균형에 불과하였다. 로크도 입법기관과 집행기관이 분리되어야 한다는 주장을 하였으나 그에 관한 충분한 논거를 제시하지는 못하였다. 아무튼 "법률제정권자가 집행권까지 장악하려 한다면 그러한 기도는 너무 지나치다. 왜냐하면 그는 스스로가 만든 법률에의 복종을 면제받을 수 있기 때문이다."

#### 몽테스키외의 권력분립론

몽테스키외는 '법의 정신'에서 국가의 기능을 입법 · 행정 · 사법의 3권으로 정립할 것을 주장하였다. 이 책에서 몽테스키외의 기본정신은 다음과 같이 분명히 나타나 있다.

"정치적 자유는 절제된 정부에서만 존재한다." 몽테스키외가 적시하는 절제된 정부란 난폭한 전제주의체제가 아닌 정부를 지칭한다. 여기에는 민주공화국 또는 귀족공화국과 군주제라는 두 가지 유형이 있다. "그러나 정치적 자유는 절제된 정부에도 항시 존재하는 것이 아니다. 그것은 이 권력을 남용하지 않을 때에만 존재한다; 그러나 권력을 가진 자는 그 권력을 남용하려 한다는 것이 영원한 경험법칙이다; 그는 권력의 한계에 이르기까지 이를 행사하려 한다." "이러한 권력을 남용하지 않도록 하기 위하여 권력이 권력을 차단하는 장치가 필요하다." 결국 몽테스키외는 어떠한 형태의 권력집중도 거부하며, 그렇지 않을 경우 자유란 있을 수 없다고 보았다.

"한 사람에게 입법권과 집행권을 동시에 부여할 경우에, 자유란 있을 수 없다. 왜냐하면 그럴 경우 군주든 의회든 독재적인 법률을 제정하고 이를 독재적으로 집행하려 할 것이기 때문이다." 또한 "사법권이 입법권이나 집행권으로부터 분리되지 않을 경우에도 자유란 있을 수 없다. 사법권이 입법권과 합쳐질 경우, 시민의 생명과 자유에 관해 권력은 자의적으로 행사될 것이다. 왜냐하면 법관이 입법자이기 때문이다. 또한 사법권이 집행권과 합쳐질 경우, 법관은 압제권을 갖게 된다. 동일한 인간이나 동일한 집단이 법률제정권, 정치적 결단을 집행할 권한, 개인의 범죄행위를 판단할 권한과 같은 이 세 가지 권력을 행사할 경우 모든 것을 잃게 된다."

몽테스키외의 권력분립론은 특히 영국의 로크의 이론적 영향과 그 자신의 영국여행을 통하여 얻은 체험을 바탕으로 기존의 권력분립론을 보다 현실화시킨 것이다. 비록 몽테스키외가 영국의 헌정제도를 이해함에 있어서 다소간 미흡한 점이 있었다 하더라도 그 기본정신은 영국적인 체험에서 비롯되었음을 부인할 수 없다. 사실 몽테스키외의 이론은 권력분립에 관한 새로운 지평을 연 것임에 틀림없다. 그는 로크가 생각하지 못했던 사법권의 독립·분립이론을 제시하였고, 특히 프랑스혁명 당시의 인사들도 제대로 이해하지 못한 권력의 균형과 공화이론을 제시하였다. 그의 권력이론은 결정권과 통제권을 통해서 권력기관 사이에 하나의 '콘서트'를 이루는 것이다. 또한 그는 의회도 상호 견제·조정을 위해서 양원제여야 한다고 보았다. 몽테스키외의 권력분립론은 '견제와 균형이론'théorie des freins et des contrepoids으로 명명되는바, 그것은 미국에서 checks and balances로 표현되고 있다.

성낙인, 헌법학 제14판에서 발췌

## 정부형태론

오늘날 헌법학이나 정치학 등에서 일반화된 용례인 국가의 통치질서형태로서의 정부형태라는 용어는 당해 국가의 헌정체제로 지칭되기도 하고, 또는 보다 일반적인 의미로서 대통령제 · 의원내각제(**의회제**) · 반대통령제(**이원정부제**) 등 집행권과 입법권과의 관계에 관한 문제로서 지칭되기도 한다. 근대입헌주의 헌법 이래 일반화된 성문 · 경성헌법의 원리에 따라 정부형태를 파악하는 기본적 출발점은 성문헌법이어야 한다. 따라서 성문의 헌법체제를 뛰어넘는 어떠한 논의와 해석 및 헌법현실에서의 적용도 용납될 수 없다.

정부형태의 논의는 크게 자유민주주의체제와 사회주의적 전제체제, 그리고 자본주의적 전제체제라는 자유체제와 전제체제라는 분류의 틀을 기본으로 전개되어 왔다. 그러나 오늘날 사회주의체제는 새로운 변화를 통하여 자유의 원리를 수용하고 있으며, 자본주의체제에서 자행되었던 제3세계국가에서의 개발독재 또한 자유의 보편화현상에 따라 붕괴되어 가고 있다. 이제 세계사의 흐름은 자유민주주의체제로 접근 내지 동화되어 가고 있다. 이에 정부형태에 관한 논의도 자연히 유럽 각국이 쌓아올린 모델인 대통령제 · 의원내각제 · 반대통령제(**2원정부제**) · 회의정체 등의 헌정체제에 관한 논의로 한정되고 있다.

대통령제는 그 고향인 미국 헌법체제에서 그 원형을 찾아야 하고, 따라서 그 이외의 각국 헌정에서 전개되고 있는 규범과 현실은 대통령제의 변형된 모델이다. 그런데 의원내각제는 유럽 각국에서 널리 시행되었거나 또는 현재 시행되고 있는 제도이지만, 각국의 특수한 상황에 따라서 정착된 제도이므로 그것을 어느 특정의 모델에 한정시킬 수 없었고 그 개념정의도 다양하다. 의원내각제라는 용어는 대통령제에 대칭되는 개념인 의회제를 지칭하는 것이라 볼 수 있지만, 그 의회제는 다시 대륙식 의원내각제와 영국식 내각책임제로 크게 양분되고 있다. 그러나 일반적으로 통용되고 있는 내각제 · 내각책임제 · 의원내각제 등은 학문적으로 분류한 의원내각제에 관한 논의에 관계없이 대통령제에 대응하는 정부형태로서의 의회제적인 정부형태 일반을 지칭하는 것이다. 게다가 뒤베르제 등에 의하여 체계화된 半대통령제 모델 국가들조차도 그들 헌법의 제도적 뿌리를 의회제적 원리에 두고 있음에 비추어 본다면 의원내각제원리의 변용은 매우 다양하게 전개되고 있다는 것을 알 수 있다.

성낙인, 헌법학 제14판에서 발췌

## 절충형 정부형태의 원형으로서의 이원정부제 (반대통령제)

대통령제의 전형적인 모델로 미국의 대통령제를 지칭한다면, 의원내각제적 요소를 전혀 도입하지 않고 미국의 대통령제와 동일한 정부형태를 취하고 있는 나라는 없다고 보아도 과언이 아니다. 반면 **(일원적)** 의원내각제의 경우에 영국의 내각책임제를 준거로 하든지, 프랑스 제3 · 제4공화국과 독일 · 이탈리아 등 유럽국가의 의원내각제를 준거로 하든지 간에, 의원내각제에 대통령제적인 요소를 가미한 정부형태는 매우 다양하다. 따라서 미국의 대통령제와 의원내각제의 중간에 위치한 모든 나라의 정부형태를 절충형 정부형태로 이해하고 분류하는 한, 그것은 헌법상 제3의 정부형태로서의 의미를 특별히 갖지 못한다. 바로 그러한 의미에서 전통적인 의원내각제와 대통령제가 아닌 제3의 정부형태 모델로서 이원정부제의 개념정립이 필요하다.

사실 대통령제와 의원내각제는 각기 그 제도의 고향에서 뿌리를 내리고 있지만, 후발 민주주의국가에서 헌법상 권력구조를 정립하면서 각기 이들 두 개의 모델을 채택해 보았으나, 제대로 정립되지 못하고 항시 갈등을 야기하여 잦은 정변으로까지 이어져 왔다. 또한 의원내각제의 고향인 유럽 각국에서조차 정부불안정이라는 의원내각제의 병폐를 치유하고자 '의원내각제의 합리화' 이념을 실천하기 위한 일련의 제도를 헌법에 도입하고 있다. 독일이 '건설적 불신임투표제'를 도입하면서 의원내각제적인 모델을 유지하고 있다면, 고전적 의원내각제의 고향인 프랑스에서는 제3 · 제4공화국에서 연출되었던 '정부의 불안정'을 해소하고자 제5공화국헌법에서는 대통령권력의 실세화를 통하여 '정화된 의원내각제'를 구축하였으나, 1962년 헌법개정을 통하여 대통령 직선제를 도입함으로써 진정한 의원내각제라 할 수 없는 절충형 정부형태의 한 전형을 보여 주고 있다. 이에 전통적 의회제의 합리화이념이 집행권의 강화 및 대통령권한의 실질화에 이르게 됨에 따라, 고전적 의회제의 틀을 크게 벗어난 헌법규범과 헌정실제를 두고 모리스 뒤베르제가 1970년 그의 헌법교과서에서 최초로 이론적 체계를 제시한 이래 1978년 또 다른 저서에서 이에 관한 다양한 모델을 정형화시켰으며, 1980년에 발표된 논문에서 이를 종합정리한 바 있다. 특히 1983년에 개최된 국제학술대회에서는 반대통령제에 관해 많은 정치헌법학자들의 논문발표 및 각국의 전·현직 수상을 비롯한 정치지도자들이 토론에 참여하였던 바, 그 내용이 뒤베르제의 책임감수로 출간된 바 있다. 이에 프랑스의 대표적 일간지인 르 몽드Le Monde는 1981년 이래 이 용례를 수용하고 있으며, 핀란드·포르투갈 등에서도 이를 정부형태의 한 모델로 받아들이기에 이르렀다.

### 헌법규범상 이원정부제의 범주

국내 헌법학계의 다수견해는 정부형태의 제3유형인 이원정부제의 독자성을 인식하고 있다. 그렇다면 이원정부제이론의 체계적 정립이 필요하다. 이원정부제는 적어도 의원내각제라 할 수도 없고 그렇다고 대통령제라고도 할 수 없는 제3의 독자적인 정부형태로 정립되어야 한다는 전제에서 논의가 전개되어야 한다. 우선 헌법규범을 중심으로 대통령제와 의원내각제라는 양극단의 제도를 8등분하여 이를 도식화한다면 다음과 같다.

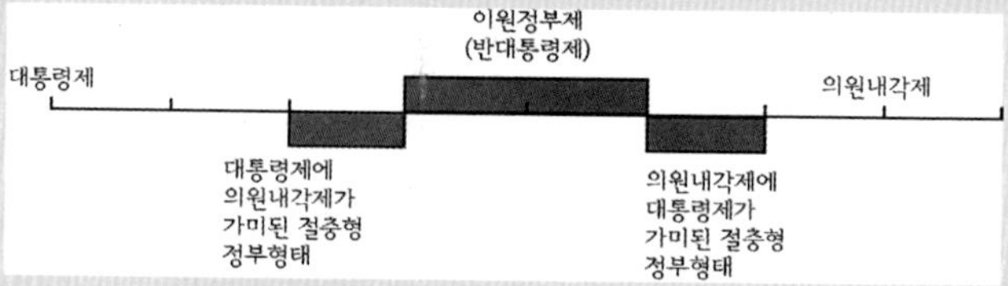


첫째, 8분의 6 이상이 대통령제적 요소를 갖고 있을 경우에는 대통령제로 보아도 무방하다. 따라서 헌법규범이 이러한 내용을 담고 있음에도 불구하고 이를 의원내각제나 이원정부제로 운용하기는 어렵다.

둘째, 마찬가지로 8분의 6 이상이 의원내각제적 요소를 갖고 있을 경우에는 의원내각제로 보아도 무방하다. 따라서 헌법규범이 이러한 내용을 담고 있음에도 불구하고 이를 대통령제나 이원정부제로 운용하기는 어렵다.

셋째, 8분의 5 이상 8분의 6 이하가 대통령제적 요소를 갖고 있을 경우에는 이를 단순히 대통령제로 보기는 어렵기 때문에 대통령제에 의원내각제적 요소가 가미된 절충형 정부형태로 볼 수 있다. 이 경우 대통령제나 이원정부제로 운용될 수도 있다.

넷째, 8분의 5 이상 8분의 6 이하가 의원내각제적 요소를 갖고 있을 경우에는 이를 단순히 의원내각제로 보기는 어렵기 때문에 의원내각제에 대통령제적 요소가 가미된 절충형 정부형태로 볼 수 있다. 이 경우 의원내각제나 이원정부제로 운용될 수도 있다.

다섯째, 8분의 3 이상 8분의 5 이하가 대통령제적인 요소를 갖거나 반대로 8분의 3 이상 8분의 5 이하가 의원내각제적인 요소를 갖는 정부형태는, 이를 대통령제에 의원내각제적인 요소가 가미된 절충형정부형태 또는 의원내각제에 대통령제가 가미된 절충형정부형태로 명명하기에는 불충분하기 때문에, 이를 제3의 독자적인 정부형태인 이원정부제로 분류하여야 한다. 이와 같은 헌법규범에서는 항시 이원정부제적 헌법현실이 전개될 가능성이 열려 있다.

이원정부제의 본질적 요소: 대통령제적 요소로서 국민의 보통선거에 의한 대통령선거와 의원내각제적 요소로서 의회의 대정부불신임권

첫째, 이원정부제는 넓은 의미의 정부 즉 집행권이 대통령제와는 달리 대통령과 수상을 중심으로 하는 좁은 의미의 정부로 이원화되어 있다. 입헌군주제에서 국왕은 상징적 · 명목적 · 의례적 지위와 권한만을 갖기 때문에 이원정부제가 도입될 여지가 없다. 이원정부제에서의 국가원수는 왕이 아닌 대통령이라는 점에서 半대통령제라는 용례가 적실성을 가진다.

둘째, 이원정부제에서 대통령이 실질적 권한을 갖기 위하여 가장 이상적인 것은 미국의 대통령과 같이 직접 국민적 정당성을 확보하여야 한다. 즉 국민의 보통선거를 통하여 대통령은 사실상 직선되어야 한다. 이에 따라 이원정부제에서는 대통령제와 마찬가지로 대통령과 의회라는 두 개의 국민적 정당성의 축이 병존한다.

셋째, 하지만 대통령제와는 달리 정부와 의회는 일정한 연계를 구축하고 있다. 그것은 국민적 정당성을 확보하고 있는 대통령의 정치적 무책임에 비추어 수상을 중심으로 하는 정부가 의회 앞에 정치적 책임을 지는 이른바 의회의 정부불신임권의 제도화이다. 이에 뒤베르제는 이원정부제의 본질적 요소로서 대통령제적 요소로서의 국민의 보통선거에 의한 대통령선거와 의원내각제적 요소로서 의회의 정부불신임권을 들고 있다.

결국 이원정부제의 본질적 요소는 ㉠ 집행부의 실질적 이원화**(양두제)**, ㉡ 대통령의 사실상 직선제, ㉢ 의회의 정부불신임권으로 요약할 수 있다.

이러한 기본적 요소 이외의 사항은 각국의 헌법규범과 헌법현실에 따라 상당한 차이를 보이고 있다. 특히 집행부의 의회해산제도와 국가긴급권은 나라에 따라 차이가 있으므로 뒤베르제도 이원정부제의 본질적 요소로 보지 아니한다.

성낙인, 헌법학 제14판에서 발췌

## 현행헌법의 이원정부제적 운용의 가능성

한국헌법사에 있어서는 흔히 집권세력의 교체를 마치 새 공화국의 건설로 이해하여 헌법의 전면적인 개정을 단행하고 새 공화국의 순차를 부여함으로써 공화국이라는 '상품전시장'에 불과하다는 비판을 받아 왔다. 따라서 진정한 의미의 평화적 정권교체는 1997년 대통령선거를 통하여 구현되었지만 그것은 여소야대 상황에서 구현된 소정권교체에 불과하였다.

하지만 오늘의 현실적 상황에 안주하지 않는 미래지향적 대응이 요망된다. 앞으로 전개될 헌정실제에서 적어도 인위적인 정계개편과 같은 반의회주의적인 행태가 시정된다면, 5년 단임의 대통령과 4년 임기의 국회다수파의 일치와 불일치에 따라서 다양한 헌정사적 변용이 전개될 수밖에 없다. 특히 인격화된 대통령시대를 마감해야만 하는 시대적 상황과 맞물려 국회다수파 또한 동질적인 경우는 물론이고 김대중정부에서의 '공동정부'와 같이 이질적인 경우에는 또 다른 헌법현실이 연출될 수 있다.

### 대통령과 동일정당에 의한 국회다수파의 일치: 대통령주의제

한국헌정사에 있어서 국무총리는 방탄총리·의전총리에 머물러 있었다. 실제로 국무총리는 국회의 해임건의권에 의하여 해임되기보다는 대통령의 명에 따라 일방적으로 임면되어 왔기 때문에 국무총리의 존재 자체를 대통령의 신임에만 의존하여 평가하여 왔다. 대통령의 국회다수파 지배라는 헌법현실에 휘둘려 헌법상 국무총리의 임명에 있어서 국회의 사전동의·재임 중 국회의 해임건의권이라는 제도적 장치를 무력화시켜 버렸다. 헌법상 부여된 국무총리의 국무위원임명제청권 등은 종이조각에 불과하고 오로지 대통령의 권한만 전면에 부상되었다. 따라서 적어도 제6공화국헌법 이전의 대통령 권력의 인격화는 이른바 제왕적 대통령주의제로 평가하여도 무리가 없다.

현행헌법에서 대통령은 그 이전과는 상당한 차이를 드러내고 있다. 노태우 대통령시절 짧은 여소야대는 3당합당으로 다시금 여대야소로 귀결되었다. 그러나 대통령은 집권당을 일사불란하게 통할하는 주체라기보다는 3개 정파 중 제1정파의 수장에 불과하였다. 당내 제2정파에 불과한 김영삼 대표의 끊임없는 도전으로 말미암아 대통령은 당을 제대로 장악할 수 없었다.

김영삼정부는 여대야소라는 편안한 분위기에서 문민정부라는 시대적 차별성을 부각시키면서 노태우 대통령시대를 뛰어넘는 강력한 대통령주의제적 경향을 연출할 수 있었다. 그러나 민자당의 제3정파인 김종필씨와의 정치적 결별은 집권후반기를 불안하게 만든 요인이었다.

#### 대통령과 복수정당에 의한 국회다수파의 일치: 이원정부제적 운용가능성

1998년 헌정사상 최초로 대통령직의 정권교체를 이룩한 김대중정부가 들어서면서 야기된 여소야대하의 국무총리임명동의안 파동은 국회다수파의 동의없이는 국무총리임명이 불가능하다는 사실을 단적으로 보여준 바 있지만, 또 다시 인위적인 여대야소로 되돌아갔다. 하지만 김대중 대통령하에서 김종필 국무총리는 바로 공동정부의 한 축이라는 점에서 더 이상 방탄총리 · 의전총리가 아니었다.

김종필 국무총리는 국회다수파의 한 축을 이루는 수장이기 때문에 헌법상 국회와 대통령의 명실상부한 이중의 신임에 기초하고 있었다. 집행권의 양두화 현상은 특히 공동정부가 1년을 지나면서 더욱 심화된 바 있다. 예컨대 정부조직법개정안에 따라 대통령의 인사권과 총리의 예산권으로 이원화된 바 있다. 또한 국무위원임명제청권의 행사도 실질화되었다. 이를 "한 지붕 두 가족"에서 "헌법상 총리권한 내각제 안 부러워"라든가, "헌법대로일 뿐"이라고 적시함으로써 이원정부제적인 헌법규범이 헌정현실에 적용된 것으로 평가할 수 있다. 바로 그런 점에서 이 기간은 집행권의 양두제를 의미하는 이원정부제적인 시험기로 볼 수 있다.

#### 대통령과 국회다수파의 불일치: 이원정부제의 현실화

현행헌법에서 대통령재임 중 실시된 국회의원총선거에서 단일야당이 국회과반수를 확보할 경우에는 이원정부제가 현실화될 가능성이 높다. 이하에서는 이러한 가설에서 드러날 새로운 양상을 살펴보고자 한다.

국회가 야당에 의하여 장악되고 있음에도 불구하고 대통령은 여전히 헌법상 자신에게 부여된 권한을 최대한 발휘하려 할 것이다. 반면에 국회를 장악한 야당은 헌법상 국회에 부여된 대정부견제권을 최대한 발휘하려 할 것이다. 더구나 국무총리임명문제는 이제 1998년의 상황과는 전혀 다른 방향으로 전개될 가능성이 높다. 두 개의 국민적 정당성의 축이 병존하는 이원정부제적 상황에서 새롭게 국민적 신임을 획득한 국회다수파는 국민적 신임에 바탕을 둔 공세를 취할 것임은 분명하다.

그것은 대통령과 총리의 "육체적 결합관계가 없는 결혼"mariage blanc에 해당하는 프랑스식의 동거정부는 아니라 하더라도 국회다수당과 사전적인 정치적 조율이 없는 국무총리를 비롯한 내각의 구성은 불가능할 것이며, 경우에 따라서는 여야간 연립정부의 구성도 가능할 것이다. 바로 여기에 미국식 대통령제와의 차별성이 부각된다. 또한 헌법상 국회의 동의를 얻어 대통령이 임명하는 주요공직인 헌법재판소장 · 대법원장 및 대법관 · 감사원장은 더 이상 대통령의 고유권한으로 머물 수 없게 될 것이다.

대통령과 국회다수파의 갈등이 심화될수록 대정부질문과 국정감사·조사 등을 통하여 정치적 · 법적 문제점을 노출시킨 다음에 국무총리 · 국무위원해임건의권의 발동으로 연결시키려 할 것이다. 의원내각제 국가에서의 불신임동의권제도도 원래 국회의 대정부질문을 통하여 이를 신임문제로 연결interpellation시키는 데에서 비롯되었음을 상기할 필요가 있다.

여기에 현행헌법이 안고 있는 문제점이 극명하게 드러날 뿐만 아니라, 헌법재판소를 비롯하여 현행헌법상 정부형태를 대통령제 내지 대통령중심제로만 이해하는 데 그 한계가 드러난다. 그것은 동시에 헌법상 "국무총리는 대통령을 보좌하며, 행정에 관하여 대통령의 명을 받아 행정각부를 통할한다"라는 규정에 얽매인 헌법규범의 평면적 이해의 한계를 의미한다.

이러한 문제점을 해결하는 하나의 방안으로서 대통령과 총리가 역할을 분담하는 권력분점론 내지 권력분산론이 제기될 수 있다. 권력분점론에 기초한 이원정부제가 가장 잘 실천하고 있는 나라는 핀란드이다. 그것은 핀란드가 처한 특유한 역사적 상황과 맞물려 왔다. 초강대국 러시아를 이웃에 두고 있는 이 나라로서는 외교 · 국방문제는 대통령에게 전적으로 일임하여 외교 · 국방문제가 정쟁의 대상이 될 수 없게 함으로써 국가안전보장을 확보하고, 내정문제는 총리를 중심으로 한 정부가 책임지도록 하는 것이다. 이와 같은 논리는 프랑스 제5공화국에서도 자크 샤방-델마스 등에 의해 '유보영역이론'이 개진된 바 있다. 유보영역이론은 특히 동거정부에서 더욱 분명히 그 실체를 드러내고 있는바, 적어도 외교 · 국방 · EU문제에 관한 한 대통령이 직접 간여하고 있다. 특히 아무리 동거정부라고 하여도 외무장관과 국방장관의 임명은 대통령이 적극적으로 반대하지 않는 인사를 임명하고 있다. 그러나 갈등관계는 여전히 존재한다는 데에 유보영역이론의 한계가 있다.

결론적으로 현행헌법에 따라 5년 단임의 대통령선거와 4년 임기의 국회의원 총선거가 교차적으로 시행되는 한, 동일한 헌법규범에서 위와 같은 다양한 헌법현실적 변용을 수용하는 것이 바로 국민적 선택에 순응하는 길이다. 그 과정에서 프랑스적 경험, 특히 1981년에서 1995년간 두 번의 7년 임기를 성공적으로 마친 미테랑 대통령의 재임기간 중에 대통령과 의회다수파의 일치에서부터 극단적 대립관계까지의 헌정운용경험이 주요한 참고가 될 수 있다. 하지만 한국헌법에는 프랑스 등 다수의 이원정부제 국가에서 채택하고 있는 대통령의 의회해산권이 없기 때문에 그에 따른 갈등은 더욱 심화될 소지가 있다. 사실 이원정부제적 헌정운용이 한국적 상황에서 결코 쉬운 일이 아닐 것이다. 특히 대통령과 총리의 권한획정은 헌법규범의 문리적 해석보다는 양자간의 정치적 타협이 오히려 더 중요한 요인으로 작동할 수밖에 없다.

현행헌법상 대통령 · 총리 · 국회다수파의 삼각관계를 중심으로, 다음과 같은 헌정실제가 구현될 수 있다.

① 단일정당으로 형성된 국회다수파의 지지를 받는 대통령우월적 대통령주의제—김영삼 대통령 집권기(1993~1997), 노무현 대통령 집권후반기(2004~2008), 이명박 대통령 집권기(2008~2013), 박근혜 대통령(2013~현재)

② 단일정당으로 형성된 국회다수파의 지지를 받지만 집권당 내부에서 끊임없는 견제를 받는 대통령제—노태우 대통령 집권후반기(1989~1992)

③ 이질적 양당으로 형성된 국회다수파의 지지를 받지만 연립정부에 준하는 공동정부하의 대통령우월적 이원정부제—김대중 대통령 집권전반기(1998~1999)

④ 대통령재임 중 단일야당이 승리할 경우 대통령과 국회다수파의 불일치(가설)—대통령과 국회다수파 사이의 비타협적 갈등의 현실화에 따른 프랑스의 동거정부에 준하는 권력분점론의 현실화

성낙인, 헌법학 제14판에서 발췌

# 권력분점

한국의 헌정사에 있어서 역대 대통령은 항상 제왕적 대통령으로 군림해 왔다. 이승만**李承晩** 전 대통령은 '건국의 아버지'로, 5 · 16으로 집권한 박정희**朴正熙** 전 대통령은 군사적 권위주의로 나라를 '지배'했다. 민주화를 통해 집권한 김영삼**金泳三** 전 대통령, 김대중**金大中** 대통령조차도 권위주의적 틀을 벗어나지 못했다. 그러나 이제 새 대통령은 더 이상 과거 대통령이 가졌던 카리스마를 누릴 수는 없을 것이다. 이미 대선 과정을 통해 정치권의 기득권이 상당 부분 와해되거나 분산되는 방향으로 재편됐다. 노무현**盧武鉉** 당선자 스스로 '탈 권위주의 시대'를 강조하고 있기도 하다. 바로 여기서 한국적인 새로운 지도자 상이 구축돼야 할 필요성이 제기된다. 이를 위해서는 우선 대통령 중심적으로 해석되고 작동되던 헌법 규범의 틀이 당초 규범대로 운용될 수 있도록 하는 작업이 있어야 한다. 대통령제적 요소 외에도 현행 헌법에 들어 있는 이원정부제**(반 · 半 대통령제)** 및 의원내각제적 요소 등 다양한 제도 운용의 틀을 헌정현실에 적응시키는 작업이 필요한 때다.

대선 과정에서 한나라당과 민주당은 모두 대권과 당권의 분리, 즉 대통령과 당 대표직의 분리를 당헌 당규로 제도화했다. 그것만으로도 일차적인 권력 분점의 시동은 걸렸다고 할 수 있다. 나아가 양당은 모두 선거과정에서 권력 분점을 위한 개헌을 약속했고, 선거 후 노 당선자는 2006년까지 개헌을 완료하겠다고 공언했다. 그러나 헌법 개정은 아직은 미래의 일이다. 이 시점에서 보다 시급하고 중요한 과제는 현행 헌법 아래서 어떻게 권력을 분산시켜 제왕적 대통령제를 극복할 것이냐 하는 것이다.

사실 권력 분점은 1997년 대통령 선거과정에서도 이른바 'DJP연합'이라는 형태로 논의됐고 이후 일정 부분 시도되기도 했지만 결국은 실패로 끝났다. DJP식 권력 분점이 실패한 가장 중요한 원인은 그 분점이 헌법적 틀을 기초로 한 것이 아니라 '위인설관식 권력나눠먹기'에 의한 것이었기 때문이라고 할 수 있다. 따라서 새 정부의 권력 분점은 대통령과 국회의 상호 견제를 제도화하고 있는 헌법적 틀을 공식화, 현실화시키는 방향으로 구현돼야 한다.

역대 대통령들은 제왕적 권력을 이용해 국회를 행정부의 시녀화 하거나, 인위적 정계개편을 통해 여소야대를 여대야소로 만드는 방식으로 국회와의 갈등을 해소했다. 그러나 이는 야당의 반발과 국민적 저항을 불러와 결과적으로 정치 불안을 야기했을 뿐이다. 이런 악순환을 되풀이하지 않기 위해서는 대통령의 권력을 분산시키면서 동시에 국회와의 갈등을 해소할 수 있는 접점이 마련돼야만 한다. 그것은 헌법에 규정된 국무총리 임명 절차의 기본 취지 즉, 임명권을 가진 대통령과 그 동의 여부를 결정할 권한을 가진 국회의 이중 신임에 기초한 국무총리가 나오고, 그 국무총리가 정치적 실질적 권한을 행사할 수 있을 때 가능할 것이다.

대통령(**임기 5년**)과 국회의원(**임기 4년**)의 선거 사이클이 엇갈리게 돼 있는 우리나라 선거의 특성상 대통령과 국회 다수파가 일치하기란 쉬운 일이 아니다. 1988년 13대 총선 이래 국회의원 선거는 대부분 여소야대로 귀결됐다. 그럼에도 불구하고 13대 이후 국회는 모두가 임기 중에 여대야소로 변질됐다. 여대야소에서는 대통령의 권한이 강력할 수 있겠지만, 불일치할 경우에는 반 대통령제(**이원정부제**)에 준하는 국정 운용이 불가피하다. 이때 국회와 대통령의 이중 신임에 기초한 국무총리가 새로운 권력의 매개축으로 등장해야 한다.

헌법상 국가원수이자 행정부의 수반인 대통령은 국가가 나아가야 할 기본 방향의 정립 즉, 외교 안보 및 통일 등과 관련되는 '큰 정치'를 이끌어가고 대통령의 정치 철학에 기초한 정책 집행, 일반 행정은 국무총리가 담당하는 권력 분점이 이루어져야 한다. 이는 국회 다수파 구성이 어떻게 되어 있느냐에 관계없이 작동돼야 할 명제이기도 하다. 성공한 대통령이 되려면 천만가지 일에 다 매달릴 것이 아니라 몇 가지 핵심 과제에 역량을 집중해야 한다. 주어진 술잔을 나누어 마실 수 있는 지혜가 필요한 때다.

**▼개헌 이렇게 하자 ▼헌법개정이 새 정부의 국정과제로 적절한지에 대해서는 논란이 있을 수 있지만 새 정부는 어차피 개헌문제를 처리해야만 하는 입장이다. 노무현 대통령당선자도 개헌 공약을 이행하겠다는 뜻을 밝혔다.**

새 정부 임기 내에 논의될 개헌은 적어도 헌법상 권력구조의 체계 정합성을 위한 것이어야 한다. 현행 헌법은 대통령제적 요소와 의원내각제적 요소가 혼재돼 있다. 개헌 논의가 시작되면 헌법의 이 같은 체계부정합성을 극복하기 위한 작업이 우선적으로 시도돼야 한다.

개헌의 방향으로는 첫째, 순수대통령제로의 헌법개정을 생각할 수 있다. 대통령 부통령의 러닝메이트 시스템, 대통령 4년 중임제를 도입하는 방안 등을 생각할 수 있다. 이렇게 순수대통령제로 개헌이 이뤄지면 국무총리제는 폐지되는 것이 당연하다. 순수대통령제는 대통령과 의회 다수파가 상충되는 데 따른 국정운영의 어려움이 발생할 수 있다.

둘째, 현행제도의 미시적 구조조정을 생각할 수 있다. 즉 대통령과 국무총리 중심의 정부구조를 유지하는 가운데 △대통령 임기를 4년 단임 또는 4년 중임제로 바꿔 국회의원 임기와 상충되는 데 따른 폐단을 해소하고 △대통령 선거에 결선투표제를 도입하거나 △대통령에게 국회해산권을 부여하는 대신 국회의 대정부 불신임 동의권을 제도화하는 방안 등을 고려할 수 있을 것이다.

셋째, 순수한 의원내각제 헌법개정을 생각할 수 있다. 이 경우 국무총리와 국회 중심의 책임정치를 구현할 수 있다. 그러나 의원내각제 하에서는 정치적 실세가 대통령직에 취임할 경우 헌법규범에도 불구하고 대통령이 실질적 권한을 행사하는 이원정부제적인 헌정 운용이 불가피할 수 있다. 그것은 제2공화국의 예에서 잘 드러난 바 있다.

어떤 방향이든 실제 개헌이 성사되기까지는 우여곡절이 적지 않을 것이다. 개헌을 위해서는 국회의원 3분의 2 이상의 찬성이 있어야 하는데, 이는 사실상 여야 만장일치를 통해서만 개헌이 가능하다는 얘기나 다름없다. 국회가 순탄하게 이런 합의를 이뤄낼 수 있을지 의문이다.

**▼대통령 총선패배땐 '동거정부' 구성▼현대 헌법의 권력분점론은 프랑스헌법론에서 비롯됐다고 할 수 있다.**

1958년 '위대한 프랑스'의 건설을 목표로 제정된 샤를 드골 헌법은 강력한 정부를 이상으로 하는 헌법으로 평가받아 왔다. 그것은 프랑스 제3, 제4공화국 의원내각제 헌법의 약한 행정부, 강한 의회의 구도를 깨뜨리고 강력한 정부를 구축하려는 드골 이념의 반영이었다. 하지만 드골 대통령의 강력한 지도력에도 불구하고 헌법상 대통령과 국무총리라는 정부의 이원성은 권력분점의 불가피성을 잠재적으로 안고 있었다.

국민 직접선거로 선출된 대통령과 의회의 지지 하에 구성된 국무총리를 중심으로 한 내각 사이에는 긴장관계가 형성될 수밖에 없다.

대통령과 의회의 다수파가 일치할 경우에는 대통령과 국무총리는 정치적 동반자가 된다. 그러나 대통령과 의회의 다수파가 불일치할 경우에는 대통령과 국무총리를 비롯한 내각은 이른바 동거정부를 구성할 수밖에 없다. 사회당 소속 프랑수아 미테랑 대통령은 재임 중에 실시한 총선거에서 사회당이 패배함에 따라 1986~1988년, 1993~1995년 두 차례에 걸쳐서 좌파 대통령에 우파 정부가 동거하는 행정부를 구성한 바 있다. 또한 우파인 자크 시라크 대통령은 재임 중에 실시한 총선거에서 패배하자 1997~2002년 좌파 내각과 동거하는 정부를 구성했다.

그러나 프랑스는 이 같은 좌우 동거정부 구성에도 불구하고 헌법의 권력구조에 관한 조항은 단 한 글자도 개정하지 않았다. 동거 정부 기간에도 대통령은 외교 · 국방 · 유럽연합EU문제 등에 관한 한 직접 국정에 관여했고 나머지 내정사항은 내각의 뜻을 존중함으로써 헌정의 정상적인 작동이 가능했다.

동아일보_2003. 1. 12.

## 대통령과 의회의 합리적 권력분점

1986년 3월 16일 프랑스 하원의원 총선거가 실시됐다. 1981년 최초로 정권 교체에 성공한 사회당 미테랑 대통령 재임 중에 실시된 선거는 우파의 승리를 확인하는 형식 의례였다. 정부 여당은 의회 다수파를 앞세워 상대적 다수대표제를 폐지하고 비례대표제를 통해 우파의 의회권력 장악을 봉쇄하려 했지만 무위로 끝났다. 이미 1년 전부터 좌파의 패배와 우파의 승리를 예측하는 여론에 힘입어 드골이 주창한 제5공화국의 강력한 정부론은 흔들리고 있었다. 좌파 대통령에 우파 내각이 전개되는 '한 지붕 두 가족' 시대가 예견돼 왔다. 거역할 수 없는 총선 민심에 따라 동일한 헌법 아래에서 대통령주의제적 상황이 이제 의원내각제에 준하는 동거cohabitation 정부 시대를 맞이한다. 총선 결과가 나오자마자 세계적인 정치헌법학자 모리스 뒤베르제를 비롯한 전문가들은 미리 준비해 둔 `동거정부론`을 출간하기에 이른다.

2007년 12월 19일 진보정권 10년을 종식하고 한나라당 이명박 후보가 승리했다. 이어 2008년 4월 9일 실시된 국회의원 총선거에서도 국민은 압도적으로 한나라당을 택했다. 하지만 올해 4 · 11 총선을 앞두고 이미 1년 전부터 민심은 식어갔다. 세계적 경제위기 탈출과 성공적인 정상외교에도 불구하고 소통 부재인 권부에 국민 마음은 돌아섰다. 유력한 대권 후보인 박근혜 비대위원장이 소방수로 나서면서 87년 헌정체제에서 최장수 정당인 한나라당은 역사 속으로 사라졌다.

87년 체제에서 대통령 재임 중에 총선 결과 여소야대를 연출한 적은 1988년이 전형적인 사례다. 하지만 이때는 김영삼 김대중 김종필이라는 소위 3김이 각기 독자세력을 유지하고 있어 어느 쪽도 다수파를 형성할 수 없었다. 이런 상황에서 노태우 대통령은 3김과 교감 없이 일방적으로 대법원장을 지명했으나 부결되는 수모를 당한다. 결국 3당 합당으로 인위적 다수파를 형성했다. 김대중 대통령이 재임 중이던 2000년에 실시된 제16대 총선에서는 야당인 한나라당이 제1당을 유지했지만 과반수 확보에는 실패했다. 하지만 집권세력의 힘을 앞세운 DJP연합이 인위적 과반수를 연출했다. 지난 4반세기를 지속해 온 87년 체제에서 대통령 재임 중 정치적 성향을 함께하는 야당이 총선에서 과반수를 확보한 사례는 단 한 번도 없었다.

총선 과정에서 여야 정치 행태에 따라 여론이 춤추면서 의회권력이 야권으로 교체될 것이라는 상수常數가 변수變數로 반전한다. 만약 민주통합당과 통합진보당이 함께한 통합야당 후보가 의회 과반수를 확보한다면 이는 87년 체제의 변화를 예고한다. 여대야소가 유지된다고 한들 권력의 균형추는 청와대에서 새누리당으로 기울게 마련이다.

사실 87년 헌법은 정부와 의회간 권력균형을 모색했지만 현실은 대통령으로 저울추가 기울어져 왔다. 대통령은 헌법상 수권授權 이상의 권력을 누리고, 의회는 헌법이 부여한 권력도 제대로 누리지 못했다. 대통령과 의회 다수파의 일치는 대통령의 잔치로 끝났다. 하지만 두 개의 국민적 정당성이 병존하는 상황에서 주권자의 마지막 선택이 의회권력이라면 대통령에게는 치명적일 수밖에 없다.

이제껏 체험하지 못한 의회 우위 시대를 대비해야 한다. 대통령은 헌법상 국무총리 · 국무위원 해임건의권을 갖고 있는 국회 다수파 요구를 외면할 수 없다. 12월 진검승부를 앞두고 정부와 의회권력은 정면충돌할 가능성이 높다. 최후의 승자가 되기 위한 몸부림 과정에서 민생이 뒷전에 밀려난다면 국가적 불행을 자초할 수 있다. 대통령과 의회권력 간 합리적 권력분점만이 이 간난의 위기를 타개할 수 있을 것이다. 마주 달리는 두 열차가 충돌하려 할 때 과연 누가 충돌 방지를 위한 합리적 대안을 제시하느냐에 따라 위대한 국민적 선택은 12월을 기약해 줄 것이다.

매일경제 [인사이드 칼럼]_2012. 4. 10.

## 권력분점만이 권력 균형추 작동

1987년 헌법의 대통령 5년 단임제 덕분에 장기집권의 폐해는 사라졌지만 청와대로의 권력 집중 현상은 여전하다. 하지만 대선 후보 누구도 시대의 화두인 권력 분점을 위한 분명한 대안을 제시하지 못한다. 권력은 그 속성상 나눠 갖기가 어렵다. 몽테스키외가 '법의 정신'에서 설파한 바와 같이 '권력을 가진 자는 항시 그 권력을 남용하려' 들기 때문이다. 그럴수록 분점을 제도화할 필요성은 더욱 요구된다. 가장 확실한 방안은 개헌을 통한 권력 분점의 제도화다. 그런 점에서 대선 후보들이 개헌 의지를 분명히 해야 한다.

노무현, 이명박 대통령은 임기 초에는 개헌에 부정적이다가 임기 말에 이르면서 개헌을 요구하다가 무위로 그치고 말았다. 이제는 집권 초기에 개헌을 통한 권력 분점을 분명히 하고 더 나아가 87년 체제의 흠결과 모순점을 극복하고 국가 정체성을 분명히 할 필요가 있다. 국민적 합의를 통해 4년 중임제를 채택하고 대선을 국회의원 임기와 일치시켜야 한다.

만약 개헌을 원하지 않으면 차선책으로 국회의 임명동의를 받아야 하는 국무총리를 명실상부한 국정의 2인자이자 대통령의 정치적 동반자로 받아들여야 한다. 헌법상 국회의 국무총리 해임건의권은 책임정치를 위한 제도적 장치다. 국무총리의 국무위원 임명제청권도 실질화해야 한다. 대통령은 외교 · 안보 · 통일과 같은 국가의 존립과 정체성에 관한 큰 정치grande politique에 주력하고 내치는 국무총리를 중심으로 하는 내각에 맡겨야 한다. 그래야만 국가원수인 대통령이 정치적 공격과 비난으로부터 자유로울 수 있다. 그래야만 우리도 역사에 길이 남을 존경받는 대통령을 모실 수 있다. 이는 세종특별자치시로 인해 수도가 실질적으로 분할된 상태에서 총리실의 역할과 기능에도 부합한다.

중앙과 지방 사이의 권력 분점도 다져가야 한다. 야당 출신 서울특별시장을 맞이하면서 지방 분권은 더욱 강화된다. 국가 기관 상호 간의 권력 분점과 균형도 시급하다. 중앙기관의 지방이전 차원에서 정부의 외청은 모두 대전으로 옮겼다. 그런데 외청 중에서 가장 힘센 검찰청 · 경찰청 · 국세청은 서울에 있다. 정부 스스로 힘센 외청의 존재를 인정한 셈이다.

국가 기관 사이의 직급 간 불균형을 시정하지 않고는 직역 간 권력의 균형을 이루기 어렵다. 법무부 검찰에는 차관급이 55명이다. 법무부 차관, 실장, 국장이 모두 차관급이다. 법원은 더하다. 133명이 차관급이다. 서울고법은 원장뿐 아니라 수석부장, 부장도 모두 차관급이다. 고법부장 직급이 서울대 법대 학장보다 높다. 법무부 검찰에는 차관급이 정부 전체 차관급 숫자보다 더 많다. 법원에는 행정부 전체의 차관급보다 많다. 역대 정부에서 사법개혁과 검찰개혁을 강조했지만 오히려 차관급 숫자만 계속 증원해 주었다. 하지만 전국적으로 가장 방대한 조직을 이끄는 경찰청과 국세청에는 1명의 차관급 총수만 있을 뿐이다. 초임 판검사는 행정고시에 합격해 20년 이상 근무해야 오를 수 있는 중앙부처 국장급인 3급 대우를 받는다.

국가적 차원의 3권분립뿐만 아니라 정부 내에서도 직역 간 견제가 제대로 작동해야 권력의 균형이 이루어진다. 직역 간 세력 불균형이 고착화된다면 권력의 균형은 기대할 수 없다. 차기 정부는 중앙부처 이전을 비롯해 갖가지 새로운 현안을 해결해야 한다. 대전, 세종시, 서울로 분산된 정부부처를 어떻게 효율적으로 관리할지 걱정이다. 새 정부의 부처 이전은 정부조직 개편과 맞물려 있다.

이제 대통령 직선이 낳는 포퓰리즘의 불행한 결과물들을 보듬어야 한다. 하지만 대선 후보들의 공약을 보면 표심만 자극할 뿐 산적한 현안들에 대한 분명한 메시지가 보이지 않는다. 권력과 직역의 균형을 구축하기 위해 권력 분점, 지방 분권, 사법 개혁, 검찰 개혁에 대한 국민이 수긍할 수 있는 해답을 내놔야 한다.

매일경제 [인사이드 칼럼]_2012. 11. 6.

## 전통-변화 아우른 새 헌법 만들 때

미국 건국의 아버지이자 초대 대통령인 조지 워싱턴은 주위의 권유에도 불구하고 4년 중임을 마치고 퇴임했다. 이로써 대통령 중임제한은 150년 동안 관습헌법으로 정립된다. 프랭클린 루스벨트 대통령이 관습헌법을 무시하고 4선에까지 이르자 미국은 중임제한을 헌법에 명시한다. 영국 런던에서 '자유 프랑스' 망명정부를 이끌던 드골은 파리 해방 후에 자신이 제시한 집행권을 강화한 헌법안이 국민투표에서 부결되자 정계를 은퇴해 버린다. 1958년에 국가가 누란의 위기에 처하자 국민의 부름을 받고 제5공화국 헌법을 기초한 드골은 집권 10년 만에 신임투표를 동반한 국민투표에서 실패하자 깨끗이 사임했다. 대한민국 건국의 아버지 이승만과 산업화의 지도자 박정희는 장기집권의 야욕에서 벗어나지 못하고 결국 비극적인 최후를 맞이했다. 지도자의 관용과 아집의 차이를 극명하게 보여준다.

1948년 제헌국회는 대한국민의 이름으로 5000년 역사상 최초로 국민주권주의에 기초한 대한민국의 기본법인 헌법을 제정했다. 제헌절 노랫말과 같이 '삼천만 한결같이 지킬 언약 이루니, …이날은 대한민국 억만년의 터다'. 건국을 알리는 유일한 기념일인 제헌절이 공휴일에서 제외되고 폄훼돼서는 안 된다. 제헌절은 삼일절 광복절 개천절과 더불어 4대 국경일이다.

제헌헌법은 곧바로 수난을 겪기 시작한다. 이승만 대통령은 장기집권을 제도화하는 위헌적인 개헌을 자행한다. 4 · 19혁명으로 탄생한 제2공화국도 소급입법의 헌법적 근거를 마련한다. 5 · 16군사정변으로부터 비롯된 제3공화국은 3선 개헌을 거쳐 유신헌법으로 이어진다. 1980년 '서울의 봄'을 짓밟은 제5공화국이 6 · 29민주화선언을 맞으면서 1987년 헌법체제가 탄생한다. 불과 40년 동안에 아홉 번의 헌법 개정이 단행됐다. 그중에서 다섯 번은 헌정사적 격동의 와중에서 실질적으로 헌법 제정에 해당하는 전면 개정이다.

제헌헌법의 수난에도 불구하고 기본 틀을 유지하는 가운데 기본권 분야에서는 많은 진화를 거듭한다. 환경권, 사생활의 비밀과 자유는 시대 변화를 반영한다. 10년을 지속한 적이 없는 헌법의 불안정성이 종식되고, 1987년 이래 20년 이상 헌법의 안정을 구가한다. 그 사이에 민주주의의 꽃이라는 평화적 정권 교체도 두 번이나 성공적으로 작동한다.

과거에는 헌법의 제정과 개정이 급작스럽게 이뤄졌다. 제대로 된 연구와 토론을 통한 국민적 공론 과정은 생략된 채, 시대 상황을 합리화하는 데 급급했다. 국민적 성원에 힘입은 제2공화국과 제6공화국 헌법도 예외가 아니다. 이제 헌법의 안정 속에 차분하게 60년을 되돌아보면서 대한민국의 '억만년의 터'가 될 헌법적 좌표를 고민할 때다. 먼저 공론의 장을 형성하기 위해서는 국가적 차원의 헌법조사연구를 지속적으로 진행해야 한다. 헌법의 조사연구와 개정 논의는 오해의 소지가 있는 정부보다는 민의의 전당인 국회에서 진행해야 한다. 정부 국회 시민사회 학계가 동참해 국민적 합의를 도출해야 한다. 새 헌법은 인류사회의 보편적 가치인 인권을 존중하고, 지난 60년간 쌓아 올린 헌정사적 전통을 존중해야 한다. 대통령을 향한 권력의 쏠림현상을 차단하고 대통령, 총리**(내각)**, 국회의 삼각 축이 견제와 균형을 이루는 권력분점을 현실화해야 한다.

이제 산업화와 민주화의 결정체로서 제3세계의 모델이 될 수 있는 헌법을 만들어 내자. 제헌 60주년을 맞이하여 헌법사랑이 나라사랑임을 재확인하자. 그리하여 그동안 쌓아 올린 한국적 민주주의의 위대한 금자탑을 바탕으로 민주법치국가로 재도약하는 이정표를 세워 나가자.

동아일보_2008. 7. 15.

## 정치제도 불균형 극복할 개헌 돼야

1948년 제헌헌법을 포함하면 1987년 개정된 헌법에 이르기까지 10개의 헌법이 명멸해 왔다. 10년을 지속한 헌법이 없었다. 헌정 파탄 속에 실질적인 헌법제정이 다섯차례나 자행되었다. 제6공화국 헌법이라 지칭되는 1987년 체제는 한국 민주주의의 새로운 이정표를 세웠다. 산업화와 민주화라는 두 마리 토끼가 동시에 작동된다.

두 번의 평화적 정권교체는 국민주권주의가 살아 있음을 단적으로 보여준다. 20년을 훌쩍 뛰어넘어 헌법의 안정시대를 구가한다. 이제 산업화 과정에서 제대로 구현되지 못했던 국민의 자유와 권리, 민주화 과정에서 제대로 작동되지 못했던 정치제도의 균형을 새로 설계할 때다. 성숙한 시민의식에 터 잡아 21세기의 화두인 정보화 · 세계화 · 지방화 시대에 능동적으로 대응할 수 있는 헌법을 그려 본다.

첫째, 제헌헌법의 틀을 크게 벗어나지 못한 기본권 규정은 민주화와 헌법재판을 통해 쌓아 올린 성과를 반영하여 정밀하게 체계화해야 한다. 특히 정보사회의 급속한 진전에 따라 전통적인 기본권 체계의 새로운 구성과 재해석이 불가피하다. 2004년에 유럽연합이 채택한 기본권헌장은 인류사회의 보편적 가치로 자리잡은 인권의 규범화를 통해서 21세기 권리장전의 새 모델을 제시한다.

둘째, 제왕적 대통령으로 상징되는 정치제도의 불균형을 극복하기 위해 새로운 균형을 구축해야 한다. 혁명적인 의원내각제 개헌도 가능하다. 하지만 국민들은 대통령직선제를 원한다. 독일헌법은 합리화된 의원내각제의 전범典範이다. 헌정의 안정 속에 라인강의 기적과 통일대업을 이루었다. 그 독일에서도 대통령직선제가 논의된다. 하지만 직선대통령에 대한 권한 부여 문제로 답보상태다. 직선 대통령은 의원내각제적인 상징적 · 의례적 국가원수로 머물 수는 없다.

대통령 · 국회 · 국무총리(내각)의 삼각구도에 기초한 현행 헌법의 기본 틀을 유지하면서 두 개의 국민적 정당성의 축이 균형을 이뤄야 한다. 직선 대통령은 국가와 헌법을 수호할 신성한 책무를 지는 국가원수이자 나라의 큰 어른이다. 온 나라가 누란의 위기에 처할 때, 국정이 교착상태에 빠질 때, 국민여론이 심각한 분열양상을 보일 때, 대통령은 국가긴급권, 국회해산권, 국민투표부의권을 통해서 국가의 이정표를 제시해야 한다. 의회의 신임에 기초한 내각은 일상적인 국정운영의 책임을 다해야 한다. 프랑스 · 포르투갈 · 핀란드의 다양한 이원정부제적 경험은 한국적 이원정부제의 밑거름이 된다. 프랑스의 동거정부제에서 보여준 대통령과 내각의 갈등 양상을 반복해서는 안 되기 때문이다.

실패한 한국적 대통령제의 제도 균형을 미국식 순수대통령제로 치환할 수도 있다. 정 · 부통령 러닝메이트 시스템과 4년 중임제의 채택이다. 의회의 위상과 좌표를 제고해야 한다. 정부의 법률안 제출권도 삭제한다. 하지만 60년의 헌정사적 경험을 내쳐야 한다. 집행부의 대통령 · 국무총리 메커니즘을 폐기하고 한 번도 경험하지 않은 러닝메이트 부통령제의 도입은 새 제도의 실험장이 될 우려가 크다.

무엇보다 현행 헌법이 안고 있는 치명적인 흠결의 보정이 필요하다. 예컨대 대통령의 유고를 판단할 기관이 없다. 법정선거기간 중의 후보자 유고에 대해서도 침묵한다. 1956년과 1960년 대선기간 중에 제1야당의 후보자가 사망한 뼈아픈 경험을 안고 있지 않은가. 임기만료에 따른 선거와 유고에 따른 선거에 대한 규정도 부정합적이다.

헌정사상 처음으로 비상사태 아닌 정상적인 상태에서 국민과 국회가 평상심을 갖고 충분한 숙고기간을 거치면서 공동체의 규범을 새로 모색할 때가 되었다. 헌법개정 논의가 더는 정쟁의 대상이 되어서는 아니된다. 새로 마련할 헌법은 대한민국이 다시 한 번 세계 속에 우뚝 선 정상국가의 모습을 보여줘야 한다.

서울신문_2009. 9. 22.

# 국민대통합의 계기가 될 수 있는 방안으로서의 개헌

21세기 정보화 · 세계화 · 지방화시대에 능동적으로 대응하면서 새로운 시대정신을 반영할 수 있는 헌법이 요구된다. 정부의 일방적 홍보에 의탁한 헌법개정이 아니라 민의의 광장에서 공개된 토론과 합의를 도출해야 한다.

헌법은 국가의 최고규범이자 근본규범이다. 그 헌법은 국민의 전폭적인 지지 속에서만 탄생된다. 그런 의미에서 비록 남쪽만으로 한정되었지만 1948년 헌법은 대한민국의 존재를 법적으로 과시하는 쾌거였다. 사실 그 당시의 특수한 시대적 상황에서 총선거를 실시하고 헌법을 제정하였다는 사실은 하나의 역사적 기적과 역사적 우연의 합일이라 아니할 수 없다. 하지만 그 헌법은 오히려 국민적 갈등의 씨앗을 뿌리기도 했다. 사사오입**四捨五入**으로 상징되는 위헌적 헌법개정, 군사정변으로 이어진 헌정파괴는 국민적 합의와는 먼 거리에 있었다. 그나마 4월 학생혁명으로 탄생한 제2공화국헌법의 정신은 6월 항쟁으로 촉발된 제6공화국헌법으로 이어진다. 국민의 소리가 제대로 담보된 헌법이다. 하지만 두 헌법 모두 혁명과 항쟁 이후 급작스럽게 만들어졌기 때문에 충분한 국민적 숙고를 가질 수 없었다.

### 새로운 시대정신 담은 헌법의 필요성

1987년 헌법만 해도 여야 8인정치회담을 통해서 만들어진 정치적 타협의 산물을 그대로 수용한 것에 불과하다. 그러니 지나온 헌정사적 문제점을 제대로 점검해 보지도 못하고 미래지향적인 이정표도 제시하지 못하고 오로지 대통령직선제 채택만으로 시대적 소임을 다했을 뿐이다. 1952년에 사실상 친위쿠데타적인 헌법개정의 화두가 대통령직선제라면, 1987년 6월 항쟁의 화두가 직선쟁취라는 점에서 동일한 제도를 놓고서 벌어진 헌정사적 아이러니를 충분히 읽을 수 있다. 이제 국민적 통합의 상징으로서의 헌법을 가질 때가 되었다. 21세기 정보화 · 세계화 · 지방화시대에 능동적으로 대응하면서 새로운 시대정신을 반영할 수 있는 헌법이 요구된다. 정부의 일방적 홍보에 의탁한 헌법개정이 아니라 민의의 광장에서 공개된 토론과 합의를 도출해야 한다. 바로 그런 의미에서 국회헌법연구자문위원회가 설치 · 운영된 것은 새로운 시대에 부응하는 첫 단추를 낀 셈이다. 위원회는 학자중심의 연구체이다. 따라서 헌법의 새로운 틀을 이론적으로 점검해 왔다.

그간 선진 각국에서도 시대변화에 순응한 헌법개정을 수차례에 걸쳐서 단행한 바 있다. 통일의 위업을 달성한 독일에서는 1949년 서독헌법을 통일의 그날까지 헌법Verfassung이라는 용어 대신 기본법Grundgesetz라는 용어를 사용함으로써 통일 이후새로 헌법을 제정할 것으로 예상하였으나 서독으로의 흡수통일이 이루어짐으로써 기존의 기본법을 개정하는 것으로 만족했다. 독일은 의원내각제적 전통을 유지하면서도 강력하고 안정된 집행부를 존치시키기 위해서 차기 총리를 선출하지 않으면 내각 불신임을 할 수 없도록 규정한 건설적 불신임제도를 통해서 패전 독일에서 라인강의 기적과 통일대업을 이룩할 수 있었다. 1958년 위대한 프랑스의 재건을 위해 탄생한 프랑스 제5공화국헌법은 의원내각제의 원리를 유지하면서도 드골헌법으로 상징되는 강력한 정부의 구현을 목표로 하였다. 드골과 퐁피두 대통령으로 이어지는 강력한 대통령제는 미테랑 대통령 시절에 직선대통령과 의회 다수파를 지배하는 내각이 동거하는 소위 동거정부gouvernement de cohabitation라는 혼선도 경험한 바 있다. 이에 대통령과 하원인 국민의회의 임기를 일치시키고, 2008년 헌법에서는 21세기의 새로운 시대정신을 반영한 대폭적인 헌법개정을 단행한 바 있다. 우리의 1987년 체제는 그 동안 10년을 넘어선 헌법이 없었던 점에 비추어 본다면 헌법의 안정과 국가의 안정을 구가한 최초의 헌법이다. 1948년부터 1987년 사이에 10개의 헌법이 명멸해 갔다. 그 중에서 다섯 번은 전면적인 헌법개정이기 때문에 실질적으로는 헌법제정이라 할 수 있다. 이제 87년 헌법은 20년을 넘어서서 성년에 이르고 있다. 그 사이에 헌정사적 혼란 속에서도 성취한 산업화의 결실이 두 번의 평화적 정권교체를 통해서 민주화의 결실을 맺게 되었다. 한국에서 민주주의가 정착되기를 바라는 것은 쓰레기통에서 장미꽃이 피기를 바라는 것과 마찬가지라고 비하한 어느 주한 외국대사의 코웃음을 일거에 날려 버린 셈이다. 하지만 외형적 민주화의 성취에도 불구하고 아직도 우리에게는 여전히 사회적 갈등이 잠복해 있다. 가진 자와 가지지 못한 자, 강자와 약자의 조화로운 공동체 구성에 간극을 드러내고 있다. 이제 국민 모두가 동의하고 합의할 수 있는 21세기 정보화 · 세계화 · 지방화시대에 능동적으로 대응하면서 새로운 시대정신을 반영할 수 있는 헌법이 요구된다.

첫째, 주권재민의 원리에 따라 나라의 주인인 국민이 자유와 권리를 만끽하면서 인간다운 생활을 할 권리를 보다 적극적으로 규정해야 한다. 헌법상 기본권규정과 체계는 여전히 1948년 제헌헌법의 틀을 크게벗어나지 못하고 있다. 정보사회의 진전에 따른 정보 기본권을 보다 적극적으로 규정해야 하고 정보소외계층의 권리도 보장해야 한다. 유럽연합은 2004년에 채택한 기본권헌장에서 지나치게 상세할 정도로 기본권을 방대하게 규정하고 있다. 사회적 소외계층과 약자를 보호하기 위한 배려도 아끼지 않는다. 바로 그런 점에서 이 기본권헌장은 21세기 새로운 기본권 규정의 전범을 보여주고 있다. 1789년 프랑스 혁명 당시에 채택한 '인간과 시민의 권리 선언'은 현대적인 재해석과 재평가가 불가피하다. 시민의 권리에 천착한 기본권규정은 인류공영의 차원에서 새로이 인간의 권리로 진화한다. 공동체적 가치에 기반을 두면서도 인류의 보편적 가치에 충실한 기본권 장전이 필요한 때이다. 우리도 이제 단일민족 · 단일언어 · 단일국가의 틀에서 벗어날 때가 되었다. 다문화가정은 날로 증대한다.

둘째, 헌법상 정치제도의 틀에 대한 근본적인 논의가 필요하다. 그간 정치제도에 관한 한 대통령제적인 헌법에서 제2공화국의 의원내각제에 이르기까지 다양한 헌법규범과 헌정실제를 체험한 바 있다. 대통령제라고 하지만 제헌헌법에서부터 의원내각제적인 요소가 잠복해 있었다. 하지만 정치제도의 현실적 작동은 대통령으로의 권력불균형이 심화되었다. 헌법상 의원내각제적인 요소는 장식품으로 전락했다. 그간의 헌정사적 경험을 기초로 하여 새로운 제도의 균형을 모색할 때다. 제왕적 대통령제로 상징되는 대통령으로의 헌정사적 불균형을 교정해야 한다. 다만 이 과정에서 지나온 헌정사적 경험을 무시한 채 새로운 제도의 실험장이 돼서는 안 된다. 60년 헌정사의 경험을 소중하게 보전해야 한다. 대통령을 정점으로 하는 정부와 국회의 불균형을 시정하기 위해서는 국회의 지위와 권한의 확대가 불가피하다. 현행 헌법에서도 이를 구현하는 제도가 마련되어 있다. 예컨대 국민들은 국무총리는 대통령이 직권으로 임명하는 대통령의 보좌기관쯤으로 알고 있다. 하지만 헌법상 대통령이 국무총리를 임명하기 위해서는 국회의 사전적 동의를 얻어야 한다. 1998년 김대중 대통령이 집권하면서 소위 DJP연합에 따라 김종필 씨를 국무총리로 지명한 바 있다.하지만 의회의 절대과반수를 차지하는 한나라당의 반대로 임명할 수 없었고 결국 위헌적인 국무총리서리체제를 가동할 수밖에 없었다. 또한 국무총리와 국무위원은 재임 중에도 국회의 해임건의권에 의하여 특별한 이유가 없는 한 사직할 수밖에 없다. 이 규정이 채택된 제3공화국헌법 이래 국회의 해임건의를 받은 국무위원 중에서 사직하지 않은 경우가 없다. 바로 국무총리는 대통령과 국회의 이중적 신임에 기초하여야만 존속할 수 있다는 사실이다. 그럼에도 불구하고 헌법현실에서는 국무총리가 대통령의 신임에만 의탁해 왔다. 의전총리 · 대독총리로 머물고 말았다.

이제 그 국무총리의 의회로부터의 신임에 새로운 방점을 찍을 때다. 대통령은 국가원수이자 행정권의수반이다. 하지만 대통령은 국가원수로서 국가와 헌법의 수호라는 신성한 책무를 수행하기에도 힘이 부친다. 그럼에도 대통령이 국정의 일상적인 업무까지 챙기려면 권력은 방대해질지 모르지만 국정운용에 허점을 드러낼 수밖에 없다. 나라의 큰 어른으로서의 직선대통령을 그린다면 단순히 소속 정당의 제1인자가 아니라 여야를 아우르는 큰 정치를 할 수 있는 국가적 정치지도자여야 한다. 국가가 누란의 위기에 처할 때는 국가긴급권을 발동하고, 여야의 정쟁이 파국에 이를 때는 국회해산권을 발동하고, 국민여론이 분열될 때에는 국민투표부의권을 발동할 수 있다. 대통령은 국정의 흐름을 정확하게 파악하고 있어야 하기때문에 국가의 최고정책심의기관인 국무회의의 의장으로서 매주 국무회의를 직접 주재한다. 국회의 다수파로부터 신임을 부여받은 국무총리를 중심으로 하는 내각은 일상적인 국정운용을 책임져야 한다. 정치적 소용돌이의 중심에 국무총리가 서야 한다. 의회의 신임에 기초하기 때문에 책임정치를 구현할 수 있다. 대통령과 총리(**내각**) 사이에 야기될 수 있는 갈등의 최소화가 필요하다. 핀란드나 프랑스의 동거정부에서처럼 외교 · 국방에 관한 대통령의 유보영역을 설정하는 것은 바람직하지 않다. 통상적인 외교 · 국방 행정은 내각이 책임지고 처리해야 한다. 하지만 국정의 종국적인 방향은 궁극적으로 대통령의 결단이 기다리고 있다는 점을 유념해야 한다.

### 헌법적 흠결에 대한 보정

논자에 따라서는 의원내각제로 코페르니쿠스적 전환을 제기한다. 책임정치를 구현한다는 점에서 의원내각제는 분명히 장점이 있는 제도다. 제도 운용의 틀도 간결하다. 정쟁에 휘둘리는 문제도 합리화된 의원내각제도 해결할 수 있다. 하지만 국민들은 직선대통령을 원한다. 상징적 · 명목적 지위에 머무르는 의원내각제의 국가원수인 대통령은 간접선거로 선출된다. 독일에서도 국가원수 직선제 논의가 있다. 그런데 직선대통령을 전통적인 의원내각제의 국가원수로 머물게 할 수는 없기 때문에 쉽게 헌법개정이 이루어지지 않는다.

현재의 의원내각제적 요소가 대폭 가미된 대통령제를 미국식 대통령제의 원형으로 복귀시키는 대통령제를 주장하기도 한다. 이른바 4년 중임 정 · 부통령 러닝메이트 시스템을 도입하고 국무총리를 폐지하자는 것이다. 하지만 이는 우리의 60년 헌정사에서 단 한번도 시행된 바 없다. 제1공화국 헌법에서 정 · 부통령제가 있었지만 이는 러닝메이트 시스템이 아니다. 각기 따로 입후보한 후보자가 당선되는 형태다. 부통령의 지위와 권한 획정도 매우 어려운 과제다. 부통령이 자칫 허수아비에 머물 가능성도 크다. 4년 중임제에서 현직대통령이 또다시 선거에 입후보할 경우에 나타날 수 있는 선거부정 시비도 해결하여야 할 과제다.

셋째, 헌법개정이 필요한 현실적 이유로는 헌법적 흠결에 대한 보정이다. 예컨대 그토록 중요한 대통령의유고 판단기관이 없다. 1979년 10 · 26 사태가 발생하였는데 대통령 유고를 공식적으로 판단할 기관이 없었다. 대통령 선거기간 중에 발생한 후보자 유고에 대해서 아무런 규정도 없다. 1956년과 1960년 대통령 선거기간 중에 제1야의 신익희 · 조병옥 후보의 사망으로 인하여선거가 파행으로 치달은 경험이 있지 않은가.

이제 헌법개정 논의가 더는 정쟁의 대상이 되어서는 아니 된다. 충분한 공론과 숙고 과정을 거쳐서 국민의 전폭적인 지지 아래 21세기 새 헌법의 청사진을 제시해야 한다. 여야 정치권의 갈등뿐 아니라 민주화 이후에 심화된 양극화 현상을 헌법개정이라는 합의과정을 통하여 성숙한 한국 민주주의의 길을 열어가야 한다.

국회보_2009. 10.

## 불신의 늪에 빠진 개헌논의

'솥뚜껑 가지고 자라 잡는다'는 속담이 있다. 이는 솥뚜껑을 덮어놓고 길고 질긴 생명력을 가진 자라가 죽기를 기다리는 미련함과 동시에 은근과 끈기의 은유적 표현이다. 산업화 시대에 보여준 '빨리빨리'와는 완전 딴판이다. 요즈음 정치권에서 전개되고 있는 개헌 논의의 화두는 좋게 보면 자라 잡는 형국이고 나쁘게 보면 촌각을 다투어야 하는 인터넷 시대에 전혀 어울리지 않는다. 개헌을 향한 모닥불만 피우고 있을 뿐 책임 있는 추진체는 보이지 않는다.

87년 체제의 문제점을 극복하기 위한 개헌 필요성에 관해서는 정치권, 학계, 시민사회 모두 동의한다. 그렇다면 이제 구체적인 개헌 내용과 절차만 남아 있다. 노무현 대통령의 원포인트 개헌론이나 김형오 전 의장의 개헌 준비는 시의 부적절이라는 딱지로 날려 보냈다. 그런데 작년부터 양상이 달라지고 있다. 집권 초반에 개헌 논의를 거부하던 이명박 대통령은 8 · 15 경축사 이래 기회가 있을 때마다 개헌 필요성을 역설한다. 이재오 특임장관은 마치 개헌 특임 전도사와도 같다. 한나라당은 논란 끝에 겨우 개헌특위를 설치하기로 합의했다. 하지만 반대론도 만만찮다. 민주당은 진정성도 의심스럽고 시기도 적절하지 않다고 하여 개헌 논의 자체를 폄하한다.

정치권 흐름은 한마디로 개헌에 반대하지는 않지만, 개헌 시점과 내용이 문제라는 것이다. 그런데 왜 개헌 논의가 한 발짝도 나아가지 못하는 것일까? 우선 개헌 논의 시점에 관한 의구심부터 지워야 한다. 대통령은 개헌이 필요하고 또 지금이 적기라고 한다. 하지만 집권 초기에 개헌 논의로 인해 정책 추진 동력이 떨어질 것을 걱정했다면 적어도 개헌 논의를 튼튼히 하는 기초라도 마련했어야 앞뒤가 맞아떨어진다.

친박계도 마찬가지다. 4년 중임제를 선호하는 걸 보면 87년 체제의 존속보다는 개헌을 필요로 하는 것으로 보인다. 다만 개헌 추동 세력을 정치적으로 의심하는 것 같다. 집권을 향해 순항 중인데 새삼 개헌 논의로 정국이 흔들리는 것을 경계하는 것 같기도 하다. 그렇다면 무시하거나 침묵으로 일관할 것이 아니라 개헌 필요성과 개헌 적기를 분명히 밝혀야 한다. 정치적 폭발력과 잠재력을 가진 정치 실세집단이자 집권 예비세력으로서 지금이야말로 분명한 의견 개진이 필요하다.

민주당 태도는 더욱 애처롭다. 자신들이 집권하고 있을 때는 대통령을 비롯해서 국회의장에 이르기까지 그토록 개헌 필요성과 당위성을 적시하면서 당장 개헌을 단행해야 한다고 야단법석을 떨다가 야당이 되고 나서부터는 개헌 논의의 장에 아예 들어오질 않겠다는 것은 몽니에 불과하다.

이제 남 탓만 할 것이 아니라 현실로 돌아와야 한다. 로널드 레이건 전 미국 대통령은 탄생 100주년을 맞이해서 '위대한 소통자Great Communicator'로 칭송받고 있다. 레이건을 학습한 버락 오바마 대통령의 소통 정치도 화제다. 미국식 여소야대인 분리정부divided government가 시작된 이래 민주당 의원은 말할 것도 없고 공화당 의원들과 쉼 없이 설득과 대화정치를 계속한다.

그런데 우리는 어떤가. 대통령과 여야 의원 간 직접 소통은 고사하고 여야 원내대표가 합의한 여야 영수회담조차 청와대와 갈등을 빚으며 무위로 돌아갔다. 형식이 실질을 지배하는 현재 정치상황으로는 개헌은 고사하고 그 어떠한 국정 합의도 불가능하다. 정치권 일부에서 내뱉은 청와대의 개헌 발의는 적절하지 않다. 그렇지만 이 시점에서 개헌이 국가 백년대계를 위해 꼭 필요하다면 대통령이 진정성을 가지고 국민과 정치권에 호소해야 한다. 노무현 대통령의 원포인트 개헌론이 너무 앞서갔다면, 이명박 대통령 개헌론은 너무 군불만 지피고 있다.

개헌 논의는 정치 지도자들이 진정성을 보일 때 한 발짝이라도 나아갈 수 있다. 지금 꼭 개헌을 하지는 않더라도 언제 어떻게 새로운 헌법으로 가꾸어 갈 것인지를 합의해야 한다. 헌법이 더 이상 불신과 정쟁 대상이 되어서는 안 된다.

헌법개정절차는 다음과 같이 도식화할 수 있다 : ㉠ 제안(**발의**)—국회재적의원 과반수 · 대통령, ㉡ 공고(**대통령**)—20일 이상, ㉢ 국회의결(**재적의원 3분의 2 이상**)—60일 이내, ㉣ 국민투표(**과반수 투표, 과반수 찬성**)—국회의결 후 30일 이내, ㉤ 확정된 헌법개정 대통령 즉시 공포.

매일경제 칼럼, 2011. 2.22.

## 헌법개정 불임국가가 되어서는 안 된다

1987년 헌법이 벌써 24년째 지속되고 있다. 돌이켜보면 1948년 헌법제정은 민주주의를 향한 새로운 이정표를 세웠다. 하지만 민주헌법의 제정에도 불구하고 민주주의를 실천해 보지 못한 척박한 정치적 상황에서 제헌헌법은 굴곡의 역사를 체험해야 했다. 1952년에 대통령직선제를 위한 헌법개정은 헌법이 명시한 개헌절차를 생략한 채 정부여당에 의하여 강압적인 상태에서 단행된 그야말로 적법절차**due process**를 짓밟은 개헌이었다. 1954년에 단행된 초대 대통령에 대한 중임제한 철폐를 위한 개헌은 개헌의 의결정족수도 채우지 못한 소위 4사5입 개헌으로 위헌적인 개헌이었다. 그 헌법의 파괴는 마침내 1960년 4월 학생혁명으로 한국헌법사에서 최초로 민주적인 개헌이자 순수한 의원내각제 개헌이었다. 하지만 민주적인 제2공화국에서도 반민주행위자를 처벌하기 위한 소급입법의 헌법적 근거를 마련한 제4차 개헌이 단행되기도 하였다. 제2공화국은 짧은 민주주의의 실험은 1961년 5 · 16군사쿠데타로 마감하였다. 1962년에 제정된 제3공화국헌법은 외형적 민주헌법에도 불구하고 군사정권의 연속선상에 있었다. 마침내 1969년의 대통령 계속재임을 위한 3선개헌이 단행되었고, 급기야 1972년에는 유신이라는 이름으로 제4공화국의 민주주의의 위기로 치닫게 되었다. 1979년 10 · 26에도 불구하고 1980년 서울의 봄은 또 다시 돌아올 수 없는 길로 짓눌리게 되었다.

1987년 6월 항쟁은 민주주의를 되찾으려는 민주시민의 숭고한 외침이었다. 비록 6월 항쟁이라는 대통령 직선쟁취의 구호에 매몰된 채 급작스럽게 제6공화국 헌법이 탄생되었다. 1960년 제2공화국 헌법 이래 처음으로 여야 만장일치로 새 헌법이 채택된 것이다. 하지만 급작스럽게 마련된 87년 헌법은 많은 흠결을 그대로 안은 채 지난 24년을 작동하여 왔다. 돌이켜 보면 1948년에서 1987년에 이르는 채 40년도 안 되는 기간 동안에 9개의 헌법을 체험하였다. 그야말로 헌법의 불안정은 그대로 한국 민주주의의 파탄과 불안정을 단적으로 보여주고 있다.

87년 체제에서 처음으로 헌법의 안정을 구가하고 있다. 헌법의 안정을 통해서 한국적 민주주의도 이제 민주주의의 보편적 가치에 더욱 충실할 수 있게 되었다. 따지고 보면 민주주의의 인적 · 물적 토대가 마련되지 않은 상황에서 도입된 민주주의는 시련 그 자체에 처할 수밖에 없었다. 87년 체제에서 비록 지난 40년간 민주주의는 짓밟히고 허물어졌지만 민주주의를 위한 경제적인 물적 토대를 마련할 수 있었다는 것만으로도 작은 기적이라 아니할 수 없다. 87년 체제는 비록 많은 문제점을 안고 있음에도 불구하고 산업화와 민주화가 동시에 작동하면서 새로운 이정표를 구축할 수 있었다. 두 번의 평화적 정권교체 two turn-over를 성공적으로 작동시키면서 외형적 민주주의를 충실히 구축해 왔다. 국민의 자유와 권리도 획기적으로 신장되었다. 이제 헌법재판소 제도는 수출이 될 수 있는 상황에 까지 이르렀다. 하지만 우리는 87년 체제에 안주할 수는 없다. 바로 여기에 헌법의 안정에 이은 정치 · 사회 · 경제적 안정을 새 헌법으로 승화시켜 나가야 한다.

사회변동에 헌법은 능동적으로 대응해 나가야 한다. 헌법의 안정은 매우 중요한 덕목이다. 헌법의 안정은 일응 헌정의 안정을 대변하기 때문이다. 하지만 헌법의 안정만으로 국가의 기본법질서가 안정과 번영을 구가한다고 볼 수만은 없다. 서독 즉 독일연방공화국은 1949년 기본법을 제정하였습니다. 헌법Verfassung이라 하지 않고 기본법Grundgesetz라고 한 것은 통일의 그날 헌법을 제정하겠다는 의미도 동시에 갖고 있다. 하지만 독일은 1990년에 흡수통일을 달성함으로써 새 헌법의 제정이 아니라 기본법의 개정으로 마침표를 찍었다. 물론 많은 헌법개정 작업이 뒤따랐다.

반면에 1946년 맥아더 지배 하에서 1946년 새 헌법을 제정한 일본은 그 이후 오늘에 이르기까지 단 한번의 헌법개정도 없이 오늘에 이르고 있다. 물론 일본에서도 지속적으로 헌법개정 논의가 제기되고 있지만 국민적 합의에 실패하고 있다. 평화조항, 천황제 등 국민들 사이에 근본적인 합의가 불가능한 문제가 잠복하고 있기 때문다. 헌법의 안정이 결코 바람직한 것만은 아니라는 사실은 일본의 불가능한 개헌 현상이 단적으로 보여준다. 이제 일본은 개헌 불임국가로 폄하해도 무방하지 않을까 한다.

문제는 우리의 상황이다. 39년 동안에 10개의 헌법을 체험한 나라에서 24년째 헌법의 안정에 힘입어 헌정이 정상궤도에 진입하고 있다는 점을 우리 모두가 인정하고 있다. 바로 그와 같은 이유로 정부, 여당, 야당, 사회 각계와 학계에서도 헌법개정의 필요성에 관한 한 전적으로 의견의 일치를 보고 있다. 다만 그 내용과 시기에 관해서는 여전히 논쟁적이다. 노무현 대통령이 2007년 대통령선거를 목전에 두고 소위 '원 포인트 개헌론'을 제기한 바 있다. 이 때에도 우리 사회는 헌법개정의 필요성에는 전적으로 동의하면서 다만 시기가 적절하지 않다는 이유로 제18대 국회에서 개헌을 한다는 정치권의 합의에 따라 노무현 대통령은 개헌론을 접어 두었다.

그런데 2008년 새 대통령 취임과 제18대 국회가 개원되었음에도 불구하고 개헌의 노력은 국회의장 직속 헌법연구자문위원회의 활동 정도가 공식적인 논의의 장이었다. 국회의원들의 연구단체인 미래한국헌법연구회에는 여야의원 186인이 참여하고 있다는 점에서 의원들도 개헌논의에 동참하고 있다. 하지만 여전히 여, 야, 정부 사이에 개헌논의를 둘러싼 불신을 지우지 못하고 있다. 이제 제18대 국회도 저물어가고 대통령 임기도 하반기에 접어들었다. 개헌은 물 건너 간 것이라는 우려도 있다. 그럼에도 우리는 개헌을 향한 희망을 잃지 않아야 한다.

첫째, 개헌의 시기는 이제 1년밖에 남지 않았다. 2012년에는 총선과 대선이 있기 때문에 개헌이 불가능하다.

둘째, 개헌은 급작스러운 헌정사태에 봉착한 것이 아니라 평화시의 개헌이라는 점에서 개헌의 폭발력을 동반하지 못하고 있다. 그럴수록 개헌논의는 평화롭게 국민적 합의를 다져야 합니다. 그런 점에서 이번만은 국회의 개헌의 발의창구가 되어야 한다.

셋째, 개헌은 그 내용에 있어서 21세기 정보사회의 진전에 따른 국민의 자유와 권리의 재조명, 청와대 쪽으로만 기울고 있는 정치제도의 균형이 필요하다. 또한 새 헌법에는 대한민국의 정체성을 분명히 해 두어야 한다. 무엇보다도 개헌은 현행헌법이 안고 있는 흠결을 보정해야 한다.

우리 사회도 자유민주주의가 더욱 고착화되고 있다. 자유민주주의란 다름 아닌 다원적 민주주의이다. 민주주의의 다원성은 헌법에서도 그대로 드러난다. 헌법도 시대변화의 산물입니다. 민족적 민주주의의 지적 토대에서 건설된 대한민국은 이미 다문화사회로 진입하였다. 이럴 때일수록 국민적 합의가 어렵지만 더욱 중요하다. 나라의 초석인 헌법이 국민정서와 시대상황에 뒤떨어져서는 안 된다. 우리도 자칫 자신의 목소리에만 매몰될 경우에 개헌 불임국가로 전락할 수도 있다. 지금이야말로 국민적 합의를 헌법전에 담아내야 할 때이다.

고시계 시론_2008. 10.

# 진정한 문민시대를 위한 헌법이념의 구현

1948년 헌법제정 이후 대한민국 헌법사와 헌정사는 상처 투성이로 점철되어 왔다. 1948년부터 1987년까지 불과 40년의 짧은 기간 동안에 제헌헌법을 포함하면 10개의 헌법이 명멸해 왔다. 하지만 1987년 헌법은 이제 20년을 훌쩍 넘어서서 헌법과 헌정의 안정을 구가하고 있다.

문민정부의 정확한 자리매김은 과거에 흐트러졌던 국법질서를 반석 위에 올려놓고 정의의 원리가 지배하는 사회를 정립하는 것이다. 이를 위해 국민적 합의문서인 헌법의 이념과 가치를 국가생활 속에 정착시켜야 한다. 이제 위정자들도 헌법이 지배하는 사회가 이루어지도록 노력하여야 한다.

특히 2000년 6월 15일에 합의한 남북정상회담에 따라 이제 통일의 시대에 능동적으로 대처하기 위한 통일한국의 헌법적 질서는 어떠한 것이어야 하는가에 대한 국민적 논의도 충분히 이루어져야 한다. 반 세기 이상에 걸쳐 서로 이질적 체제에서 살아온 한민족의 국민적 통일성을 확보하기 위한 통일헌법의 권력구조에 대해서도 적극적인 대응이 필요하다. 통일 한국에서의 모습은 지난 세기에 걸쳐서 이어온 남북간 이질성을 극복하는 새로운 장치를 설정해야 할 것이다. 그 장치에는 남북연합, 남북연방과 같은 이론들을 포괄하는 한민족 공동체를 구현할 수 있어야 한다.

돌이켜 보면 대한민국 헌정사는 혁명과 쿠데타 그리고 정변이 이어지는 가운데에서도, 주권자의 의식 속에는 민주공화국의 이념과 정신이 면면히 자리잡아 왔으며 그것은 바로 오늘의 민주정부구성에까지 이르고 있다. 혁명과 항쟁의 성취를 통하여 민주시민의 역량을 제고할 수 있었고, 쿠데타와 정변의 소용돌이 속에서도 면면히 이어온 불의에 대한 항쟁을 통하여 국민주권의 정신이 살아 움직이고 있음을 확인할 수 있었다. 지난 반세기에 걸쳐 쌓아 온 민주주의를 향한 의지의 침전물은 결국 오늘의 정권교체로 이어지고 있다. 새무얼 헌팅턴이 설파한 동아시아에서의 "정권교체없는 민주주의"를 종식시킨 국민적 저력은 바로 이러한 헌법사적인 환희와 시련 속에서 잉태되었다. 87년 체제하에서 이룩한 두 번의 평화적 정권교체는 이제 한국적 민주주의의 정립을 알리는 청신호이기도 하다.

이제 동서냉전체제의 종식과 더불어 과학기술의 눈부신 발달에 힘입은 정보사회의 진전에 따라, 더 이상 권력의 인격화 현상은 설자리를 잃게 되고, 그 공간에는 전인류가 주권자화하는 전자민주주의시대가 새로운 자리 매김을 하고 있다. 새로운 민주공화국의 미래는 통일 한국의 이정표와 직접적으로 연계될 것이다. 통일의 그날 대한민국은 새로운 웅비를 준비해야 한다.

**성낙인, 헌법학 제14판에서 발췌**

## 통일과 헌법

국가의 통일(**통합**)이란 원래 둘 이상의 국가가 하나의 국가를 건설하는 것을 의미하지만, 남북한의 통일은 원래 단일한 하나의 국가가 역사적으로 분단되었다가 다시 통일하는 것이다. 제2차 세계대전과 동서냉전시대의 산물로 야기된 분단국가들이 차례로 통일을 성취함으로써(**1975년 베트남, 1990년 독일, 1992년 예멘**) 이제 한국이 사실상 유일한 분단국가로 남아있다. 특히 20세기 말 동유럽에서의 민주와 자유의 물결이 공산주의 종주국 소련의 붕괴와 체제변화로 이어짐에 따라, 체제의 우위성이 입증되고 있는 자유민주주의에 입각한 통일의 염원이 그 어느 때보다도 강하게 드러나고 있다.

1948년 2월 27일 유엔소총회의 결의에 따라, 5월 10일에 국회의원총선거가 실시되었다. 비록 대한민국헌법의 실질적 효력이 38선 이남지역에만 미치고 있었으나, 7월 12일 제정된 헌법은 대한민국이 한반도의 유일한 합법정부임을 천명하고 있다. 그러므로 헌법의 영토조항에서 "대한민국의 영토는 한반도와 그 부속도서로 한다"라는 규정을 두게 된 것은 당연한 논리적 결과였다. 이에 따라 제헌헌법에서는 통일문제에 관한 특별한 조항을 두지 않았다.

같은 분단국가인 독일연방공화국(**서독**)의 본 기본법은 1949년 5월 8일 제정 당시부터 전문에서 독일국민의 통일을 위한 노력을 규정하고 기본법의 효력범위는 11개 란트에 국한된다고 선언하고, 제146조에서는 통일헌법의 제정과 함께 기본법은 효력을 상실한다고 규정하고 있었으므로, 기본법은 서독영역 내에서만 효력을 가지게 되었다. 하지만 독일은 통일 후에 새로운 헌법을 제정한 것이 아니라, 동독의 5개 란트를 포괄하여 기본법의 효력범위를 전독일에 확장시켰다.

생각건대 제헌헌법이 비록 영토조항에서 한반도의 유일한 합법정부로서 대한민국을 상정한 것은 사실이지만, 국제평화주의에 입각하여 "항구적인 세계평화와 인류공영" 및 "모든 침략적 전쟁을 부인"하는 조항도 동시에 두고 있으므로 반드시 무력통일만을 전제로 한 것으로 볼 수는 없다.

이에 따라 제헌헌법의 영토조항을 그대로 둔 채 1972년 헌법(**제4공화국헌법**) 전문에서 평화통일의 원칙을 천명하고 있다. 현행헌법은 전문과 제4조에서 평화통일의 원칙을 더욱 강화하고 있다.

하지만 국가상황 및 국제환경의 변화에 따라 헌법상 영토조항과 평화통일주의이념 사이에 충돌이 예고되고 있다. 특히 남북한의 유엔동시가입과 남북교류의 확대에 따라 헌법규범과 헌법현실 사이의 갈등은 심화되고 있다.

### 평화통일주의의 헌법상 직접적인 천명

현행헌법에서는 전문을 비롯하여 여러 조항에서 "평화적 통일"의 원칙을 직접 천명闡明하고 있다. 즉 전문에서 대한국민은 "평화적 통일의 사명"을 가지며, 제4조에서 "대한민국은 통일을 지향하며, 자유민주적 기본질서에 입각한 평화적 통일정책을 수립하고 이를 추진"하고, 제66조 제3항에서는 "대통령은 조국의 평화적 통일을 위한 성실한 의무를" 규정하고, 제69조의 대통령취임선서문에서 "조국의 평화적 통일"을 선서하며, 제92조 제1항에서 "평화통일정책의 수립에 관한 대통령의 자문에 응하기 위하여 민주평화통일자문회의를 둘 수 있다"라고 규정하고 있다.

### 평화통일주의의 헌법상 간접적인 천명

평화통일의 원칙은 헌법에 직접 규정한 조항 이외에도 간접적으로 관련된 조항에 의해서도 인정된다.

국제평화주의원칙은 곧 조국의 평화적 통일과 관련될 수밖에 없다. 헌법전문에서 "항구적인 세계평화와 인류공영에 이바지함으로써 우리들과 우리들의 자손의 안전과 자유와 행복을 영원히 확보할 것을 다짐"하고 있고, 제5조 제1항에서 "대한민국은 국제평화의 유지에 노력하고 침략적 전쟁을 부인한다"라고 규정하고, 제2항에서 "국군은 국가의 안전보장과 국토방위의 신성한 의무를 수행함을 사명으로 하며, 그 정치적 중립성은 준수된다"라고 규정하고 있음은 대한민국이 평화통일의 원칙을 추구하고 있음을 간접적으로 보여주고 있다.

### 국민과 대통령의 평화적 통일을 위한 책무

평화통일의 성취는 이 시대 대한민국 국민의 권리이자 의무이기도 하다. 이러한 역사적 과업을 달성하기 위해서는 국민적 합의가 전제되어야 한다. 민족의 숙원인 평화통일은 그 어떤 국정사항보다 우선적 가치를 갖기 때문에 헌법 제72

조에서 "대통령은 필요하다고 인정할 때에는 외교 · 국방 · 統一 기타 국가안위에 관한 중요정책을 국민투표에 붙일 수 있다"라고 규정하고 있다. 통일과 관련된 중요정책을 국회나 대통령의 의사보다는 주권자인 국민의 합의를 통하여 결정함으로써 통일정책에 대한 국민적 정당성이 확보될 수 있다.

헌법상 대통령에게 통일정책에 관한 국민투표부의권이 부여되어 있을 뿐만 아니라, 대통령의 평화통일을 위한 책무가 명시되었음에 비추어, 대통령은 국가원수이자 국정의 최고책임자로서 통일과업을 달성하기 위한 최종적인 정책적 결단권을 가진 자라 아니할 수 없다. 여기에 주권자로서의 국민과 국가원수로서의 대통령 사이에 민주적 절차와 방법에 의한 합의가 필요하다.

**자유민주적 기본질서에 입각한 평화적 통일**

통일관련헌법조항에 비추어 현행헌법이 추구하는 통일은 무력에 의한 것이 아닌 평화적 수단과 방법에 의한 통일임이 분명하다. 그러나 비록 평화적 통일이라고 하더라도 그것이 궁극적으로 자유민주적 기본질서에 반하는 통일이어서는 아니 된다. 즉 통일이 무력에 의한 방법이 아닌 평화적 방법으로 이룩되더라도 그것이 자유민주주의를 부인하는 전체주의 내지 공산주의에 입각한 통일일 수는 없다는 것이 평화적 통일이 갖는 헌법적 함의임과 동시에 한계라 할 수 있다. 헌법재판소도 "**(헌법전문과 제4조에서의)** 통일은 대한민국의 존립과 안전을 부정하는 것이 아니고 또 자유민주적 기본질서에 위해를 주는 것도 아니며 오히려 그에 바탕을 둔 통일"이라고 판시하고 있다

성낙인, 헌법학 제14판에서 발췌

## 중앙선거관리위원회,
## 헌법기관성을 강화해야 한다

선거관리위원회는 독립된 헌법기관이다. "선거와 국민투표의 공정한 관리 및 정당에 관한 사무를 처리"하기 위하여 선거관리위원회를 둔다." "각급선거관리위원회의 조직 · 직무범위 기타 필요한 사항은 법률로 정한다." 이에 따라 선거관리위원회법이 제정되어 있다.

그런데 한국과 같이 중앙선거관리위원회를 비롯하여 전국에 각급선거관리위원회를 설치하고 있는 나라는 흔치 않다. 외국에서는 오히려 선거관리 그 자체는 전국적 조직을 갖고 있는 내무부(또는 지방자치부) 및 지방자치단체가 관리하고, 다만 선거비용이나 정치자금 등과 관련된 정치활동투명성확보를 위한 국가기관을 설치하는 것이 일반적이다. 하지만 한국에서는 아직도 선거관리의 공정성 여부가 정치적으로 예민한 사안이므로 제3의 독립된 기관으로서 선거관리위원회를 설치하고 있다. 한국의 민주화가 안정기에 접어들면, 통상적인 선거관리는 일반행정기관에 맡기고 중앙선거관리위원회는 정치활동의 투명성확보를 위한 기구로 재정립되어야 한다.

㉠ 선거관리위원회는 "선거와 국민투표의 공정한 관리 및 정당에 관한 사무를 처리하기 위하여" 설치된 헌법상 필수기관이다. ㉡ 독임제행정기관이 아니고 위원회라는 합의제기관이다. ㉢ 헌법상 독립된 기관이다. 기관의 독립성을 보장하기 위하여 중앙선거관리위원회의 구성에 관해서 헌법에 명시하고 있다.

선거관리위원회의 종류: 중앙선거관리위원회 아래 ① 서울특별시 · 광역시 · 도 선거관리위원회, ② 구 · 시 · 군 선거관리위원회, ③ 읍 · 면 · 동 선거관리위원회가 있다.

중앙선거관리위원회: "중앙선거관리위원회는 대통령이 임명하는 3인, 국회에서 선출하는 3인과 대법원장이 지명하는 3인의 위원으로 구성한다". 이 경우 위원은 국회의 인사청문을 거쳐 임명 · 선출 또는 지명하여야 한다. 중앙선거관리위원회 위원장은 정치적 영향력으로부터 벗어나기 위하여 "위원 중에서 호선한다." 그러나 대법원장이 3인의 위원을 지명하는 것은 그 제도적 정당성에 의문이 제기된다. 특히 관례적으로 대법원장은 1인의 대법관과 2인의 법원장을

중앙선거관리위원으로 지명하고 그 중 대법관인 위원이 위원장으로 선출되고 있는데, 이는 독립된 헌법기관의 구성원이 또 다른 헌법기관의 장이 되는 결과가 되어 독립기관성의 자기모순에 빠질 위험이 있다. 또한 중앙선거관리위원회가 재정신청한 사건을 중앙선거관리위원인 법관들이 재판하는 결과를 초래할 수도 있다. 앞으로 중앙선거관리위원회의 헌법기관으로서 독립성을 분명히 하기 위해서는 상근 위원장이 독립적으로 업무를 수행하는 것이 바람직하다. "위원의 임기는 6년으로 한다". "위원은 정당에 가입하거나 정치에 관여할 수 없다". "위원은 탄핵 또는 금고 이상의 형의 선고에 의하지 아니하고는 파면되지 아니한다". 위원의 신분을 법관과 동일하게 보장하고 있는 것은 정치적 중립성을 가진 독립기관성을 강조한 것이다.

성낙인, 헌법학 제14판에서 발췌

# 제 3 장

## 헌법과 국가정체성

## 헌법과 국가정체성

대한민국의 건국과 그 정체성에 관한 논의가 1948년 건국 60주년을 맞이하여 제기된 바 있다. 즉 대한민국이 일제 식민 지배를 종식시킨 1945년 이후에 건립된 국가로서 한반도의 유일한 합법정부로서의 정체성을 갖고 있느냐에 관한 논의라 할 수 있다. 이와 같은 논의가 제기된 근저에는 1945년 해방공간을 거치면서 남과 북의 대립이 격화되었고 그 과정에서 유엔 소총회의 결의에 따라 38선 이남 지역인 한반도의 남쪽에서 1948년 5월 10일에 실시된 총선거를 거쳐서 탄생한 대한민국이 과연 한반도 전체 내지 역사적인 국가의 정체성을 독자적으로 확보하고 있는 것이냐에 관한 의문이 자리 잡고 있다. 해방공간에서 통일한국의 건설을 위한 일련의 노력이 있었고 그 노력은 무위로 돌아감에 따라 한반도의 남쪽에서 독자적인 국가 건설이 이루어졌고, 반면에 북쪽에는 1949년에 조선민주주의인민공화국이 건설되었다. 이에 관해서 남쪽이 분단국가의 빌미를 제공하지 않았느냐에 관한 비판이 제기된 것이다. 이와 같은 일련의 논의는 그간 잠복해 있다가 남북교류가 활성화되는 과정에서 해방공간에 독자적인 정부구성이 남쪽의 책임이 아니냐는 비판과도 맞물리면서 2008년 대한민국 건국 60주년에 즈음하여 더욱 이질적인 논란이 전개된 바 있다.

그 과정에서 북쪽의 조선민주주의인민공화국 건설은 별론으로 하고 1948년에 수립된 대한민국 정부구성이 새로운 건국인지 아니면 1919년에 수립된 상해임시정부의 연장선상에서 이해하여야 하는 것이지 독자적인 건국이 아니라는 비판론도 제기된다. 이와 같은 문제제기는 1919년 3 · 1운동 이후에 건립된 대한민국임시정부의 법적 성격을 어떻게 이해할 것이냐의 문제와 직결된다. 특히 1948년 제헌헌법의 전문에서 "우리들 大韓國民은 기미 삼일운동으로 大韓民國을 建立하여 세계에 선포한 위대한 독립정신을 계승하여 이제 민주독립국가를 再建함에 있어서…"라고 규정하고 있다. 제헌헌법 헌법전문의 문의적 의미만 본다면 분명 1919년에 건립된 대한민국임시정부가 원래의 의미의 대한민국의 건국이고 1948년 대한민국은 '再建'된 국가에 불과하다. 그러나 이와 같은 문의적 해석에만 의존하기에는 여러 가지 논란의 여지를 남긴다. 바로 여기에 1948년 대한민국 정부수립의 역사적 의미를 되새겨 볼 필요가 제기된다.

한편으로 이 기회에 국가의 정체성이 무엇이며 나아가서 대한민국의 국가로서의 정체성을 표상하는 징표는 무엇인가에 관한 근본적인 성찰이 필요하다. 특히 이 문제는 신행정수도건설과 관련된 헌법재판소의 2004년 결정을 통해서 드러난 수도가 서울이라는 관습헌법 논쟁과 더불어 증폭된 바 있다. 즉 대한민국의 정체성을 나타내는 여러 가지 징표 중에서 관습헌법 사항은 무엇이며 나아가서 관습헌법 사항을 헌법적으로 정리할 필요가 있는 사항은 무엇이 될 것이냐에 관한 의문도 동시에 제기된다.

첫째, 자유민주주의 국가이냐의 여부에 관해서는 더 이상 특별한 논의의 필요성이 없다. 헌법 전문에서 적시하고 있는 자유민주적 기본질서는 바로 인민민주주의에 대응하는 개념으로서의 자유민주주의를 의미한다. 그 연장선상에서 입헌군주국이 아닌 민주공화국을 헌법 제1조에서 천명한 것은 의미를 갖는다. 따라서 민주공화국은 비록 헌법에서 프랑스 헌법의 예에서처럼 "헌법개정의 대상이 되지 아니한다"라는 명문의 규정은 없지만 당연히 헌법개정의 한계를 벗어나는 것이라고 보아야 한다. 하지만 프랑스 헌법에서의 논의에서처럼 혁명을 통해서 군주제를 타파한 프랑스에서는 군주제 헌법개정 불가라는 헌법의 의미는 단순히 헌법개정의 한계를 의미하는 것이 아니라 더 이상 군주제를 받아들일 수 없다는 점을 천명한 것으로 이해된다는 점에서 그 차별성을 인식할 수 있다. 문제는 대한민국에서도 헌법제정의 형태를 통해서 입헌군주제의 도입이 가능할 것이냐의 의문이 제기된다. 실제로 특정정당은 한국적 민주주의의 불행이 대통령 독재로부터 비롯되었다는 반성적 성찰에서 입헌군주제의 도입을 주창하기도 한다. 하지만 대한민국의 건국의 정통성은 조선왕조의 몰락과 그에 따른 일제식민지배로 인하여 조선왕조의 국민적 정통성은 종료되었다고 보아야 하며, 바로 그런 점에서 1919년 3 · 1운동 이후에 대한민국임시정부를 구성한 사실은 이를 단적으로 반증한다. 여기에 1948년 대한민국 헌법에서 대한민국임시정부의 법통을 계승하고 있는 것은 당연한 역사적 순리이다.

둘째, 대한민국의 국호는 이미 헌법 제1조 제1항을 통해서 사실상 천명되었다고 보아야 한다. "대한민국은 민주공화국이다"라는 의미는 바로 국민주권주의에 입각한 공화국이라는 사실을 거듭 확인하는 규정이다. 여기에 대한민국이라는 국가의 3요소설에 입각한 국민, 영토, 주권의 문제가 제기된다. 이와 같은 3요소는 1948년 대한민국 제헌헌법에서부터 잘 적시되어 있다. "대한민국의 주권은 국민에게 있고 모든 권력은 국민으로부터 나온다"**(제1조 제2항)**. "대한민국의 국민된 요건은 법률로 정한다"**(제2조)**. 이에 기초하여 국적법이 제정되어 있다. "대한민국의 영토는 한반도와 그 부속도서로 한다"(제3조). 그런데 대한민국의 국민 즉 이 헌법을 제정한 '대한국민'의 범위와 대한민국의 영토에 관해서는 남북분단이라는 특수한 상황에 따라 언제나 논쟁의 여지를 남긴다. 하지만 북쪽의 조선민주주의인민공화국과 대치하는 대한민국의 국가적 정통성을 확보한다는 의미에서도 해방이전 즉 대한민국이 건국되기 이전에 조선 국적을 취득한 적이 있는 국민을 포함하여 북한주민도 대한민국 국민으로 포섭하는 이론과 헌법재판소 및 대법원 판례는 타당성을 갖는다. 또한 남녀평등의 구현과 다문화사회에 능동적으로 대응한다는 측면에서 부계혈통주의의 위헌성을 지적한 헌법재판소의 판례에 따라 父母兩系血統主義를 채택한 것도 시대 흐름에 부응한 것이다.

구체적으로 대한민국에 보다 특유한 사항들은 국시, 국어, 국기, 국가, 수도 등을 들 수 있다. 우리 헌법에서는 제헌헌법 이래 이들 모든 사항에 대하여 침묵을 지키고 있다. 이는 제 외국의 헌법에 비추어 보면 다소 예외적인 것이라 할 수 있다. 이들 사항을 모두 헌법에 규정하고 있는 나라는 드물지만 그래도 이들 사항 중에서 일정 사항은 헌법에 적시하고 있든가 그렇지 않으면 헌법에서 법률로 정함을 명시하는 정도의 규정은 두고 있는 것이 오히려 일반적이다.

첫째, 국시를 헌법에 명시하고 있는 나라는 많지 않다. 다만 우리나라에서는 대한민국의 국시가 무엇이냐에 관해서는 논란이 있어 왔다. 실제로 그 규범력을 인정할 수는 없다고 하더라도 1948년 대한민국의 건국은 북쪽의 공산세력에 대한 안티테제였다는 점에서 반공은 사실상 동시대의 국시라 해도 과언이 아닐 것이다. 자유민주주의 국가에 반공법이 존재하고 그 반공법의 존재를 너무나 당연한 것으로 여긴 역사적 사실이 이를 반증한다. 1961년 5월 16일 박정희 장군을 중심으로 하는 군부세력이 쿠데타를 성공시킨 이후 제시한 혁명공약의 첫째 항목으로 "반공을 국시의 제1의로 삼고 지금까지 형식적이고 구호에만 그친 반공체제를 재정비 강화할 것입니다"라고 명시하고 있다. 1980년 12월 31일 법률 제3318호로 전면 개정된 국가보안법 부칙 제2조에 의하여 반공법이 폐지되긴 하였지만 건국이래 반공법이 폐지될 때까지 실제로 반공은 사실상 대한민국의 국시로 작동하여 왔음을 부인할 수 없다.

여기서 우리는 1986년의 유성환 의원 사건을 반추해 볼 필요가 있다. 유성환 의원은 국회에서 대한민국의 국시는 반공이 아니라 통일임을 주창했다. 그러나 그의 발언 이전에 원고사전배포행위에 대해 국회의원으로서의 면책특권을 인정할 수 없다는 취지에서 국가보안법 위반으로 현역 국회의원이 구속되기도 하였다. 비록 그는 정권이 바뀐 이후 원고사전배포행위는 국회의원의 면책특권의 범주에 속하며 나아가서 그의 발언 내용 자체가 처벌의 대상이 될 수 없다는 면소판결을 받게 되었지만, 이는 동시대에 있었던 국시 논쟁을 단적으로 반증한다.

이제 대한민국의 국시는 반공이라는 시대는 종언을 고했다. 그렇다고 대한민국의 국시가 통일일 수도 없을 것이다. 통일은 한민족의 염원사항이긴 하지만 통일이 국시라면 통일 이후 대한민국의 국시가 소멸되고 새로 정립하여야 한다는 점에서 바람직하지 않다. 이에 오늘날 일반론으로 받아들이고 있는 대한민국의 국시는 자유민주주의라는 표현은 수긍하기에 충분하지만 그렇다고 해서 이는 대한민국에만 특유한 징표적 특성을 갖는 것이 아니라는 점에서 과연 대한민국의 국시를 자유민주주의라고 명시적으로 정립할 수 있을 것인가에 관해서는 의문을 갖게 된다.

둘째, 대한민국의 국어는 세종대왕이 창제하고 반포한 한글이라는 사실에 이의를 제기할 이는 없다. 적어도 이 점에 관한 한 남과 북이 공유하는 사항이다. 하지만 헌법은 침묵하고 있다. 그 사이 우리는 국어를 강조하여 왔고 심지어 한글전용 정책까지 시행한 적이 있지만 이는 아무런 헌법적 근거나 심지어 법률적 근거조차 갖지 못한 상황이었다. 국어기본법은 2005년에 비로소 제정되었다(**제정 2005.1.27. 법률 제7368호; 일부개정 2009.3.18 법률 제9491호**). 국어기본법에서는 제정 목적으로 "국어의 사용을 촉진하고 국어의 발전과 보전의 기반을 마련하여 국민의 창조적 사고력의 증진을 도모함으로써 국민의 문화적 삶의 질을 향상하고 민족문화의 발전에 이바지함을 목적으로 한다"라고 규정한다(**제1조**). 여기서 ""국어"라 함은 대한민국의 공용어로서 한국어를 말한다"(**제3조 제1호**). ""한글"이라 함은 국어를 표기하는 우리의 고유문자를 말한다"(**제3조 제2호**).

우리말 국어 한글의 소중함을 그렇게까지 강조하면서도 한글과 국어를 근거 지우는 헌법은 고사하고 법률조차도 뒤늦게 제정되었다는 사실은 우리가 그만큼 국가 정체성에 둔감하였다는 점을 단적으로 드러낸다.

셋째, 대한민국의 국기는 태극기라는 사실을 모르는 국민들은 없다. 하지만 태극기가 무엇을 근거로 무엇 때문에 대한민국의 국기인지에 관해서는 제대로 된 답변을 할 수 있는 국민은 드물다. 대한민국국기법은 2007년에 제정되었다(**2007.1.26 법률 제8272호**). "이 법은 대한민국을 상징하는 국기의 제작 · 게양 및 관리 등에 관한 기본적인 사항을 규정함으로써 국기에 대한 인식의 제고 및 존엄성의 수호를 통하여 애국정신을 고양함을 목적으로 한다”(제1조). “대한민국의 국기(이하 “국기” 라 한다)는 태극기太極旗로 한다”(제4조). 이에 따라 대한민국국기법 시행령이 제정되었다(제정 2007.7.27. 대통령령 제20204호; 일부개정 2008.7.17 대통령령 제20915호).

대한민국국기법 시행령에서는 국기에 대한 맹세(제4조), 게양식 및 강하식(제19조) 등에 관해 규정하고 있다. 이와 관련된 사항은 '대한민국국기에 관한 규정'(제정 1984.2.21 대통령령 제11361호; 일부개정 2002.11.6 대통령령 제17770호)에서 규정한 바 있는 국기에 대한 맹세(제3조), 게양식 및 강하식(제14조)의 규정을 답습하고 있다. 바꿔 말하자면 1984년 이전에는 대한민국의 그 어떠한 규범에도 국기에 관한 규정이 없었다는 사실이다. 그럼에도 국기에 대한 경례와 그에 대한 벌칙이 존재하여 왔다는 사실이 뜬금없기까지 하다.

넷째, 우리나라의 국가는 애국가이다. 애국가의 사전적 의미는 나라를 사랑하는 마음으로 온 국민이 부르는 노래다. 백과사전적 설명에 의하면 나라마다 애국가가 있으며 한국은 10여 종의 애국가 중에서도 1896년 11월 21일 독립문 정초식에서 불린 애국가의 후렴 “무궁화 삼천리 화려 강산 죠션 사람 죠션으로 길이 보존 답세”가 지금도 맥을 잇고 있다. 한국 국가에 준용되는 애국가는 작사자 미상이며, 16소절의 간결하고 정중한 곡으로 1930년대 후반 안익태安益泰가 빈에서 유학 중 작곡한 것을 1948년 8월 15일 대한민국 정부수립과 함께 국가로 제정하였다. 2005년 3월 16일 안익태의 부인인 로리타 안이 애국가의 저작권을 한국 정부에 기증하였다.

그러나 애국가의 법적 의미는 현재로선 전무하다고 보아도 과언이 아니다. 현재 불려지고 있는 소위 애국가가 대한민국의 공식적인 국가라는 법적 기술은 보이지 않는다. 헌법에도 그리고 그 어떠한 법규범에도 애국가가 대한민국의 국가라는 구체적이고 명확한 표현은 보이지 않는다. 다만 대한민국국기에 관한 규정(제정 1984.2.21 대통령령 제11361호; 일부개정 2002.11.6 대통령령 제17770호)에서 애국가 내지 애국가 연주라는 표현이 있을 뿐이다: 제3조(국기에 대한 맹세) 국기에 대한 경례를 할 때에는 다음의 맹세문을 낭송하여야 한다. 다만, 국기에 대한 경례중 애국가를 주악하는 경우에는 이를 낭송하지 아니한다. 제14조(게양식 및 강하식) ② 게양식 및 강하식은 애국가의 주악에 맞추어 이를 행하되, 애국가의 주악은 이를 청사의 건물내외에서 들을 수 있도록 하여야 한다. 다만, 게양식의 경우에는 애국가의 주악은 이를 생략할 수 있다. 제15조(게양식 및 강하식에 있어서의 국기에 대한 경의표시) 게양식 및 강하식에 있어서는 다음 각호에 따라 국기에 대하여 경의를 표시하여야 한다. 다만, 체육대회등으로 경의를 표시하지 못할 부득이한 사유가 있는 사람과 제14조제2항 단서의 규정에 의하여 애국가의 주악을 생략하는 경우에 국기를 볼 수 없는 사람은 경의표시를 생략할 수 있다.

또한 '대한민국국기에 관한 규정' 이후에 법률로 격상되어 제정된 대한민국국기법(제정 2007.1.26 법률 제8272호)에 따른 대한민국국기법 시행령(제정 2007.7.27. 대통령령 제20204호; 일부개정 2008.7.17 대통령령 제20915호)에서도 유사한 규정을 두고 있다: 제4조(국기에 대한 맹세) ① 국기에 대한 경례를 하는 때에는 다음의 맹세문을 낭송하되, 애국가를 연주하는 경우에는 낭송하지 아니한다. 제19조(게양식 및 강하식) ① 법 제8조제4항의 낮에만 국기를 게양하는 학교 및 군부대는 그 주된 국기게양대의 국기를 게양 · 강하하는 때에는 게양식 및 강하식을 행한다. 다만, 같은 조 제5항의 사유로 국기를 게양 · 강하하는 경우에는 그러하지 아니하다. ② 법 제9조의 게양식 및 강하식은 애국가의 연주에 맞추어 행한다. 다만, 주변여건상 부득이한 경우에는 애국가 연주를 생략할 수 있다.

애국가가 대한민국의 국가임을 천명한 법규범이 존재하지 않음에도 불구하고 국기법을 통해서 애국가 연주를 강제한다는 것 자체가 규범의 체계정합성을 상실한 것이라고 보아야 한다. 헌법에 규정하지는 못하더라도 적어도 법률로써 애국가가 대한민국의 국가임을 명시하는 법률제정이 필요하다.

다섯째, 수도가 헌법사항이냐, 수도가 서울임이 비록 헌법에 명시적인 규정은 없지만 관습헌법이냐의 여부가 행정수도이전문제와 관련하여 우리 사회의 첨예한 문제로 등장한 바 있다. 논의의 핵심은 수도가 서울이라는 사실이 관습헌법인가의 여부이다. 다수의견은 수도가 서울이라는 점은 관습헌법이므로 법률로서 수도를 이전할 수 없으며 헌법에서 명시한 제130조의 국민투표권을 침해하는 위헌법률이라고 판시한다. 이에 대해 소수의견은 관습헌법의 효력은 성문헌법의 보완적 효력을 가질 뿐이며, 관습헌법의 개정은 헌법개정에 속하지 않는다고 본다. 위 위헌결정에 따라 신행정수도 후속대책을 위한 연기 · 공주지역 행정중심복합도시 건설을 위한 특별법 위헌확인(헌재 2005.11.24. 2005헌마579 등) 사건에서 7인의 재판관은 각하의견을 제시하고 있다. 다만 6인의 재판관은 기존 헌법재판소 결정에 따라 수도가 서울이라는 것은 관습헌법에 속한다고 본 반면, 3인의 재판관은 관습헌법을 부인하고 있다. 한편 2인의 재판관은 신행정

수도는 결과적으로 수도를 분할하는 것이므로 국민적 합의나 동의 절차를 생략한 것은 위헌이라는 의견을 제시하고 있다. 이 법률에 대하여는 수도분할이라는 비판론을 반영한 개정안이 2010년에 국회에 제출되었으나 부결된 바 있다. 생각건대 헌재가 수도가 서울이라는 점을 관습헌법으로 보았다면 수도분할을 의미하는 위 특별법도 또한 위헌이라고 판시하였어야 마땅하다.

결론적으로 국가의 정체성을 확인하고 이를 보호 · 보장하는 것은 어쩌면 동시대를 살아가는 국민 일반의 책무라고 할 것이다. 그 국가의 정체성을 확인하고 보장하는 방책은 바로 국민의 합의에 기초한 최고의 합의문서인 헌법에 규범적 기초를 마련해 주어야 한다. 입헌군주국이냐, 민주공화국이냐, 자유민주주의냐 인민민주주의냐, 단일국가냐 연방국가냐에 관한 국가의 기초적 틀은 헌법전 속으로 당연히 포섭되어야 한다. 대한민국헌법은 민주공화국, 자유민주주의, 지방자치제를 천명하고 있다는 점에서 이 점에 관한 한 기본적인 틀은 갖춘 셈이다. 또한 국가의 구성요소에 관한 전통적인 3요소설에 기초한 국민, 영토, 주권이라는 요소도 대한민국 헌법에서는 이를 충실히 반영하고 있다. 더하여 헌법개정 논의과정에서도 영토조항은 더 이상 논란의 대상이 되지 않아야 할 것이다. 다만 이들 사항도 프랑스나 독일의 헌법처럼 헌법총강에서 이를 보다 분명히 하는 작업이 필요하다. 예컨대 헌법총강에서 자유민주주의 국가라는 점을 분명히 천명하지 못하고 전문과 총강의 통일조항에서 간접적으로 표현되어 있을 뿐이다. 사회국가원리는 헌법총강에서 전혀 표현되어 있지 아니하고 '제9장 경제'에서 간접적으로 표현되어 있을 뿐이다. 정교분리도 종교의 자유(**제20조 제2항**)에서 규정되어 있다. 지방분권도 '제8장 지방자치'에서 간접적으로 표현되어 있을 뿐이다. 따라서 헌법개정이 이루어질 경우에는 이들 대한민국의 국가로서의 정체성을 확인하는 사항 즉 민주공화국과 더불어 단일국가, 자유민주주의, 사회국가, 정교분리, 지방분권 등에 관한 사항을 헌법총강에서 명시할 필요가 있다.

또한 대한민국의 정체성을 보다 명확히 하는 대한민국 특유의 정체성 확보에 관한 논제들 즉 국시, 국어, 국가, 국기, 수도 등에 관해서는 침묵으로 일관하고 있다. 국시를 명시하는 입법례는 그리 많지 않지만 국어, 국가, 국기에 관한 사항은 외국의 입법례나 대한민국이 처한 특수성에 비추어 본다면 향후 헌법개정에는 반드시 헌법적 근거를 마련해야 할 것이다. 우리와 대척점에 서 있는 조선민주주의인민공화국 헌법에서는 '제7장 국장, 국기, 국가, 수도'에서 이와 관련된 사항을 명시한 것과도 대비되는 점이다. 다만 수도가 서울이라는 사실은 통일한국을 생각한다면 굳이 헌법에 명시하지 않아도 좋을 것 같다. 대한민국의 정체성을 확인하는 작업은 헌법에서 천명함으로써 대한민국의 정체성을 더욱 공고히 해야 할 것이다. 또한 전통적인 한민족 중심의 민족적 민주주의적 사고나 규범은 다문화사회의 급속한 전개에 부응하여 국가로서의 대한민국의 정체성을 강화하는 방향으로 전환되어야 할 것이다.

서울대 법학지, 게재 논문 중에서 발췌, 2011.

# 지금 우리에게 필요한 것은 관용

'세종시 갈등' 정치력 부재 드러내, 北 천안함 도발도 끌어안아야

○○주년을 좋아하는 우리네 일상에서 올해는 특수한 해다. 19세기 말 서세동점의 와중에서 새로운 국가의 기틀을 다지려 애쓴 선각자들의 노력에도 불구하고 결국은 국권 상실로 이어진 치욕의 역사가 100년에 이른다. 동서 열강의 무대가 된 한반도는 분단의 아픔을 딛고 새로운 공화국을 창건하였지만 1950년 민족 상잔의 6·25전쟁이 일어난 지 갑년(60년)째다. 민주주의를 향한 청년 학도들의 고귀한 희생으로 귀결된 4월혁명이 발생한 지도 어언 반세기에 접어들었다. 다사다난多事多難이란 말 그대로 올해도 예외 없이 사건 사고의 연속이다. 두 차례에 걸친 경제적 국난을 슬기롭게 극복하고 있고, 원전 수입국에서 수출국으로 변신하고, 월드컵에서 사상 처음으로 원정 16강에 진입했고, G20(주요 20개국) 정상회의도 열린다. 국력이 그만큼 신장한 결과다.

하지만 성공의 그늘에 어두운 그림자도 지울 수 없다. 6·2 지방선거에서 민심은 집권세력의 견제를 분명히 했다. 그 누구도 지방선거가 정부 여당에 대한 중간평가 선거임을 부인할 수 없다. 민심은 천심이라 했거늘 민심은 싸늘했다. 선거에 임하는 집권세력이 안이하게 대응하는 사이 민심은 저 멀리 달아나 있었다.

전 정권의 정치적 유산인 세종시 문제는 결국 선거 패배와 더불어 원상 복귀되고 말았다. 남북통일을 설계하고 국력을 한 곳으로 집중해야 한다는 당위적인 명제에도 불구하고 국민들은 수정안에 찬성하지 않았다. 수도 분할은 결국 역사의 판단에 맡기게 되었다. 언젠가 우리는 국익이 무엇인가를 다시 한 번 생각할 날이 있을 것이고, 그때 선배들이 국익의 차원에서 제대로 된 판단을 내렸는지 심판할 것이다. 무엇보다도 집권당 내부의 갈등으로 인하여 세종시 문제가 난타당하였다는 점을 집권세력은 뼈아프게 받아들여야 한다. 내부도 추스르지 못하면서 어떻게 야당과 국민을 설득할 수 있단 말인가.

선거 정국을 강타한 천안함 사태에 대해서도 유비무환의 체계적 대응이 제대로 작동되지 않았다는 부정적인 평가를 내린 셈이다. 고귀한 젊은 영혼들을 생각

해서라도 악의 무리에 관용을 베푸는 데에는 한계가 있다. 하지만 북측을 이끄는 반민족적, 반국가적 세력보다는 통일시대를 대비한 한민족 공동체에 대한 인식도 제고돼야 한다. 대북 심리전도 중요하다. 휴전선의 확성기는 설치 그 자체만으로도 충분한 효과를 거두었다. 그러나 강행은 무모할 수도 있다. 강공 드라이브와 더불어 유화책도 필요한 시점이다. 그나마 개성공단은 정상적으로 작동된다. 정치적으로는 압박을 가하더라도 경협은 계속돼야 한다. 기아선상에 허덕이는 북녘동포를 생각하지 않을 수 없다. 끊긴 금강산 길도 다시 복원해야 한다. 가곡 그리운 금강산의 한 구절처럼 '자유만민 옷깃을 여미며' 자유의 훈풍을 민족의 영산 금강산에 불어넣어야 한다.

50년 전 청년학생들이 요구한 민주주의는 이제 만개하고 있다. 하지만 민주주의만으로 국가가 정상적으로 작동되지는 않는다. 100년 전 쇄국과 개국의 갈등 속에서 국권을 상실한 아픔이 재현되지는 않아야 한다. 신라의 삼국통일 이후에 최초로 발발한 6 · 25와 같은 민족 내부의 전쟁 재발은 우리 모두에게 재앙일 뿐이다. 이럴 때일수록 망나니 같은 북을 끌어안고 민족 화해의 길을 찾아나서야 한다. 천안함 사태에서 단적으로 드러난 남남갈등은 적개심의 대상이 아니라 끌어안고 가야 할 현실로 받아들여야 대책도 안출할 수 있다.

세기를 지배하는 미국과 새로 패권국가로 등장하는 중국 사이에서 교각살우**矯角殺牛**의 우를 범해서는 안 된다. 이 시점에서 우리에게 요구되는 최고의 화두는 톨레랑스, 즉 관용이다. 내부의 갈등, 외부의 위협을 내칠 것이 아니라 이 모두를 끌어안는 관용의 리더십이 아쉽다.

세계일보 [성낙인 칼럼]_2010. 7. 11.

## 관습과 전통을 존중하는 사회

"정권이 바뀌면 새로운 정책·제도를 내놔야 한다는 생각 버리고
국민들이 익숙한 관습은 생활편의로 배려해야"

"습관적으로 반대하지 말아 달라." 김무성 의원이 세종시 수정안을 제시하면서 박근혜 전 대표에게 던진 화두가 두 정치인의 오랜 인연을 막다른 골목으로 치닫게 했다고 한다. 습관은 알게 모르게 반복하는 행동이다. 김 의원이 말한 습관은 부정적인 의미다. 하지만 곽금주 서울대 심리학과 교수는 '습관의 심리학'을 통해 습관은 마음 먹기에 따라서 성공으로 이끌 수 있다고 진단한다. 따지고 보면 세종시 문제도 습관, 관행, 관습의 산물이다.

습관이 오래도록 지속되는 행동으로 나타나면 관행이 된다. 관행의 반복이 명료하고 항구적으로 지속되면서 국민 속에 자리 잡으면 관습이 된다. 그 관습이 국민의 법적 합의를 얻으면 관습법이 된다. 신행정수도법은 국회에서 통과한 법률이다. 그럼에도 헌법재판소가 행정수도 이전은 수도가 서울이라는 관습헌법에 어긋난다는 이유로 위헌 결정을 내렸다. 관습헌법이 정국을 오늘날까지 소용돌이치게 한다.

오랜 관행이나 관습은 쉽사리 국민 일반의 생활에서 지워지기 어렵다. 그럼에도 위정자들은 국민적 편익은 고려하지 않고 정책적 의지만 갖고 관습을 쉽게 바꾸려 한다. 최근 이명박 정부가 시행한 두 가지 사례가 이를 방증한다. 그 하나는 우측통행이다. 우측통행이 이론상으로는 맞는 정책일 수 있다. 하지만 생활 속의 일부로 좌측통행이 자리 잡은 지 이미 오래다. 그것은 옳고 그름이나 정당성의 문제가 아니다. 그런데 어느 날 갑자기 좌측통행은 정당하지 않고 우측통행이 정당하다고 한다면 이를 쉽게 수긍하기 어렵다. 하루아침에 길 걷는 습관을 바꾸기 위해 온 나라에 우측통행 팻말이 나부낀다. 생활의 편익을 위한 정책이 오히려 국민들을 불편하게 만든다.

최근에 운전자에게는 더욱 당황스러운 일이 벌어진다. 자동차 길이 만들어진 이래 좌회전 신호가 먼저 떨어지고 이어서 직진 신호가 뒤따르는 것이 일반적인 생활 속의 관습으로 자리 잡아 왔다. 그런데 어느 날 갑자기 직진 신호에

이어서 좌회전 신호로 신호 체계가 변경된다. 정책 당국자는 선진 외국의 사례도 그러하고 교통 흐름에도 도움이 된다고 한다. 하지만 직진 우선의 교통체계를 구축한 나라에서는 이미 오랜 세월에 걸쳐서 직진 우선에 부합하는 교통편익 시설을 마련해 왔다. 그런데 우리는 아무런 대책도 없이 무작정 직진 우선이 좋다는 생각만으로 이를 실시하다 보니 자연히 현실적인 교통시설과 맞지 않는 일이 벌어진다. 좌회전 길은 특별히 마련된 길이어서 매우 짧게 설계돼 있다. 그런데 직진 우선에 따라 좌회전 차들이 직진 차선을 점거하게 되고 결과적으로 직진 우선이라고는 하지만 직진 차선 하나가 좌회전 차들로 막혀버린 상태다. 신호체계 변경에 부합하는 교통시설을 설치하지 않은 채 신호 변경만 강행한 결과다. 더구나 교차로에 따라서는 여전히 좌회전 우선과 직진 우선이 뒤범벅이 돼 있다. 운전자의 혼란만 가중된다.

공자 말씀에 60을 넘어서면 이순**耳順**이라 했는데 우리도 이제 건국 60주년을 넘어섰다. 국민들의 생활 속에 익숙한 관습을 무시한 채 원칙론만 내세워 법과 제도를 함부로 바꿔서는 안 된다. 일찍이 로마시대 법학자 키케로는 정의란 각자에게 그의 것을 주는 것이라고 했다. 정의란 각자에게 편해야 한다. 정권이 바뀌면 새로운 정책이나 제도를 제시하는 것만이 좋은 정부라는 환상에 휘둘린다. 하지만 성숙한 사회라면 무엇이 국민생활에 편의로운지를 먼저 배려하는 자세가 필요하다.

관행이나 관습은 쉽게 바뀔 수 있는 것이 아니다. 더더구나 특정 정부에서 일방적으로 밀어붙인다고 될 일은 더욱 아니다. 좋은 제도, 좋은 정책을 모를 정도로 민도가 낮은 시대는 지났다. 지난 세월의 여적**餘滴**을 안고 가면서 주어진 틀을 가꾸고 일구어 나가는 지혜가 필요하다.

매일경제_2010. 4. 13.

# 국어로서의 한글의 소중함을 일깨우자

2007년 9월 27일은 세종대왕이 한글을 창제한 이래 최대의 경사가 발생했다. IT강국 대한민국을 상징이라도 하듯이 전 세계 183개국이 참여한 세계지적재산권기구WIPO 총회에서 국제특허협력조약PCT의 아홉 번째 국제공개어로 한국어를 채택하였다. 이제 PCT 출원을 위해서는 한글로 문서를 제출할 수 있게 되었다.

561회 한글날을 맞이하여 새삼 우리 글과 말의 중요성을 되새겨 본다. 일찍이 자신의 고유한 언어를 통용시키지 못한 나라는 그 위대한 국가 건설에도 불구하고 역사의 뒤안길로 사라졌다. 만주벌판을 호령하면서 마침내 중국대륙을 지배한 청淸 나라도 언어를 비롯한 고유문화를 착근시키지 못하고 나라의 멸망과 더불어 언어조차 사라져 버리고 말았다.

한글날 노랫말에서와 같이 한글은 문화의 터전이자, 민주의 근본이고, 생활의 무기이다. 만일 세종대왕이 한글을 창제하지 않았다면 우리는 지금쯤 어느 나라의 글을 사용하고 있을까를 생각해 보면 끔찍하기도 하다.

요즈음 미국의 세계지배와 더불어 인터넷의 보편적인 언어가 영어로 일원화되면서 우리나라에서도 영어 광풍이 불고 있다. 하기야 문화적 자존심의 상징적인 국가인 프랑스에서도 프랑스어 중심의 사고에서 영어의 생활화로 변모하고 있으니 다른 나라의 사정은 말해 무엇하겠는가. 일제 식민지배 동안에도 우리 선조들은 조선어학회 사건으로 온갖 고초를 겪으면서도 우리글의 소중함을 간직하려 했다. 만일 해방 조국에서 한글이 사라졌더라면 우리는 외형적 독립에도 불구하고 정신적 종속의 길을 걸어갈 수밖에 없었을 것이다.

한글날을 맞이하여 다시금 우리말 우리글의 중요성을 일깨워 보아야 한다. 어학연수나 조기유학도 따지고 보면 영어를 배워야 성공할 수 있다는 소박한 모정의 발로이다. 하지만 다시 한 번 생각해 보자. 아무리 영어를 잘한다고 하더라도 모국어만큼이야 할 수 있겠는가.

대학에서조차 영어강의가 필수적인 덕목으로 치부되고 있다. 하지만 자국어가 아닌 영어로 표현할 수 있는 지적 능력은 일정한 한계에 부닥칠 수밖에 없다. 그렇다면 학문의 장에서 영어강의를 통하여 얼마나 교수의 학문적 성과가 수업에 반영될 수 있겠는가. 외국어강의가 필요하다면 그 분야는 일정하게 필요할 것이다. 그럴 경우에 외국인교수를 통하여 강의를 진행하여야 마땅하다.

세계화시대에 세계어인 영어를 외면할 수는 없다. 그렇다고 하여 영어 과신으로 인하여 국민으로서의 정체성을 상실할 우를 범하여서는 안 된다.

미발표 칼럼_ 2007. 9. 30.

# 국가의 상징과 제복의 존엄성

'휘날리는 태극기는 우리들의 표상이다~'. 온 국민이 즐겨 부르는 군가의 한 구절이다. 왜 태극기太極旗는 우리들의 표상인가. 태극기는 대한민국의 국기이기 때문이다. 한 나라의 동일성을 상징하는 징표는 여러 가지가 있지만 국기 · 국가 · 국어가 전형적인 예다.

하지만 대한민국을 상징하는 국기인 태극기, 국가인 애국가, 국어인 한글은 옳은 대접을 받지 못하고 있다. 나라의 기본법이자 최고법인 헌법은 고사하고 법률에서도 제대로 보호받지 못해 왔다. 한국어, 즉 한글은 2005년에 국어기본법의 제정으로 비로소 법적으로 우리말이 되었다. 태극기는 2007년에 제정된 국기법 덕분에 우리의 깃발이 됐다. 그 전에는 태극기 대신 한반도기를 휘날려도 법적으로 문제될 게 없었다. 그런데 애국가愛國歌는 아직도 법적 보호를 받지 못하고 있다. 2010년에 대통령훈령으로 제정된 국민의례 규정에서 '애국가 제창: 1절부터 4절까지 모두 제창하거나 1절만 제창'이 유일한 법적 근거다. 그러니 진보정당의 공식 행사에서 애국가 대신 '님을 위한 행진곡'을 불러도 위법이 아니다. 그만큼 우리는 국가 정체성正體性을 법적으로 정립하는 데 소홀했다. 다만, '님을 위한 행진곡'을 5 · 18 기념곡으로 지정해 기념식 공식곡으로 연주하는 것은 별개다. 각종 기념식에는 애국가 제창에 이어 해당 기념곡 연주가 자연스럽기 때문이다.

태극기와 애국가가 국가의 상징이라면 제복制服은 국가가 부여한 수호신의 표지다. 공직자 중에서 유독 군인 · 경찰 · 소방관은 전 세계 어디를 막론하고 제복을 착용한다. 이들은 대한민국의 존립과 안전을 책임지는 최일선에 서 있다. 나라가 풍전등화風前燈火의 위기에 처했을 때 꽃다운 젊은이들이 제복 속에 청춘을 불사른 덕분에 오늘의 태평성대太平聖代를 구가한다. 국가와 국민은 그들의 영혼을 영원토록 기려야 할 책무가 있다. 서해의 찬 바다에 격침된 천안함 영령들도 결코 잊어서는 안 된다. 그런 점에서 최근 공개된 '천안함 프로젝트'는 그 적실성을 의심케 한다. 아무리 영화라는 특수한 장르라 하지만 아직 동 시대의 상처가 아물지 않은 상황에서 그와 같은 주제 설정은 좀 더 신중해야 했다.

지난 5월 3일 부산 '동의대 사태' 24주년에 즈음해 희생된 경찰관의 부조 제막식이 있었다. '민주화운동 관련자 명예회복과 보상에 관한 법률'에 따라 그때 시위자들은 이미 2002년에 민주화 운동가로 인정받았다. 하지만 그때 희생된 경찰관들은 2010년에 뒤늦게 제정된 '동의대 사건 등 희생자의 명예회복과 보상에 관한 법률'에 따라 보상과 명예회복이 이뤄졌다. 정권을 달리하며 그 역사적 평가 또한 달리했던 결과다. 국민의 생명과 재산, 사회공공의 안녕질서를 수호하기 위한 경찰관들의 희생은 애써 외면하고 시위만이 정당화되던 민주화 과정의 서글픈 단면을 단적으로 드러낸다. 동의대 사태는 시위자나 경찰관이나 다 같이 시대의 희생자였다. 이제는 희생자들 사이에 용서와 화해의 장이 마련돼야 할 때다.

지금도 덕수궁 대한문 앞에서 계속되고 있는 쌍용차 해고 근로자의 시위는 민주화의 불꽃을 일구던 동의대 사태와는 그 성격을 달리한다. 대한문 앞의 시위는 해고 근로자의 생존을 위한 투쟁이다. 생존의 장場 마련만이 시위의 종결에 이르는 유일한 해결책이다. 하지만 정부와 지자체 모두가 담 너머 불구경하듯 '사람이 꽃보다 아름답다'는 낭만적인 수사修辭로 안주한다. 그 와중에 시위대를 제지하는 애꿎은 제복의 경찰관들만 온갖 비난을 뒤집어쓴다.

세종로를 에워싼 경찰차와 시위대를 지척에 두고 도열해 있는 앳된 제복의 남녀 경찰관들은 다 같이 우리의 소중한 아들딸이다. 더 이상 해고 근로자와 젊은 제복이 맞닥뜨리는 불상사가 일어나서는 안 된다. 생존을 위한 투쟁 장소의 제공보다는 생존의 터전 마련이 더 절실하다. 이 시간에도 전국 곳곳에서 일어나는 소외된 이웃의 절박한 생존권 투쟁을 국가와 사회가 보듬고 안아줘야 그게 진정한 경제민주화이고, 그게 바로 사회복지 국가의 구현이다. 그래야만 경찰관의 공권력 행사는 적법성과 정당성을 담보하게 된다. 그때 비로소 우리는 민주법치국가임을 자랑스럽게 말할 수 있을 것이다.

문화일보 [오피니언/時評]_2013. 5. 7.

# 국정원 거듭 태어나라

국내외에서 최고 정보기관의 활동이 말썽이다. 미국에서는 중앙정보국CIA에 이어 2001년 9·11테러 이후 신설한 국가안보국NSA이 무차별적인 정보 해킹을 일삼는다는 폭로가 있었다. 하지만 당국자는 테러 같은 국익에 반하는 범죄행위를 사전에 차단하기 위한 불가피한 조치였음을 강조한다. 오히려 비밀 누설자는 미국의 국익을 해치는 범죄행위를 저질렀다고 주장한다. 무력 전쟁을 넘어서서 현대적인 치열한 정보 전쟁의 단면을 드러낸다.

정보기관 종사자의 내부 고발은 자유와 인권을 위한 정의로운 행동이냐 아니면 국익을 해치는 배신행위인가는 언제나 논쟁적이다. 분명한 사실은 국익을 위한 정보기관의 존재가 불가피하다는 것이다. 이스라엘의 모사드는 베일의 장막 속에 적대국에 대한 과감한 침투 작전을 통한 보복으로 유명하다. 민주주의의 고향이며 의회주권주의를 고수하고 있는 영국 MI6는 불과 20년 전까지만 해도 예산과 인력이 의회의 통제로부터 벗어난 비밀조직이었다.

우리나라도 5·16 직후 중앙정보부가 창설됐다. 중앙정보부는 '나는 새도 떨어뜨린다'고 할 정도로 그 위세가 하늘을 찌르는 듯했다. 하지만 박정희 대통령은 1979년 10월 26일 궁정동 안가에서 김재규 중앙정보부장에 의해 시해되는 역린의 당사자가 되었다. 그 이후 중앙정보부는 정권이 바뀔 때마다 최고통치권자에 의해 난도질 당하면서 온갖 영욕과 풍상을 함께 해왔다. 대통령들은 자신의 최측근을 정보수장으로 배치하면서 정권의 수족이 되길 바랐다. 역대 정보수장들의 면면을 보면 잘 드러난다. 비록 헌법기관은 아니지만 대통령 직속기관으로서 창립 반세기를 훌쩍 넘어섰음에도 정보수장들 중에서 자체 발탁이 단 한 번밖에 없었다는 사실이 이를 잘 반증한다.

원장은 고사하고 고위직 인사도 마찬가지다. 정권이 바뀔 때마다 고위직은 발탁의 대상이 아니라 물갈이의 대상일 뿐이었다. 그러니 국익을 위한 정보기관이 아니라 정권수호를 위한 권력의 동향에 민감할 수밖에 없다. 국정원의 원훈院訓은 '음지에서 일하고 양지를 지향한다'에서 '정보가 국력이다'를 거쳐서 '자유와 진리를 위한 무명의 헌신'이다. 하지만 남북대화의 물꼬를 튼 7 · 4공동성명은 이후락 중정부장이, 김대중정부의 6 · 15 남북정상회담은 임동원 국정원장의 작품이다. 정보기관장이 정치에 동원돼 음지가 아니라 양지를 지향한 전형적인 예다. 정보수장이 그러하거늘 아랫사람은 더할 수밖에 없을 것이다.

이명박정부에서 줄곧 국정원을 지킨 원세훈 전 원장이 공직선거법과 국정원법 위반 혐의로 불구속기소됐다. 국정원이 정치적 중립을 지키지 못했다는 증좌다. 국정원장이 정치적 논쟁의 대상이 된 것 자체가 국정원의 정치적 중립성을 훼손한 것임에 틀림없다.

국정원의 존재 이유raison d'être는 국가 안보와 직결된 정보의 종결자 역할이다. 국정원이 국가 안보와 국익을 위한 정보기관으로 거듭 태어날 수 있도록 여야 정치권과 국민이 힘을 합쳐야 한다. 대통령이 국내 정치 동향과 관련하여 국정원의 정보에 귀를 기울이는 순간 국정원의 정치적 중립성은 사라진다. 국정원은 더 이상 국내 정치에 개입하지 않도록 기구나 조직을 혁신해야 한다. 야당과 시민사회도 국가 안보와 국익을 위한 '무명의 헌신' 과정에서 야기된 문제들은 묻어두는 아량이 필요하다. 미국 중앙정보국CIA처럼 정권이 바뀌어도 계속 국정원장을 맡을 수 있는 인물을 발탁해야 한다.

남북 대치라는 특수한 국가 상황에서 국정원이 더 이상 정치의 희생양이 되어서는 안된다. 국정원의 특성을 외면한 채 그 민얼굴을 밖으로 드러내려는 행태는 결코 바람직하지 않다. 지금 이 시간에도 국익과 자유민주주의 수호를 위해 묵묵히 헌신하는 정보맨들이 자긍심을 가질 수 있도록 해야 한다.

매일경제 [인사이드 칼럼]_2013. 6. 18.

## 국가 정체성에 대한 도전은 용납될 수 없다

1948년 5월 10일 제헌국회의원선거는 5000년 역사에서 최초의 보통·평등·직접·비밀·자유선거였다. 이는 민주주의의 모국母國인 영국에도 불과 20년 뒤졌을 뿐이다. 하지만 그로부터 65년이 지난 지금도 우리는 아직 대한민국의 정통성과 정당성을 부정하는 세력을 차단하고 제어할 수 있는 법과 제도를 구축하지 못하고 있다.

필리핀의 원조로 최초의 실내체육관을 짓고, 오로지 먹고살기 위해 독일에 광부·간호사로, 열사의 사막에 건설 노동자로 나가 밤낮없이 노력한 끝에 우리는 세계 10대 경제 대국에 이를 수 있었다. 물론 그 과정에서, 한국에서 민주주의를 바라는 것은 쓰레기통에서 장미꽃이 피기를 바라는 것과 같다는 주한 미국대사의 모욕을 감내해야 하기도 했다. 하지만 우리는 두 번에 걸친 평화적 정권교체를 통해 스스로 민주화를 이뤄냈다.

민주화와 산업화를 강렬히 원했던 그 시절의 여진들이 아직도 남아 있다. 전태열 열사의 청계천 피복 노조 시대는 마감했어도 국민소득 2만달러 시대의 노동 투쟁은 그때 그 모습 그대로다. 1987년 6월항쟁의 함성이 귀에 쟁쟁한 바로 그 자리에서 아직도 민주화 투쟁이 계속된다.

유신과 5공의 질곡 속에서 자유를 향한 청년학도들의 몸부림은 공산주의와 김일성 주체사상에 대한 동경으로 나아갔다. 우리 대학생들도 민중이 주인 되는 세상을 찾아 노동의 현장으로 뛰어들었다. 훗날 국가는 그들에게 민주화를 위한 희생자로 훈장을 수여하고 금전적 보상까지 마다하지 않았다.

하지만 그간 극좌 이념에 대해 관용적이었던 서구 지성 사회도 세계사적 변혁의 물결 속에 그 관용을 거두었다. 1981년 공산당과 연대해 집권에 성공한 미테랑도 결국 짧은 동거를 끝내고 말았다. 소련의 붕괴 이후 유럽에서 공산당의 지지도가 추락을 거듭하자 공산당이라는 이름을 내던지고 민주사회당과 같은 새로운 작명으로 위장할 수밖에 없는 궁지에 몰렸다. 하지만 대한민국의 공산주의자와 주사파는 1980년대 시대정신에 매몰된 채 화석처럼 굳어 있다. 세월이 가고 시대가 바뀌었음에도 사반세기 이전의 틀을 벗어나지 못하고 있다. 인간의 이기적 본성을 외면한 채 만민평등에 사로잡힌 위정자들은 스스로 몰락을 자초했다. '이밥에 고깃국'은 고사하고 굶어 죽어 가고 있는 백성에게 이데올로기는 사치에 불과하다.

이제 80년대식 좌파는 깃발을 내릴 때가 되었다. 낡은 이념의 동굴에 박제돼 있는 그들이 온갖 불법과 탈법을 저지르는 것을 더 이상 방치할 수 없다. 그동안 정부는 헌법재판소에 진보당 해산을 제소하는 문제를 최대한 자제해 왔다. 이제 통합진보당이 대한민국의 민주적 기본질서를 지켰는지 심판할 때가 되었다.

대한민국의 역사적 정통성과 정당성을 확립하기 위해 헌법과 법률을 재정비해야 한다. 헌법 개정이 어려우면 국시로서 자유민주주의, 국어로서 한글, 국기로서 태극기, 국가로서 애국가, 수도로서 서울을 명시하는, 대한민국의 국가 정체성 확립을 위한 특별법을 제정해야 한다. 그래야만 국법 질서에 대한 도전에 의해 야기되는 소모적 논쟁을 종식할 수 있다.

조선일보_2013. 9. 14.

## 내란죄에 관용은 없다

민주주의를 수호하기 위해서는 민주주의의 적들에 대한 제재가 불가피하다. 독일 헌법은 기본권을 실효失效시키기까지 한다. 연방헌법재판소는 헌법과 민주주의를 부정하려는 사회주의국가당SRP과 독일공산당KPD에 대해 해산 판결을 내렸다. 우리 헌법에서도 민주적 기본질서에 위배되는 정당에 대해서는 정부의 제소에 의해 헌법재판소가 해산 결정을 할 수 있다. 최근 내란 혐의 논란을 빚고 있는 통합진보당이 최초의 사례가 될지 귀추가 주목된다.

진보는 인류사회에서 존중되어야 할 소중한 가치다. 특히 진보적 가치의 구현을 위해서 때로는 현실의 법과 제도를 뛰어넘는 저항도 수용해 왔다. 하지만 아직도 대한민국 탄생의 정당성과 정체성을 부정하고 조선민주주의인민공화국을 떠받드는 세력이 있다면 이는 대한국민과 대한민국 헌법의 이름으로 척결되어야 마땅하다.

오늘 이 시점에서 우리는 다시 한 번 대한민국의 국가 정체성이 무엇인가를 자문하지 않을 수 없다. 그것은 우리 헌법이 지향하는 민주주의가 무엇인가와 직결된다. 분명한 것은 대한민국의 국시國是라 할 수 있는 민주주의는 인민민주주의를 배척하는 자유민주주의라는 사실이다. 다만 그 자유민주주의는 사회민주주의를 포용하는 자유민주주의여야 한다.

역사적으로 고도산업사회에 진입한 국가에서 공산주의 이념을 구현하려는 몽상가들에 의해 자유민주주의가 위기에 처하기도 했다. 1968년 5월 프랑스에서 발발한 진보적 지식인들의 좌파혁명운동은 제5공화국 영웅인 드골 대통령 정부를 위기로 몰고 갔다. 연이어 독일과 일본에서는 적군파赤軍派들의 극좌운동이 온 나라를 붉게 물들였다. 이 사태의 여파로 일본 지성의 메카인 도쿄대학은 개교 이래 처음으로 1년간 학생모집을 중단하기도 했다.

일제치하에서 공산주의 이념은 나라 잃은 설움에 찬 지식인들의 사상적 도피처였다. 광복 이후 북쪽에 공산주의 정권이 들어서고 남쪽에서는 민주주의 정부가 수립되었으나 제대로 된 민주주의를 구현하지 못하자 일부 지식인들의 공산주의에 대한 동경은 심지어 김일성의 주체사상에 경도된 주사파主思派로 이어졌다.

하지만 1990년대에 이르러 공산주의 종주국 러시아도 고르바초프의 페레스트로이카로 그 운명을 다했다. 더구나 1987년 체제 이후 인류 역사에서 산업화와 민주화를 최단기간에 완성한 나라에서 아직도 공산혁명을 꿈꾸는 이들이 있다면 그것은 참으로 `시대착오`적이라 하지 않을 수 없다. 더욱 충격적인 것은 그 주도세력이 다름 아닌 국민의 대표로서 국회에 입성한 이들이라는 점이다. 그들의 유토피아가 조선민주주의인민공화국인지, 영원한 좌파혁명을 꿈꾼 남미의 전설적인 혁명가 체 게바라인지를 떠나 이 땅에서 함께 할 수는 없다.

차제에 마녀사냥식 사상검증이 아니라 우리 내부의 적들에 대한 단호한 대응은 불가피하다. 헌법상 현직 대통령도 내란죄를 범하면 처벌받아야 한다. 폭력적으로 국가를 전복하려는 그 어떠한 음모도 관용의 대상이 아니다.

보수와 진보 모두 서로를 포용하면서 반듯한 나라를 세우기 위해 힘을 합쳐야 한다. 법과 원칙을 강조하는 보수세력이 진보당에서 애국가**愛國歌** 대신 적기가**赤旗歌**를 불러도 국가 정체성 확보를 위한 법 하나 제대로 제정하지 못하고 있지 아니한가. 더 나아가 일부 극우세력의 준동에도 단호히 대처해야 한다. 건강한 사회발전을 위해서는 보수와 진보가 다함께 발전적 균형을 이루어야 한다. 이번 통합진보당 사태가 자칫 진보적 개혁세력의 확장동력을 저하시켜서도 안 된다. 진보세력도 이번 사태를 거울삼아 극좌세력과의 결별을 분명히 해야 한다. 국가의 기본법인 헌법의 틀을 벗어나는 그 어떠한 일탈도 헌법과 자유민주주의의 이름으로 차단할 때가 되었다.

매일경제 [인사이드 칼럼]_2013. 9. 3.

## '17년의 고통' 덧나지 않기를

유신과 5공을 거치면서 우리는 민주화만이 정의이고 민주화를 가로막는 모든 공권력 작용은 불의로 치부했다. 연세대생 이한열 군은 1987년 6월 항쟁 와중에 경찰이 쏜 최루탄에 맞아 짧은 생을 마감했다. '애국학생 고 이한열 열사 민주국민장'은 민주주의를 열망하는 온 국민의 장엄한 행진이었다. 그때 경찰은 국민의 경찰이 아니라 부도덕하고 불법적인 권력의 하수인으로 전락했다는 비난을 감내해야 했다.

하지만 1987년 체제 이후 우리 민주주의도 이제 세계 속의 대한민국을 자랑스러워할 정도로 성숙했다. 그런데도 여전히 변하지 않은 것이 있다면 바로 집회시위 문화다. 아직도 시위대와 경찰이 대치하는 현장에는 어김없이 각목과 쇠파이프, 심지어 죽창까지 난무한다. 과연 누구를 향한 흉기들인가?

1996년 6월, 광주 조선대 학생 불법시위를 저지하는 과정에서 시위대가 휘두른 쇠파이프에 김인원 의경은 20세 꽃다운 나이에 뇌사 상태에 빠지고 말았다. 그 후 17년간 가족들의 애끓는 염원에도 불구하고 끝내 짧고도 긴 생의 여정을 마감했다. 고 김 의경도 국방의무를 다하기 위해 입대한 대학생이었다. 군복무 대학생이 시위 대학생에게 희생된 것이다. 김 의경 아버지는 '그 긴 세월 동안 생명의 끈을 놓지 않아 줘 고맙다'는 애끓는 부정父情을 토로하면서 다시는 이와 같은 불행이 반복되지 않기를 기원했다.

이제 불법적 집회시위 문화를 종식시켜야 한다. 국민이 일상을 마치고 '저녁이 있는 삶'을 영위할 수 있는 것은 바로 경찰이 지켜주기 때문이다. 그런데 그 경찰을 마치 불법적인 권력의 앞잡이인 양 증오와 타도의 대상으로 간주하는 한 한국적 민주주의는 갈 길이 멀다. 국가와 국민의 방패인 공권력을 무력화하는 도전과 도발에 대해서는 강력한 법적 제재가 가해져야 한다.

헌법이 보장하는 집회시위의 자유를 구체화한 '집회 · 시위에 관한 법률'이 제정되어 있다. 권위주의 시절에 집시법은 자의적 공권력 행사를 위한 도구로 악용될 정도로 위헌적인 내용도 많았던 것 또한 부인할 수 없다. 하지만 민주화 이후 집시법은 전면적으로 개정되어 이제 더 이상 위헌 논쟁도, 국민의 자유와 권리를 침해한다는 논쟁도 사라졌다. 선진 외국 집시법에 비추어 보아도 손색이 없다. 그런데 헌법재판소가 야간옥외집회 금지조항에 대해 헌법 불합치와 입법 촉구 결정을 내렸지만 국회는 아직까지 입법 의무를 해태하고 있다. 그 사이 야간옥외집회는 전면적으로 용인된다. 하루속히 국민적 합의에 기초한 규범을 정립해야 한다. 그래야만 국민이 편하게 잠들 수 있다. 사회적 평온을 위해서 밤 11시 이후 새벽 4시까지는 야간 옥외집회가 금지돼야 한다.

대한문 앞을 점거하고 있던 쌍용차 노조 분향소가 1년7개월 만에 평택으로 이동하였다니 다행스럽다. 오죽했으면 현장을 떠나 수도 서울에 터를 잡았겠느냐 하는 노동자들의 피맺힌 절규를 모르는 바가 아니다. 관할 구청과 경찰의 어설프고 서투른 초동 대응이 사태를 악화시킨 측면도 있다. 하지만 적법 절차를 무시하고 경찰과 대화를 외면한 불법 집회로는 결코 해결될 문제가 아니다.

이제 시위대와 경찰 사이에 새로운 신사협정이 필요한 시점이다. 시위대와 경찰이 상생의 길을 찾아야만 폭력적인 시위 현장이 사라질 수 있다. 민주주의를 향한 젊은 시위대와 불법 집회를 막아야 하는 젊은 경찰은 다 같이 대한의 아들딸이다. 이들이 더 이상 적대적으로 맞대응하는 한 나라의 미래가 없다.

매일경제 [인사이드칼럼]_2013. 11. 18.

## 국가보안법 취지 분명히 한 대법원

대법원 형사2부는 10월 25일, 외국에서 일하면서 북한 공작원과 접촉하고 김정일 생일 축하 메시지를 보내는 등 국가보안법상 찬양고무 · 회합통신 · 편의제공의 혐의로 기소된 사람에 대해 찬양고무 부분에 무죄를 선고한 원심을 파기 환송했다. 대법원은 "적극적이고 직접적인 방법으로 반국가단체 내지 그 구성원의 활동을 찬양한 것이고 이에 따라 국가의 존립 · 안전이나 자유민주적 기본질서를 위태롭게 하는 명백한 위험성이 있다"고 판시했다.

이 사건 2심에서는 "의례적인 행위에 불과하기 때문에 전달 상대방이 반국가단체인 북한의 수괴 김정일이라 할지라도 편지 작성 · 제출 행위만으로 곧바로 국가의 존립 · 안전이나 자유민주적 기본질서에 해악을 끼칠 명백한 위험이 있는 경우에 해당하지 않는다"며 1심을 깨고 무죄를 선고한 바 있다. 다만, 대법원 관계자도 김정일의 생일 축하 편지를 쓰는 것만으로 곧 바로 유죄가 되는 건 아니란 점을 분명히 했다.

국보법과 1980년에 폐지된 반공법**反共法**은 엄혹한 냉전시대에 대한민국을 수호하는 법임과 동시에 권위주의 정권을 수호하는 법이라는 이율배반적인 법으로 작동해 왔다. 군사정권 시절 수많은 민주인사가 이들 악법의 악의적 적용으로 인해 형장의 이슬로 사라지기도 하고 수형의 고초를 겪기도 했다. 이에 따라 국가보안법에 대한 합헌론(**존치론**)과 위헌론(**폐지론**)도 첨예하게 대립돼 왔다.

국보법 존치론은 비록 남북관계가 화해와 상생의 시대에 접어들었다고 하더라도 북한이 여전히 대남 적화**赤化** 야욕을 버리지 않고 있는 상황에서 이 법을 폐지하는 것은 국가안보에 중대한 위해를 초래할 우려가 있다는 것이다. 반면에 폐지론은 우리 헌법이 천명하고 있는 평화통일론에 정면으로 배치될 뿐 아니라 범죄의 구성요건도 불명확하고 자칫 민주주의의 생명선인 국민의 표현의 자유를 침해할 소지가 크다고 본다.

현재의 국보법은 1990년 헌법재판소의 한정합헌결정 취지를 받들어 1991년에 시대 변화에 순응하는 법으로 개정됐다. 특히, 논쟁 대상이던 찬양고무죄에 대해선 '국가의 존립 · 안전을 위태롭게 하거나 자유민주적 기본질서에 위해를 줄 명백한 위험이 있는 자'로 제한했다. 또한 남북한 교류 활성화에 따라 '남북 교류협력에 관한 법률'도 제정되고 '남북 사이의 화해와 교류 · 협력에 관한 합의서'까지 채택된 상황에 이르면서 국보법과 남북교류협력법 사이에는 이중적 잣대가 교차하게 마련이다. 이는 분단국가 법체제가 안고 있는 숙명적 과제이기도 하다. 바로 그런 점에서 분단국에서 법의 해석과 적용에는 탄력성을 가질 수밖에 없다.

대한민국은 그 사이 자유민주주의의 이념적 지표에 따른 체제 우월성을 전제로 하여 조선민주주의인민공화국(북한)에 대해 민족애와 관용으로 화해와 협력을 강화해 왔다. 인도적 차원의 대북 지원도 적극적으로 해왔다. 이에 따라 국보법의 경직적 운용과 적용은 자칫 남북관계를 경색 국면으로 치닫게 할 우려가 제기돼 왔다. 사실 어디까지가 국보법상의 찬양고무가 적용되고 적용되지 않을 것인지에 관해서는 여전히 논쟁적일 수 있다.

하지만 국보법 위반자가 법정에서까지 김정일 만세를 외치는 것을 그저 자유민주주의의 개방성과 표현의 자유의 일환으로 수수방관해서는 안 된다. 대한민국의 존립과 안전에 대한 위협에 대한 관용에도 한계가 있게 마련이다. 대한민국의 체제 자체를 부정하는 세력에 대해서는 엄격한 법 적용이 불가피하다. 하지만 대한민국을 부정하는 이들도 엄연한 대한민국 국민이기 때문에 이들을 건전한 대한민국 국민으로 받아들이는 포용적 자세를 그 어떤 경우에도 결코 포기해서는 안 될 것이다.

문화일보〈포럼〉_2012. 11. 2.

# 민주적 기본질서와 자유민주적 기본질서

한국헌법은 그 이데올로기적 기초로서 자유민주주의라는 이념적 지표 아래 이를 구현하기 위한 **(자유)**민주적 기본질서를 규정하고 있다. 헌법전문에서 "자유민주적 기본질서를 더욱 확고히 하여", 민족의 숙원인 통일은 "자유민주적 기본질서에 입각"**(제4조)**하고 있으며, "정당의 목적이나 활동이 민주적 기본질서에 위배"되어서는 아니 되며**(제8조 제4항)**, "국가는 근로의 의무의 내용과 조건을 민주주의원칙에 따라 법률로 정한다"**(제32조 제2항)**라고 규정하고 있다. 또한 "대한민국은 '민주'공화국"임을 제1조 제1항에서 천명하고 있다.

사실 자유민주주의도 따지고 보면 민주주의의 구체화라는 점에서 민주주의는 우리가 섬기고 가꾸어야 할 소중한 가치임에 틀림없다. 민주주의라는 용례는 그 접두어로서 다양한 용례가 안출되어 있다. 자유민주주의, 다원적 민주주의, 사회민주주의, 인민민주주의가 그 전형적인 예에 해당한다. 바로 그런 의미에서 우리는 민주주의를 일반적이고 보편적인 용례로 사용하고 있다. 그런 점에서 권위주의에 대척점에 선 민주화 운동에서의 민주주의는 이를 단적으로 보여준다. 우리 헌법도 예외는 아니다. 헌법규범상으로도 '민주'와 '자유민주'가 혼용되고 있는 것도 이를 단적으로 표현하고 있다.

한국헌법이 지향하는 '자유민주적 기본질서' 내지 '민주주의'란 인민민주주의 이념을 배척하는 자유민주주의를 의미한다는 점에서 미국, 영국, 프랑스, 일본과 같은 자유민주주의 국가에서의 자유민주주의의 한국적 한계를 드러낸다. 즉 이들 국가에서는 인민민주주의와 공산주의를 표방하는 정당이 널리 허용되고 있다. 하지만 한국적 자유민주주의에서는 민주주의의 관용에도 한계를 드러내는 공산주의에 대해서는 적대적이라 할 것이다.

이와 관련하여 독일에서는 특히 바이마르공화국의 가치중립적 원리로 인하여 나치가 등장하게 되었다는 반성적 성찰에 따라 기본법에서 위헌정당해산, 자유민주적 기본질서를 공격하는 경우의 기본권상실, 자유민주적 기본질서를 유지하기 위한 비상대권발동 등을 규정하기에 이르렀다. 이는 곧 독일기본법 특유의 방어적**(투쟁적)** 민주주의 이념으로 연결된다.

한편 헌법 제8조의 위헌정당해산과 관련하여 표현된 '민주적 기본질서'의 해석에 있어서도 이를 민주주의 즉 사회민주주의까지 포괄하는 민주주의로 이해하는 입장에서는 사회민주주의를 포괄하지 않는 자유민주주의로 이해하여서는 안 된다는 입장이다. 하지만 오늘날 21세기 사회복지국가를 이념적 지표로 삼고 있는 자유민주주의 국가에서의 자유민주주의는 당연히 사회민주주의까지 포섭하는 자유민주주의로 이해하여야 할 것이다.

성낙인, 헌법학 제14판에서 발췌

## 통합진보당에 대한 위헌정당해산심판

2013년 11월 5일은 대한민국 헌정사, 정당사, 헌법재판사에 역사적인 날이라 아니할 수 없다. 주지하다시피 1987년 헌법에서 창설된 헌법재판소는 위헌법률심판, 헌법소원심판, 권한쟁의심판, 탄핵심판, 위헌정당해산심판이라는 다섯 가지 권한을 헌법으로부터 부여받았다. 그간 다른 사건들은 수없이 많이 제소되었지만 위헌정당해산심판만은 아직 단 한 차례도 제기된 바가 없었다. 탄핵심판은 2004년 대통령 노무현 탄핵사건으로 국내외적으로 초미의 관심을 불러일으킨 바 있다.

헌법 제8조 제4항에서는 "정당의 목적이나 활동이 민주적 기본질서에 위배될 때에는 정부는 헌법재판소에 그 해산을 제소할 수 있고, 정당은 헌법재판소의 심판에 의하여 해산된다"라고 규정하고 있다. 이는 대한민국이 지향하는 자유민주주의적 관용에도 한계가 있다는 이른바 방어적 민주주의 이론을 제도화한 것이다. 즉 오늘날 정당제 민주주의에서 정당의 조직이나 활동은 특별히 헌법 제8조에서 보장하고 있다. 이는 헌법 제21조의 결사의 자유에 대한 특별법적 보호라고 할 수 있다.

방어적 민주주의 이론은 제2차 세계대전을 일으킨 독일에서 민주주의의 적에 대한 응징의 차원에서 도입된 것이다. 즉 1949년에 제정된 독일연방공화국(구 서독) 기본법(헌법)에서는 이를 실천하기 위해 기본권 실효失效 제도와 더불어 위헌정당해산제도를 도입하였다. 서독 연방헌법재판소는 1954년에 사회주의 제국당SRP에 대해서 나치즘과 같은 극우정당이라는 점에서 이를 위헌정당으로 결정한 바 있다. 또한 독일공산당KPD에 대한 위헌정당해산심판에 있어서 몇 년을 끌다가 1956년에 마침내 위헌결정을 내린 바 있다. 하지만 위헌정당해산심판제도는 국내외적으로 그리 일반적인 제도는 아니다. 독일, 우리나라와 더불어 터키 정도가 이를 채택하고 있기 때문이다.

과거에 우리나라 헌법에 위헌정당해산심판제도가 없던 시절에 정당은 일반적인 결사와 마찬가지로 행정청의 행정명령 내지 행정처분으로 해산시켰다. 자유당 시절 조봉암이 이끌던 진보당에 대해서 당시 공보처장의 일방적인 명령으로 해산되기도 했다. 이승만에 도전하는 조봉암 세력에 대해 정치적 철퇴를 가한 것이다. 그런데 당시에 대법원은 진보당에 대해서 사실상 법적으로 이를 용인하는 진보적인 판결(대법원판결 4292(1959). 2. 27, 4291형상559)을 내렸음에도 불구하고 이승만 정권은 정당에 대한 탄압을 자행한 것이다.

그에 비하면 현재의 위헌정당해산심판 절차는 매우 합리적이라 하지 않을 수 없다. 정부가 일방적으로 특정 정당을 해산할 수 있는 원시적 통제를 실질적으로 차단하고 있기 때문이다. 권위주의 체제에서 다소간 금기시되던 진보세력의 정치활동은 1987년 이래 민주화와 더불어 본격적인 정당 활동을 시작하였다. 사회당, 민주노동당과 같은 진보정당들의 활동이 그러한 예이다. 그 과정에서 진보정당의 정강정책 · 당헌당규의 지나친 진보적 성격이 논쟁을 불러일으킨 것 또한 사실이다. 하지만 시대 흐름이 진보정당을 포용하는 방향으로 나아가고 있었기 때문에 정부는 진보정당의 목적이나 활동에 대해서 최대한 관용의 자세로 임해왔다. 일부 보수단체에서는 진보정당에 대한 위헌제소를 하지 않는 정부에 대해 비판의 화살을 보내기도 했다. 이에 정부에서는 여러 차례 진보정당의 위헌정당성에 대한 검토를 행한 적도 있는 것으로 알고 있다.

그런데 민주노동당의 후신 격인 통합진보당이 보여준 종북적인 주체사상 옹호와 같은 일련의 행태에 대해서 진보세력 자체에서도 비난이 일어나고 마침내 소위 합리적 진보세력은 정의당을 차려서 통진당과 결별하기에 이르렀다. 그럼에도 통진당의 주축세력과 이에 동조하는 이들은 그들이 종전에 취해오던 자세에서 한 발도 물러서지 아니하였다. 마침내 통진당의 핵심인사들을 중심으로 하는 RO(Revolutionary Organization)의 실체가 드러나기 시작하였고 그 핵심인사들은 내란예비음모 및 국가보안법 위반으로 구속 기소되기에 이르렀다. 이와 같은 상황에서 정부는 더 이상 통진당이 대한민국의 자유민주주의를 수호하는데 적합하지 않은 정당으로 판단하여 헌법재판소에 위헌정당해산을 제소하기에 이른 것이다.

위헌정당인가의 여부에 관한 핵심적인 쟁점은 과연 통진당의 정강정책 · 당헌당규 그리고 그에 기초한 일련의 활동이 자유민주주의에 대해 적대적인가에 관한 것이다. 이에 관해서는 보다 정밀하고 엄격하게 증거에 기초한 판단이 뒤따라야 한다. 법무부는 정당의 목적과 관련하여 통진당이 '진보적 민주주의'를 강령으로 채택하고 있는데 이는 북한의 주장을 그대로 답습한 것으로 판단하고 있다. 진보적 민주주의의 구체적 내용에 대해서는 헌법재판소가 정밀하게 파악하여야 할 과제이다. 민중당, 사회당, 민주노동당과 같이 1987년 체제에서 설립된 바 있는 정당들의 당헌 · 당규와 통합진보당의 당헌 · 당규가 얼마나 차별적일 정도로 해산의 대상이 될 것인가가 문제될 것이다.

다른 한편 통진당이 그 활동에 있어서 얼마나 자유민주주의를 훼손시켰느냐도 핵심적인 쟁점이다. 국민주권주의의 현실적 표현인 선거에 있어서 통진당이 보여준 반민주적 행태는 이미 국민적 지탄의 대상이 된 바 있다. 하지만 이와 같은 반민주적 행태만으로 통진당을 해산까지 할 수는 없을 것이다. 결국 헌법재판소가 다른 사건에서 판시한 바와 같이 반민주적인 폭력적 · 자의적 지배를 어느 정도 어떻게 행하였느냐에 대한 판단이 중요한 잣대가 될 것이다. 특히 이석기 의원을 중심으로 한 RO조직이 통진당과 어느 정도 직접적으로 밀착되어 있는가도 중요한 쟁점이다. 일각에서는 형사재판을 받고 있는 통진당 인사들에 대한 법원의 최종적인 판단이 있은 후에 위헌정당 여부의 결론을 내려야 한다는 신중론도 있다. 비록 통진당 인사들의 활동이나 유무죄 여부는 통진당의 위헌정당성 여부와 매우 밀접한 관련성을 갖는 것도 사실이지만, 개인들에 대한 형사재판과 헌법질서 수호를 위한 위헌정당해산심판은 구별되어야 한다. 그럼에도 통진당 관련 인사들의 형사재판은 이번 통진당 위헌제소의 결정적인 사유를 제공한 사안이기 때문에 상호간의 견연성을 부정하기는 어렵다.

차제에 논쟁적인 정당의 목적이나 활동에 대해서 헌법재판소가 무엇이 대한민국헌법이 추구하는 헌법적 가치인지에 대해 분명한 입장개진을 해야 한다는 점에서는 이의가 없을 것이다. 그것은 통진당의 해산 여부를 떠나서 대한민국의 정체성을 헌법적 가치에 따라 명확하게 확립하는 길이기도 하다. 그간 단편적으로 국가보안법 사건 등에서 헌법재판소가 설시한 민주주의, 자유민주주의, 민주적 기본질서, 자유민주적 기본질서에 대해 명확하게 그 기틀을 밝혀서 대한민국이 지향하는 자유민주주의가 무엇인가를 분명히 할 필요가 있다. 그것이 바로 대한민국의 국시를 밝힘과 동시에 대한민국의 국가정체성을 확보하는 길이기 때문이다. 이는 최근 국사교과서 집필기준과 관련하여 민주주의냐, 자유민주주의냐의 논쟁과도 직결된 사안이라 할 수 있다. 우리가 추구하는 민주주의는 사회의 다원성을 받아들이는 자유민주주의 내지 다원적 민주주의라는 의미에서 우리가 지향할 민주주의는 자유민주주의가 더 정확하다는 점을 분명히 해야 한다. 더 나아가 자유민주주의의 개념 정립을 분명히 하고, 그 자유민주주의에 적대적인 행태가 무엇인지도 밝혀야 한다. 그래야만 통진당 사건에서 정당해산 여부에 대한 분명한 결론을 도출할 수 있다. 더 나아가 이와 같은 자유민주주의의 적에 대한 개념 정립을 통해서 정부의 위헌정당해산심판 제소의 정당성도 판가름 날 것이다.

헌법재판소도 이미 자유민주적 기본질서가 우리 헌법의 최고의 가치임을 천명한 바 있다: "우리 헌법은 자유민주적 기본질서의 보호를 그 최고의 가치로 인정하고 있고, 그 내용은 모든 폭력적 지배와 자의적 지배, 즉 반국가단체의 일인독재 내지 일당독재를 배제하고 다수의 의사에 의한 국민의 자치, 자유 · 평등의 기본원칙에 의한 법치주의적 통치질서를 말한다. 구체적으로는 기본적 인권의 존중, 권력분립, 의회제도, 복수정당제도, 선거제도, 사유재산과 시장경제를 골간으로 한 경제질서 및 사법권의 독립 등을 의미한다"**(헌재 2001.9.27. 2000헌마238등, 제주 4 · 3사건진상규명및희생자명예회복에관한특별법 의결행위취소; 동지 판례 헌재 1990.4.2. 89헌가113, 구가보안법 제7조에 대한 위헌심판: 헌재 1990.6.25. 90헌가11, 국가보안법 제7조 제5항의 위헌심판)**.

대한민국은 그간 산업화와 더불어 민주화를 이룩한 기적의 국가로 평가받고 있다. 그럼에도 아직도 시대착오적인 이념에 휩싸여 있는 이들을 보면 안타깝기도 하다. 더구나 인민민주주의 맹주인 구 소련 조차도 시장경제로 편입되었고, 중국도 개혁개방을 가속화하여 실질적인 자본주의 국가화되어 있는 현실을 외면해서는 아니 된다. 정보사회로 치닫고 있는 21세기에 아직도 폐쇄적인 국가구조, 일인 독재, 일당 독재, 세습 독재의 틀을 벗어나지 못하고 있는 북쪽을 추종하는 세력들이야말로 차제에 근본적인 반성의 계기를 마련하여야 할 것이다.

헌법재판소가 위헌정당으로 결정하면 그 때부터 당해 정당은 정당으로서의 모든 특권을 상실하게 된다. 헌법과 법률 특히 정당법을 통해서 정당은 많은 특권을 누린다. 국민의 귀중한 세금으로 정당에 대해 국고보조도 뒤따른다. 바로 이와 같은 이유로 정부는 통진당의 재산에 대한 가처분신청도 함께 한 이유로 보여진다. 위헌정당의 재산은 국고에 귀속된다. 그 이후에 대체정당도 설립이 금지된다.

하지만 자칫 통진당 위헌제소가 정치적 분쟁의 소지가 되어서는 아니 될 것이다. 특히 개인적인 문제와 정당의 문제를 혼동해서도 아니 된다. 이를테면 통진당이 해산되면 그 소속 국회의원도 의원직을 박탈해야 한다는 논의도 바로 그러하다. 우리 헌법이나 법률**(정당법)**은 이에 관해 침묵하고 있다. 이에 관해서는 헌법적 가치의 틀 내에서 국회가 입법재량을 가지고 적절히 대체해 나가야 한다. 그런데 국회가 이에 관해 입법을 하지 않았다. 그렇다면 이에 관해서는 법의 공백으로 보아서 통진당 해산문제와 소속의원 개개인의 신분문제는 별개로 파악하여야 할 것이다. 그렇다면 이 문제는 결국 정당과 그 정당의 소속원과의 관계, 특히 정당과 그 정당소속 국회의원과의 관계의 명확한 설정을 해야 할 사안이다. 이와 관련하여 참고할 수 있는 사안은 현행 헌법에서 1992년에 실시된 국회의원총선거에서 비례대표 후보자로 당선된 국회의원이 곧 바로 탈당함으로 인하여 헌법소원이 제기된 바 있다**(헌재 1994.4.28. 92헌마153, 전국구국회의원 의석승계 미결정 위헌확인)**. 이 사건에서 헌법재판소는 공직선거법에 명문의 규정이 없는 한 비례대표 국회의원도 탈당으로 의원직을 상실하지 아니한다는 결정을 내린 바 있다. 이후에 공직선거법이 비례대표 국회의원은 탈당으로 의원직을 상실하고, 지역구 국회의원은 의원직을 유지하는 것으로 개정되어 오늘에 이르고 있다. 이 사례를 준용한다면 현행법상으로는 위헌정당 소속 의원도 그 신분을 유지할 수밖에 없는 입법적 공백으로 보아야 할 것이다. 향후 입법개정 시에 위헌정당 소속 의원의 신분 문제도 정리되어야 한다. 이 경우는 탈당과는 차별적이라는 점에서 입법적으로 전국선거구비례대표 국회의원뿐 아니라 지역구 국회의원의 의원직 상실을 규정하여도 입법재량의 범위 내로 보여진다. 이와는 별도로 해산된 정당의 소속 국회의원에 대해서는 헌법의 규정에 따라 국회가 자율권의 범위 안에서 얼마든 제명 등 일련의 조치를 취할 수 있다.

정부는 통진당에 대해 위헌정당해산심판을 제시하면서 통진당의 각종 정당활동과 정부 보조금 수령을 금지해 달라는 가처분 신청도 같이 제시했다. 가처분 신청이 받아들여지면 통진당은 사실상 '식물 정당' 상태에 빠지게 될 것이다. 헌법재판소법에서도 정당해산심판에 있어서 가처분 제도를 받아들이고 있기 때문에 법리적으로 제기 자체가 문제될 것이 없다. 가처분 제도는 본안의 승소 가능성이 있고, 회복하기 어려운 중대한 불이익을 방지하기 위한 긴급한 필요성이 있을 때 활용하는 제도이다. 그렇기 때문에 이번 사건에서도 가처분이 인용될 것이냐의 여부가 중요한 시금석이 될 것이다.

고시계 권두언_2013. 12.

# 독도는 외롭지 않다

2013년 10월 14일, 경찰위원회 위원 일행은 동해의 첫 해오름이자 한반도의 동녘 끝에 있는 독도Dokdo, 獨島에 역사적 발걸음을 내디뎠다. 김민기는 '내 나라 내 겨레'에서 "보라 동해에 떠오르는 태양, 누구의 머리 위에 이글 그리나 피어린 항쟁의 세월 속에 고귀한 순결함을 얻은 우리 위에"라고 음유한다. 그 태양의 첫 오름은 바로 독도로부터 비롯된다.

어제도 오늘도 내일도 매일 아침 어김없이 태양은 솟는다. 그럼에도 우리는 아침 일출에 열광한다. 새벽의 어둠을 뚫고 떠오르는 붉은 태양은 새 생명과 창조의 상징이기도 하다. 그 붉디붉은 태양을 바라보고 있노라면 속세의 온갖 번뇌를 잠재우기에 충분하다. 그러기에 일찍이 인류 역사에서는 태양신까지 모시지 않았던가. 해마다 정월 초하루 날이면 동해의 해맞이에 열광한다. 더구나 한반도의 동녘 끝에 위치한 독도에서의 새해 해맞이는 상상만 하여도 가슴 뭉클한 장관일 것이다.

"독도는 대한민국 정부 소유(관리청 : 국토교통부)의 국유지로서 천연기념물 336호(1982년 11월 문화재관리청)로 지정되어 있다. 주소는 우편번호 799-805 경상북도 울릉군 울릉읍 독도리 1~96(분번 포함 101필지)이다. 동도와 서도 외에 89개의 부속도서로 구성되어 있으며, 총면적은 187,453㎡(동도 73,297㎡, 서도 88,639㎡)이다. 독도의 좌표는 동도 삼각점 기준으로 북위 37도 14분 22초, 동경 131도 52분 08초이며, 울릉도의 동남향 87.4㎞에 위치한다."(한국학중앙연구원, 한국민족문화대백과).

울릉도(독도로부터 87.4㎞)에서는 맑은 날이면 육안으로 독도를 볼 수 있을 정도로 가깝다. 독도는 동도와 서도 이외에 89개의 부속도서로 구성되어 있다. 동도와 서도 사이에 조그마한 바위섬을 자세히 들여다보면 작은 흰 물결이 일렁인다. 이는 독도를 관할하는 경찰청에서 그 물결의 형상에 따라 당일 독도의 바다 상황을 파악할 수 있도록 설치하였다고 한다. 이를테면 독도의 일진을 살펴보는 하나의 징표인 셈이다.

독도 탐방은 한국인의 영원한 로망이다. 일 년에 수 만 명의 대한민국 국민은 우리의 땅 독도를 방문한다. 하지만 독도 방문은 생각만큼 그리 쉽지 않다. 우리 경찰위원회의 시찰도 만약 그 다음날로 잡았다면 비바람으로 인하여 접근 자체가 불가능하였을 것이다. 그런 점에서 경찰위원회의 독도 시찰은 하늘이 내린 아니 독도의 신이 반겨준 행운이었다. 심지어 독도를 관할하는 경북경찰청장도 취임 후 4개월이 지나서야 겨우 독도에 닿을 수 있었다고 하니 독도를 방문하려는 마음만은 한결같지만 정작 그 실현은 그리 녹록치 않음을 알 수 있다.

지면이나 TV화면으로만 보던 '한국령韓國領' 글귀를 어루만져보는 순간 평생 잊을 수 없는 전율과 감회에 휩싸였다. 더욱이 독도를 지키다 순국한 이들의 묘비에 헌화할 때에는 그 분들의 고귀한 희생에 저절로 외경심이 발로되었다. 이 분들이야말로 우리나라를 우리 땅을 지킨 고귀한 선열들이 아닌가. 필자는 경찰위원회 일행을 대표하여 '독도수호 민족정기獨島守護 民族精氣'라는 방명록을 남겼다. 독도를 찾아볼 수 있었던 것만 해도 일생일대의 영광인 터에 방명 휘호까지 남기니 새삼 우리 땅 독도의 소중함이 가슴 시리게 젖어왔다.

독도경비는 경찰이 담당한다. 일반 국민들은 왜적의 침입이 있을 경우에 대비하여 독도를 대한민국 국군이 지켜야 할 터인데, 왜 국군은 없고 경찰청 소속의 독도경비대가 지키고 있느냐에 대한 의문도 가지게 될 것이다. 국법질서의 기초는 국가안전보장과 사회공공의 안녕질서유지라는 두 개의 키 워드를 통해서 작동된다. 국가의 존립과 안전이 위태로울 때 국군은 국민과 나라의 수호를 위해 헌신한다. 국군은 적의 포위 · 공격과 같은 전시 또는 준전시상태에서 국토방위의 신성한 책무를 진다. 헌법상 이와 같은 사태를 대비하여 국가원수인 대통령에게 비상대권을 부여한다. 그것은 긴급명령과 계엄이다. 유사한 국가적 위기 상황에서 긴급명령은 군이 투입되지 않아도 되지만 계엄에는 반드시 군이 투입되어야 한다. 평상시에 군이 국민생활에 개입하는 것은 바람직하지도 않을 뿐 아니라 그래서도 아니 된다. 군이 국민의 일상생활에 개입하는 사회는 그 만큼 그 사회의 불안정성과 후진성을 드러내는 징표다.

독도에 대해서 일본이 자신들의 영유권을 주장하지만 이는 허무맹랑하다는 게 역사적으로 입증되어 있다. 조선 초기 관찬서인 「세종실록」 '지리지' (1454년)는 우산(독도)이 우리 땅임을 분명히 하고 있다. 그럼에도 일본은 조선조말 대한제국으로 이어지는 국가적 위기상황인 1905년에 시네마현 고시로 독도(일본명 다케시마(竹島))를 일본 땅으로 편입하려 했다. 이는 우리가 국권을 찬탈 당하는 과정에서 저지른 야만적 불법행위에 불과하다. 일부 서양국가에서 독도를 프랑스 포경선이 1849년에 발견한 '리앙쿠르 암초(Rochers Liancourt)'로 명명하는 것 또한 전혀 역사적 정당성이 없는 행태다. 해방 이후 지금까지 독도는 더 이상 분쟁지역이 아니라 대한민국과 대한국민의 주권이 살아 숨 쉬는 영토라는 사실에는 변함이 없다. 적과의 분쟁지역이 아니라 대한민국이 평온하고 실효적으로 지배하고 있는 영토이기 때문에 독도는 국군이 아니라 경찰이 지키고 있다. 평화시에 대한민국의 국법질서를 확립하고 국민의 생명 · 신체 · 재산의 안전을 수호하는 조직체는 바로 경찰이기 때문이다. 독도를 국군이 아니라 경찰이 지키고 있다는 사실만으로도 독도가 대한민국의 영토임을 분명히 한다.

10월 21일은 '경찰의 날'이다. 이 날에 즈음하여 전국 방방곡곡에서 국민의 안녕과 사회의 질서유지에 헌신하고 있는 13만 경찰 가족을 대표하는 경찰관들이 기념식에 참여했다. 그 중에서 바로 불과 일주일 전 독도에서 조우했던 젊은 경찰관을 만나니 새삼 우리 땅을 지키는 독도경비대가 가까지 있음을 확인해 준다. 독도 경비대장과 경비대원들의 늠름한 모습을 통해서 다시 한 번 경찰은 대한국민의 경찰임을 온 국민의 가슴속에 각인시켜준다.

그런데 최근 외교부에서 독도 영상물을 제작하면서 일본의 영상물 일부를 무단 전제한 사실이 드러났다. 그렇게 개념 없는 일탈이 대한민국을 대표하는 외교부에서 일어났다는 사실에 대하여 분노하지 않을 수 없다. 더구나 외교부는 독도를 다케시마(죽도)와 병기하도록 했다는 사실도 드러나 빈축을 사기도 했다. 일본이 자기네 땅이라고 주장하면서 헤이그에 있는 국제사법재판소ICJ에 제소하겠다는 망상을 버리지 않고 있는 상황에서 외교부가 취하여야 할 국제법적인 입장을 모르는 바 아니지만, 그래도 국민의 법감정과 너무나도 동떨어진 처사이다.

지난 10월 25일은 제113회 '독도의 날'이다. 고종황제가 1900년 10월 25일 대한제국칙령 제41호에 독도를 울릉도의 부속 섬으로 명시한 것을 기념하기 위해 독도의 날을 제정한 것이다. 이 날을 맞이하여 1919년 기미년 3 · 1 독립선언의 민족혼이 서려있는 탑골공원에서는 흥사단 독도수호본부가 한국독도연구원 · 독도의용수비대기념사업회와 함께 독도 수호를 다짐했다. 광화문 광장에서는 민족의 수호신 이순신 장군 동상 앞에서 독도지킴국민행동본부의 '독도는 우리 땅 악수데이' 행사를 가졌다. 그 밖에도 대구 정화여고 여학생들의 '플레시몹' 행사를 비롯해서 전국의 독도사랑 모임이 이어졌다. 국제적으로 한국령 독도를 알리기 위해 '외국인 유학생을 위한 울릉도 · 독도 자연생태 학습탐사'를 비롯해서 다양한 행사가 이어졌다. 뜻을 같이하는 젊은 연예인들도 독도

사랑에 동참하여 모금운동과 독도노래를 울려 퍼지게 한다. 그런데 정부 차원에서 처음으로 '나의 독도, 오 대한민국'를 만들었는데 일부 아이돌 가수들이 일본진출을 의식해서 노래 부르기를 회피했다는 보도에 마음 한 구석 씁쓸한 감회를 지울 수 없다.

이제 독도는 외롭지 않다. 정부의 독도수호를 위한 강력한 의지에 따라 우리의 자랑스러운 대한민국 경찰이 24시간 독도를 경비하고 있다는 사실만으로도 독도가 우리 땅이라는 사실을 의심하지 않을 뿐만 아니라 가슴 뿌듯하기 그지없다. 더 나아가 시민사회에서도 독도의 소중함을 일깨워 주고 있다. 대구의 어느 식당 주인아주머니는 독도경비대에 고향에서 가져온 갖가지 밑반찬을 무료로 제공해 주기도 했다. 이런 분들이 있기에 독도는 결코 외로운 섬이 아니라 민족혼을 일깨워 주는 섬으로 거듭 거듭 국민들의 가슴 속에 터 잡아 갈 것이다. 해 뜨는 독도에서 해 지는 백령도까지, 제주도 남단 마라도에서 북녘의 백두에 이르기까지 한민족의 혼령은 장구하게 펼쳐지리라.

신동아, 2013. 12.

# 세종시 논쟁, 국가이성을 생각한다

"정치의 계절을 맞아 품격 없는 논쟁을 계속하느니 차라리 국민투표로 끝내자"

1980년대 초반, 프랑스의 프랑수아 미테랑 정부는 남태평양 소재 해외 영토에서 핵실험을 준비하고 있었다. 그런데 이를 저지하기 위해 추적하던 그린피스의 선박이 격침되었다. 국내외적으로 정부에 대한 비난 여론이 들끓고 진실을 밝히라는 정치적 압력도 계속되었다. 하지만 대선에서 미테랑에게 패배한 지스카르 데스탱 직전 대통령이 국가이성raison d'Etat을 주장함으로써 논쟁을 종식시켰다.

요즈음 나라가 시끄럽다. 국가의 중추기관인 입법, 행정, 사법 3부가 흔들린다. 예산안은 마지막 날 겨우 통과돼 준예산을 면했다. 사법부는 공중부양 의원의 무죄 판결과 용산참사 기록 공개로 보수와 진보, 법원과 검찰의 갈등이 재연된다. 이명박 정부는 G20 정상회의 서울 개최, 원전 수주로 해외에서 개가를 올렸지만 4대강과 세종시로 국내 정치는 한 발짝도 못 나간다. 분열의 정치에 이골이 난 국민들은 소통과 화합의 리더십을 기대했지만 나아진 게 별로 없다.

세종시 문제의 원론은 간단명료하다. 전 세계적으로 수도를 이전한 예는 있어도 수도를 분할한 예는 없다. 프랑스와 일본은 파리와 도쿄 집중 현상이 가장 심한 나라지만 수도가 이전되거나 분할된 적이 없다. 국정의 안정과 효율이 지역균형발전보다 우선돼야 한다. 통일조국의 수도를 생각하면 더욱 그러하다. 하지만 원론만 논하면 정치는 필요없다.

논의의 첫 출발부터 적정한 절차due process를 밟지 않았다. 2002년 대선부터 시작된 행정수도 이전은 헌법재판소의 관습헌법이론으로 무장해제됐다. 하지만 수도 분할로 정치적 사생아인 세종시가 태어나 5년을 살아왔다. 그 사이 지방선거, 대선, 총선을 거쳤지만 여야 정치인들은 한결같이 공약 이행 약속을 거듭했다. 그런데 느닷없이 정치 공약과 무관한 학자 출신 총리가 수정론을 제기했다. 총리는 개인적으로 신뢰에 문제될 것이 없다. 하지만 당위론이 설득력을 가지려면 정치적 신뢰도 모양새를 갖춰야 한다. 원안 유지 약속을 한 당사자들이 떳떳하게 전면에 나서야 한다. 수정안은 재벌 기업과 대학의 입주를 통해서 경제과학도시를 도모한다. 모든 혜택이 세종시란 블랙홀로 빨려들어갈지 모른다. 지역균형발전에도 도움이 안 된다. 너무 서두른 결과다.

반면 원안고수론에는 경세經世의 논리가 보이지 않는다. 박근혜 전 한나라당 대표는 정치적 약속과 신뢰를 강조하지만 수도 분할에 따른 국익 손상에 대해서는 언급을 하지 않는다. 야당도 매한가지다. 10년을 집권한 세력이라고 믿기 어렵다. 대안은 없고 투쟁의 정치, 감성을 자극하는 정치만 난무한다. 국회의원의 삭발투쟁까지 등장한다. 지식인들조차 훼절을 거듭한다. 국책연구기관은 정권이 바뀔 때마다 전혀 상반된 결론을 내놓는다.

여론조사 결과도 반반이다. 개정 법률안의 국회 통과도 쉽지 않아 보인다. 주권자인 국민에게 직접 최종적인 결정권을 부여하는 국민투표는 국론 분열을 종식시키는 유력한 방안이다. 국민투표제도는 대의민주주의를 보완하기 위해 직접민주주의를 도입한 반半대표의 법리에 기초한다. 세종시 법안에 대한 법률국민투표도 가능하다. 국민투표에서 통과된 중요 정책이 국회의 반대로 법률 제정이 이루어지지 않는다면 이는 주권적 의사에 대한 중대한 왜곡이기 때문이다.

이제 다시 시작해야 한다. 6월 2일에는 지방선거가 기다린다. 다시 정치의 계절이 다가온다. 이명박 정부도 반환점에 이른다. 정치 · 사회적 합의가 없는 세종시 문제는 선거 때마다 되풀이해서 정쟁의 원천이 될 뿐이다. 논의의 내용 못지않게 과정상에 절제와 품위를 지켜야 한다. 사안의 특성상 그 어느 때보다도 개개인과 집단의 신중하고 품격 있는 언행이 요망된다. 무엇이 국익에 부합하는지에 관한 정치 지도자의 혜안이 필요하다. 지금이야말로 대한민국의 정체성을 확보하고 지켜 나가야 할 행동기준이 무엇인지 성찰함으로써 국가이성을 회복시킬 때다.

매일경제_2010. 1. 19.

## 세종시, 수도 분할은 안 된다

취임 첫해 촛불집회로 흔들리던 이명박 정부가 심기일전하여 지난 1년간 안정을 되찾은 모습이다. 10년만의 정권교체라 어느 정도 불안정은 예상되었다. 그런데 최근 잠복해 있던 국정 어젠다들이 다시금 논란이 되고 있다. 사교육해소, 4대강 살리기, 세종시 어느 하나 정상 궤도를 달리지 못한다.

사교육 해소를 명분으로 지난 정권 때 난데없이 서울대 폐지론까지 거론된 바 있다. 정권이 바뀌자 중구난방으로 새 교육정책이 쏟아진다. 외고가 논란의 중심이다. 같은 특목고인 과학고에 비하면 외고는 엉뚱하게 명문대 진학을 위한 징검다리로 전락한다. 설립취지에 어긋난 외고는 본래의 모습을 되찾아야 한다. 하지만 획일적 평등의 잣대로 교육문제에 접근해서는 안 된다. 고교평준화의 큰 틀은 지키되 학업의 수월성을 제고하는 보완책이 필요하다. 대선공약인 한반도 대운하 건설은 4대강 살리기로 방향을 선회했다. 환경단체들은 여전히 반대한다. 한반도의 젖줄인 4대강을 살리자는 데 이의가 없다. 하지만 이명박 정부에서 5000년의 젖줄을 몽땅 되돌리려 해서는 안 된다.

세종시 문제는 더욱 심각하다. 2004년 헌재는 '신행정수도의 건설을 위한 특별조치법'이 수도가 서울이라는 관습헌법에 어긋난다는 결정을 내렸다. 이에 '신행정수도 후속대책을 위한 연기 · 공주 행정중심복합도시 건설을 위한 특별법'이 제정되었다. 소위 세종시로 명명되어 한창 건설 중이다. 그런데 이를 둘러싼 최근의 논란은 나라말을 창제한 세종대왕을 보기에 민망스럽다. 수도의 분할이 국가경쟁력 제고에 도움이 되는지의 논의는 실종되고 약속 지키기 싸움과 밀어붙이기에만 골몰한다. 과천청사는 그렇다 치고, 외청을 대전으로 옮겼는데 정작 힘이 센 경찰청 · 검찰청 · 국세청은 서울에 남아 있다. 세종시도 마찬가지가 될 가능성이 높다. 청와대와 국회라는 국민적 정당성을 대변하는 권력의 심장부가 서울에 남아 있는 한, 세종시는 또 다른 빈 수레 정부청사가 될 뿐이다.

정책당국의 확실한 대안제시도 없는 상태에서 여야 간 · 지역 간 충돌만 계속된다. 이제 무엇이 미래한국의 청사진인지를 분명히 제시해야 한다. 지금은 혁명의 시대가 아니라 정상국가의 모습을 일궈나가야 한다. 세종시 문제는 수도 분할이 갖는 문제점과 통일한국의 수도라는 두 개의 명제를 동시에 고려해야 한다. 지난 정권 때 합의한 약속과 신뢰의 정치도 중요하지만 미래세대를 위해 바람직한 세종시의 좌표가 무엇인지 고민해야 한다. 어차피 세종시는 행정수도이전 불발에 따른 사생아가 아닌가. 행정수도를 통째로 옮기든지 아니면 처음부터 다시 시작해야 한다. 지정학적으로 세종시는 남한의 중심부는 될 수 있어도 통일한국의 한반도를 상정한다면 남쪽에 너무 치우쳐 있어 수도로 적합하지 않다.

수도분할은 세계적으로 그 예를 찾아보기 어렵다. 유일한 예외가 독일이다. 동서독 통일에 따라 구 서독의 수도인 본과 원래 수도인 베를린으로 양분되어 있지만, 베를린으로 통합될 것 같다. 우리도 마찬가지 문제를 안고 있다. 통일이 되면 서울과 평양이 동시에 수도가 될 것이다. 그런데 세종시까지 합치면 수도가 도대체 몇 개로 분할될지 모른다. 이래 가지고는 정치제도의 정상적인 작동이 불가능하다. 정부여당과 야당은 국가의 백년대계를 위해 대도大道를 걸어야 한다. 정부는 더 이상 세종시 문제를 적당히 타협하여 또 다른 행정수도의 일부로 만들어서는 안 된다. 야당도 수도분할의 문제점을 심각하게 인식해야 한다. 세종시는 수도분할의 대상이 아니라 새로운 패러다임에 입각한 자족도시로 거듭 태어나야 한다.

앞으로 헌법개정을 할 때에는 더 이상 국가정체성에 관한 사항이 정략적 논란의 대상이 되지 않도록 국어, 국가, 국기와 더불어 수도가 서울임을 분명히 규정해야 한다. 수도문제를 지역균형개발과 혼동해서는 안 된다. 행복도시는 그대로 실천하더라도 행정수도는 서울만으로 족하다.

서울신문_2009. 11. 13.

# 또 등장한 首都 분할 惑世誣民(혹세무민)

또다시 정치의 계절이 다가왔다. 5년마다 이맘때면 대선을 향한 여야의 사활을 건 전투가 시작된다. 이 와중에 세종시에 국회·청와대의 분원分院 설치에서부터 서울대 폐교론까지 혹세무민惑世誣民의 레토릭이 난무한다. 국가 백년대계보다는 무슨 술수를 쓰든 표심票心을 건져 보겠다는 야욕에만 어두운 결과다.

노무현 정부는 수도首都 이전을 위해 '신행정수도의 건설을 위한 특별조치법'을 제정했다. 이는 대선 기간 충청도 표심에 호소해 노 전 대통령의 표현대로 '재미 좀 본' 데 대한 보은의 결과물이다. 법률 제정에 끌려가듯 찬성한 한나라당(새누리당)도 똑같은 비난을 면키 어렵다. 이에 대해 헌법재판소는 수도가 서울이라는 것은 관습헌법에 속하므로 법률로 수도를 이전하는 것은 위헌이라는 결정을 내렸다.

하지만 정부는 변칙적으로 '연기·공주지역 행정중심복합도시 건설을 위한 특별법'을 제정했다. 이번에는 헌재도 행정중심복합도시란 낯선 형태에 대해 청와대·국회·대법원이 이전하지 않기 때문에 수도 이전이 아니라는 이유로 사실상 합헌결정을 내렸다. 수도 이전을 위헌이라고 결정한 논리의 연장선에서 본다면 수도 분할도 위헌으로 결정했어야 마땅하다. 이로써 세종시를 둘러싼 법적 논쟁은 종결됐다.

1일 말도 많고 탈도 많았던 세종특별자치시가 출범했다. 하지만 '세종시 설치 등에 관한 특별법'에 따른 행정조직부터 문제 투성이다. 건국 이후 정부조직상 특별시는 서울특별시뿐이다. 세종시는 기초자치단체가 아니라 광역자치단체의 특수 유형으로 창설된 세종특별자치시로 태어났다. '특별자치시'라는 낯선 광역자치단체 설치 자체가 바람직하지 않다. 총리실을 비롯해 9부2처3청 등 17개 중앙부처가 이전한다고 해서 세종시를 광역특별자치단체로서 수도에 준하는 대우를 할 필요는 없다. 세종시는 인구 10만으로 출범해 오는 2020년 30만, 2030년 50만 명을 목표 인구로 잡고 있다. 이는 여느 기초단체 수준에 불과하다. 그런데 광역단체의 지위를 부여함에 따라 정부조직법·지방자치법·공직선거법 등에 온갖 예외를 인정한다. 정부조직의 정상적인 체계를 일탈한 특수조직의 문제점을 드러낸다.

정치권에서는 오는 연말의 대선을 앞두고 벌써 세종시의 역할 강조론 내지 실질적인 수도론이 고개를 들기 시작한다. 집권 시에 못다 이룬 꿈을 실현하려는 민주당이나 세종시 건설 약속에 매몰된 박근혜 전 비상대책위원장의 새누리당도 매 한가지다. 세종시에 청와대와 국회의 분원을 설치하는 것은 실질적으로 수도를 이전하는 것이나 다름없다. 주객이 전도轉到돼 분원이 본원 역할을 하게 되는 날에는 서울의 청와대 · 국회는 빈껍데기가 될 것이다. 이는 1392년 조선왕조 개국 이래 지속돼 온 수도 서울이 관습헌법이라는 헌재의 결정에도 정면으로 어긋난다. 이제 와서 세종시 불가론을 탓해봐야 소용없는 일이지만, 인류사에 유례가 없는 수도 분할의 대가를 어떻게 치를지 걱정이 앞선다. 세종시가 포퓰리즘의 희생양이 돼선 나라의 미래가 없다.

프랑스의 파리 못지않게 수도 서울로 중앙집권화된 문제점의 극복은 이 시대의 국가적 과제가 아닐 수 없다. 개헌을 통해 헌법총강에서 대한민국의 국가적 특성을 지방분권적 공화국임을 명시해야 한다. 수도 분할에 따르는 부작용을 후세에까지 넘겨선 결코 안 된다. 이를 전화위복轉禍爲福의 계기로 삼아 지방화 시대에 능동적으로 대응해야 한다. 불평불만보다는 타협과 관용을, 돌출행동보다는 시대정신에 입각해 차분하게 진행해야 한다. 동시에 더 이상 수도 서울이 정치적 분란이나 홍정의 대상이 되지 않도록 헌법 개정 때 대한민국의 수도는 서울임을 분명히 밝혀야 한다.

문화일보〈포럼〉_2012. 7. 3.

# 세종시 難題(난제)와 총리의 역할

대권大權은 중원 장악으로 비롯된다. 세종시는 권력 획득을 위한 유효한 도구였다. 노무현 전 대통령은 '재미 좀 봤다'했고, 박근혜 당선인은 이명박 정부에서 흔들리던 세종시의 수호신이었다. 하지만 인류 역사에서 그 예를 찾기 어려운 수도 분할은 박근혜 정부가 해결해야 할 난제難題다.

지난 연말부터 총리실을 비롯한 일부 부처가 이전한 이후 처음으로 15일 이 대통령이 세종시에서 국무회의를 주재했다. 그러나 청와대와 세종시로 분할된 정부 기능에 대한 길라잡이는 보이지 않는다. 첨단 정보통신기술ICT을 접목하면 문제점이 최소화될 수 있을 것이라는 긍정적 전망도 있지만 쉽지는 않아 보인다. 국회의 세종시 분원分院도 마뜩잖기는 매 한가지다.

박 당선인이 선거 과정에서 제시한 권력분점, 즉 대통령이 총리를 중심으로 하는 내각에 힘을 실어주는 것은 세종시 시대의 가장 확실한 방책이다. 대통령과 총리가 지리적으로 떨어져 있는 상황에서 대통령이 일일이 내각 문제에 개입하기 시작하면 총리는 세종시를 포기하고 정부서울청사 별실에 상주할 수밖에 없다. 그래서는 안 된다. 이제 청와대와 세종시 사이에 확실한 역할 분담이 이뤄져야 한다. 이때 비로소 진정한 권력분점이 작동될 것이다.

굳이 프랑스 제5공화국에서 1986년 이래 세 차례에 걸쳐서 좌파와 우파가 각기 대통령과 내각을 분점한 '동거정부gouvernement de la cohabitation'를 들 필요까지도 없다. 1969년에 조르주 퐁피두 대통령의 초대 총리인 자크 샤방델마스가 주장한 '유보영역domaine reservé' 이론이 새삼 귀에 와 닿는다. 이는 외교 · 국방은 대통령이, 내정 · 내치는 총리가 담당하는 역할분담론이다. 이 이론을 청와대와 세종시 총리실에 적용하면 의외로 잘 맞아떨어질 수 있다. 즉 프랑스식 유보영역 이론의 한국적 구현이 가능할 것이다.

서울에 남는 부처는 일반행정을 총괄하는 행정안전부, 국가안보와 직결되는 외교통상부 · 통일부 · 국방부, 법치주의의 수호자인 법무부다. 이들 부처의 핵심 기능은 국가의 존재이유raison d'être와 직결된다. 나머지 내치와 관련된 사회 · 경제 · 복지 영역은 내각에 맡겨도 된다. 대통령은 내치 부분이 정상적으로 작동되고 있는지를 총괄 지휘하는 총사령관 역할에 그쳐야 한다. 대통령이 내정에 깊숙이 개입하면 국가원수가 정쟁에 바로 노출되고 휘말릴 우려가 있다. 대통령은 단순히 행정권의 수반이 아니라 국가원수로서 나라의 나아갈 방향을 숙고하고 통찰해야 할 막중한 지위에 있다. 반면에 총리실을 중심으로 하는 내각은 국민의 일상적인 삶에 직결되는 사항을 세세하게 낱낱이 빠짐없이 챙겨 나가야 한다.

청와대에는 대통령을 보좌하는 비서진과 큰 정치의 설계를 위한 자문기관으로 한정돼야 한다. 모든 집행기관은 총리를 정점으로 하는 행정 각부를 중심으로 작동돼야 한다. 이는 헌법이 부여한 책무다. 즉 '행정권은 대통령을 수반으로 하는 정부에 속한다.' 국무총리는 '행정에 관하여 대통령의 명을 받아 행정 각부를 통할한다.' '대통령의 국법상 행위는 문서로써 하며, 이 문서에는 국무총리와 관계 국무위원이 부서副署한다.' 대통령의 직접적인 지시사항이든 내각에서 마련한 사항이든 간에 모든 국가행위는 국무위원과 총리의 부서를 통해서 궁극적으로 대통령의 재가에 이른다. 이와 같은 시스템이 정상적으로 작동되기 위해서는 내각이 창의적이고 능동적인 의지를 갖고 국정을 솔선수범해서 챙길 수 있는 여건을 조성해 줘야 한다.

박정희 대통령은 비서는 비서 역할에 충실하게 하고, 총리와 내각에 힘을 실어주는 스타일이었다고 한다. 대통령의 딸로서 퍼스트레이디 대행까지 한 박 당선인은 저간의 국정 상황을 정확하게 꿰뚫어보고 있을 것이다. 세종시는 성공해야 하고, 수도 분할이 재앙이 아님을 보여줘야 한다. 마침 세종시는 분단된 대한민국의 지리적 중심에 있다. 차제에 수도 분할이 안겨주는 마이너스 효과를 지역 균형발전으로 승화시켜야 한다. 더 나아가 제왕적 대통령 시대를 마감하고 권력 분점의 새로운 이정표를 마련할 천재일우의 기회로 삼아야 한다.

문화일보[오피니언/時評]_2013. 1. 15.

# 세종시법(수정안)에 대한 헌법적 검토

오랜 세월 세종로 한 복판에 이순신 장군이 수호신으로 계셨다. 서울시는 작년에 세종로 한 가운데 광화문광장을 조성하고 세종대왕 동상을 세웠다. 그런데 동상이 들어서자마자 오비이락인지 세종대왕과는 아무런 관련도 없는 세종시가 난리다. 세종대왕과 아무 관계도 없는 세종시라는 명명 자체가 문제를 일으킬 잠재적 소지를 안고 있었던 셈이다.

세종시 문제는 노무현 전 대통령이 2002년 9월 30일에 선거대책위원회 출범식을 가지면서 충청권에 청와대를 포함한 행정수도 건설을 선언하면서 발단이 되었다. 이 때문인지 2002년 대선에서 노무현 후보는 충청권에서 1위를 차지했고 대통령에 당선되었다. 2003년 12월 29일에 국회는 여야의 압도적 지지 속에 행정수도를 공주 · 연기 지역으로 옮기는 '신행정수도의 건설을 위한 특별조치법'이 제정되었다. 2004년에 실시된 제17대 국회의원총선거에서도 여야는 충청권 표심을 의식해서 행정수도 이전을 공약으로 제시하였다. 제17대 총선은 대통령 노무현에 대한 국회의 탄핵소추의결에 따라 소위 탄핵정국의 와중에 야당인 한나라당은 존립의 기로에 서 있는 상황이라 충청권 표심을 의식하지 않을 수 없었다고 하더라도 잘못된 정치적 결정임은 틀림없다. 그러나 총선 후 박근혜 대표를 비롯한 한나라당 관계자들은 행정수도 이전의 비효율성을 적시하면서 반대론을 개진하기 시작하였다. 이 문제는 여야의 정쟁으로 머무는 듯 하였으나 2004년 10월에 헌법재판소가 논쟁적인 관습헌법 이론을 동원하여 위헌결정을 내렸다**(헌재 2004.10.21, 2004헌마555등)**. 즉 수도 이전은 수도가 서울이라는 관습헌법에 어긋나기 때문에 위헌이라는 것이다. 서울이 수도라는 사실이 관습헌법 즉 관행의 존재, 관행의 반복 · 계속성, 관행의 항상성, 관행의 명료성, 관행에 대한 국민적 합의라는 요건을 충족하고 있는지의 여부에 관해서는 좀더 따져 보아야 할 점이 있는 것은 사실이다. 하지만 헌법재판소의 위헌결정으로 법률로 수도이전은 불가능하게 되었다. 이는 수도이전은 쉽게 결행되어서는 안 된다는 강력한 메시지를 보여준 판례라 할 수 있다.

헌법재판소의 위헌결정에 따라 2005년 3월 2일에는 여야합의에 의하여 소위 행복도시특별법이라 불리는 긴 이름의 '신행정수도 후속대책을 위한 연기 · 공주지역 행정중심복합도시 건설을 위한 특별법'이 제정되었다. 이에 대해 동 법률의 위헌확인을 구하는 헌법소원에서 헌법재판소는 각하결정(**헌재 2005.11.24. 2005헌마579등**)을 내렸지만 결과적으로 위헌성을 부인한 셈이다. 위의 두 법률에 대한 헌법재판소의 상반된 결정이 오늘의 세종시 논란을 불러오고 있다고 해도 과언이 아니다. 수도가 서울이라는 관습헌법에 의거해 본다면 수도를 분할하는 행정중심복합도시라는 긴 이름의 도시건설을 통해서 외교, 국방, 통일, 법무, 행정안전, 여성부를 제외한 주요부처를 이전하는 것 또한 관습헌법에 부합하는 것이 아니라 수도가 서울이라는 관습헌법에 어긋나는 것으로 해야지 수미일관된 논리라고 볼 수 있지 않을까 하는 의문을 지울 수 없다. 아무튼 결과적으로 헌법재판소의 묵인 아래 여야는 행정중심복합도시 소위 세종시의 건설에 이의가 없었다. 이는 정치권의 선거를 앞둔 표심 읽기에 의탁한 정치적 야합의 결과물이라 아니할 수 없다.

그 이후 행정중심복합도시건설청이 개소되어 예정대로 행정부처 이전을 위한 작업은 진행되어 왔고, 2007년 12월 19일에 실시된 제17대 대통령선거에서도 여야 후보할 것 없이 행정부처이전을 충실히 이행할 것임을 국민 앞에 공약하였다. 실제로 이명박 대통령 취임 후에도 1년 이상 아무 이상 없이 건설 작업이 진행되어 왔다. 과정이야 여하하든 간에 세종시는 이미 토지수용에 따른 보상이 완료되어 수년째 공사가 비교적 순조롭게 진행되었다. 그런데 2009년 9월에 취임한 정운찬 국무총리가 수도분할의 비효율성을 제기하면서 정치권에서는 집권세력의 수정론과 야당의 원안론 사이에 치열한 정치논쟁이 수개월째 계속되고 있다. 정치적 상황은 매우 불투명하다. 기존법률을 개정하든 이를 폐기하고 새 법률을 제정하든 간에 국회 통과라는 암초가 남아있기 때문이다. 비록 여당인 한나라당이 국회의 과반수를 확보하고 있다고는 하지만 한나라당의 제2주주인 박근혜 전 대표를 중심으로 하는 소위 친박계가 원안 고수론에 동조하고 있기 때문에 국회에서의 개정도 쉽지 않은 양상이다.

수정론의 입장에서는 수도분할에 따른 행정낭비와 비효율성을 제기하고 있다. 이에 대해 원안고수론의 입장에서는 정치적 신뢰와 지역균형발전론을 제기하고 있다. 양쪽의 주장이 모두 일리가 없는 바는 아니지만 무엇이 국가의 백년대계를 위하여 바람직한 방향인지에 관해서 숙고하지 아니하고 선거 때 표심잡기에만 급급한 나머지 이와 같은 국가적 혼란만 자초한 정치인들에 대한 책임을 따져 보아야 할 때다. 지금 이 시점에서 이 문제가 정부여당의 뜻대로 수정된다고 하더라도 문제가 해결될 것 같지 않다. 왜냐하면 세종시 건설이 향후 10년 이상의 기간을 거쳐야 하는데 집권세력이 교체되어 원안수정론자들이 집권하였을 경우에 이 문제는 다시 원점으로 회귀할 수밖에 없을 것이고 그 과정에서 결국은 현지 주민들의 고통과 국민들의 혈세낭비에 더하여 국론분열의 장기화가 불가피하다.

생각건대 전 세계적으로 보더라도 수도이전문제와 관련된 논쟁은 매우 예외적인 현상이다. 수도가 지나치게 포화상태일 뿐만 아니라 새로운 지역으로의 정치경제적 균형을 위해서 불가피하게 이전할 경우라도 국민적 합의를 통해서 이루었기 때문이다. 더 나아가 수도를 분할하는 경우는 없다고 보아도 과언이 아니다. 독일의 본과 베를린을 들고 있지만 이는 동서독 분할에 따라 서독은 불가피하게 임시수도로 본을 설정하였다. 따라서 통일이 되면서 당연히 수도는 베를린으로 환원되었다. 이 과정에서 반세기 동안 수도역할을 해온 본을 통째로 비우는 문제에 대한 아쉬움 때문에 일부를 본에 남겨 놓은 정도에 불과하다.

좀 더 침착하게 생각해 보자. 현재 수도와 직결되는 중앙행정기관은 서울, 과천, 대전으로 3분할되어 있다. 과천은 같은 서울이나 마찬가지라 치더라도 대전은 예외적이다. 대전에는 중앙부처의 청 단위 기관이 입주해 있다. 그런데 청 중에서 가장 힘이 센 청인 검찰청, 경찰청, 국세청은 서울에 머물러 있다. 여기에 세종시에 상당수 중앙부처가 입주하면 수도기능이 서울, 과천, 대전, 세종시로 분할된다. 전례에 비추어 본다면 세종시에 갈 부처는 정치경제의 핵심권력부처는 가지 않을 것임을 청 이전의 예를 보더라도 충분히 짐작할 수 있다. 더 나아가 우리도 언제 있을지는 모르지만 언젠가는 도래할 통일시대를 생각해 본다면 더욱 수도의 이전이나 분할이 함부로 할 일이 아니라는 사실이 분명하다. 독일식 흡수통일이 되든 합의통일이 되든 간에 수도는 서울이 되어야 할 것이지만 평양에도 최소한의 수도로서의 기능과 역할을 부여하여야 할 것이다. 결국 통일이 되면 서울을 중심으로 평양, 과천, 세종, 대전의 다섯 군데에 행정부가 분할되는 기현상을 초래하게 될 것이다. 전 세계적으로 수도가 둘로 쪼개진 경우도 없는데 다섯 군데나 쪼개진다면 제대로 된 국정의 효율성을 담보하기란 불가능하다.

우리나라가 특별하고 유별난 나라라는 점을 인정한다고 하더라도 전 세계적으로 수도가 이렇게 분할된 나라가 있는지 살펴보면 수도의 분할이 바람직하지 않다는 사실을 금세 알 수 있다. 영국의 런던, 프랑스의 파리, 일본의 도쿄는 전 세계적으로 수도로의 정치 · 경제 · 사회 · 문화적인 집중현상이 가장 심한 대표적인 나라다. 그럼에도 불구하고 이들 국가에서 수도를 통째로 이전한다는 이야기는 들리지 않는다. 수도를 분할하겠다는 이야기는 더욱 제기되지 않는다.

지역균형발전은 '세계화는 곧 지방화'라는 화두에 부응하는 길이다. 지나치게 서울을 중심으로 한 수도권 집중 현상은 지방의 공동화를 초래하고 있다는 점에도 동의한다. 그런 점에서 지역균형발전의 새로운 모델을 창출해야 한다. 혁신도시는 비록 전 정부에서 말뚝을 박았지만 기본적인 방향을 수정해서는 아니 된다. 다만 이 또한 서둘러 이전 후보지를 정하다 보니까 바람직하지 않은 문제점들도 많이 드러나고 있다. 자신의 정권 임기 안에 모든 것을 해 치우려는 조급증이 낳은 결과다. 혁신도시 문제는 별론으로 하고 세종시 문제를 지역균형발전 문제로 치환하는 것은 바람직하지 않다. 전 세계 어디에서도 지역균형발전을 수도 분할로 해결하고 있는 나라는 없다. 그런데도 지방화시대에 따라 지역균형발전을 우리보다 더 잘 구현하고 있다는 점도 타산지석으로 삼아야 한다.

세종시 수정안은 행정기관의 이전을 무無로 돌리는 대신 재벌기업과 대학의 입주를 통해서 경제 · 과학도시화를 도모하고 있다. 그런데 이들 재벌기업의 세종시 입주는 정치경제적으로 모든 혜택이 세종시란 블랙 홀로 빨려들어 갈 수밖에 없다. 지역균형발전에도 도움이 안 된다. 너무 서두른 결과다. 조금 더 차분하게 세종시 문제를 풀 수는 없었는지 아쉬움을 지울 수 없다. 물량이 세종시로 빨려들어 가는데도 6월 2일에 실시되는 지방선거를 코앞에 두고 시 · 도지사들의 공천이 달려 있는 상황에서 제대로 말도 못하고 있는 것 같은데 이래서는 안 된다. 여야합의가 없이는 결과적으로 세종시 문제는 4년마다 치러지는 지방선거와 국회의원선거, 5년마다 치러지는 대통령선거 때마다 되풀이 되는 정쟁의 원천이 될 가능성이 높다. 이제 좀더 차분하게 이 문제를 접근해야 한다. 세종시법의 개정이든 제정이든 한나라당 내부의 반발이 계속되자 당분간 입법은 쉽지 않을 전망이다. 필자는 개인적으로 수도이전도 수도분할도 반대하지만 이런 식으로는 안 된다는 것이다.

이렇게 국론이 분열된다면 국민투표를 실시하는 것도 하나의 방안이 될 수 있다. 이미 헌법재판소의 수도이전 위헌결정에서 이 문제를 해결하기 위해서는 헌법개정이나 국민투표밖에 없다는 점을 적시한 바 있다. 헌법 제72조에서 규정하고 있는 대통령의 국민투표부의의 대상에 세종시 같은 수도분할문제는 될 수 없다는 견해도 있다. 그러나 필자는 이미 연구논문과 헌법학 교과서를 통해서 국민투표부의대상을 좁게 해석해서는 안 된다는 점을 분명히 밝힌 바 있다.

국민적 정당성의 한 축인 대통령에게 국민투표부의권을 인정한 것은 국론이 분열되거나 국정이 위기에 처하였을 때 국정의 안정을 위해서 국민적 정당성의 또 다른 축인 국회를 통한 문제해결이 아니라 주권자인 국민에게 직접 최종적인 결정권을 부여한다는 점에서 대의민주주의를 보완하는 직접민주주의적 요소를 도입한 반半대표semi-représentative의 법리에도 충실할 수 있다.

나아가서 세종시 법안에 대한 법률국민투표는 더욱 유효한 수단이 된다. 국민투표부의 안건에 법률은 대상이 되지 않는다는 견해가 없는 바가 아니지만 중요정책을 국민투표에 부쳐서 통과된다고 하더라도 이를 구현하기 위해서는 결국 법률이 제정되어야 한다. 그런데 국민투표에서 통과된 정책이 국회의 반대로 법률제정이 이루어지지 않는다면 이는 주권적 의사에 대한 중대한 왜곡과 일탈 현상을 초래하게 된다. 그렇다면 아예 중요정책안건을 법률의 형태로 부친다면 이들 문제를 동시에 해결할 수 있다. 국민투표제도와 신임투표제도의 모델 국가인 프랑스에서는 일반화된 이론이 우리나라에서는 달리 해석될 이유가 없다.

수도 분할 문제는 이제 좀더 침잠하면서 사회적 합의를 도출해야 한다. 과격한 행동은 전혀 도움이 안 된다. 서두른다고 될 일이 아니다. 전 세계 어디에도 수도 분할을 정쟁의 대상으로 삼는 나라는 없다. 국민적 합의 없는 수도 분할은 국가적 재앙만 초래할 뿐이다. 정치인들도 이제 표심에만 의탁할 것이 아니라 무엇인 국가백년대계에 부합하는지 고민해야 한다.

고시계 시론_2010. 2.

# 제4장

## 대통령, 인수위,
## 국무총리, 정부구성

## '헌법기관' 대통령의 품격

현대사회에서 전통적인 법과 가치질서는 급격하게 변하고 있다. 가족을 단위로 하는 법체계의 근본적인 재구성과 더불어 사회 경제적 지배구조가 흔들린다. 민주화 과정에서 국가기관에 대한 폄훼 현상은 권위의 위기를 넘어 권위의 실종으로 이어졌다.

노무현 대통령은 검사 및 언론인과의 대화에 이어 6월 26일 전국 152개 대학 총장을 상대로 토론회를 열었다. 말이 대화나 토론이지 일방적인 교육과 홍보의 장이었다. 누가 감히 살아 있는 최고 권력자인 현직 대통령에게 따지고 들 수 있단 말인가. 우리 사회는 아직까지 대학 총장을 학문과 권위의 상징으로 예우했다. 그런데 대학의 수장이자 지성의 상징인 총장조차도 대통령의 교육 대상이 됐다.

공동체적 삶을 살아가는 데 권위주의적 잔재는 사라져야 한다. 하지만 사회 각 직역에서는 권위와 위엄을 지키고 존중해야 한다. 막스 베버가 말한 카리스마적 지배를 뛰어넘는 합리적 지배가 권위의 실종을 의미하지는 않는다.

국가원수의 권위는 어떤 경우에도 지켜야 한다. 의원내각제 국가인 유럽에서도 국가원수인 대통령이 주재하는 회의에서는 담배를 피우지 않는다. 오히려 정치적 총리 앞에서는 담배를 피우고 다리를 꼬고 앉는다. 그만큼 국가원수에 대해 예우를 갖추고 권위를 존중한다. 민주화 이후 한국에서는 국가원수인 대통령이 정쟁의 한 축에 머물러 있다.

군주국가의 왕이든 공화국가의 대통령이든 간에 국가원수는 국가를 대표하는 국가의 상징이다. 우리 헌법상 대통령은 집행권의 수장임과 동시에 국가를 대표한다. 더 나아가서 '대통령은 국가의 독립, 영토의 보전, 국가의 계속성과 헌법을 수호할 책무를 진다'.(헌법 제66조)

헌법은 국가기관 중 유일하게 대통령의 취임선서문을 명시했다. '나는 헌법을 준수하고 국가를 보위하며 조국의 평화적 통일과 국민의 자유와 복리의 증진 및 민족문화의 창달에 노력하여 대통령으로서의 직책을 성실히 수행할 것을 국민 앞에 엄숙히 선서합니다.'(제69조)

최근 헌법기관인 중앙선거관리위원회는 대통령의 언행이 공직선거법 제9조선거 중립 의무 위반이라고 결정했다. 대통령은 이 조항이 정치적 표현의 자유를 침해한다며 '공권력의 행사 또는 불행사로 인하여 헌법상 보장된 기본권이 침해된 자'가 제기하는 헌법소원을 제기했다. 법 제9조의 위헌 여부에 관해서는 헌법이론 및 입법 정책적 차원에서 충분히 논의할 가치가 있다. 다만 국민의 기본권 수호를 엄숙히 선서한 대통령이 자연인으로서의 기본권을 침해당했다고 주장할 수는 없다.

대통령의 언행은 공적 영역뿐 아니라 사적 영역에서도 언제나 품격을 지켜야 한다. 사적 영역에서도 대통령은 살아 있는 헌법기관으로 대우받는다. 대통령은 공인 중의 공인, 즉 최정상의 공인이다. 극단적으로 말하면 대통령의 언행은 잠자는 시간 외에는 모두 공인으로 작동한다. 공개된 장소에서 행한 대통령의 발언은 자연인으로서 표현의 자유를 행사한 것으로 볼 수 없다.

김영삼・김대중 전 대통령과 같은 민주화의 상징이 아니고 집권층 내부에서조차 정치적 지분이 미약했던 노무현 대통령은 집권 초기부터 대통령으로서의 권위에 심각한 도전을 받았다. 탄핵사태와 수도이전특별법 위헌 결정으로 권위에 치명적 타격을 입었다. 또 스스로 자아내는 지나친 말의 홍수로 말씀의 품격을 잃었다. 이제 희화화된 대통령의 언행은 부메랑으로 되돌아와 권위 실종을 자초한다.

차기 대통령선거로 나라가 벌써 들떠 있다. 다시 한 번 품격 있는 대통령을 만나고 싶다. 스스로 언행을 조심하고 겸허하게 권력을 행사함으로써 땅에 떨어진 권위를 회복하는 대통령이 그리운 시점이다.

동아일보_2007. 7. 3.

# 어른스러운 대통령을 보고 싶다

12월 19일 실시하는 제17대 대선 후보의 윤곽이 드러났다. 치열한 당내 경선을 거치면서 경쟁력을 확보한 반면에 의혹을 안은 자, 신의를 저버린 자, 경선불복을 일삼은 자라는 치부가 드러났다. 제도화된 정치과정인 본선보다 제도화되지 않은 경선과정이 더 부패했다는 오점도 남겼다. 다만 반민주적 경선불복자의 후보 자격을 박탈한 개정 공직선거법의 영향 때문인지 결과에 깨끗이 승복하는 한 단계 성숙한 모습을 보여 줬다.

이제 누가 어떻게 나라를 반듯한 정상국가로 이끌지 선택해야 한다. 후보의 정책, 비전, 정치철학은 장밋빛 부국안민으로 치장돼 있다. 대통령은 국민의 자유와 권리를 보장하고 시장경제를 통해 국민 삶의 질을 향상시키고 법과 원칙에 충실한 지도자여야 한다. 흐트러진 민주화 이후의 민주주의도 다잡아야 한다.

의원내각제와 달리 대통령제에서는 부패하고 무능한 대통령이 정치적 책임을 지지 않는다. 물론 중대한 실정법 위반이 있으면 탄핵심판을 통해 사직시킬 수 있다. 그러나 2004년 대통령 노무현 탄핵사건에서 보듯이 현실적으로 불가능하다. 지방자치단체장 주민소환제도는 있어도 대통령 국민소환제도는 없다. 갈아 치우고 싶은 대통령이 있어도 스스로 물러나지 않는 한 아무 대책이 없다. 단 한 번의 선택으로 5년을 참고 지내야 한다.

군주가 나라의 주인이던 시절에도 어진 군왕은 무한책임을 회피하지 않았다. 나라에서 일어나는 모든 길흉화복을 임금 탓으로 돌렸다. 가뭄에 들판이 타들어 갈라치면 나라님은 자신의 덕 없음을 한탄했다.

공화제 국가에서 선출된 군주인 대통령도 정치적 도덕적으로 책임지는 자세를 가져야 한다. 나라에 어려움이 닥치면 남을 탓하기 이전에 스스로의 부덕을 자책하는 대통령이 필요하다. 누구나 자신만은 청사에 길이 남을 대통령이기를 원한다. 하지만 역사와 국민 앞에 옷깃을 여미는 겸허한 자세를 갖추기는 결코 쉬운 일이 아니다.

내년이면 환력을 맞는 대한민국은 세계 10대 경제대국으로 성장했지만 성공한 대통령을 찾아보기 어렵다. 건국의 아버지로 추앙받아야 할 이승만과 근대화 산업화를 성공시킨 박정희는 장기집권욕으로 몰락했다. 미국의 초대 대통령

조지 워싱턴은 나 아니라도 국정을 잘 수행할 수 있는 사람이 있다며 헌법에 없는 대통령중임제를 정립했다.

김영삼 김대중 전 대통령은 자신만이 민주화의 화신이라는 환상에 사로잡혀 국민통합에 실패했다. 남아프리카공화국의 넬슨 만델라 대통령은 진실과 화해를 몸소 실천하지 않았던가. 노무현 대통령의 개혁정치는 지나친 자기주장과 편향된 사고로 사회적 갈등만 증폭시켰다. 이제 증오와 갈등의 역사는 청산해야 한다.

헌법 제1조 제2항에서는 '대한민국의 주권은 국민에게 있고 모든 권력은 국민으로부터 나온다'라고 하여 주권재민을 천명한다. 국가권력이 남용되지 않도록 권력분립주의 원칙도 채택했다. 하지만 현실적으로 제왕적 대통령에게 권력이 집중돼 있다. 나라에 큰일이 벌어지면 온 국민은 청와대를 쳐다본다.

대통령은 나라의 어른이어야 하고 어른스러워야 한다. 국민의 목소리를 겸허하게 받아들이는 큰 귀를 가져야 한다. 다원화된 사회 각계각층에서 분출하는 갈등을 삭이는 넓고 어진 마음을 가져야 한다. 포니, 반도체, 와이브로에 이르는 민간신화를 재창조할 수 있는 동인**動因**을 부여해야 한다.

권력의 심장부에 국민의 목소리를 수렴하지 않는다면 대통령만의 불행이 아니라 나라와 국민의 불행으로 이어진다. 국민통합 정책능력 미래비전과 같은 대통령이 갖춰야 할 소중한 덕목이 2% 부족해도 국민을 편하게 모시고 섬기는 대통령이 필요하다.

동아일보_2007. 10. 23.

## 대선후보 유고, 법적 대비 필요하다

1956년 5월 15일 실시한 제3대 대통령선거에서 제1야당인 민주당 신익희 후보의 사망으로 이승만 후보는 무소속 조봉암 후보를 쉽게 물리쳤다. 1960년 3월 15일 제4대 대통령선거에서도 민주당의 조병옥 후보가 사망함에 따라 이승만의 단독 후보로 선거가 실시됐다. 역사에 가정은 허용되지 않는다지만 야당 후보가 사망하지 않았든가, 야당 후보의 유고**有故**에 따라 선거를 연기했으면 다른 역사가 전개됐을지 모른다.

대선의 꽃은 역시 후보 자신이다. 개정된 공직선거법에 따라 100명이 넘는 인사가 예비후보로 등록했다. 한나라당은 4명의 경선후보가 완주한 끝에 후보를 확정했다. 민주신당은 9명의 후보가 경선을 준비하고 있다. 민주당은 4명의 후보가, 민주노동당은 3명의 후보가 경선에 임하고 있다.

당내 경선을 통과한 유력 후보에 대해서는 특별한 배려가 있어야 한다. 만약 제1야당 후보의 유고가 발생한다면 대선 정국은 정치적 공황상태에 빠져 든다. 특히 남북 분단의 특수 사정에서 극단적인 선거운동이 전개되는 대선 과정은 언제나 돌발사태가 일어날 가능성을 안고 있다.

유고란 궐위**闕位**와 사고**事故**를 포함한다. 즉, 사망 등으로 인해 직**職**이 비어 있는 경우와 탄핵소추나 건강악화 등으로 정상적인 직무 수행이 불가능한 장애상태를 포괄한다. 대통령직과 관련된 유고는 현직 대통령의 유고, 대통령선거 후보자의 유고, 대통령선거 당선자의 유고로 나눠 볼 수 있다.

우리 헌법은 현직 대통령의 유고에 관해서만 규정하고 있다. 그나마 유고, 권한대행, 후임자 선거에 관한 규정이 논리적으로 체계적이지 못해 비판의 대상이 되고 있다. 하지만 대선 후보와 대선 당선자의 유고에 관해서는 침묵을 지키고 있다. 중대한 헌법적 흠결이자 공백이다. 대통령선거 및 대통령직의 중요성에 비춰 본다면 헌법 개정이 있을 때는 이에 관한 명확한 방침을 천명해야 한다.

한국과 같이 대통령직선제를 실시하는 프랑스에서는 헌법에 대선 후보의 유고에 관해 명시적 규정을 두고 있다. 정식 입후보 등록이 되지 않은 상황에서는 선거의 연기 여부를 구체적으로 따져서 결정한다. 즉, 대통령선거 입후보 등록 마감일 전 30일 이내에 입후보 결정을 공개적으로 발표한 사람이 유고**(사망**

**또는 장애)**일 때에는 입후보 등록 마감일 전 7일 이내에 헌법위원회가 선거의 연기 여부를 결정한다.

법정 선거기간 중에 후보자의 유고가 발생한 경우에는 당연히 선거를 연기한다. 즉, 제1차 투표 전에 후보자가 유고일 때는 헌법위원회가 선거의 연기를 선언한다. 우리나라의 헌법재판소와 유사한 기능을 갖는 헌법위원회가 최종 결정권을 갖는 것도 특징적이다.

이제 우리도 공직선거법에서라도 대통령선거 입후보자의 유고에 따른 선거 연기 등의 사항을 규정해야 한다. 첫째, 주요 정당의 후보자가 결정된 이후 본격적인 대선 레이스가 진행되는 시점을 기준으로 판단해 본다면 적어도 대선 60일 전부터 후보자 유고에 대한 법적 조치가 필요하다.

이 경우에는 선거 연기 여부를 특정 기관이 판단해야 한다. 입법 정책적으로는 헌법위원회가 결정하는 것이 바람직하지만 이는 헌법 개정 사항이다. 그렇다면 선거 총괄기관인 중앙선거관리위원회가 결정할 수밖에 없다. 핵심적 기준은 유력 후보인가 여부에 달려 있다.

두 번째로 대통령선거 입후보 등록 기간**(선거일 24일 전)**에 이르렀을 경우 즉, 법정 선거기간에 후보자가 유고인 경우에는 반드시 선거를 연기해야 한다. 마지막으로 후보자의 유고가 사망이 아니라 장애 상태에 빠진 경우에도 중앙선거관리위원회가 장애 상태 여부와 선거 연기 여부를 판단하도록 해야 한다.

동아일보_2007. 8. 28.

## 言格높은 대선후보 찾습니다

촌철살인**寸鐵殺人**. 말 한마디로 국민에게 감동을 주고 상대방을 제압해야 하는 선거의 계절이다. 한 표가 아쉬운 정치판에서 세 치 혀를 잘못 놀렸다가는 심연의 나락으로 빨려 든다. 말은 한번 내뱉으면 도로 주워 담을 수가 없다. 특히 선거판에서는 그냥 그것으로 끝장이다. 정동영 후보의 노인 폄훼, 이명박 후보의 여성 폄훼, 이회창 후보 보좌역의 젊은층 폄훼, 이 모든 말이 본인의 진의와 관계없이 바로 표 떨어지는 소리로 연결된다. 언중유골**言中有骨**이라 하지 않는가.

이제 말이 권력화된 세상에 살고 있다. 권위주의 시대에 자행된 고문에 의한 물리적 폭력은 민주화시대에 이르러 말에 의한 정신적 폭력으로 치환된다. 특히 권력을 지향하는 이들의 말은 더욱 폭력적이다.

영상매체의 발전과 인터넷의 보편화에 따라 짧은 순간에 상대방에게 최대한 각인되는 메시지를 전달해야만 한다는 강박관념으로 인하여 말은 더욱 거칠고 세속화된다. 동시대의 지성을 대변해야 하는 신문의 사설이나 칼럼에서조차 섬뜩한 표현이 여과 없이 표출된다. 그래서야 어떻게 어린 학생이 논술자료로 활용할 수 있겠는가.

똑같은 말이라도 언제 어떻게 표현하느냐에 따라 의미가 사뭇 달라진다. 또 동일한 사람에게 어떤 칭호를 붙이느냐에 따라 그 사람에 대한 발언자의 인식이 스며들고, 듣는 상대방으로 하여금 선입견을 갖게 한다. 예컨대 박정희 씨, 박정희 장군, 박정희 대통령과 같이 이름 다음에 어떤 칭호를 붙이느냐에 따라 그에 대한 이미지가 사뭇 달라진다.

이승만 초대 대통령이 박사 칭호를 통해 국가 지도자로서의 이미지 빌딩에 성공하자 박사 열풍이 판을 친다. 그에 대한 비아냥거림은 마침내 민초의 뜻이 투영되는 대중음악 가사에까지 등장한다. '대학을 나와 유학을 하고 박사호 있어야만 남자인가요?'

얼마 전 국립국어원이 신조어자료집에 '놈현스럽다'를 넣었다가 청와대의 질책을 받은 모양이다. 무엇보다도 놈현스럽다는 말의 어감 자체가 별로 좋지 않다. 놈현이 대통령의 이름을 축약한 것이기는 하지만 '놈'자가 갖는 비하적인 의미가 '스럽다'와 연계되어 복합적으로 상승작용을 한다. 사실 거칠고 직설적인 화법으로는 노 대통령을 당해 낼 사람이 없다. 그놈의 헌법, 대못질, 땅따먹기 등등.

강금실 변호사의 법무부 장관 발탁에 반발하는 검사들을 상대로 대통령은 평검사와의 대화를 마련한 바 있다. 대통령을 향한 젊은 검사들의 돌출발언은 결국 '검사스럽다'라는 신조어를 만들어 냈다. 그 검사스러움은 이제 삼성 떡값 파동으로 재현될지 모르는 상황이다.

근래 정치권에서 으뜸가는 언어의 마술사는 박근혜 전 한나라당 대표다. '참 나쁜 사람'으로 시작된 그의 언어 구사력은 뭇 남성 정치인의 가슴을 서늘하게 한다. 콘텐츠를 뛰어넘는 정제된 언어의 위력을 유감없이 보여 준다. 소위 말로 먹고산다는 언론조차도 박 대표가 오늘은 무슨 화두를 꺼낼까 궁금해한다.

말과 글에는 인격과 품격이 스며들어 있어야 한다. 말 한마디로 천 냥 빚도 갚는다고 하지 않는가. 갈 길이 멀고 험할수록 더욱 침잠되고 절제된 언어를 선택해야 한다. 도발적이고 폭력적인 말에 대한 유혹이 클수록 감정에 치우친 언어의 유희에 휘둘리지 말아야 한다. 맥베스(셰익스피어)의 독백처럼 영혼이 투영되지 않은 말은 결코 승천昇天할 수 없다.

카메라 앞에 선 대선 후보와 그 대변인들이여, 부디 시궁창 냄새가 진동하는 조악한 말의 향연을 거두시고, 그대들을 오히려 안쓰러워하는 유권자의 쓰린 가슴을 헤아려 주소서.

동아일보_2007. 11. 20.

## 존경받는 대통령의 조건

정해용쟁丁亥龍爭이 끝나고 무자년戊子年 새 아침이다. 10년 만에 평화적 정권교체를 이룩한 이명박 당선인은 역대 대통령처럼 직업정치인이나 공직 출신이 아니라는 점에서 새로운 변화를 예고한다.

당선인은 산업화시대에 샐러리맨의 신화를 창출한 사람이다. 하지만 공직자로서의 길은 그리 순탄치 않았다. 평생 모시던 정주영 회장과의 정치적 결별에 이어 정치 1번지 종로구 국회의원직은 선거법 위반으로 도중하차하고 만다. 와신상담의 기회는 서울시장으로 이어진다. 개발연대의 상징인 복개된 청계천의 물줄기를 시민의 품속으로 되돌림으로써 이명박 신화는 다시 시동을 걸었다. 끝없이 이어진 BBK 의혹도 뛰어넘었다. 그가 살아온 인생 역정에 드리운 어두운 그림자들은 어쩌면 그만의 흠이 아니라 동시대인 모두가 함께한 것으로 받아들인 셈이다.

당선인이 가장 가슴 아파하는 가난한 어린 시절의 사모곡은 우리 시대의 감동 어린 자화상이다. 하지만 오늘의 당선인은 춥고 배고픈 시절의 그가 아니다. 재벌기업의 최고경영자CEO를 거쳐 국회의원과 서울시장을 지냈으니 그는 이미 대통령 당선 전에 한 인간이 누릴 수 있는 최상의 부와 권력을 향유해 왔다. 가난에 찌든 가족사를 뛰어넘어 형제 국회의원에다 대한민국을 대표하는 재벌가와 혼맥을 이루고 있다.

이제 당선인에게 아쉬울 게 무엇이겠는가. 그것은 바로 부와 권력을 뛰어넘어 어떻게 명예를 지키느냐에 있다. 60년 전 민주공화국의 깃발 아래 선출된 대통령 중에서 국민적 존경을 받는 인물이 여태껏 아무도 없지 않은가. 건국의 아버지, 산업화의 영도자, 민주화의 화신들, 그 누구도 퇴임 이후 더는 국민적 존경의 대상이 아니다.

새 대통령은 남북 간 지역 간 계층 간에 찢어진 국민을 소통과 통합으로 이끌어 가는 한반도 선진화의 향도여야 한다. 정치적 반대자나 여의도 정치는 배척의 대상이 아니라 포용의 대상이다. 경제 살리기, 물론 중요하다. 하지만 일자리 더 늘고 월급 더 받는 게 능사가 아니다. 전국경제인연합회를 방문하여 재벌기업 총수들에게 투자 촉진을 역설한다. 이왕 내친김에 한국노총 민주노총도 함께 찾아가 노사정 화합의 첫발을 내디딜 수는 없는지 못내 아쉬움이 남는다.

무엇보다 흐트러진 민심을 보듬어 안는 넓고 따뜻한 가슴이 필요하다. 어른스러운 말 한마디 행동 하나가 만백성을 감읍하게 한다. 언제나 어버이처럼 조건 없는 사랑을 실천해야 한다.

최초의 CEO 출신 대통령, 부자 대통령, 가장 화려한 경력의 대통령, 이 모든 것이 장점으로 승화되어야 한다. 문민정부, 국민의 정부, 참여정부, 실용정부라는 미사여구에 도취될 때가 아니다. 따지고 보면 그 어느 하나 국민이 바라지 않는 정부가 있겠는가.

'국민의, 국민에 의한, 국민을 위한 정부'가 결코 권위주의적 냄새가 진동하는 정권으로 전락해서는 안 된다. 아서 마이어 슐레진저가 폄훼한 제왕적 대통령imperial president 시대를 청산하자. 군왕 같은 위엄은 지키되 군림하지 않는 모리스 뒤베르제의 현대판 공화적 군주monarchie républicaine로 거듭 태어나야 한다. 권력만 탐하는 정객politicien이 아니라 민주공화국 역사에 빛나는 국가적 인물homme d'État로 길이 남아야 한다. 왜 우리는 링컨 케네디 드골 같은 남의 나라 대통령만 칭송하고 살아야 하나. 우리 국민도 이제 떠날 때 뒷모습이 아름다운 대통령을 기약해 보자.

동아일보_2008. 1. 4.

## 공권력과 민간사회의 조화로운 발전이 필요하다

인간은 사회적 동물이다. 사회 속의 인간이 추구하는 최고의 가치가 무엇인가가 새삼 논란이 된다. 20세기를 풍미한 공산주의 물결은 한 세기를 넘기지 못하고 조락의 길을 걸었다. 공산주의는 인간의 기본적 삶의 방식을 바꿔 놓으려 한 것이기 때문이다. 인류역사에서 인간은 늘 주관적 가치에 따라 자신의 욕망을 추구하였다. 북한의 김일성 주석이 인민에게 "쌀밥에 고깃국"을 먹이는데 실패함으로써 북한식 주체의 깃발도 한계에 이르렀다. 그것은 바로 인간생존의 기본적 수요인 의식주 문제해결의 실패에서 기인한다.

북한의 김일성은 단군릉을 통해서 국조로서의 이미지를 부각시켰고 박정희 종신집권의 구호도 바로 단군이래 위대한 영도자였다.

아시아에서 선 개발국인 일본의 정권교체없는 민주주의는 후 개발국인 한국에서 정권교체를 통한 민주주의를 구현해 나가고 있다. 적어도 정권교체를 준거로 한 복수정당제론에서 일본은 사르토리 교수가 정당론에서 1.5배 정당이론의 표준이 바로 일본이다. 자민당을 중심으로 한 정당 내부의 권력교체가 이루어지지만 권위주의체제가 아닌 자유민주주의체제가 작동하고 있음을 의미한다. 일본식 민주주의의 중심축은 자민당의원을 중심으로 한 노회한 정치권력, 동경대 출신의 엘리트로 포진한 관료, 경제동물 일본인을 추동하는 경제계의 삼각축을 중심으로 한 견제와 균형을 들고 있다.

의식주의 기본적 수요가 충족된 다음에 사회적 삶에서 추구하는 가치는 바로 권력, 돈, 명예가 아닐 수 없다. 사회적 발전이 뒤처진 단계일수록 권력이 모든 것을 지배한다. 민주화는 요원하고 그나마 산업화를 내세운 이승만 박정희의 권력에 도전할 수 있는 그 어떠한 수단도 존재하지 않았다. 정치권력 아래에서 관료집단 또한 무시못할 존재다. 특히 고시출신의 엘리트로 포진한 경제관료집단은 한국사회 발전의 견인차 역할을 자임하여 왔다.

금권을 향유하는 재계는 정치권력과 관료의 결탁을 통해서 한국특유의 재벌집단을 형성하였다. 하지만 이들은 언제나 정치권력의 시녀 노릇에 만족하여야 하였다. 그에 대한 불만의 폭발은 바로 정주영 현대회장의 정당설립과 대통령 출마로 이어졌지만 실패한 실험에 그치고 말았다.

IMF체제를 거치면서 삼성자동차, 현대하이닉스의 법정관리와 같은 수모를 겪으면서도 오히려 재벌은 이제 세계적 기업으로 발돋움하였다. 재벌의 비약적 성장을 통해 형성된 세계 곳곳을 누비는 삼성에니콜 엘지사이언 현대차는 이제 한국사회의 지형을 새롭게 변화시키고 있다.

정치권력과 관료를 중심으로 추동되어 온 한국사회가 이제 민간사회로 그 기반이 이양되는 양상이다. 사법시험 행정고시를 통해야만 행세하던 파워엘리트 군단은 이미 시민사회의 성장과 더불어 민간엘리트로 그 중심축이 이동되고 있다. 민간영역에서의 엄청난 부의 축적과 그들의 인재풀은 공적 부문을 압도한다.

삼성전자에서만 2천명 이상의 박사인력이 움직이고 있다. 박사들의 최고안식처인 대학도 이제 더 이상 그들의 선호처가 아니다. 이공계의 요람인 서울대 공대에서조차 우수교수요원 확보에 실패하고 있지 않는가.

노태우 김영삼 김대중 노무현에 이르는 87년체제가 배출한 대통령은 한결같이 공적 영역 출신들이다. 그런데 제17대 대선 후보들의 면면을 보면 삼수생인 이회창 후보를 제외한 이명박 정동영 문국현 후보 모두 민간부분 출신들이다.

이제 정치권력이든 관권이든 간에 더 이상 자신들이 직접 이 나라를 구원자로 생각할 것이 아니라 자신들은 민간부분에 활력을 부여하는 조타수 역할에 그쳐야 한다.

미발표 칼럼_2002. 12.

## 원칙의 눈물, 변칙의 성공

1997년 11월 21일, 제15대 대통령 선거를 한 달 앞두고 국제통화기금IMF의 구제금융을 받아들이는 수모를 당했다. 당시 경제정책의 최고 책임자들이 펀더멘털fundamental, 즉 기본이 튼튼하다고 강변한 시점이라 더욱 국민적 분노를 자아냈다. 이후 한국 경제는 혼돈에 빠져들었고 수많은 직장인이 거리로 내몰렸으며 그 여진은 아직까지 계속된다.

외환위기는 공동체적인 삶의 현장에서 기본이 무엇인가를 다시 한 번 생각하게 한다. 기본의 중요성은 운동 경기에서 단적으로 드러난다. 피겨 스케이팅의 요정 김연아 양의 율동은 가히 입신의 경지다. 오늘이 있기까지 피와 땀으로 얼룩진 열정의 과정이 더 아름다워 보인다.

이제 지난 60년 동안 오로지 앞만 보고 달려오느라 산업화와 민주화의 여정에서 외면한 돌부리들을 근본적으로 해결해야 할 때가 됐다. 개발연대에는 법치보다는 인치에 의한 권력의 인격화를 통해 국민을 먹여 살리는 일이 모든 것에 우선했다. 그 이면에는 평화시장의 열악한 노동현장을 온몸으로 절규한 1970년의 전태일 분신자살 사건이 어두운 그림자를 드리운다.

민주화 세력은 인권과 시장경제라는 기본 틀을 공고히하기보다는 오히려 자신들만이 정의라는 자기도취에 빠져 들었고, 결국 또 다른 권위주의적 후속 모델이 터 잡게 됐다. 이 틈에 원칙은 실종되고 변칙만 난무했다.

세계에서 보기 드문 모범적인 경제 성장과 평화적 정권 교체라는 화려한 외관에 휘둘리지 말고 기본을 착실히 다져 나가야만 미래가 보장된다. 우리 모두 평상심으로 돌아가자. 권문세가뿐만 아니라 민초들도 남을 탓하기 이전에 스스로 원칙에 충실해 보자. 기본을 튼튼히하기 위해서는 무엇보다도 자신과의 싸움에서 이겨야 한다. 스스로 존엄한 인격체로서의 삶을 영위하기 위해서는 상대방을 수단으로 대하지 말고 인격으로 대해야 한다. 고지식하지만 원칙대로 살아가는 사람이 결국 이길 수 있는 사회가 돼야 한다. 변칙 플레이를 하더라도 일단 성공하기만 하면 된다는 생각은 아예 떨쳐 버리자.

원칙을 지키는 데에는 그 내용뿐만 아니라 과정이 더 중요하다. 오늘날 법치주의란 겉만 번지르르한 형식적 법치주의가 아니라 그 내용도 원칙을 담보하는 실질적 법치주의를 뜻한다. 결과적으로 드러난 사실에만 의탁하는 것이 아니라 절차적 진행과정을 소중히 여기는 적법절차due process는 형식만이 아니라 실질까지도 요구한다.

그동안 우리 사회 구성원들이 독이 들어 있는 줄 뻔히 알면서도 원칙은 외면한 채로 과실을 획득하기에만 급급하지 않았는지 성찰해 보아야 한다. 실체적 진실 발견도 중요하지만 위법하게 수집된 증거는 단호하게 배제되어야 한다는 형사법에서 확립된 독수과실毒樹果實의 이론이 사회 전체에 뿌리 내려야 한다.

대통령직인수위원회가 작동하면서 신구 세력 사이에 묘한 갈등도 나타난다. 서로 상대방에 대한 아쉬움을 토로한다. 차분한 분위기 속에서 원칙대로 처리하면 될 일을 공연한 허장성세로 사회 전체를 들뜨게 한다. 남의 잘못을 비판하기 이전에 무엇이 원칙인가를 다시 한 번 반추해 보자. 차분하게 하나 둘 짚어가면서 쌓였던 응어리들을 풀어 나가자.

서두르지 말자. 그간 빨리빨리는 오늘의 대한민국을 가능하게 한 또 다른 소중한 문화로 자리 잡아 왔지만, 이제 결과만을 중시하는 전근대적 사회에 머무를 수는 없다. 빨리빨리라는 외침 속에 매몰된 절차적 정의를 되살려야 한다. 섬기는 자세, 낮은 자세도 중요하지만 이제 당당하게 정도를 걸을 때다.

동아일보_2008. 1. 15.

## 조화로운 출범과 법의 유연성

2007년 니콜라 사르코지 프랑스 대통령은 취임 즉시 행정 각부를 15부로 축소하는 정부조직 개편을 단행했다. 프랑스는 헌법상 정부조직 비非법정주의를 채택하고 있다. 정부조직은 법률 사항이 아니라 정부에서 자율적으로 정하는 것이다. 행정 각부의 조직과 의전 서열, 국무회의 구성원은 '정부조직에 관한 대통령령'을 통해 결정된다. 하지만 그 어느 정부도 조직의 기본 틀을 일탈하지 않는다.

2008년 이명박 정부 첫 정부조직의 밑그림이 그려졌다. 2원 13부, 축소 지향적이다. 수십 년 동안 지속돼 온 기존 체제에 대한 변신이라 반대 또한 만만찮다. 개정 법안이 국회에 상정됐지만 물러날 정부 여당의 반대와 관련 기관의 로비 때문에 원형이 유지될지 의문이다. 프랑스와는 달리 우리나라는 헌법 제96조에 '행정 각부의 설치 · 조직과 직무범위는 법률로 정'하도록 규정해 반드시 국회의 입법 과정을 거쳐야 하는 전형적인 정부조직 법정주의 국가다.

정부조직의 법정주의와 비법정주의는 서로 상반된 장단점을 공유한다. 법정주의는 조직이 경직적이지만 위정자의 자의적 개입으로 야기되는 조직 농단을 차단할 수 있다. 비법정주의는 새 정부가 국민에게 제시한 정책기조와 정강정책을 능동적 탄력적으로 정부조직에 투영할 수 있다. 그러므로 정부조직의 현실적 구현에 있어서는 법체계에 집착할 것이 아니라 두 제도가 갖는 장단점을 조화시켜 나가야 한다.

국민은 정권 교체를 통해 이명박 정부에 신임을 부여한 이상 현장에서 국정을 제대로 수행할 수 있는 터전을 마련해 주어야 한다. 인수위 안은 세계적 흐름인 작고 효율적인 정부 구현 모델이어서 기본 방향은 이상적이다. 정부조직법안이 대통령 취임일까지 국회에서 통과되지 않는다면 새 정부는 절름발이인 채로 출범할 수밖에 없다. 지엽적 문제를 가지고 시시비비를 가리는 것은 바람직하지 않다. 다만 몇 가지 기본 원칙은 재확인돼야 한다.

첫째, 차제에 대통령 직속 집행기관은 폐지돼야 한다. 헌법상 국무총리의 통할을 받지 않는 행정 각부에 유사한 집행기관을 대통령실에 설치하는 것은 위헌 소지가 크다. 그런 점에서 대통령 직속 중앙인사위원회의 폐지는 당연하다. 그런데 방송통신위원회를 대통령 직속 기구로 설치하고 있다. 방송의 독립성과 중립성을 제고하기 위해 설치된 제4의 독립 행정기관인 방송위원회가 제대로 작동되지 못했다는 반성적 성찰에서 비롯됐다면 국무총리 직속 기관으로 해야 제대로 일도 할 수 있고 헌법체계에도 정합한다. 이명박 당선인은 국정을 직접 챙기고 장악할 스타일로 보인다. 그럴수록 청와대와 총리를 중심으로 하는 내각의 역할 분담이 더 필요하다. 총리의 지휘감독권과 행정 각부 장관의 정치와 행정에서의 역할 강화를 통해 작고 효율적인 정부 운영의 기본 틀이 작동될 수 있다.

둘째, 국가 조직은 누구나 그곳이 어떤 일을 하는지 쉽게 접근할 수 있어야 한다. 건국 60년 동안 통용되어 온 조직의 근간은 지켜져야 한다. 일보다는 구호만 요란한 말의 성찬에 집착한 작명은 바람직하지 않다. 야경국가 시대에도 국가의 기본 과제를 수행해야 할 조직은 있게 마련이다. 국방·치안·교육·재정이 바로 그것이다. 그런 '교육'을 '인재'로 둔갑시켰다가 한국교총의 항의에 꼬리를 내리고 말았다. 지식경제부라는 산업자원부의 확대 개편 모델도 낯설다.

셋째, 폐지가 아니라고 강변하지만 통일부의 기존 조직은 곳곳으로 분산되면서 사실상 폐지됐다. 통일 과업은 전통적인 외교 업무와 구별된다. 남북관계의 특수성을 감안해 분명한 대안을 제시해야 한다. 무임소 장관의 일종인 특임장관의 통일업무 수행에도 한계가 있다.

동아일보 칼럼_2008. 1. 29.

# 인수위, 오만은 금물이다

대통령 당선자의 화두는 "국민을 섬기겠습니다. 경제를 살리겠습니다."이다. 대통령 취임 후에 섬김의 정치와 경제살리기의 정책 기조를 다잡기 위한 대통령직인수위원회가 활동을 개시한 이후 이제 그 종착역에 이르고 있다. 그런데 인수위는 정권의 인수인계 문제에 집중해야지 다른 일을 벌이는 것은 월권이라는 지적이다. 많은 새로운 정책 아젠다를 쏟아냄으로써 인수위의 활동범위를 넘어선 것이 아니냐 하는 비판이다.

정권교체 또는 대통령직 교체가 일상화되지 않던 시절에는 대통령 당선자의 신분이 2개월 이상 지속됨에도 불구하고 아무런 법적 장치를 마련하지 않았다. 대통령직 교체가 일상화되면서 그 법적 장치의 필요성이 제기되어 1992년과 1997년에는 한시적인 '대통령직인수위원회 설치령'으로 통용되어 왔다. 뒤늦었지만 2003년 2월에 '대통령직 인수에 관한 법률'을 제정하였다. 이 법은 "대통령당선인으로서의 지위와 권한을 명확히 하고 대통령직의 원활한 인수에 필요한 사항을 규정함으로써 국정운영의 계속성과 안정성을 도모함을 목적으로" 제정되었다. 이 법에 근거하여 대통령직인수위원회가 설치된다.

대통령직인수위원회위원회는 위원장 1인, 부위원장 1인 및 24인 이내의 위원으로 구성한다(제8조). 위원회의 업무는 "1. 정부의 조직 · 기능 및 예산현황의 파악, 2. 새 정부의 정책기조를 설정하기 위한 준비, 3. 대통령의 취임행사 등 관련업무의 준비, 4. 그 밖에 대통령직의 인수에 필요한 사항"이다(제8조). 즉 법상 위원회의 업무는 새 대통령 취임에 따른 현황 파악과 준비로 한정되어 있다.

그럼에도 불구하고 인수위원회는 그간 많은 새 정부의 정책과제를 선정하여 발표하여 왔다. 물론 대통령 취임 즉시 새로운 국정과제를 수행해야 한다는 점에서 그 준비는 추호의 착오나 유탈이 용납되지 않도록 만전을 기하여야 한다. 하지만 아직 대통령 취임도 하지 않은 시점에 마치 현실적인 정권 담당자인양 많은 정책과제를 구체적으로 적시하고 언론에 배포하는 바람에 여러 가지 혼선을 자초한 바 있다. 대학입시, 영어교육과 같은 민감한 사안에 대해 구체적인 대안을 제시하는 과정에서 혼선을 빚었을 뿐만 아니라 국정 아젠다와 직접 관련도 없는 사소한 문제까지 제기하여 평지풍파를 일으키고 있다.

그 과정에서 점령군 같다는 비판도 받는다. 영혼도 없는 공무원이라는 식의 언론 논조도 심하기는 마찬가지다. 최고정책결정권자가 제시한 정책구현에 충실할 수밖에 없는 직업공무원의 신분은 더 이상 정치적 유희의 대상이 되어서는 아니 된다. 사실 공무원이 무슨 죄가 있겠는가, 있다면 주군을 잘못만난 죄밖에 더 있겠는가.

권불십년. 진보적인 김대중, 노무현 정부가 장악한 권력은 이제 10년만에 보수적인 이명박 정부로 교체되었다. 하지만 진보나 보수의 논쟁보다는 국민들을 편하게 살 수 있도록 해 줄 후보자를 선택했다고 본다면 과거의 정책을 송두리째 까부수는 식의 정권인수보다는 국민들의 피부에 와 닫는 삶의 질 향상을 위한 노력이 돋보여야 한다. 그렇다면 인수위는 요란한 정책 발표에 몰입하기 보다는 새 대통령이 취해야 할 정책과제를 조용히 챙기는 그림자 역할에 충실하여야 한다. 아직 대통령 취임 전이다. 너무 서두르지 말자. 한 달 만에 벌써 인수위 피로증이 제기되는 이유를 헤아려야 한다.

그런데 그렇게 비판의 대상인 전임자 시절의 최고위인사가 다시금 등용될 예정이라고 하니 세상인심 알다가도 모를 일이다. 실용적 국정운용 바람직하다. 그렇다고 하여 정권교체가 된 마당에 온통 과거 정권에서 부귀영화를 누린 인사들이 또다시 등용된다면 지난 10년간 야당으로 고생한 사람들은 무엇이라 말인가.

5공 출신 인사들의 전면 배치도 씁쓸하기는 마찬가지다. 인사가 만사라고 하는데 너무 과거에 집착하는 것이 아닌지 의문이다. 더구나 그 과정에서 인수위 핵심 인사들이 인재가 없다는 식의 언론플레이를 하는 걸 보면 오만하다는 인상을 지울 수가 없다. 왜 그들만의 잣대로 인재가 없단 말인가.

공직이 아무리 좋다고 한들 너무 많은 인사들이 언론의 도배대상이 되고 있다. 속절없이 언론에 거명만 되는 인사들의 고초도 헤아려야 한다.

미발표 칼럼_2008. 2.

# '탕평人事', 인수委가 시험대다

보수와 진보의 이념적 갈등, 세대 · 지역 · 빈부 간 양극화가 가장 극심한 상황에서 대한민국 국민은 19일 급격한 혁신과 교체보다는 안정 속의 변화와 개혁을 선택했다. 이번 대선 과정에서 상처 난 국민의 마음을 치유하기 위해서는 통합과 탕평의 시대를 열어야 한다. 박근혜 당선인은 소신과 원칙의 정치인으로 통한다. 그 소신과 원칙을 국정에 제대로 반영하기 위해서는 적재적소에 인재를 등용해야 한다. 그 첫 시험대가 대통령직인수위원회 구성이다.

첫째, 대통령이 원칙을 제시하면 그 원칙을 충실히 구현할 수 있는 인재들의 뒷받침이 절실하게 요구된다. 대통령이 전봇대 뽑는 일까지 신경을 곤두세워서는 나라의 미래를 설계하는 큰 정치를 구현하기 어렵다. 제왕적 대통령 시대를 마감하고 국민 우선의 정치시대로 접어든 이때 대통령은 권한을 과감하게 내각에 위임해야 한다. 권력분점은 인사로부터 시작돼야 한다. 당선인의 공약대로 그동안 유명무실했던 헌법상 보장된 국무총리의 국무위원 제청권을 실질화해야 한다. 그래야 총리의 영슈이 선다. 장관도 부처를 제대로 통할할 수 있도록 부처와 산하 기관장에 대한 인사권을 보장해 줘야 한다. 총리와 장관이 국정에 전념하도록 국회의원 겸직은 금지해야 한다.

둘째, 대통령은 큰 귀를 가지고 열린 자세로 인재를 등용해야 한다. 선거라는 혹독한 과정을 거치다 보면 측근들에게 마음을 빼앗기기 십상이다. 대통령은 어느 특정 정파나 세력의 대표자가 아니라 국가원수다. 학연 · 지연 · 혈연에 휘둘린 '고소영' 내각으로 집권 초기부터 국정의 추동력을 상실한 전철을 답습한다면 정권의 미래가 없다. 측근들을 내치라는 게 아니라 측근이 할 수 있는 일과 국정 수행 능력을 명확하게 구분해야 한다는 것이다.

셋째, 대통합 인사를 위해서 야당의 협조를 구해야 한다. 굳이 거국연립내각을 구성할 필요는 없다 하더라도 야당이 납득할 수 있는 인재 등용이 필요하다. 만약 국가를 위해서 꼭 필요한 인재임에도 불구하고 야당이 정략적 차원에서 반대한다면 대화로 설득해 나가야 한다. 재선에 성공한 버락 오바마 미국 대통령도 새 정부 구성을 위해서 끊임없이 야당과 대화하지 않는가. 국회 다수파의 지지를 받고 있지만 첫 단추가 인사청문회로부터 시작되는 만큼 사전에 야당과 충분히 대화해야 한다.

넷째, 정권이 바뀔 때마다 대구 · 경북, 부산 · 경남, 호남 인사들이 차례로 서울구치소를 채워온 현실은 지역 편중 인사의 슬픈 초상이다. 당선인은 홀몸이라 고질적인 학연 · 지연에 얽매일 우려가 적으니 지역 갈등 해소의 적임자다. 박정희 시대 이래 팽배해 온 지역 갈등 해소를 위한 대통합 인사의 장을 마련해야 한다. 처음으로 호남에서 두 자리 숫자의 득표력을 보인 여세를 몰아 동서 화합을 실천해야 한다.

다섯째, 청와대 비서실 중심의 정책 구현은 자제해야 한다. 비서는 대통령과 내각을 연결하는 가교 역할에 머물러야 한다. 문고리가 권력이 돼선 안 된다. 내각에 모양새만 갖춰 놓고 정작 비서들의 보좌에만 의존하면 국정이 정상적으로 작동되기 어렵다. 실제로 장관에 취임한 이후 대통령을 한 번도 독대하지 못하고 퇴임하는 경우가 많았다고 한다. 그러니 무책임한 비서들이 설치게 된다. 법적 · 정치적 책임 소재가 명확한 내각에 인재 등용의 최우선 순위를 둬야 한다. 내각이 청와대와 지리적으로 떨어져 있는 세종시 시대에는 더욱 그러하다.

정권마다 한목소리로 '인사가 만사萬事'라고 해 왔다. 하지만 아이러니하게도 어느 정권도 인사에서 좋은 평가를 받지 못했다. 그만큼 인사가 어렵다는 방증이다. 특기할 만한 다수의 신기록 보유자인 당선인은 인사에서도 새로운 역사의 이정표를 세우기 바란다.

문화일보〈포럼〉_2012. 12. 21.

## 합법적인 富와 국민정서법

대통령 당선 68일 만에 제17대 이명박 대통령이 취임했다. 금년은 건국과 헌법제정 60주년이라 대한민국호의 선장에 대한 기대가 넘쳐흐른다. 건국 과정의 혼란, 민족상잔의 6·25, 혁명과 쿠데타가 교차되는 간난의 세월 속에서도 대한민국은 안정과 성장을 동시에 정착시켜 세계적 이목을 끌고 있다. 때로는 탐욕적 권력자에 의해 주권재민의 민주공화국이 심각한 상처를 받기도 했지만 환력에 이른 대한국민은 더는 권력의 방종과 농단을 용납하지 않을 만큼 지혜롭다.

주권자로부터 한시적으로 수탁 받은 권력은 결코 권력자의 사적 소유물이 아니다. 권불 10년! 1987년 이래 10년의 보수정권에 이어 10년의 진보정권을 거쳐서 또다시 보수정권으로 회귀함으로써 국민의 선택이 선진 자유민주주의 국가를 압도하는 수준에 이르고 있다.

정권 교체와 대통령직 교체가 일상화되면서 2003년 2월에는 "대통령 당선인으로서의 지위와 권한을 명확히 하고 대통령직의 원활한 인수에 필요한 사항을 규정함으로써 국정운영의 계속성과 안정성을 도모함을 목적으로" '대통령직 인수에 관한 법률'이 제정됐다. 이 법에 의한 인수위의 업무는 새 대통령 취임에 따른 국정의 현황 파악과 취임 준비로 요약된다. 그런데 취임도 하지 않은 시점에 마치 현실적인 정권 담당자인 양 많은 정책과제를 구체적으로 적시하고 언론에 배포하는 바람에 혼선을 자초했다.

인수위는 요란한 정책 발표에 몰입하기보다는 새 대통령의 정책과제를 조용히 다잡는 그림자 역할에 충실해야 했다. 구성 한 달 만에 인수위 피로증이 제기된 이유를 헤아려야 한다. 인수위 활동에 대한 불만은 벌써 대통령의 지지도 하락으로 이어진다. 선거 때 보여준 열화와 같은 성원에 비하면 지난 두 달은 아쉬움을 남긴다.

대통령 취임 준비의 핵심은 대통령을 보좌할 행정부 구성과 청와대 비서진의 구축이다. 아무리 유능한 실용적 인물이라 하더라도 정권 교체가 된 마당에 지난 10년간 부귀영화를 누려온 인사를 중용한다면 야당으로 고생한 사람들은 무엇이란 말인가. 5공 출신 인사들의 전면 배치도 씁쓸하기는 마찬가지다. 인수위에서 흘러나온 '인재가 없다'는 발언은 오만의 극치다. 공직이 아무리 좋다고 한들 너무 많은 인사들이 언론의 먹잇감이 되고 질병과 같은 절대적 비공개 사항도 여과 없이 보도된다.

장고 끝에 악수를 둔다고나 할까. 마침내 그 모습을 드러낸 면면들이 비판의 표적이다. 인사 검증의 엔진과 잣대에 의문이 제기된다. 자본주의사회에서 부의 형성 과정이 투명하다면 시비의 대상이 아니어야 한다. 국적선택권은 당사자의 것임에도 세계화시대에 자녀의 국적을 문제 삼는 것도 바람직하지 않을 수 있다. 하지만 무릇 지도자는 법과 논리보다는 동시대의 국민정서를 헤아려야 한다. 탈법적인 부동산 과다 보유는 땅 한 평 갖지 못한 서민 대중의 박탈감을 자아낸다. 세계화시대에 외국 유학은 보편적 현상이라지만 국내 대학에 보내기도 힘겨운 이들의 가슴에는 와 닿지 않는다.

김영삼 대통령 시절에 고위 공직자의 재산 공개를 명시한 공직자윤리법에 따라 최고 재산가로 떠오른 정성진 당시 대검 중수부장의 사직은 반면교사일 수 있다. 투명한 상속재산이 확인되었기에 그는 노무현 정부에서 청렴의 상징인 부패방지위원장과 법무장관으로 등용됐다.

어려운 때일수록 통합과 소통의 혜안이 필요하다. 지도자는 국민들의 상한 마음을 보듬어야 한다. 가슴을 답답하게 하는 정치는 금물이다. 이제 60년 된 국가의 대통령도 이순耳順의 경지에 이르러야 한다. 국민의 눈높이는 결코 허상이 아니다.

동아일보_2008. 2. 26.

## 대통령, 국무회의 중시를 권한다

프랑스의 대통령 집무실이 있는 엘리제궁에서는 매주 수요일 오전 9시 30분에 국무회의가 개의된다. 언제나 대통령이 직접 주재한다. 외유나 질병 등 특별한 사정으로 대통령이 주재하지 못한 사례는 헌법교과서에도 예시된다. 장방형 원탁의 중앙에 대통령과 총리가 마주 보며 앉고 나머지 국무위원들이 차례로 자리 잡는다. 필자가 엘리제궁을 방문했을 때 자그마한 국무회의실의 목제 테이블은 세워져 있었다. 회의 때만 펼쳐 놓는다고 한다.

우리 헌법상 국무회의는 대통령이 의장이고 국무총리가 부의장이며 15인 이상 30인 이하의 국무위원으로 구성되는 정부의 최고정책심의기구이다. 그간 대통령이 주재하는 청와대 국무회의는 예외적이고 국무총리가 대신 주재하는 정부중앙청사 국무회의가 오히려 일상화됐다. 이는 대통령이 헌법상 책무를 외면한 결과다. 또한 각 부처 장관을 겸하는 국무위원은 자신의 부처 소관 이외의 문제에는 가급적 언급을 자제하는 미덕을 발휘했다. 이제 헌법상 대한민국 정책의 수립, 심의, 결정, 집행의 심장부인 국무회의부터 새로운 모습을 보여야 한다.

첫째, 권위적인 국무회의장의 모습부터 바꿔야 한다. 지금까지 대통령은 가운데 자리에 큰 의자를 차지해 앉고 국무총리는 대통령 옆 구석에 자리했다. TV 화면에 비친 국무위원들은 대통령의 말씀을 초등학생처럼 필기하느라 정신이 없다. 마치 황제 앞에 엎드려 도열한 군신들을 연상케 한다. 국무회의가 대통령의 일방적인 지시사항만 전달하는 곳이어서는 안 된다. 관료적이고 고압적인 분위기로는 토론하고 일하는 국무회의가 될 수 없다. 이런 구조로는 링컨 대통령이 적시한 바와 같이 "7인이 반대하고 한 사람이 찬성하더라도 한 사람의 의사가 다른 사람의 의사를 압도한다"는 19세기적인 모습만 연출될 뿐이다. 이 상태로는 정부의 정책강령을 공동으로 수행하고 집단적 연대적으로 책임을 담보해야 하는 오늘날의 국정운영 모델에 어울리지 않는다. 새 정부의 장방형 원탁회의장은 변화의 단초를 제공한다. 내친김에 더 과감한 변신이 필요하다.

둘째, 헌법기관인 대통령이 스스로 국무회의 주재를 포기함으로써 국정운영이 막료 중심으로 작동될 위험을 드러낸다. 김대중 전 대통령이 유일하게 특별한 사정이 없는 한 직접 주재했을 뿐 다른 전직 대통령들은 국무회의에 참석조차 하지 않았다. 이명박 대통령도 월 1, 2회만 주재하겠다고 하니 우려스럽기는 마찬가지다. 사소하게 생각할지 모르지만 매주 화요일 오전 9시 30분에 열리는 정례 국무회의는 지켜져야 한다. 비상사태가 아닌 한 정례회의는 정규 근무시간에 열려야 한다. 대통령이 국무회의를 주재하지 않고 장관들의 독대도 허용하지 않으면서 대통령수석비서관들로부터는 수시로 업무보고를 받는다. 그만큼 헌법상 공식 기구는 외면한 채 막료 중심의 정치를 해 왔다는 증좌다.

셋째, 토론이 활성화돼야 한다. 프랑스에서도 국무회의에서의 토론 부재가 비판의 대상이다. 주요 정책사안에 관해 전 국무위원이 발언 기회를 갖는 테이블 돌아가기tour de table 제도를 도입하고 있지만 아직도 미진하다. 우리나라에서는 국무위원 전원이 차례로 발언한 경우는 노태우 정부에서 설을 부활시켜 이중과세를 허용할 것인지에 대한 의견 조회가 유일하다. 그만큼 국무회의는 통과의례적인 기구로 전락했다. 진지하고 밀도 있는 토론을 위해 국무위원 수를 줄이는 것은 옳다. 많은 배석자도 필요 없다. 국무회의는 부처를 담당하는 장관들의 회의체가 아니라 국정을 책임진 국무위원들의 일하는 장소여야 한다.

헌법상 최고정책심의기관인 국무회의가 새 정부의 명실상부한 국정의 심장부가 되기를 기대한다.

동아일보_2008. 3. 11.

# 與, 권력의 단맛에 취했나

추락하는 민심은 날개마저 접어버린다. 2004년 3월, 대통령 노무현 탄핵 폭풍이 몰아쳤다. 대선에서 연거푸 패배한 한나라당은 차떼기 정당의 오명을 뒤집어쓴 채 4월 총선을 준비해야 했다. 당사도 없이 길바닥에 나앉아 천막정당으로 연명했다. 열린우리당의 독주를 막아달라고 애걸복걸하는 신세였다. 2008년에는 사정이 180도로 뒤바뀌었다. 대선 패배의 충격에서 벗어나지 못한 민주당은 한나라당의 독주를 막을 수 있게 해달라고 애원했다.

정치는 살아있는 생물이라 했던가. 대선의 압도적 승리에 도취된 이명박 정부는 인수위 시절부터 '고소영, 강부자, 오륀지'로 국민과의 괴리를 드러냈다. 한나라당에 대한 지지가 진성**眞性**이 아니라 민주당의 실정**失政**에 대한 반작용에 불과하다는 사실도 드러났다. 친박연대까지 출몰하면서 이명박 대통령 만들기의 1등 공신들도 총선에서 패배했다.

지난 1년간 달라진 게 무엇인가. 그토록 강조하던 화합과 소통도 보이지 않는다. 아무리 정치는 정치인의 몫이라고 하지만 여의도의 이전투구는 세계적인 조소거리다. 민의의 전당은 폭력의 전당으로 전락한다. 정치인 눈에만 민심이 보이지 않는 모양이다.

민주당에 대한 실망이 한나라당으로 옮겨갔다면 이제 한나라당에 대한 실망으로 더는 갈 데가 없는 국민만 길 잃은 철새다. 정권의 무능은 그들만의 몰락에 그치는 것이 아니라 전 세계적으로 몰아닥친 경제위기에 대한민국호의 추락으로 연결된다.

무엇이 그들을 이토록 무능하게 만들었는가. 자기수양과 자기검열이 선행돼야 한다. 어느새 한나라당은 웰빙 야당에서 웰빙 여당으로 자족한다. 국민과 야당에 대한 적극적인 설득의지도 태부족하다. 권력이 있는 곳에 책임이 뒤따라야 한다. 권력의 단맛만 취하려는 오만에 빠지지 않았는지 성찰이 필요하다. 풍찬노숙할 때의 초심으로 돌아가야 한다.

정당한 정책이라면 왜 소신껏 추진하지 못하는가. 대운하가 그토록 국가와 민족을 위한 일이라면 목숨 걸고 추진할 용의는 없는가. 대운하 계획이 잘못이라면 깨끗이 포기하고 미련을 갖지 말아야 한다. 이기려면 버릴 줄도 알아야 한다. 그렇다고 인기에 연연할 필요는 없다. 만국박람회를 기념해서 프랑스 파리의 상징물로 에펠탑을 건립하려 하자 여론은 싸늘했다. 파리의 스카이라인을 망친다고 야단법석이었다. 결과는 어떠한가. 여론의 질타를 받으면서 건립된 에펠탑은 오늘날 파리의 최고 상징물이 됐다.

국가원수이자 행정권의 수반인 대통령은 정치제도의 심장이다. 하지만 모든 것을 대통령에게 미뤄서는 안 된다. 처음부터 자원담당 총리쯤으로 격하된 국무총리는 보이지도 않는다. 예전의 의전총리 방탄총리보다 못하다. 세기적 경제위기에 능동적으로 대처하는 경세가도 찾아보기 어렵다. 남북대화가 경색돼도 북쪽 탓만 할 뿐이다. 국가정체성을 회복하겠다면서 평지풍파만 일으킨다.

이래가지고는 10년 만에 탄생한 보수정권의 앞날이 캄캄하다. 좀 더 치열해야 한다. 적당히 넘어가려 해서는 안 된다. 민심은 천심(天心)이라 하지 않는가. 정치인이나 관료보다 일반 국민이 더 현명하다는 점을 명심해야 한다. 대국민 메시지는 분명해야 한다. '솥뚜껑 갖고 자라 잡는' 식의 미련한 짓은 안 통한다.

법과 제도가 자연의 섭리에 순응해야 하듯이 정치도 순리를 따라야 한다. 역리**逆理**의 독배를 들어서는 안 된다. 잔재주를 부려서도 안 된다. 대의**大義**에 충실해야 한다. "잡초에 거름을 주어 더욱 무성하게 만드는 우**愚**를 범하지 말아야 한다. 항상 좋은 행동을 하고 있으면, 처음에는 어색한 옷도 어느새 몸에 어울리기 마련이다."**(햄릿)**

동아일보_2008. 12. 30.

# 총리 장기 유고, 국정공백 우려된다

"지금과 같은 장기공백은 총리직 희화화시켜…
후임자가 취임할 때까지 기존 총리가 재임하면서 헌법상 권한을 행사해야"

1984년 프랑수아 미테랑 대통령은 38세인 로랑 파비위스를 총리로 임명했다. 그는 200년에 이르는 프랑스 공화국 역사상 최연소 총리다. 대통령의 정치적 양자에 불과하다는 비판 여론이 제기되자 젊은 총리는 '나는 나일 뿐이다(moi, c'est moi)'며 자신의 존재를 과시했다. 무난한 총리직 수행 덕분에 그는 젊은 나이에 하원의장까지 역임했다.

이명박 대통령 집권 후반기 정부 구성의 화두는 세대교체다. 임태희 대통령실장은 전임 정정길 실장보다 10년 이상 젊다. 연이어 47세인 김태호 전 경남지사를 총리로 지명했다. 그는 헌정 사상 박정희 전 대통령 시절 김종필 총리에 이어 두 번째로 젊다. 후보자는 지방정치에서 주목을 받은 바 있지만 중앙정치무대 데뷔전인 국회 인사청문회 과정에서 결국 좌초하고 말았다.

총리 지명자 낙마와 더불어 대통령의 집권 후반기 구상이 휘둘린다. 8·8개각이 발표되자 정운찬 총리는 곧바로 사임했다. 총리가 공석이 됐다. 아직도 총리를 지명하지 못하고 있고, 새 지명자도 인사청문를 넘어야 하기 때문에 총리 공백이 장기화될 조짐이다. 총리 부재에 따라 정부조직법상 선순위 국무위원인 기획재정부 장관이 직무를 대행한다. 하지만 헌법상 국무위원(장관)은 국무총리 제청에 따라 대통령이 임명하기 때문에 총리직무대행이 장관을 제청하면 위헌 논란에 휩싸일 위험이 크다. 총리에게 임명제청권을 부여한 것은 행정 각부를 통할하는 총리와 장관이 호흡을 맞추라는 게 헌법정신이다. 총리 부재 상황이 계속되는 예외적인 상황에서만 총리직무대행의 제청이 가능할 뿐이다. 마침 정 총리는 사직했지만 두 국무위원은 사직하지 않았다. 하지만 이별이 예정된 장관의 장기 재임은 모양새도 안 좋고 국정 안정에도 도움이 안 된다. 게다가 유명환 외교부 장관 사직에 따라 G20회의를 앞두고 외교수장 공백도 장기화될 조짐이다.

헌법상 국무총리는 국무위원을 제청하고, 대법원장은 대법관을 제청한다. 다 같은 제청提請이다. 그럼에도 대법원장의 대법관 임명 제청권은 실질적인 권한으로 인정하지만, 국무총리의 국무위원 임명 제청권은 형식적 권한으로 전락하고 있다. 그만큼 국무총리 권한에 대한 인식이 결여돼 있다. 헌법상 '대통령 명을 받아'라는 문구에는 집착하면서도 '행정 각부 통할'에 대해서는 아무런 의미도 부여하지 않으려 한다. 이는 잘못이다. 총리의 행정 각부 통할권을 형해화하면 결국 대통령에게로 권한 쏠림현상만 가속된다.

헌법상 정부 제2인자인 총리 임명 과정에서 과거에는 국회 동의를 얻기도 전에 대통령이 총리를 지명하자마자 국무총리서리로 취임했다. 그러나 헌법과 법률 어디에도 없는 서리제도는 위헌 · 위법이라는 비판에 따라 사라졌다. 그럴수록 정식으로 총리가 취임할 때까지 물러날 총리가 재임하는 것이 당연하다. 지금과 같은 총리 장기공백 상태는 총리직만 희화화하고 있다.

최근 헌법개정 논의 과정에서 미국식 정 · 부통령제를 선호하는 경향도 있다. 그런데 미국 부통령 역할과 기능에 대해서는 미국에서도 의문이 제기된다. 존 F 케네디 대통령 시절 린든 B 존슨 부통령은 아무런 역할도 하지 못했다. 오히려 예나 지금이나 실질적인 제2인자는 국무장관이다.

우리는 어떠한가. 제2차 개헌시절의 짧은 기간을 제외하면 언제나 총리제도가 있었고 헌법상 좌표도 제2공화국 의원내각제 총리를 제외하고는 거의 비슷하다. 그런데 헌정 실제에서는 제왕적 대통령 앞에서 총리는 헌법상 부여된 권한도 행사하지 못하는 형식적 지위로 전락했다. 이래서는 안 된다. 대한민국 헌정사에서 총리제도가 반세기 이상 존속해온 제도라면 그 제도를 폐지할 것이 아니라 문제점을 파악해 고치면 된다. 이제 우리도 정치제도에 그간 쌓아온 역사의 향기를 부여할 때가 됐다.

매일경제_2010. 9. 7.

# 헌법정신에 어긋나는 총리임명 절차

**후임 취임 전 총리 사직은 헌법 위배**

**국회 동의기간 10일 내로 단축해야**

지난 8일 이명박 대통령은 국무총리를 포함한 7개 부처 개각을 단행했다. 이에 따라 정운찬 국무총리는 11일 김태호 국무총리 내정자의 인사청문회를 보름이나 앞두고 사임했다. 후임 총리가 취임할 때까지 총리의 공백이 발생하면서 정부조직법상 국무총리 직무대행 제1 선순위자인 기획재정부 장관의 대행체제로 작동한다. 하지만, 개각 대상인 장관들은 인사청문회 이후 새 장관이 취임할 때까지 직무를 계속할 것으로 보인다. 차제에 총리, 국무위원(장관)의 교체에 따라 제각각인 헌법현실 속에서 무엇이 헌법 규범과 헌법 정신에 바람직한 것인가를 재음미해 보아야 한다.

첫째, 헌법 제정권자인 국민의 뜻이 무엇인지를 알기 위해서는 우선 헌법 규범을 정확히 알아야 한다. 헌법은 제4장 정부에 제1절 대통령과 제2절 행정부를 규정한다. 제2절 행정부의 제1관은 국무총리와 국무위원이다. 즉 정부 안에 대통령과 국무총리를 구분하여 규정한다. 국무총리 내정자를 지명하더라도 '국무총리는 국회의 동의를 얻어 대통령이 임명한다'(제86조 제1항). 권위주의 시절에는 대통령이 국회의 동의를 받지 않고 국무총리서리를 임명해 왔으나, 헌법과 법률에도 없는 서리제도는 위헌 위법이라고 보아야 한다.

둘째, 국무총리가 후임자가 취임하기도 전에 사직하는 것은 헌법 정신에 어긋난다. 물론 내정자가 있는 상태에서 총리직을 계속 수행한다는 것이 부담스러운 측면도 있다. 그러나 만일 내정자가 낙마라도 한다면 또다시 일정한 기간을 거쳐야 하는데 이 경우 대행체제가 장기화할 수 있다. 의원내각제 국가에서도 총선 이후 후임 총리가 취임할 때까지는 전임 총리가 직무를 계속한다. 대행체제란 없다. 다만, 퇴임할 총리는 새로운 정책을 추진하는 것이 아니라 일상적인 업무les affaires courantes만 수행한다. 후임 총리가 지명된 상태에서 퇴임할 총리의 장기 재임은 국정의 안정을 위해서 바람직하지 않다. 이를 해소하기 위해서는 인사청문회 일정을 최대한 빨리 잡아야 한다. 인사청문회법의 임명동의안이 제출된 날부터 '20일 이내' 마쳐야 한다는 규정은 10일 이내로 대폭 단축돼야 한다. 이번 개각 과정에서 청와대가 추측보도의 문제점을 적시하면서 엠

바고를 걸었는데 이는 바람직하지 않다. 오히려 예상 후보자를 중심으로 언론과 여론의 사전 검증을 거치면 인사청문 기간의 단축을 통해서 조기에 국정 안정을 도모할 수 있다.

셋째, 국무총리 지명과 내각 발표가 동시에 이루어졌다. 이 또한 헌법 정신에 어긋난다. 헌법상 '국무위원은 국무총리의 제청으로 대통령이 임명한다'(**제87조 제1항**). 또한 '국무총리는 국무위원의 해임을 건의할 수 있다'(**제87조 제3항**). 헌법 정신을 제대로 반영하기 위해서는 적어도 총리 내정자의 실질적인 제청 기회를 보장해야 한다. 총리의 임명제청권을 실질화하기 위해서는 총리가 바뀌면 전 각료가 일괄 사직하고 새 총리의 제청에 따라 임명하는 적정 절차를 밟아야 한다.

넷째, 차제에 헌법상 국무총리직에 대한 근본적인 성찰이 필요하다. 국무총리제를 두고 있는 우리 헌법상 정부 형태는 엄격한 의미에서의 대통령제는 아니다. 그런데 모든 정부 작용은 대통령을 중심으로 작동된다. 그러니 국무총리는 의전총리, 대독총리라고 폄하되기도 하고 심지어 개헌 시 국무총리 폐지론까지 등장한다. 국회의 임명동의를 받아야 하고 행정 각부를 총괄하는 총리가 대통령의 총애만으로 임명되는 것은 바람직하지 않다.

끝으로 국무총리 국무위원을 비롯한 헌법기관의 인사에는 헌법 정신과 헌법 규범이 예정한 적정한 절차**due process**를 밟아야 한다. 국무총리 국무위원 제도를 두고 있는 헌법 규범이 작동되는 한 미국식 대통령제의 사고로부터 벗어나야 한다.

세계일보_2010. 8. 15.

## 국무총리서리 제도는 반드시 위헌인가?

국무총리후보자는 국회의 동의를 얻은 후에 정식으로 국무총리에 취임한다. 그런데 종래 한국헌정사에서 관행적으로 대통령으로부터 국무총리에 지명된 자가 국회의 임명동의를 받기 전에 사실상 국무총리 직무를 수행하여 왔다. 이를 국무총리서리라고 한다. 법상 제도가 아닌 국무총리서리를 인정할 것인가의 여부에 관해서 논란이 되어 왔다. 특히 1998년 국회에서 김종필 국무총리임명동의안의 처리가 무산되자 김대중 대통령이 김종필씨를 국무총리서리로 임명하여 문제가 된 바 있다.

합헌론에 의하면, ㉠ 대통령제와 부합하지 않는 국무총리제도가 갖고 있는 모순으로 인하여 제헌헌법 이후 여러 차례 관행적으로 국무총리서리를 임명한 바 있고, ㉡ 정부조직법의 사고의 개념에 궐위를 포함시킬 수 없으므로, 국무총리의 궐위에 따른 법적 흠결을 보충하는 국무총리서리의 임명행위는 합리적인 해석범위 내의 것이라고 본다.

위헌론에 의하면, ㉠ 헌법상 국무총리서리제도가 없으므로, 과거의 국무총리서리제도는 잘못된 관행이며, ㉡ 국회의 동의를 얻지 아니하고 국무총리서리를 임명하는 것은 헌법상 국회의 권력통제와 권력분립주의에 어긋나며, ㉢ 헌법상 국무총리는 국회의 동의를 얻어 임명하여야 하므로 국회의 동의를 얻지 않은 채 임명된 국무총리서리의 법적 행위는 효력을 갖지 아니하며, ㉣ 새 정부가 들어설 경우에도 신임 국무총리가 임명되지 않는다면 현 국무총리가 국무위원과 행정각부의 장을 임명제청한 후에 사임하고, 신임 국무위원 중에서 직무대행을 하면 될 것이며, ㉤ 국무총리의 궐위시에는 헌법과 법률이 정한 순서에 따라 직무대행이 국무총리로서의 지위와 권한을 가지면 된다고 본다.

원칙적 위헌론에 대하여 예외적 합헌론도 있다. 예외적 합헌론에 의하면, ㉠ 원칙적으로 국무총리서리임명은 위헌으로 본다. ㉡ 다만, 대통령이 국무총리임명동의를 국회에 요청하였으나 국회가 이를 처리하지 못한 예외적인 상황이라면, 대통령은 국무총리의 제청을 받는 국무위원과 행정각부의 장을 임명할 수 없기 때문에 국정의 공백이 발생하므로 과도기적으로 국무총리서리제도를 인정할 수밖에 없다고 한다.

생각건대 국무총리제도가 의원내각제 내지 2원정부제의 전형적인 제도이므로 이들 정부형태에 기초한 논리전개가 바람직하다 할 것이다. 현행헌법상 국무총리는 국회의 사전동의를 얻어 임명되므로, 헌법상 명문의 규정에 반하는 국무총리서리제도는 헌법에 어긋난다는 위헌론이 원칙적으로 타당하다. 다만 대통령이 국무총리임명을 위하여 적법한 절차를 취하였음에도 불구하고 국회에서 이를 적법하게 처리하지 못할 경우에는, 잠정적으로 부득이하게 국무총리서리를 임명할 수밖에 없을 것이라는 주장도 일리가 있다.

새 대통령의 취임에 따라 국무총리를 비롯한 내각이 총사퇴하였을 경우에는 새 국무총리가 임명될 때까지 과도기적으로 사표를 낸 국무총리를 비롯한 내각이 재임할 수밖에 없다. 그러나 이 경우에도 국회에서의 정쟁 등으로 인하여 임명동의안 처리가 지연될 경우에는, 비정칙적이기는 하지만 퇴임할 국무총리가 대통령의 뜻에 따라 국무위원 및 행정각부의 장을 임명제청하고, 사임한 후에 정부조직법이 정한 순서에 따라 그 직무를 대행하면 된다. 이와 같은 문제를 최소화하기 위하여 '대통령직 인수에 관한 법률'에서는 대통령당선인에게 국무총리후보자를 지명할 수 있도록 규정하고 있다.

정부조직법에서는 "국무총리가 사고로 직무를 수행할 수 없는 경우에는 대통령의 지명이 있으면 그 지명을 받은 국무위원이, 지명이 없는 경우에는 제22조 제1항에 규정된 순서에 따라 국무위원이 그 직무를 대행한다"라고 규정하고 있다.

1998년 김종필에 대한 국무총리임명동의안의 처리가 무산되자 김대중 대통령이 김종필씨를 국무총리서리로 임명하였고 이에 대해 한나라당소속 국회의원들은 김대중 대통령을 피청구인으로 하여 위 임명처분이 주위적으로는 국무총리임명에 관한 청구인들의 동의권한을, 예비적으로는 국무총리임명동의안에 관한 청구인들의 심의 · 표결권한을 각 침해하였다고 주장하면서, 그 권한침해의 확인과 아울러 이 사건 임명처분의 무효확인을 구하는 심판청구를 제기하였다. 이 사건은 사법적으로 판단하기에 매우 불명확한 사건이었다. 국무총리를 임명하기 위하여 국회에 임명동의를 구하였으나 국회가 가부에 관한 의사표시를 분명히 하지 않았기 때문에 결과적으로 대통령으로서는 국무총리서리를 임명하게 되었다. 헌법재판소의 ㉠ 1인의 재판관은 국회의원들의 당사자적격이 없음을 이유로 각하의견을, ㉡ 2인의 재판관은 국회의원들의 권리보호이익이 없음을 이유로 각하 의견을, ㉢ 2인의 재판관은 청구인적격성이 없음을 이유로 각하 의견을, ㉣ 3인의 재판관은 국무총리서리제도의 위헌성을 이유로 권한침해를 인정하는 인용의견을, 1인의 재판관은 국정공백을 메우기 위한 서리 임명의 합헌성을 인정하여 권한침해를 부정하는 기각의견을 냈다. 결국 관여재판관의 과반수인 5인이 이유를 달리하나 결론에 있어서는 각하의견이어서 각하결정이 내려졌다.

성낙인, 헌법학 제14판에서 발췌

## 인사청문회의 明暗과 지혜

미국 국적의 김종훈 미래창조과학부 장관 후보자 지명은 사회적 논쟁을 촉발했다. 이중국적, 미국 중앙정보국CIA 자문 경력, 국내 부동산 투기와 같은 전방위적 문제 제기에 그는 정치권에 대한 실망과 더불어 '아내가 울고 있다'는 고단한 심사를 내비치며 퇴장했다. 성공한 이민 1세의 금의환향錦衣還鄕을 반기던 교민들의 상심도 크다. 우리는 세계 10대 경제대국에 이르는 과정에서 한민족의 우수성과 열정을 전 세계에 과시해 왔다. 이제 이중국적을 허용하고 외국인도 공무원이 될 수 있는 글로벌 시대에 좀 더 순응해야 할 것 같다.

1987년 이후 갖가지 제도를 민주주의란 이름으로 수용했다. 그 나라 특유의 법문화에 기초한 제도를 무턱대고 이 땅에 이식해 왔다. 세계에서 미국만 채택하고 있는 특별검사만 해도 그렇다. 1999년에 빌 클린턴 전 대통령의 성추문 사건에서 케네스 스타 특검이 부적절한 행위가 있었음을 파헤친 게 마지막이다. 정작 미국에서 사실상 사라진 특검을 우리나라에서 10차례 실시했지만 전혀 국민적 기대에 부응하지 못했다. 인사청문회도 마찬가지다.

자유민주주의를 실천하고 있는 양대 산맥은 유럽과 미국이다. 유럽 국가들은 의원내각제적인 책임정치를 구현하기 때문에 총선 이후 곧 바로 새 내각이 들어선다. 따라서 미국식 인사청문회를 할 시간도 없고 필요성도 없다. 굳이 있다면 고위 사법관 정도에 한정된다. 인사청문회는 미국식 대통령제의 산물이다. 행정부와 의회가 엄격히 분립돼 있기 때문에 고위공직자에 대해서 의회가 제어할 수 있는 유일한 기회가 임명 전에 실시하는 인사청문이다. 우리나라 정부 형태를 대통령제라고들 하지만, 미국에서 찾아볼 수 없는 국회의 임명동의를 얻어야 하는 국무총리 제도와 국회의 국무총리·국무위원 해임건의권이 있다. 이는 국회가 정부의 존속에 개입할 수 있는 이원정부제적인 규범이다.

공직자의 엄격한 사전 검증을 이유로 헌법상 국회의 임명동의를 얻어야 하는 공직뿐만 아니라 대통령이 재량으로 임명할 수 있는 공직에 대해서도 인사청문을 확대해 왔다. 때로는 이상에만 치우친 나머지 국정의 난맥상만 초래하기도 하는 등 청문회의 명암明暗이 교차한다. 김대중 대통령은 장상 이화여대 총장을 헌정사상 최초의 여성 총리로 지명했으나 한나라당의 반대로 무산됐다. 박근혜 정부의 초대 총리로 내정된 김용준 후보는 청문회에 서 보지도 못하고 자진 사퇴했다. 장애를 극복한 불굴의 의지를 높이 살 수 있었을 텐데도 말이다.

청문회를 통과한 인사들은 과연 이들보다 도덕적으로나 국정 수행능력에서 더 훌륭한지도 의문이다. 정작 국회의원 출신 후보자는 전원 청문회를 통과했다. 인사청문회의 공정성이 의심되는 장면이다. 격동의 시대를 살아온 기성세대들에게 모든 것을 오늘의 잣대로 재단하는 데는 한계가 있기 마련이다. 고위공직자는 더 높은 도덕과 윤리가 요구된다. 그러나 동시대의 보편적 가치에 어긋나지 않는 선에서 청문이 이뤄져야 한다. 검증된 능력으로 특별히 발탁된 인사라면 국민적 양해와 공감대 형성도 필요하다. 청문회 단골 메뉴인 위장전입만 해도 역대 총리, 헌재소장, 대법원장과 같은 최고위 공직자들도 자유롭지 못했다.

무엇보다도 인사청문회 때문에 헌법기관이 파행을 거듭해서는 안된다. 헌법재판소는 몇 달째 수장이 공백이지만 아직 후임자 지명도 못하고 있다. 선임재판관이 맡는 권한대행마저 곧 퇴임하면 두 번째 권한대행 체제가 들어서야 한다. 지난해에도 1년 이상 재판관 미충원, 비록 짧은 기간이지만 과반수 재판관의 궐원을 거듭한 헌재가 다시 공황 상태에 빠져든다.

여야 간에 정권교체를 거듭하면서 인재 풀이 좁아지고 있다. 이제는 기존의 고정관념을 벗어나 널리 폭넓게 인재를 구해야 한다. 이를테면 김용준 전 헌재소장이 총리 후보가 되듯이, 김황식 전 총리 같이 검증된 인물이면 헌재소장 후보가 될 수 있어야 한다. 더 나아가 유능한 사기업 최고경영자CEO도 정부에 진입할 수 있도록 문호를 개방해야 한다. 공직의 존엄함과 더불어 공직 헌신이 소중함을 인지하는 지혜가 필요한 시점이다.

문화일보[오피니언/時評]_2013. 3. 12.

## 김종훈과 펠르랭

김종훈 미래부 장관 내정자의 사퇴는 긴 여진을 남긴다. 그는 이민 1세로 자수 성장하여 벤처기업가로서 엄청난 부를 축적했을 뿐 아니라 세계적인 벨연구소의 최고경영자로서 경영능력을 인정받았다. 비록 한국 국적을 버리고 미국 시민권을 획득했지만 조국의 부름을 받고 한국 국적을 회복했다. 하지만 인사청문회를 앞두고 전개된 일련의 공방에서 상처만 안고 되돌아갔다. 플뢰르 펠르랭Fleur Pellerin은 2012년 5월에 집권한 프랑스 사회당 프랑수아 올랑드 대통령 정부에서 약관의 나이에 '중소기업 · 디지털 장관'에 취임했다. 프랑스 대표적인 시사주간지 르푸앵LePoint은 그녀를 '한국의 여왕reine de Coree'이라고 칭송하기도 했다. 펠르랭(한국 이름 김종숙)은 1973년 서울에서 태어나자마자 거리에 버려진 채 발견되어 생후 6개월 만에 프랑스로 입양되었다. 경제적으로 그리 넉넉하지 않은 집안에서 자랐지만 총명하기 이를 데 없는 그녀는 '그랑 제콜'이라는 최고 명문 대학을 두루 거친 엘리트로 성장했다. 그녀는 자기 삶이 녹아들어 있듯이 '개천에서 용이 나는 사회가 건전한 사회'임을 역설했다. 자신을 키워준 나라의 장관으로 장성한 입지전적 인물이 자신을 낳아준 나라를 처음으로 방문했다. 하지만 어머니의 나라에서 혈연적 부모를 만날 생각은 전혀 없음을 단호하게 밝혔다. 대한민국은 이미 그녀의 모국이 아님을 분명히 한 것이다. 하지만 어린 딸에게는 한국문화를 알려주었으면 한다는 말 속에서 진한 감정이입을 느끼지 않을 수 없다. 이는 프랑스 현직 장관인 공인으로서 펠르랭과 태어난 나라 사람이라는 개인적 상황을 절묘하게 교접시킨 표현이라 아니할 수 없다. 두 사람 성공 스토리를 통해 우리는 한민족의 우수성에 감탄하면서도 동시에 폐쇄적인 사고의 틀에서 이제는 벗어나야 할 때가 되었음을 알려주는 경고음으로 받아들여야 한다. 가난의 세월을 딛고 일어선 이민 1세의 귀환을 보다 긍정적 시각으로 포용할 수는 없었는가 하는 아쉬움을 떨쳐버리기 어렵다. 조국 사랑의 영혼을 품고 있었기에 성공신화를 이룬 나라의 국적을 포기하면서까지 금의환향 대열에 동참하려 하지 않았던가. 지금 이 시점에서 우리가 갖고 있는 편협한 시각으로만 들여다볼 것이 아니라 미래를 향한 대한민국을 설계하기 위해 아량을 가져야 한다. 프랑스 현직 장관인 펠르랭이 입양아에서 최고 엘리트로 성장한

과정은 그야말로 그녀의 피와 땀의 결정체일 것이다. 그녀의 성공에 박수를 보내면서도 그녀를 방기한 대한민국에 성찰의 계기를 제공한다. 세계 10위권 경제대국이지만 이를 무색하게 만들 정도로 경제협력개발기구OECD 회원국 중에서 가장 많은 입양아를 송출하는 불명예를 씻어야 할 때가 되었다. 차제에 나라의 기본법인 헌법 전문과 총강에서 구현하고자 하는 민족주의적 성향을 발전적으로 승화시켜 나가야 한다. '민족의 단결을 공고히 하고' '민족 문화의 창달'을 위해서는 민족적 민주주의에만 의탁하기보다는 오히려 글로벌 사회, 다문화 사회에서 보다 능동적이고 개방적으로 대응하는 지혜가 필요하다. 국권이 찬탈된 와중에 이산된 민족, 분단 과정에서 찢긴 국민, 타의에 의한 입양아와 자의에 의한 이민자까지 모두 아울러야 한다. 전 세계에 흩어진 한민족의 정신적 모태로서 역할 확충과 더불어 우리 속의 다문화 국민에 대한 따뜻한 배려도 잊지 말아야 한다. 그래야만 우리가 지향하는 한민족공동체론은 참된 빛을 발할 수 있다. 버락 오바마처럼 아프리카 가나 출신의 가난한 유학생 아들이 세계 최강대국인 미합중국 대통령이 되는 것까지 바라지는 않더라도 다문화 가정과 자녀에 대한 따뜻한 손길이 더욱 아쉬워지는 것은 어쩔 수 없다.

매일경제[인사이드 칼럼]_2013. 4. 2.

## 국가조직과 인력 충원의 문민화

1987년 헌법체제 아래서 다섯 명의 직선 대통령이 배출되면서 국가와 사회의 문민화가 진척되고 있다. 하지만 아직도 국가조직 곳곳에서 기득권에 안주하는 특정 전문가집단의 독식현상은 여전하다. 김영삼 전 대통령은 취임 즉시 전광석화와 같이 군 내부의 최대 사조직인 하나회에 대한 대대적인 숙청을 단행했다. 군사정부의 잔재를 청산하겠다는 최고 권력자의 의지를 반영한 것이다. 하지만 여전히 장관을 비롯한 핵심 요직은 전현직 장군들의 독무대다. 미국의 부시 대통령 시절에 6년간 재임한 도널드 럼즈펠드와 그 후임인 로버트 게이츠 국방장관은 모두 문민 출신이다. 게이츠는 정권교체 이후에도 버락 오바마 대통령 정부에서 국방장관으로 계속 재임한다.

외교부도 장관을 비롯한 대부분의 관료가 직업외교관 일색이다. 선진국에서는 직업외교관 출신이 아니라 대통령의 외교정책을 가장 충실히 수행할 수 있는 인물로 충원한다. 미국의 힐러리 클린턴 국무장관을 비롯해 주요국 대사는 오히려 비외교관 출신으로 충원된다. 동종번식이 계속되는 한 핑퐁 외교를 통하여 중국을 개방시킨 닉슨 대통령 시절의 헨리 키신저 같은 훌륭한 외교관이 배출되기 어렵다. 법조계의 배타적 독식현상은 더욱 심하다. 노무현 전 대통령은 판사출신의 젊은 강금실 변호사를 법무장관으로 전격 발탁했다. 검사들의 저항에 부딪치자 전무후무한 '대통령과 평검사의 대화'가 TV를 통해서 생중계됐다. 그 이후의 '검사스럽다'는 유행어에서 드러나듯이 노회한 변호사 출신의 대통령에게 열정만 앞선 젊은 검사들이 참패하고 말았다. 하지만 그의 실험은 단명으로 끝났다.

법무부의 상층조직은 현직 검사의 독점 공간이다. 그 인적 구성에 관한 한 대검찰청과 차이가 없다. 오히려 검찰의 전위조직이나 마찬가지다. 검사는 현장에서 수사를 지휘해야 한다. 대신 법무부는 인권, 범죄예방, 교정, 법교육 같은 고유한 법무행정을 담당해야 한다. 1년이 멀다 하고 단행되는 검찰의 인사이동에 휘둘려 법무행정의 안정적 수행은 불가능하다. 대법원도 마찬가지다. 이용훈 대법원장이 취임한 이후 법원행정처장을 법원장 출신이긴 하지만 비법관으로 임명한 바 있다. 하지만 후임은 종전대로 현직 대법관이 겸임한다. 법원행정

처의 핵심 요직도 온통 법관으로 보임되어 있다. 불가피한 경우를 제외하고 법원행정처는 법원행정 전문가로 충원돼야 한다. 법관은 재판이 그의 소명이다. 그런데 심지어 법관이 해외주재 대사관 소속 또는 국회사무처 소속으로 파견 근무도 한다. 이는 법관이라는 특수한 신분에 본질적으로 어울리지 않을 뿐 아니라 헌법적 가치인 사법부의 독립 중에서도 핵심적 요구사항인 법관의 인적 독립에도 어긋난다.

국방부는 장군, 외교부는 외교관, 법무부는 검사, 대법원은 판사 출신이 행정의 수장으로 있으면 우선은 현실을 잘 알고 있기 때문에 편할지 모른다. 하지만 국가행정은 기관이기주의에 매몰될 것이다. 물론 외부인사가 관료조직에 휘둘려 업무파악도 제대로 못한 상황에서 물러나고 마는 문제도 있다. 하지만 1년이 멀다하고 갈아치우는 장관직의 소모품화를 청산하고 장관이 실질적으로 업무를 파악하고 기관을 이끌어 나갈 수 있도록 장관직의 안정을 통해서 해결해야 한다.

국가의 존립이유와 직결되는 국민의 신체와 재산을 보전하고 국가안보를 책임지며 대외적으로 국가를 대표하는 핵심적인 국가기관은 이제 문민화돼야 한다. 정부의 다른 부처에는 각종 직역의 다양한 인재들이 수장에 취임하고 핵심 보직도 차지하지만 유독 이들 부처만은 여전히 장군, 외교관, 검사, 판사의 철옹성이다. 민주화 이후에 정권교체와 정부교체가 일상화되고 있는 상황에서 국가지도자의 정치철학을 제대로 담보할 수 있는 인사들이 책임 있는 지위에서 국정을 이끌어 나가야 한다.

서울신문_2009. 8. 17.

# 지속 가능한 政府조직

1986년 3월 16일 프랑스 하원의원 총선거에서 범우파가 승리했다. 사회당의 프랑수아 미테랑 대통령은 패배를 인정하고 우파의 수장인 자크 시라크 파리 시장에게 조각組閣을 일임했다. 대통령주의제를 마감하고 최초의 동거 정부政府가 탄생하는 순간이었다. 하지만 미테랑은 유보영역 이론에 입각해 시라크가 처음 제청한 외교·국방 장관에 대한 반대의사를 관철시켰다. 좌우 동거라는 사상 초유의 조각 과정에서 허둥대던 나머지 보건부 장관의 임명이 누락됐다. 왜 이런 현상이 발생했을까. 프랑스는 정부조직 비非법정주의를 채택하고 있기 때문이다. 즉, 당해 정부의 정책 의지를 자유롭게 반영하기 위해 정부조직은 대통령령으로 정한다.

반면에 우리나라는 정부조직 법정주의를 채택한다. 즉, 헌법에서 '행정 각부의 설치·조직과 직무범위는 법률로 정한다'고 입법사항임을 분명히 한다. 그런데 최근 정부조직 개편 과정에서 외교통상부 장관이 통상 조직의 이관에 대해 난데없이 헌법 위반 문제를 제기했다. 이는 정부조직의 원리와 법적 성격을 오해한 데서 비롯됐다. 전 세계 어느 나라든 정부조직의 구체적인 명칭이나 직무범위를 헌법에서 규정하는 예는 없다. 우리 헌법도 행정 각부의 일반적인 지위와 권한에 관해서만 규정하고 있을 뿐이다.

5년마다 정부조직 개편 문제로 몸살을 앓는다. 당선인은 대선 과정에서 제시한 정책을 실천하기 위한 정부조직을 요구하게 마련이다. 반면에 국회는 급격한 변화를 원치 않는다. 그렇다면 당선인 측과 국회의 합의점은 국민 일반이 용납할 수 있는 보편적인 조직원리에 충실하는 길밖에 없다. 국회는 가급적 새 정부가 순조롭게 출범할 수 있도록 협조하는 게 바람직하다. 당선인도 지속 가능한 행정 각부를 조직해야 한다. 다음 정권에서 사라질 포말泡沫 조직의 창설은 바람직하지 않다.

이명박 정부는 과학기술부·해양수산부 폐지로 5년 내내 시달렸다. 새 정부의 미래창조과학부가 논쟁의 초점이다. 미래와 창조는 행정 각부의 명칭으로는 매우 낯설다. 낯설면 오래가기 어렵다. 자칫 제2의 지식경제부가 될 가능성도 크다. 미래창조과학부의 본체는 과학기술에 있다. 미래창조과학부가 새 정부조직의 블랙홀이 돼선 안 된다. 방송통신 융합시대에 부응하기 위해 어렵사리 만든 방송통신위원회가 자칫 껍데기만 남게 될 우려도 깊어간다. 공룡 부처 기획재정부는 부총리까지 겸하니까 명실상부한 경제사령관이다. 박정희 대통령 시대에 부총리가 맡은 경제기획원과 재무부의 분리를 통해 경제기획 · 예산 · 국고작용의 견제와 균형을 모색한 프레임도 고려해봄 직하다. 통상업무의 소관 부처는 옳고 그름의 문제가 아니라 대통령의 의지가 중요한 사안이다. 다만, 장기적으로는 산업자원뿐 아니라 농축수산 · 통상의 중요성이 높아져 가고 투자자 국가소송 제도가 빈발할 가능성을 고려한다면 통상교섭 업무를 독립 부서로 설치해야 할 것이다.

청와대를 비서실장 중심으로 환원한 것은 바람직하다. 청와대에는 보좌진만 있어야 하고, 집행 부서가 있으면 헌법 체계에 부정합적이다. 세종시 시대에 총리의 행정 각부 통할 기능을 강화하기 위한 조치는 올바른 방향 설정이다. 수도가 분할된 상황에서 책임장관제는 불가피하다. 비서실장이 겸임하는 인사위원장은 인사에 관해서 최종적으로 대통령에게 보고하고 정리하는 역할과 기능에 그쳐야 한다. 과거의 중앙인사위원회와 같은 집행기관 역할을 해서는 안 된다. 국가원수에 대한 경호의 중요성을 모르는 바 아니지만 경호실장도 비서실장 산하에 두는 게 조직 체계에 부합한다.

각종 위원회도 최대한 정비돼야 한다. 현 정부의 국민권익위원회는 기형적 구조다. 행정심판은 유사 이래 전문성을 확보한 법제처 주관의 국무총리행정심판위원회로 환원시키고, 국가청렴위원회도 부활되는 게 부패 청산과 법치주의를 강조하는 당선인의 코드에 어울린다. 금융감독 체계의 재정비도 시급하다. 금융위원회와 금융감독원의 이원적 체계는 바람직하지 않다. 차제에 금융감독원은 공무원 신분의 국가기관으로 거듭 태어나야 한다.

문화일보[오피니언/時評]_2013. 2. 12.

# 과학기술부 부활이 정답이다

"국가과학기술위원회를 대통령 직속기구로 강화하면 헌법 규범에 맞지 않고 능률과 효율도 떨어진다"

"과기부 부활해 부총리 임명해야"

우리 시대에 박정희 전 대통령이 남긴 유산은 상반된 평가를 받는다. 인권 탄압이라는 오명 속에서도 `경제 성장을 위한 기술입국`은 대표적 성공 사례다. 인문계보다 자연계 대학생 비율을 대폭 상향 조정하고 장기적인 국가 성장동력을 기술입국에서 찾으려 했다. 그런데 민주화 이후 두 차례 환란을 겪으면서 기업들은 손쉬운 연구개발**R&D** 영역부터 축소하면서 엔지니어들이 수난을 겪게 됐고 결과적으로 이공계 기피 현상이 확산됐다. 오죽하면 대학입시에서 전국의 모든 의 · 치 · 약대 다음에 공대가 배치되고 있는 실정이다.

여기에 이명박 정부는 작은 정부를 지향하면서 기술입국의 상징인 과학기술부를 폐지하고 교육부에 통합해 버렸다. 교육이 중심인 교과부에서 과학기술은 서자 취급을 당하고 국가 R&D는 컨트롤 타워를 상실했다는 비판이 제기됐다. 뒤늦게 대통령 직속 과학기술위원회를 비상설위원회에서 상설위원회로 전환하고, 대통령이 직접 위원장을 맡는 유일한 국가기관으로서 국가 과학기술의 최고의사결정기구로 위상을 강화하려 한다.

사실 우리 국민들은 무슨 일만 생기면 대통령이 직접 책임지고 해결해 주기를 바란다. 권부의 상징인 청와대에 지나치게 의탁하려 하는 것이다. 그러나 이는 매우 잘못된 관행이요, 요구사항이다. 국정 운영의 기본 틀은 헌법 규범으로부터 비롯돼야 한다. 우리 헌법상 정부는 대통령과 국무총리를 중심으로 하는 행정부로 이원화돼 있다. 헌법 규범을 자세히 들여다보면 더욱 분명해진다. 국무총리는 대통령의 명을 받아 행정 각부를 통할한다. 대통령의 국법상 행위는 국무총리와 관계 국무위원이 부서**副署**한다.

그런데 미국식 대통령제에 젖어 있는 일부 논자들의 오해로 인해 대통령 직속으로 집행적 행정기관을 마구 설치하려 한다. 지난 정부의 중앙인사위원회가 대표적인 사례다. 국가 행정의 출발점인 인사 행정은 국무총리와 관련 부서의 통할에서 벗어날 수밖에 없었다. 이는 매우 잘못된 발상이고 헌법상 정치행정제도의 기본 원리에도 어긋난다. 헌법상 대통령 직속기관으로 설치되어 있는 감사원과 비록 헌법기관은 아니지만 업무 특성상 외국에서도 널리 용인되는 국가정보원을 제외하고는 대통령 직속기관으로 집행적 행정기관을 설치해서는 안 된다. 대통령실에는 오로지 참모적 또는 자문적 기관만 설치 가능하다. 그 외에 어떤 행정기관도 대통령 직속으로 설치할 경우에는 헌법상 정부 구성에 관한 기본 원칙과 체계에 어긋난다.

대통령 직속으로 설치된 국가과학기술위원회가 교과부의 과학기술 행정을 실질적으로 관장하면 어떻게 되나. 국무총리의 통할을 받는 과기 행정은 사라지고 과기 정책 · 행정에 관해서는 위원장인 대통령의 국법상 행위에 국무총리와 교과부 장관의 부서가 존재할 수 없다. 또 과기 최고 정책은 국과위에서 결정하고 과기 행정은 교과부에 맡기는 이원적인 제도로는 능률과 효과를 기대하기 어렵고 갈등만 증폭될 소지가 높다. 더구나 대통령이 위원장인 국과위의 결정은 국무총리와 교과부의 통할에서 벗어나 있다.

실제로 대통령이 위원장을 맡더라도 국과위의 행정을 직접 관장하기는 어려울 뿐 아니라 바람직하지도 않다. 최고통치권자인 대통령이 국과위 위원장을 맡는 것은 과학기술 강화를 위한 강력한 의지 표명으로서 상징성을 갖기 때문에 바람직하고 좋은 일이다. 하지만 그 의지를 국가 작용에 착근시키기 위해서는 정치행정제도의 정상적인 설계의 틀에 기초해야 한다.

결론적으로 대통령 직속 자문기구인 과학기술위원회는 그대로 두고 예전처럼 과학기술부를 부활하는 게 옳다. 차제에 과학기술 강화를 위한 정부 의지를 확고히 하고 정책 · 행정 · 예산 · R&D를 총괄할 기구를 신설함으로써 새로운 동력을 찾아야 한다. 오히려 이 정부에서 폐지한 부총리 제도를 부활해 유일한 부총리로 과기부 장관을 임명하는 것이 체계정합적이고 바람직하다.

매일경제_2010. 10. 26.

## 박근혜 당선인에게 거는 국민적 기대

2012년 12월 19일에 실시된 제18대 대통령선거에서 새누리당의 박근혜 후보가 민주통합당의 문재인 후보를 누르고 새 대통령으로 당선되었다. 이제 박근혜 대통령은 1987년 헌법 체제에서 노태우, 김영삼, 김대중, 노무현, 이명박 대통령에 이어 여섯 번째 대통령이다. 무엇보다도 새 대통령은 여러 가지 기록을 보유한 대통령이다. 그만큼 새 대통령에 대한 기대도 크다.

첫째, 1948년 대한민국 건국 이래 최초의 여성 대통령이다. 이는 그 이전의 유교적인 조선을 비롯해서 고려에까지 거슬러 올라가도 보이지 않고 신라시대의 진성여왕이나 선덕여왕 이후 최초라고는 점에서 역사적 사건이 아닐 수 없다. 대한민국 이전의 역사가 군주국의 역사라서 제외한다고 하더라도 공화국가에서 여성 대통령도 매우 드문 일이다. 입헌군주국인 영국이나, 공화국이지만 의원내각제 국가인 독일에서 대처나 메르켈 수상이 나오긴 했어도 프랑스나 미국에서처럼 대통령제 내지 이원정부제(**반대통령제**) 국가에서는 아직도 여성 대통령을 배출하지 못하고 있다는 점에서 최초의 여성 대통령이 갖는 의미는 매우 크다. 박근혜 대통령은 여성 대통령일 뿐 아니라 미혼의 여성 대통령이라는 점에서 세계적으로도 거의 그 예를 찾아보기 어렵다. 동남아시아나 라틴 아메리카에서 여성대통령을 다수 배출하긴 했어도 독신 여성 대통령은 아니었기 때문이다. 바로 그런 점에서 여성 대통령에 거는 기대가 각별할 수밖에 없다. 여성 대통령은 여성 특유의 섬세함을 통해서 그간 산업화와 민주화를 동시에 거치면서 어수선한 나라의 분위기를 안정적인 궤도로 진입시켜야 할 역사적 책무를 안고 있다.

둘째, 박근혜 대통령은 좋든 싫든 간에 아버지인 박정희 전 대통령의 딸이다. 박정희 대통령에 대한 평가는 여전히 공과 과가 혼재한 상태이다. 산업화를 성공적으로 이끌었다는 긍정적인 평가와 더불어 민주화를 가로막고 인권을 짓밟았다는 비판에서 자유로울 수 없다. 그럼에도 국민들이 박근혜 후보를 대통령으로 선택한 이유는 박정희 전 대통령에 대한 긍정적인 평가가 부정적인 평가를 압도한 것으로 보아도 무방할 것이다. 하지만 박근혜 대통령은 20세기 지도자였던 박정희의 프레임에 갇혀서는 안 될 것이다. 정보화, 세계화, 지방화가 화두로 제기된 21세기의 지도자는 20세기적인 농경산업사회의 지도자와는 그 궤를 달리해야 할 것이다.

위 두 가지 주어진 명제에 기초해서 박근혜 대통령의 새로운 역사적 과업을 살펴보고자 한다.

첫째, 대선과정에서 제기된 최고의 화두는 양극화 해소를 위한 경제의 민주화였다. 대한민국의 경제헌법과 관련하여서는 이미 제헌헌법에서부터 '사회정의'의 실현을 위하여 국가의 규제와 개입을 정당화해 왔다. 그런데 1987년 헌법에서 물론 약간의 수정이 있기는 했지만 경제질서의 원칙조항에서 당시의 시대적 화두였던 정치의 민주화와 더불어 사회정의를 경제의 민주화로 치환한 것이다. 그런데 이 조항이 도입된 1987년 헌법 이래 경제의 민주화는 당연한 명제였지만 이를 특별히 정책적 기조로 제시하거나 관심을 가지지 못하였다. 그만큼 경제의 민주화도 중요하였지만 우선 정치의 민주화를 구현하느라 영일이 없었다는 측면과 1997년에 일어난 IMF환란과 더불어 경제위기 속에 경제적 · 사회적 양극화 현상이 심화되어 갔기 때문이다. 이는 마침내 이명박 정부에서 한편으로는 세계적인 재정위기에 직면하고 국내적으로는 10년의 진보정부를 마감하고 새로 등장한 우파 정부의 '비즈니스 프렌들리'로 인해서 가진 자에 비해 가지지 못한 자의 상대적 박탈감이 심화되었기 때문으로 평가할 수 있다. 결과적으로 지난 정부에서 양극화 현상은 심화되었고 이에 대한 국민적 불만이 비등한 것도 사실이다. 그렇다면 이제 박근혜 정부의 최대과제는 양극화 해소를 통한 경제의 민주화가 되지 않을 수 없다. 특히 상대적으로 진보에서 강조하는 평등주의적 이념은 우파인 박근혜 정부의 탄생으로 소외적 이웃의 상대적 박탈감이 더 심화되기 마련이다.

둘째, 그 어느 때보다는 소통과 화합의 리더십이 필요한 시점이다. 대통령 선거는 그야말로 All or Nothing 전부 아니면 전무 게임이다. 당선자가 모든 권력을 갖게 되고 패배자는 적수공권이 된다. 하지만 성공과 실패의 간격은 매우 좁다. 박근혜와 문재인의 차이도 불과 3.6%에 불과하다. 문재인 후보를 지지한 48%를 아우를 수 있는 정치적 지혜와 정책 개발이 이루어지지 않고는 국민통합을 기대할 수 없다. 경제적으로는 가진 자와 가지지 못한 자, 지역적으로는 수혜지역과 상실감에 젖은 지역 사이에 소통의 통로를 마련해서 이를 치유해야 한다. 박근혜 후보를 배출한 지역에서 80% 이상의 지지는 그렇다고 치더라도, 문재인 후보의 출신지도 아닌 광주에서 90%가 넘는 문재인 후보의 지지가 쏟아져

나온 이면에 대한 올바른 평가 작업이 이루어져야 한다. 그 어느 지역도 소외되어서는 올바른 정치를 구현하기 어렵다. 뿌리 깊은 지역갈등도 해결되지 못하고 있는 상황에서 새삼 세대 간 갈등이 증폭되고 있다. 오늘의 대한민국을 이끌어 온 기성세대로부터 전폭적인 지지를 얻었지만 내일의 대한민국을 이끌어 갈 청년세대로부터 제대로 평가받지 못하고 지지를 받지 못하였다는 사실을 명심해야 한다. 오늘의 대한민국도 중요하지만 미래의 대한민국이 더 중요하기 때문에 미래의 세대를 위한 오늘의 설계가 더욱 요망된다.

셋째, 21세기 정보사회에서 정치지도자의 역할은 더욱 중요하다. 우리나라는 정보화 선진국이라고 자처하고 있다. 삼성전자, LG전자는 전 세계를 휘감는다. 초고속 전산망이 가장 빠르게 작동하고 있다. 정보 선진국 답게 정치권도 정보사회에 적극적으로 호응하여야 한다. 정보사회에 드리운 명암을 잘 구별하여야 한다. 열린 정부를 구현하기 위해 국민의 알 권리 충족을 위한 정보공개는 더욱 가속화되어야 한다. 반면에 정보사회의 어두운 그림자인 사생활 및 개인정보 침해에 대해서는 보다 단호한 대처가 필요하다. 전세계적으로 백넘버화된 주민등록번호를 갖고 있는 대한민국의 명암이 밝은 쪽으로 그려져야 할 것이다. 주지하다시피 주민등록제도는 바로 박정희 정부의 산물이기도 하다.

넷째, 세계화는 지방화로부터 시작된다는 명제가 일반화되어 간다. 그간 우물안 개구리처럼 지낸 대한민국의 세계를 향한 몸부림은 나름 상당한 성과를 거두었다. G20정상회의를 비롯해서 행정, 입법, 사법의 정상회담이 서울에서 성공적으로 개최되었다. 마침 드라마, 팝을 통한 한류 열풍까지 가세하면서 세계를 서울로, 서울을 세계로 라는 명제가 제대로 작동하기 시작했다. 세계 각국에서 한국학 붐을 일구고 있고, 한국학 연구가 온 지구촌을 감싸고 있다. 순응적인 세계사적 흐름에 능동적으로 대처하는 리더십이 필요한 시점이다.

다섯째, 지방화 시대를 이루어야 한다. 대한민국은 전 세계적으로 가장 수도권 중심으로 불균형 성장을 이루고 있는 나라이다. 물론 수도 서울이 갖는 세계적인 상징성을 결코 외면할 필요는 없다. 그런 점에서 세종시로의 수도분할은 안타깝기는 하지만 이 또한 국민의 선택이라는 점에서 이제는 능동적으로 대처해야 한다. 서울의 대통령과 세종시의 총리실이 체계적이고 유지적인 관계를 통해서 정상적으로 작동시키는 시발점은 바로 새 정부가 해야 할 첫 번째 덕목이다. 수도의 분할이 지역균형발전의 초석이 될 것인지 아니면 재앙이 될 것인지는 박근혜 정부의 손에 달려 있다.

여섯째, 겸손한 리더십이다. 민주화 이후에도 대통령을 중심으로 하는 정치권은 기득권에 안주하면서 선출된 권력의 호가호위 시대를 만끽해 왔다. 하지만 결과는 비참했다. 어느 정부할 것 없이 대통령이 물러날 즈음에 이르면 온갖 부정부패에 휩쓸려 대통령과 그 가족이나 참모들이 참담한 곤경에 빠져 들었다. 이제 박근혜 시대에 이와 같은 악순환의 고리를 끊어야 할 때가 되었다.

일곱째, 민주화 이후의 민주주의에서 권력자들을 중심으로 한 반칙은 여전하다. 이와 같은 반칙을 청산하는 길은 헌법정신에 투철하는 길밖에 없다. 제왕적 대통령시대를 마감하고 헌법이 예정한 대통령과 총리를 중심으로 하는 내각 사이에 권력의 균형이 이루어져야 한다. 대통령이 청와대 참모를 중심으로 국정을 운영하는 한 내각은 빈 상자가 될 수밖에 없다.

끝으로 박근혜 대통령 본인도 평생의 화두로 삼고 있는 것으로 알고 있지만 이제 국가정체성의 확립을 위한 터를 마련해야 한다. 애국가 대신 '임을 위한 행진곡'을 불러도 그만일 수밖에 없는 현실을 도외시해서는 안 된다. 더 이상 수도(서울), 국가(애국가), 국기(태극기), 국어(한글)가 논란의 대상이 되지 아니하게 헌법에서 대한민국의 국가정체성을 분명히 해야 한다. 이를 위한 헌법개정은 불가피하다. 1948년부터 1987년까지 39년 사이에 10개의 헌법을 체험한 국가에서 1987년 이래 사반세기 넘게 헌법의 안정을 구가하고 있는 이면에는 자칫 헌법개정이 불가능한 개헌 불임不姙 국가가 될지도 모른다. 새로운 시대에 부응하고 정치적 타협으로 헝클어져 있는 나라의 기본법이자 국가 백년대계의 초석인 헌법을 반듯하게 만들어야 한다.

고시계 권두언_2013. 2.

## 새 국무총리에 거는 기대

1987년에 전개된 거대한 시민항쟁을 통하여 제6공화국헌법이 제정되었고 그에 따라 새 정부가 구성되었다. 직선쟁취의 결과로 벌써 5명의 직선대통령을 맞이하고 있다. 그런데 헌법상 정부의 제2인자인 국무총리의 위상과 좌표에 관한 한 여전히 대통령의 보좌기관성에 집착하고 있다. 헌법재판소의 결정도 그러하고 언론계나 심지어 학계도 마찬가지다. 국무총리는 대통령의 명을 받아 행정각부를 통할하고, 국무회의의 부의장이라는 규정에만 집착한 결과다. 그러니 국무총리는 민주화된 이후에도 의전총리 · 대독총리의 틀을 벗어나지 못하고 있다. 심지어 전직 총리까지도 헌법개정시에 국무총리 폐지론을 거론하는 실정이다.

하지만 국무총리의 신임의 성립과 존속은 대통령뿐 아니라 국회의 신임에도 기초해 있다는 사실을 간과하고 있다. 국무총리가 임명되기 위해서는 국회의 사전적 동의를 얻어야 한다. 국무총리의 재임 중에도 국회에서는 국무총리 해임건의권을 행사할 수 있다. 1997년 김대중 · 김종필 연합(소위 DJP연합)을 통해서 대선에서 승리했지만 1988년 김종필 국무총리 임명동의안은 야당의 반대로 결국 국무총리서리의 부활로 이어진 바 있다.

이제 현행헌법 아래에서 국무총리의 위상과 좌표를 보다 굳게 다져야 한다. 최근 국회헌법연구자문위원회에서는 대통령에게로 집중된 헌법상 정치제도의 균형 왜곡을 시정하기 위하여 국회와 그의 신임에 기초한 국무총리의 권한을 대폭 강화하는 헌법연구안을 제시하는 이유도 여기에 있다. 국무총리에 취임하는 정운찬 전 서울대 총장의 역할과 기능이 새로운 시대에 부합하게끔 작동되기를 바라는 국민적 · 국가적 요망이 시대정신임을 밝히면서 몇 가지 제언을 하고자 한다.

첫째, 현 정부는 민주화 이후의 민주주의를 새롭게 다져야 할 정부라는 사실을 명심해야 한다. 또한 대통령과 총리가 해방 이후 신교육을 받은 세대라는 점에서 새로운 개혁의 틀을 얼마든지 작동시킬 수 있다. 정치적으로는 무엇보다도 대통령에게 고언苦言을 아끼지 않아야 한다. 고언을 할 수 있으려면 그 스스로 책임지는 자세를 보여야 한다. 대통령은 집안 대소사 챙기듯이 국정의 일상에 개입하는 것 보다는 국가의 큰 그림을 그리는데 전념해야 한다. 이런 환경을 조성하기 위해서는 국무총리가 국정의 일상적인 문제를 소신을 가지고 자신 있게 처결할 수 있어야 한다. 소극적 대응으로 일관하는 한 국무총리는 그야말로 대통령의 눈과 귀에 익숙한 청와대 비서설의 지시사항을 실무적으로 처리하는 관리자에 불과할 것이다. 자신의 캐릭터를 살려서 적극적인 국정운용에 나서야 한다. 그래야만 경제학자, 서울대총장 정운찬이 아니라 대한민국의 미래를 담보할 수 있는 국가적 지도자로 자리매김할 수 있다.

둘째, 국회와의 관계를 적극적으로 개선해야 한다. 마침 대국회관계를 전담할 특임장관직도 신설되었으니 활동하기에 따라서는 훨씬 편하게 접근할 수 있을 것이다. 이명박 정부에서 정부조직법상 특임장관을 둘 수 있도록 했음에도 불구하고 정무장관직을 공석으로 둔 이유는 아마도 청와대의 '여의도정치는 청산해야 한다.'는 메시지에 담겨 있는 바와 같이 여야의 정쟁으로 물든 의회정치에 대한 근본적인 불신이 내재해 있었던 것으로 보인다. 이제 이명박 정부도 소통과 화합의 중요성을 실감하고 있는 시점으로 본다면 새 총리는 이 점을 충분히 고려한 직무수행이 필요할 것이다. 그런데 정운찬 총리는 경제학자이기 때문에 정치제도의 틀에 대한 이해가 어느 정도인지는 의문이다. 그의 오랜 측근들도 주로 경제 쪽 인사들이다. 총리를 보필할 인사들의 정치적 역량제고가 필요한 이유다. 특임장관제도를 능동적으로 활용하여야 한다. 더구나 새 내각에는 여당의원 출신의 장관만 다섯 명에 이를 정도로 파격적인 구조다. 당 · 정 · 청의 원활한 대화 없이는 아무 것도 성취할 수 없음을 잘 인식해야 한다. 이제 학자, 총장 아닌 국정조정자로서의 총리의 역량을 보여줘야 한다. 총리는 더 이상 자신의 전공영역에 매몰되어서는 안 된다. 이명박 정부의 초대 총리인 한승수 총리에 대해서 청와대에서 자원외교 담당 운운하는 자세를 보인 것 자체가 총리제도의 인식부족을 드러낸 것이다. 경제학 교수 출신의 총리인만큼 경제분야에서도 국정의 조정자역할을 잘 해 낼 수 있겠지만 총리가 경제부총리쯤으로 작동되는 한 성공한 총리가 되기 어렵다. 정치 · 경제 · 사회에 산적한 문제를 해결하기 위해서는 더 이상 단순한 관리자로서의 총리가 아니라 정치 총리의 본래 모습을 보여주어야 한다.

셋째, 소수자 특히 야당과 함께해야 한다. 인사청문회와 임명동의안 처리과정에서부터 불편한 입장에 있는 후보자의 추억이 계속되는 한 대야관계는 불편할 수밖에 없다. 언제나 열린 자세로 국정뿐 아니라 대야관계에 임하여야 한다. 아무리 소수라 하더라도 국회의원은 국민의 손으로 뽑힌 대표자다. 대의민주주의의 위기가 아무리 심각하더라도 직선에 따른 국민적 정당성을 뛰어넘을 수는 없다. 야당과 더불어 소외계층을 따뜻하게 보듬는 가슴이 넓은 총리가 돼야 한다.

마지막으로 대한민국 학문의 상징인 서울대 총장을 거쳐서 국무총리까지 올랐으니 무엇을 더 바라지 않아도 될 경지에 이르렀으리라고 본다. 무엇이 두렵고 무엇이 불편하겠는가. 국민의 소리를 겸허하게 청취하면서 국리민복을 위해서 헌신하는 총리가 되었으면 한다. 더 이상 좌고우면하는 총리로서는 본인뿐 아니라 대한민국 정치제도의 미래도 없다. 현실을 냉정하게 직시하면서 조국의 미래를 설계할 수 있는 지도자는 결코 남이나 다른 세력들과의 충돌해서는 안 될 것이다. 하지만 충돌지점에서 이를 격돌로 이끌지 아니하고 협상과 타협을 통해서 새로운 조화점을 구축하는 것이 총리의 도리다. 대통령이나 사회제세력과의 충돌을 통해서 자기 자신의 위상을 강화하는 것도 바람직하지 않지만 자신만의 목소리를 낼줄 모르는 순종형은 더더욱 안 된다. 축하의 말과 기대의 말이 뒤섞이면서 내일의 미래한국을 위해 헌신하는 지도자의 반열에 오르길 기원한다.

고시계 시론_2009. 10.

# 제 5 장

## 국회와 대의민주주의

## 고전적 대의민주주의와 현대적 직접민주주의의 조화

절대 왕조의 구체제를 청산하는 근대 시민혁명을 통하여 국민주권주의를 정립시켰지만 그 국민주권주의는 어떠한 것이어야 하느냐에 관하여 새로운 논쟁이 전개된다. 즉 고대 그리스 시대에 작동되던 직접민주주의의 이상을 국민주권과 더불어 구현해야 한다는 장 자크 루소의 직접민주주의를 향한 이상은 혁명의 분위기를 급진적 민주주의로 내닫게 한다. 반면에 민주시민의 좌표를 제대로 인식하는 데에는 아직도 시간이 필요하다는 몽테스키외나 시에예스와 같은 온건 혁명론자들은 간접민주주의 즉 대의제 민주주의를 주창하기에 이른다. 혁명과 반혁명이 교차하는 가운데 결국 진보적인 직접민주주의라는 이상은 보수적인 간접민주주의라는 현실에 그 자리를 양보하게 된다.

하지만 민주시민으로서의 주권자가 권리의식이 분명해 지고 보통 · 평등 · 직접 · 비밀선거가 실시되면서 대의민주주의는 한층 더 견고한 성을 쌓아가게 된다. 그에 따라 당선만 되면 그 순간부터 주권자의 의사와는 무관하게 행동하는 자유위임(**기속위임금지**)의 원리에 따른 대표자의 행태에 국민들은 실망하기 마련이다. 바로 이와 같은 대표자와 주권자 사이의 골이 깊어짐에 따라 대표민주주의를 보완하기 위한 직접민주주의적 요소를 강화하기에 이른다. 이름하여 대표민주주의에 직접민주주의적 요소를 가미한다고 하여 반**semi** 대표 또는 준 대표 이론이 등장한다. 20세기 헌법에서 대의민주주의의 보완책으로서 직접민주주의를 도입하고 있는 이유가 바로 여기에 있다.

직접민주주의는 그 이상적인 성격에도 불구하고 현실 세계에서 제대로 작동하기란 쉬운 일이 아니다. 그렇지 않아도 대통령선거 · 국회의원선거에 지방자치선거까지 겹쳐서 선거의 홍수를 이루고 있는 상황에서 전체 국민을 상대로 또 직접민주적인 선거를 실시한다는 것은 국민들의 정치적 무관심을 촉발하고 가중시키기에 충분하다. 다른 한편 직접민주주의는 때로 독재자들의 권위주의적 통치를 합리화하는 도구로 전락하기도 한다. 여기에 직접민주주의에 대한 부정의 씨앗이 싹트기 마련이다. 이와 같은 양 극단적인 상황을 극복하는 것이야말로 직접민주주의 제도의 성공적 안착과 직결되는 사안이다.

실제로 나치의 침공으로 파리를 함락당한 시점에 런던에서 '자유프랑스' 망명정부를 이끌고 있던 드골 장군은 제3공화국적인 의원내각제에 따라 정부의 불안정 속에 '강한 의회, 약한 정부'라는 구도를 청산하고자 1946년에 제시했던 강력한 집행부 헌법안은 국민투표에서 부결되자 스스로 정계를 은퇴하고 고향인 콜롱베로 돌아가 버렸다. 제3공화국적인 고전적 의원내각제를 채택한 제4공화국은 1958년에 이르러 내우외환으로 괴멸될 위기에 처하자 드골에게 제4공화국 마지막 총리로 취임토록 해서 새로운 제5공화국헌법 창건의 실질적인 전권을 부여하기에 이른다. 1962년 직선제 헌법개정을 통하여 드골 대통령은 프랑스 공화국에서 실질적인 군주로 군림하기에 이르면서 권력의 인격화 이론의 화신으로 자리 잡는다. 하지만 1968년 좌파적인 학생소요사태를 거치고 난 후 1969년 스스로 제시한 일련의 정치개혁안을 국민투표에 회부하고 이 안에 대해 그 자신의 대통령직의 신임을 묻겠다고 다짐하지만, 결국 프랑스 국민들은 드골의 개혁안을 부정하게 되자, 드골은 그의 천명대로 미련없이 대통령직을 떠나고 만다.

반면에 후진 개발도상국에서의 직접민주주의는 통치권자가 자신을 합리화하는 도구로 전락한다. 우리나라에서도 박정희 대통령은 유신헌법에 대한 국민의 지지 여부에 관하여 신임투표를 통해서 유신헌법의 합리화와 더불어 자신의 집권 연장을 정당화하기에 이른다. 유신의 후유증은 우리 국민들에게 직접민주주의적인 국민투표에 대한 환멸을 자아내기에 충분하다.

21세기에 이르러 대의민주주의는 직접민주주의의 현대적 변신을 통하여 그 보완책을 마련한다. 정보사회의 진전에 따라 인터넷뿐 아니라 아예 휴대용 정보기기를 통하여 곧 바로 소통하는 소셜네트워크서비스SNS 시대에 접어들었다. 언제, 어디서, 누구와도 소통할 수 있는 유비쿼터스 시대에 이른 오늘에 있어서 선거는 이미 예정된 결과물을 들여다보는 의식행위이자 요식행위에 불과할 수도 있다. 여론조사기법의 발달과 첨단적인 소통 기술의 발전에 힘입어 이제 굳이 직접민주주의적인 투표라는 의식행위를 거치지 않아도 시대의 흐름을 정확하게 파악할 수 있는 상황에 이른다. 정책담당자들은 국민의 뜻이 어디에 있는지를 여론의 추이에 따라 판단할 수 있다. 심지어 정치인들에 대한 여론의 추이를 자본주의 시장의 첨단인 주식시장의 상장회사 주식시세표처럼 정치인의 주가를 실시간으로 진단하기도 한다.

급격한 여론의 흐름은 때로 국민대표기관을 중심으로 하는 정당제 민주주의에 대한 위협으로 작동한다. 대의민주주의가 원래 의도하는 바는 국민과 대표

사이에 아무런 간격을 두지 않고 소통하자는 데 있다. 그런데 정당이라는 국민의 여론형성의 매개체가 등장하면서 오히려 주권적 의사는 정당의 의사로 치환되는 상황을 연출하게 된다. 장-자크 루소처럼 정당에 대해 적대적인 주장이 없는 바는 아니지만, 근대 민주주의의 발전사는 정당제 민주주의의 발전사라 해도 과언이 아닐 정도로 정당은 이제 필요악으로 자리 잡고 있다. 그런데 그 정당국가적 현상은 정보사회의 진전에 따른 정치지도자와 국민 사이의 직접적인 소통이 가능해 지면서 새로운 변신이 불가피해진다.

정보사회의 진전에 전 세계적으로 가장 앞서가는 한국적 상황은 매우 놀랍고 신기할 정도다. 정보기기라는 무색 · 무취한 기계가 때로 인간의 감성을 자극하기도 하고, 그 인간적 감성이 정보망을 휘몰아치면 상승유발효과는 거의 절대적이다. 줄곧 변함없는 승리자로 치부되어오던 이회창의 대세론은 '노무현의 눈물'과 더불어 하루아침에 물거품처럼 사라지고 만다. 지난 2007년 대선 이후 차기의 화두는 누가 뭐라 해도 단연 박근혜 전 대표이다. 그에게 꽃가마는 이미 예정된 수순인 것처럼 보였다. 그런데 4년만에 뜻하지 않는 안철수라는 복병을 만난다. 어느 누구도 예정하지 않은 서울시장 보선이 오세훈 시장의 낯선 주민투표로 불을 지핀다. 그 서울시장선거에 혜성과 같이 등장한 안철수는 어느 누구도 예상치 못한 인물이다. 어제아래 서울대 교수로 새로 둥지를 튼 이가 서울시장선거에 나서리라고는 아무도 상상하지 못한다. 그런데 여론은 이미 50% 이상의 지지로 안철수 서울시장을 기정사실화하는 분위기에 휘둘린다. 하지만 어느 날 5%의 지지에 불과한 시민운동가 박원순을 껴안고 서울시장후보에서 사라지자 그 지지는 박원순으로 순식간에 이동한다. 도대체 있을 법하지도 않고 있을 것 같지도 않은 일이 순식간에 벌어진 것이다. 어디 그뿐인가. 50%의 양보는 곧바로 미래 권력의 상징인 박근혜의 대권도전을 위협한다. 그 어느 누구도 여론이라는 시장에서 범접할 수 없었던 궤도를 단숨에 채워버린다. 안철수와 박원순의 등장은 대선과 서울시장 선거전의 판도를 완전히 뒤엎어 버린다. 안철수 신드럼은 범야권 서울시장 후보 경선에서 제1야당 후보 박영선을 거침없이 내쳐 버린다. 그것도 당과 조직의 힘이 아니라 SNS 열풍을 타고 말이다. 이 지점에 이르면 기존의 정당제 민주주의에 기반한 공직선거법은 그 의미를 크게 상실하고 만다. SNS를 통한 선거운동이 가능한지 여부에 관한 공직선거법상의 논의는 아무런 의미를 갖지 못하는 형식상의 논의에 그치고 만다. 공직선거법보다 현실 사회는 훨씬 앞질러 가고 있기 때문이다.

이제 분명한 것은 서울시장에 누가 당선되느냐를 넘어서서 이미 불어 닥친 새로운 변화의 바람은 서울시장 선거 이후에도 계속될 것이다. 새로운 시대를 향한 열망, 기성 정치권의 도식적인 행태, 소통할줄 모르는 외골수, 이 모든 기성정치권의 불행한 씨앗들은 새로운 시민세력에 의해 장악되고, 앞으로 이런 현상은 더욱 가속화될 것이다.

그렇다고 정당제 민주주의에 기반한 기존의 틀을 송두리째 바꿀 수도 없고 또 바꿔서도 안 된다. 이제 무엇이 변화와 변혁의 초점인지를 분명히 해야 한다. 첨단 정보사회에서 그들만의 리그는 더 이상 통용되지 않는다. 선거기간동안에만 국민을 주인으로 모신다는 형식적인 구호에 매몰되지 않는다. 진정으로 함께하는 정치야말로 미래를 약속한다. 그렇지 않아도 전세계적으로 양극화가 심화된다. 거리로 내몰린 전 세계 시민들의 함성을 남의 탓으로 돌려서도 안 된다. 함께하는 정치, 함께하는 사회만이 이 혼돈의 계절을 약속의 계절로 치환할 수 있다.

하지만 여진은 남는다. 무엇이 국가와 민족의 백년대계를 책임지는 미래를 위한 설계인지를 보아야 한다. 정치지도자들은 민중의 소리에 귀를 담아야 하겠지만, 그렇다고 민중의 소리에만 휘둘리다가는 우리에게 미래는 없다. 국익을 위해서라면 동시대에 남겨질 상처를 보듬고 안고 미래를 향한 설계를 담보하는 선지자적 지혜와 행동을 보여주어야 한다. 다들 민중의 소리에만 의탁하고 말면 중우정치의 나팔소리만 요란할 뿐 새로운 시대를 위한 미래의 비전은 그 자리를 잃고 말 것이다. 현실과 소통하면서 미래를 향한 설계를 다져나갈 때 비로소 내일의 밝은 미래가 보장된다.

고시계 시론_2011.11.

## 대의제의 위기

대의제도는 15 · 16세기 영국입헌주의의 발전과정에서 정립되어 왔으며, 18세기 말 프랑스와 미국의 근대시민혁명 이후 오늘날의 입헌주의원리에 입각한 형태로 정립되었다.

대의제도의 본질은 다음과 같이 정리할 수 있다. ㉠ 대의제도는 국민의 대표기관에 대하여 국민적 정당성을 부여하는 원리이다. 이러한 국민적 정당성에 기초한 의회는 국민의 신임에 기초하여 책임정치를 구현할 수 있어야 한다. ㉡ 대표를 선출하기 위한 선거는 자유 · 평등 · 보통 · 직접 · 비밀선거라는 민주적 선거제도가 보장되어야 한다. ㉢ 그러나 일단 국민의 대표로 선출된 이상 그는 주권자의 명령에 따르는 기속위임이 아니라 자유위임(기속위임금지)의 원리에 입각하여 자신의 책임하에 의사결정을 하게 된다. ㉣ 따라서 대표는 국민 전체의 대표여야 하기 때문에 국민 전체의 이익을 위하여 행동하고 국민에 대하여 책임을 진다. ㉤ 바로 그런 의미에서 의회는 국민적 정당성을 부여받은 의원들의 자유로운 토론의 장이어야 한다. ㉥ 국민대표 사이에 충분한 토론과 공론화 과정을 거친 후에는 민주주의의 일반원칙인 다수결원리에 따라 최종적인 의사결정이 이루어져야 한다. 이러한 의사결정에는 소수파존중의 원리도 지켜져야 한다. 일단 의회의 의사결정이 절차적 정당성을 견지하는 한 이에 승복하는 것이 민주주의의 틀이다. 하지만 다수결원리는 어느 특정 정당이나 정파에 의한 의사독점으로 연결될 위험이 있다. ㉦ 여기에 의회의 다수파가 주권자의 심판에 따라 교체될 수 있는 상황에서 대의제는 그 기초로서의 신임과 책임의 원리를 충족시킬 수 있다. 대의제도의 원리는 권력의 상호 견제와 균형을 주된 가치로 추구하는 권력분립주의에 기초한 정부형태론과 유리될 수 없기 때문에 이념적 · 기능적인 연관성을 가진다.

### 대의제의 위기와 병리

대의제의 위기는 대의제와 합의제의 원리가 제대로 지켜지지 아니함으로 인하여 야기되는 위기의 측면과 이러한 전제조건들이 현대국가의 구조나 기능의 변화에 따라 겪는 위기의 측면으로 나누어 볼 수 있다. 우선 대의제의 경우 ㉠

대의제를 실천하기 위한 민주적 선거법제의 정립과 이에 기초한 선거의 공정성이 담보되지 못함에 따라 주권자인 국민의 표현의 자비롯한 기본권이 제약되고 있다. ㉡ 현대적 정당국가화 경향에 따라 고전적인 국민대표의 원리는 다시금 국민→정당→대표라는 중첩적인 간접대표의 구조로 전락하게 되었다. ㉢ 여기에 행정국가화 경향도 의회의 위상저하를 초래하고 있다.

다음으로 합의제의 경우 ㉠ 의회가 정치적 합의를 통한 국민적 컨센서스를 도출하는 장이 되지 못하고 오히려 대립과 갈등을 심화시킴으로써 국민적 신뢰를 상실해 가고 있다. 그것은 의회주의의 본질인 다수결원리가 소수파의 이해와 설득을 통해서가 아니라 다수파의 독선과 독주를 초래하고 있기 때문이다. ㉡ 특히 정당국가화 경향에 따른 소수의 정당지도자에 의한 의회의 과점현상이 나타나고 있다.

대의제의 위기극복을 위해서는 첫째, 선거제도의 개혁이 필요하다. 국민들의 다양한 이해관계를 의회 속으로 끌어들여 이를 용해할 수 있는 선거제도의 개혁이 추구되고 있다. 특히 비례대표제나 직능대표제의 적극적인 개발을 통하여 사회현실에 부합하는 방향으로 정립되어야 한다. 다만 비례대표제나 직능대표제 등은 오히려 정당국가적인 경향을 심화시키고, 국민의 의사보다는 정당지도자의 의사에 따라 대표가 구성될 수 있는 모순을 야기할 수도 있다. 정당국가적 경향은 그 부작용으로서 자유위임의 법리에 대한 심각한 도전을 초래하게 되고 결과적으로 기속위임의 경향을 초래할 수도 있다.

둘째, 정당의 민주화가 요구된다. 정당의 민주화를 통하여 의회주의의 위기를 극복하여야 한다. 현대적 정당국가화 경향에 따른 대의제의 병리를 근본적으로 치유하는 방안은 주권자인 국민이 직접 국정에 능동적으로 참여할 수 있는 제도적 장치를 설정하고 이를 유효적절하게 실천하는 것이다. 즉 국민이 참여하는 아래로부터의 정당민주주의가 정립되어야 한다.

셋째, 참여민주주의시대를 열어야 한다. 루소의 직접민주주의적인 이상이 실천되기는 어렵다 하더라도 국민이 현실적으로 참여할 수 있는 참여민주주의의 길을 개척해 나가야 한다. 이를 위해 국민의 알 권리를 통해서 현대정보사회에서의 국정참여와 비판의 길을 넓히는 한편, 여론조사결과의 공정성과 정확성을 담보함으로써 국민의 살아있는 의사에 정치인들이 귀를 기울일 수 있도록 하여야 한다. 그것은 바로 직접민주주의의 이상을 구현함과 동시에 에즈멩의 반대표법리를 현대적으로 재현하는 것이다.

넷째, 지방자치가 활성화되어야 한다. 지방자치의 활성화를 통하여 지방의 문제는 지방민 스스로 결정할 수 있는 참여민주주의의 메커니즘을 적극적으로 실천하여야 한다. 실제로 지방자치단체 단위에서 직접민주주의의 실천은 제도적으로 그리 어려운 문제는 아니다.

합의제의 병리극복을 위해서는 국회의 의사결정과정에서 자유투표(교차투표제도)를 통하여 정당지도자의 이익이 아닌 국익의 차원에서 의원들이 투표하여야 한다. 대표에 대한 자유위임의 법리는 자신의 행위에 대한 책임을 전제로 하여서만 가능하므로, 의사와 표결은 공개되어야 한다. 궁극적으로 대화와 타협의 정신이 결여된 정당정치는 결국 의회의 합의과정에서도 연장되기 때문에 이들의 판단이 정확한 것이었는지의 여부는 최종적으로 제3의 기관인 헌법재판소를 통하여 통제되어야 한다.

성낙인, 헌법학 제14판에서 발췌

## 광장민주주의에서 대의민주주의로

싱가포르는 네덜란드, 영국, 일본, 말레이시아의 지배 속에 영욕이 교차된 적도의 섬이다. 1965년 말레이시아연방으로부터 추방당한 독립은 고난의 시작이었다. 하지만 리콴유 총리는 싱가포르를 오늘날 세계적인 허브 도시국가로 우뚝 서게 했다. 32년에 이르는 리콴유의 장기집권에도 불구하고 경제적 · 사회적 안정을 구축한 것이다. 14년간 고촉통 총리의 과도기적 집권과정을 거쳐서, 2004년부터는 리센룽 총리 시대가 계속된다. 부자세습이라는 비난을 모면하기 위해 중간과정을 거친 셈이다. 리콴유는 지금도 실질적인 국부國父로서 총리의 최고 멘토다.

한반도 북쪽의 조선민주주의인민공화국에서는 김일성, 김정일의 부자세습에 그치지 않고 최근에는 김정은으로 이어지는 3대 세습이 노골적으로 진행되고 있다. 유례가 없다. 그 세습이 몽매한 인민들의 굶주린 배라도 채워 줬더라면 그래도 최소한의 양해가 될 수 있다. 하지만 인민들은 '이밥에 고깃국'은 고사하고 초근목피로 연명 중이다. 여기에 미사일과 핵무기로 중무장한 선군先軍정치의 한계가 드러난다.

정치가들이 갖추어야 할 최소한의 덕목이 무엇인지를 두 사례에서 잘 보여준다. 세습통치에도 불구하고 백성들을 편하게 모시려는 지도자의 의지는 경제대국의 길로 인도한다. 법과 질서를 중시하는 안정된 사회를 구축한다. 국민들도 지도자를 신뢰한다. 하지만 백성들을 헐벗고 굶주리게 하는 한 그는 더 이상 지도자로서의 자격이 없다. 억지로 이끌어 내는 위장된 환호성은 도탄에 빠진 인민들을 기만하는 술책에 불과하다.

인간은 물질적 풍요로만 만족할 수 없는 영혼을 가진 사회적 존재다. 풍요로운 경제적 삶의 이면에 드리운 장기집권과 부자세습의 염증은 싱가포르가 해결해야 할 이 시대의 과제다. 리콴유 치적의 최대 수혜자임에도 불구하고 신세대는 새로운 정치적 사회적 요구를 분출시킨다. 정치적 참여의 보장과 행정의 투명성 확보도 관건이다. 행정의 투명성과 거버넌스 도구로서의 정보공개법에 관한 한 싱가포르는 동남아에서조차도 최하위 수준임이다.

격동의 60년을 거치면서 우리는 산업화와 민주화를 동시에 이룩한 세계적인 모범국가로 일어섰다. 국민의 정치 참여와 행정의 투명성도 세계적인 수준이다. 세계에서 열두 번째로, 아시아에서 최초로 정보공개법을 제정하여 국정의 투명성을 제고했다. 통제된 도시국가 싱가포르의 한계를 극복한 셈이다. 하지만 외견적 민주화는 새로운 도전을 기다린다. 싱가포르는 말할 것도 없고 심지어 북쪽에서조차도 강요된 안정성을 구가하고 있는 법과 질서는 혼돈상태다. 민주화과정에서 뿌려진 법과 질서에 대한 잿빛 추억을 벗어나지 못한다. 절차적 정의를 외면하고 실체적 정의만 추구하는 한 카오스적 상태를 벗어나기 어렵다.

광장민주주의는 아직도 그 긴 터널의 끝이 보이지 않는다. 세기적 경제위기에 내몰린 경제적 약자와 소외계층의 목소리는 광장에 함몰된 채 탈출구를 찾지 못하고 허공을 맴돈다. 광장의 목소리가 잦아져야만 대의민주주의가 제자리를 찾을 수 있다. 국회의 존재이유는 광장을 통해 표출되는 직접민주주의의 요구를 수렴하여 민의의 장으로 끌어들이는 데 있다. 그런데 서울 시청 앞에서 울려 퍼지는 광장의 소리와 민의의 대변자여야 할 여의도 국회의사당 사이에는 벌어진 틈을 좁히기는커녕 멀어져 가기만 한다.

여의도 정치는 청산의 대상이 아니라 추적해야 할 이정표여야 한다. 경제성장의 그늘에 감춰진 어두운 그림자를 여의도 불빛이 밝게 비춰줘야 한다. 답답한 민초들의 마음을 헤아리기 위해 가슴을 열고 긴 호흡을 하는 정치의 복원이 필요하다. 이 난국을 돌파해 줄 선지자**先知者**는 진정 없단 말인가. 가수 한영애의 '여보세요 거기 누구 없소'라는 노래가사라도 한번 외쳐보고 싶은 심정이다.

서울신문_2009. 7. 3.

## 광장의 민의, 이젠 여의도로

봄날은 갔건만 봄을 느낄 수도 없었다. 모든 것이 혼돈스러운 카오스적 상태다. 위민정치爲民政治, 국민을 섬기는 정치는 허공에 맴돈다. 몸과 마음이 지친 이들에게 한 가닥 희망의 불꽃이었던 이명박 정부마저 국민의 마음을 읽지 못하자 마침내 촛불집회로 폭발하고 만다. 하지만 촛불을 든 시민들도 아무런 기약 없이 촛불에만 의탁한다. 촛불이 좋긴 하지만 참여 의지가 부족한 이도, 촛불을 밝히기 싫은 이도, 촛불이 보기 싫은 이도 답답해 하기는 마찬가지다.

새 정부가 출범했지만 촛불에 휘둘려 아무것도 되는 게 없고 안 되는 것도 없다. 대통령뿐 아니라 청와대, 내각, 국회도 무기력하기는 매한가지다. 대통령이 공개사과하고 대통령실의 전면개편이 있었지만 반전의 조짐은 보이지 않는다. 기정사실화한 내각 개편으로 행정공백 상태만 초래한다. 고유가에 찌든 서민경제 보살피기도, 양극화 해소를 위한 사회안전망 확보도 뒷전이다. 공권력의 권위는 땅에 떨어진 지 오래다. 경찰력은 시위대의 위력 앞에 떠밀려 다니는 돛단배 신세다. 교통은 마비되고 시민들의 생업조차 뒤틀려 있다.

민의의 전당인 국회는 촛불에 막혀 개원조차 못하고 산송장 신세다. 국회로 들어오라는 여당의 목소리는 허공에 질러대는 소리 없는 메아리와 같다. 시위대의 일원이 돼 버린 야당 의원은 국민의 대표가 아니라 그냥 한 사람의 시민일 뿐이다. 여의도 정치의 실종은 민주주의의 근간인 대의민주주의를 희화화한다. 국회는 텅 비어 있는데 여야는 각기 당권 장악을 위한 자기들만의 정치행사에 여념이 없다.

벌써 두 달째 톱뉴스를 장식하고 있는 양극화된 촛불보도도 혼란만 부채질한다. 한쪽에서는 시위를 미화하고 경찰의 강제 진압을 비난한다. 다른 쪽에서는 법과 원칙에 따라 시위대를 해산시키지 않는다고 질책한다. 게다가 광고 게재 거부 공세까지 겹쳐서 언론계는 이전투구泥田鬪狗의 양상이다. 언론계에 팽배한 자신만의 정의는 우리 사회를 더욱 찢어 놓는다. '땡전뉴스'에 저항하던 민주언론은 집안싸움에 휘둘려 지낸다. 도무지 어느 쪽이 정론직필正論直筆인지 가늠하기 어렵다.

혼돈상태를 확 뚫어 줄 그 어떤 묘책도 보이지 않는 답답함이 가슴을 저민다.

이제 광장의 촛불은 민의의 전당인 여의도 불빛으로 옮겨져야 한다. 의회의 존재 이유는 다원사회에서 일상화된 갈등을 통합하고 봉합하는 데 있다. 직접민주주의적인 촛불을 국회로 회귀시키지 못한다면 여야 모두에게 불행한 대의민주주의의 파탄을 초래할 뿐이다.

국민적 정당성의 또 다른 축인 정부의 청사에도 불을 밝혀야 한다. 대통령만 있고 총리는 보이지도 않는다. 대통령과 총리의 권력 분점도 필요하지만 정치권력과 행정권 사이의 역할분담과 상호견제도 동시에 작동돼야 한다. 정당한 정치권력이 관료세력에 휘둘려서도 안 되겠지만, 행정이 정치에 예속되는 순간 행정의 계속성과 전문성은 궤도를 일탈하기 마련이다. 공직자들에게 영혼과 사명감을 불어넣어야 한다. 특히 민생 현장에 있는 공직자들이 자긍심을 갖고 책임지고 일할 수 있는 여건이 조성돼야 한다. 대통령과 장관들의 담화만으로는 현장까지 소통되기 어렵다.

어느새 어른이 없는 사회가 되어 버린 현실에서 대통령만이라도 국가 최고지도자로서 포용하는 자세를 가져야 한다. 정치적, 사회적, 종교적 편견으로부터도 벗어나야 한다. 최고권력자도 성인聖人이 아닌 이상 자신도 모르는 사이에 오만해지기 쉽다. 민심을 왜곡하는 간신배는 과감히 내치고 목숨을 걸고 직언하는 충신들을 가까이 해야 한다. 청와대와 국민이 느끼는 온도 차이는 언제라도 또 다른 촛불을 예고할 뿐이다.

동아일보_2008. 7. 1.

# '식물 憲裁' 만든 국회의 황당한 행태

헌법상 자유와 권리 보장의 최후 보루인 헌법재판소가 정치 투쟁의 제물이 되고 있다. 2002년 수도가 서울이라는 사실은 관습헌법이라는 헌재憲裁의 결정은 수도 이전을 둘러싼 정치적 논쟁을 종식시켰다. 이 결정은 논쟁적이긴 하지만 헌재의 존재감을 각인시킨 결정적인 계기를 부여했다. 2007년에 시작된 제4기 헌재는 그 출범에서부터 헌재소장 임명을 둘러싼 헌법공학적 우여곡절을 겪더니, 헌재 구성에 따른 정치적 갈등이 마지막까지 난산을 거듭한다.

지난해 7월 국회 선출 3인의 재판관 중 야당 몫으로 할애된 후보자가 국회 관문을 통과하지 못함으로써 그 공백이 1년 이상 계속되고 있다. 이번엔 대법원장 지명 2인, 여당 추천 1인, 여야 합의 추천 1인을 포함해 5인의 재판관후보에 대한 국회의 인사청문 절차가 동시에 진행 중이다. 그런데 여야의 합의 불발로 국회 선출 재판관 2인에 대한 국회 본회의에서의 투표가 이뤄지지 못하고 있다. 임기 만료된 4인의 재판관은 지난 14일 이미 퇴임했다. 그러니 15일부터 재판관 9인 중 5인의 공백空白으로 1988년 헌재 개소 이래 최초로 '식물헌재'가 돼버렸다.

헌법상 부여된 헌재의 권한 중 권한쟁의를 제외한 위헌법률 · 헌법소원 · 탄핵 · 위헌정당해산 심판은 재판관 6인 이상의 찬성이 있어야 하는 특별가중정족수 제도를 채택하고 있다. 4인의 재판관으로는 재판부의 성립 자체가 불가능하다. 이번 9월에는 결정 자체가 불가능해졌다. 그렇잖아도 1년 이상 재판관 1인의 공백으로 비정상적 운영을 해 오던 터에 이번엔 아예 헌재의 기능 자체가 마비돼 버렸다. 지난달에는 대법관 임명동의안이 국회에서 지연되는 바람에 대법원이 한동안 파행 운영을 할 수밖에 없었다. 아직도 대법관 1인은 공백상태다. 이런 와중에 헌재마저 수렁에 빠뜨리고 있다.

대통령과 국회는 선출된 권력이므로 국민적 정당성을 직접 확보하고 있다. 바로 그런 이유로 임명된 권력인 헌재와 대법원이라는 사법부의 최고수뇌부 구성에 대통령과 국회가 간여한다. 하지만 사법부는 삼권의 대등한 한 축이지 결코 대통령이나 국회의 하위기관이 아니다. 그러므로 대통령과 국회는 헌법이 부여한 절차를 충실히 이행해 헌재와 대법원의 정상적인 작동을 위한 책임을 져야 한다. 국회가 헌법기관 구성 의무를 해태하는 것은 헌법이 명시한 절차와 권한을 남용하고 위반한 위헌적인 행태다. 사법은 국민의 자유와 권리 보장을 위한 최종 · 최후의 보루다. 그 사법을 무력화無力化시키는 어떠한 정치적 유희도 단연코 배척돼야 한다. 헌재를 마비시킨 국회야말로 사법의 존재 이유를 망각한 장본인이다.

요즈음 빈발하는 성폭력 관련 살상 사건으로 국민은 불안해한다. 포악한 성범죄 전과자에게 전자발찌를 채우는 문제가 법원의 위헌법률심판제청으로 헌재의 위헌여부 심판을 기다리고 있다. 2년 이상 결정을 내리지 못한 채 파국에 이른 헌재의 책임도 결코 가볍지 않다. 헌재가 '전자발찌' 결정을 미루는 사이에 또 한 생명이 희생당했으니 그 원인 제공은 바로 국회라는 비난도 면하기 어렵다. 하루 속히 헌재가 정상화돼 국민의 생명 · 신체 · 재산의 보호에 한 치의 소홀함도 없어야 한다.

정치의 장에서 여야의 갈등은 첨예화하기 마련이다. 더구나 올해는 한국정치의 하이라이트인 대선 정국이 펼쳐지고 있다. 이런 때일수록 모든 법적 분쟁의 소용돌이를 잠재워야 할 사법에 대한 배려를 잊지 말아야 한다. 헌재를 마비시킨 원죄가 부메랑이 돼 국회로 되돌아가선 안 된다. 헌법상 책무를 저버린 국회는 국민적 신뢰의 위기를 자초할 것이다. 헌법과 법률을 만들고 지키는 데 솔선수범해야 할 국회가 스스로 헌법과 법률을 짓밟는 우愚를 더는 범하지 말아야 한다.

문화일보〈포럼〉_2012. 9. 17.

# 식물국회서 민생국회로 거듭나야

제19대 국회가 5월 30일로 임기가 시작되었지만 공전만 거듭한다. 국회법에 따르면 임기 개시 7일 이내에 원 구성을, 9일 내에 위원회 구성을 마쳐야 한다. 하지만 제13대 국회 이래 단 한 번도 지킨 적이 없다. 식물국회를 넘어서서 유령국회로 변하고 있다. 할 일은 태산 같은데 직무유기가 계속된다.

첫째, 총선부터 임기 개시까지 지나치게 긴 국회의 공백을 단축해야 한다. 4월 11일에 총선을 실시하고 50일 후에 임기가 개시된다. 과반수 의원이 교체되는 상황에서 그 사이 낙선 낙천 의원들이 의정활동을 계속하는 것은 국민적 정당성에 어긋난다. 임기 개시 후의 공전상태는 나눠먹기 식 감투싸움 때문이다. 자리 배분의 룰부터 세팅해야 한다. 룰이 없다 보니 여야 간 정쟁만 넘쳐난다. 민주화 이후 의장단과 위원장 자리의 나눠먹기가 더 심해졌다. 이 와중에 헌법재판관은 1년째 공백이고 대법관 4명까지 공석이 될지도 모른다.

둘째, 특권 폐지는 실천이 중요하다. 헌법상 보장된 불체포특권이나 면책특권의 포기 강요는 헌법적 가치를 훼손시킨다. 실현 가능한 항목부터 행동에 옮기자. 당장 겸직부터 금지해야 한다. 국민의 대표자가 8명의 국비 보좌진을 거느리면서 다른 직업을 겸하는 것은 어떠한 이유로도 납득하기 어렵다. 변호사, 의사, 약사 같은 전문직부터 기업체 대표까지 겸하고 있는 한 사직**私職**으로부터 의정활동이 자유로울 수 없다. 국무총리나 장관을 겸직하면서 호가호위해서도 안 된다. 의원이 정부직 자리에 앉아서 질타당하는 것은 자기부정이다. 의원내각제를 제외하고는 대통령제나 이원정부제**(반대통령제)** 국가에서는 정부직 겸직이 금지된다.

셋째, 의정활동에 금도를 지켜야 한다. 도대체 문명국가에서 국회폭력금지법이 논의되는 것 자체가 수치다. 신성해야 할 의사당에서 일어난 일의 잘잘못을 가리고자 헌법재판소로 몰려가는 행태는 의회정치를 포기하고 '사법관에 의한 통치'를 자초한다. 1987년 체제에서 국회의 가장 위력적인 대정부 견제 카드가 인사청문이다. 이를 통해 국회의 존재 이유를 확인하기도 하지만, 인신공격성 행태는 시정되어야 한다. 미국을 제외하고는 이런 식의 인사청문이 작동되지 않는 이유를 살펴봐야 한다. 무분별하게 남용되고 때로 트럭 몇 대분의 자료

제출 요구는 행정을 마비시킨다. 정작 제출된 자료의 사후관리는 엉망이다. 국가기밀과 개인정보가 마구 새 나간다. 특히 의정활동에 좋은 평가를 받기 위해 법안을 많이 제출하려는 유혹으로부터 벗어나야 한다. 4년 동안 단 한 건이라도 역사에 길이 남을 ○○○의원법을 만들어 보자.

넷째, 타협과 관용을 통해 대의제의 본질에 충실해야 한다. 의회는 국가 사회적 갈등을 녹이는 용광로여야 한다. 자유민주주의는 다름을 인정하는 다원적 민주주의다. 다양한 목소리를 삭이는 과정에서 시끄럽기 마련이다. 합의의 정신이 사라지는 곳에 폭력적 언행이 난무하기 마련이다. 하지만 여의도 정치는 폄하의 대상이 아니라 포용의 대상이어야 한다.

끝으로 제19대 국회에서 헌법개정의 장을 마련해야 한다. 87년 체제는 4반세기에 이르는 동안 한계에 이르렀다. 정보화, 세계화, 지방화 시대에 능동적으로 대응하는 헌법을 만들어 보자. 불필요한 논란으로 국력이 소모되지 않도록 대한민국의 정체성을 확인하는 국가(**애국가**), 국기(**태극기**), 국어(**한글**), 수도(**서울**)를 헌법에서 분명히 하자. 대통령 5년 단임은 그 소임을 다했다. 대통령의 절대권력을 내려놓는 4년 중임에 분권형 대통령제를 도입해야 한다. 지방행정체제도 근본적으로 개혁되어야 한다. 지방화시대에 편승한 자치행정의 난맥상을 더 이상 방치해서는 안 된다. 열 번째 개헌의 중심 축은 국회여야 한다. 개헌을 통해 국회도 오후 2시에 개원하는 비상임국회가 아니라 연중 작동하는 상시국회로 바꾸어야 한다. 민생문제는 쌓여 가는데 국회도 잠에서 깨어나야 한다.

매일경제[인사이드 칼럼]_2012. 6. 19.

# 난장판 국회의 대책은 없는가?

프랑스 국회 의사당의 의원석 앞에는 나무책상이 놓여 있다. 그런데 책상의 서랍 뚜껑은 들 수 있도록 설계되어 있다. 의원들이 마음에 들지 않는 의안이나 발언이 제기되면 뚜껑을 들었다 놓았다 하면서 시끄럽게 반대의사를 표현할 수 있도록 하기 위해서다.

일당 독재 국가를 생각하면 끔찍하다. 반대자는 이미 축출되고 의사당에는 오르지 거수기 역할의 예스맨만 있다. 그래서 우리 헌법은 복수정당제를 보장한다. 정당의 최고 목표는 정권획득이다. 정권 창출에 도움이 되는 일이라면 물불을 가리지 않는 게 당연하다. 자나 깨나 집권에 유리한 방안에 골몰한다. 하지만 정권재창출이나 정권유지는 주권자의 손에 좌우된다. 정치인은 언제나 국민의 마음을 읽기 위해 노력해야 한다. 그 과정이 대의민주주의의 전당인 의회에서 이루어져야 한다. 국회에서의 활동상이 언론을 통해서 그대로 국민에게 전달된다. 선거에서의 판단기준이 된다. 자연히 불만이 있더라도 금도**襟度**를 지킬 수밖에 없다. 시끄럽게 소리지리고 난리를 치지만 추한 모습은 결코 보여서는 안 된다. 왜, 주권자의 외면을 받기 때문이다.

우리 국회의 자화상은 어떠한가. 던지고, 덮치고, 윽박지르고, 점거하고, 부수고, 치받고, 폭력이 난무한다. 사회 어느 곳에서도 이와 같은 난장판은 없다. 싸울 때 싸우더라도 일은 해야 한다. 아무런 일도 하지 못한다. 일년 내내 무엇을 하는지 모를 지경이다. 기껏 자신들의 싸움 과정에서 누가 얼마나 잘했는지를 판단해 달라고 헌법재판소의 문을 두드리는 게 고작이다.

이래서는 안 된다. 이제 우리 국회도 변해야 한다. 이래가지고는 국회 개혁과 관련된 논의는 물거품에 그칠 수밖에 없다. 대통령으로 기울은 정치제도의 균형은 국회의 강화를 통해서 시정해야 한다. 그런데 국회가 이 모양이니 차라리 국회를 없애버리라는 목소리까지 들리는 판에 누가 국회 강화에 승복하겠는가. 오죽했으면 그러하겠는가. 일당국회나 유신국회로의 회귀를 바라는 이는 아무도 없다. 이 판에 여야 지도자들의 언론 인터뷰는 뻔뻔함만 넘친다. 얄미운 말만 골라하는 대변인들의 목소리는 밉살스럽기 그지 없다.

민주당은 두 번의 집권경험을 갖고 있다. 한나라당도 10년 만에 정권을 재창출한 정당이다. 이제 민주당이나 한나라당이나 역지사지의 심정으로 국정에 임해야 한다. 한나라당이나 민주당이나 야당 때 하던 모습이나 여당 때 하던 모습이나 한 치의 차이가 없이 똑 같다. 이제 승패를 주고받은 사이이니까 신사협정을 체결해야 한다.

정치일정상 금년이 그래도 유일하게 선거가 없는 해다. 벌써 내년의 지방선거 계산에 분주하다. 이래가지고는 정치적 무관심만 배가시키게 된다. 이제 겨우 자리잡아가는 공명선거의 분위기가 흐트러져서는 안 된다.

미발표 칼럼_2009. 11. 13.

## '실수 입법'한 국회와 정부, 황당하다

정부의 법안심의위원회에는 대체로 법학자와 비법학자가 함께 참여한다. 법률가들은 흔히 '의, 및, 등, 기타'와 같은 조어의 사용 여부를 놓고 치열한 논쟁을 벌인다. 비법률가들은 종종 한참 동안의 논쟁과 자세한 설명을 듣고야 겨우 고개를 끄떡인다. 조어를 소홀히 한 오류가 마침내 사고를 내고 말았다.

특정강력범죄처벌에 관한 특례법**(특강법)**은 올해 4월에 개정됐다. 개정 취지는 법률 용어의 한글 순화와 정확하고 자연스러운 법 문장의 구성에 있다. 그런데 이 과정에서 혹을 떼려다 혹을 붙인 격이 됐다. 개정 전 특강법 제2조 제1항 제3호에서 형법 제2편 제32장 강간과 추행의 죄 중 '흉기나 그 밖의 위험한 물건을 휴대하거나 2명 이상이 합동하여 범한' 강간, 강제추행, 준강간 · 준강제추행, 미수범, 미성년자에 대한 간음 · 추행'의 죄 및' 강간치사 · 상죄를 규정하고 있었다. 개정 전 규정에 따르면 강간치사 · 상죄는 흉기 휴대나 2인 이상이 아니더라도 이 법의 적용 대상이었다. 그런데 '의 죄 및'을 삭제함으로써 단순강간치사 · 상죄는 이 법의 적용 대상에서 제외됐다.

대법원은 잘못 개정된 법 조항을 잘못 알고 적용한 부산고법으로 사건을 되돌려 보냈다. 달리 말하자면 지방법원과 고등법원에서도 잘못 개정된 내용을 그대로 적용했다는 이야기다. 그야말로 행정 · 입법 · 사법이 총체적으로 오작동**誤作動**돼 왔다는 점에서 문제의 심각성이 있다. 다행히 대법원이 바로잡은 것만으로도 대법원의 존재 이유를 확인해 준다. 국회에서는 뒤늦게 법 개정의 원래 취지대로 재개정안을 발의했다. 이는 입법 실수의 해프닝으로만 치부하고 가볍게 넘어가기 어려운 사안이다. 국민 생활과 국가기관의 행위 일체에 대한 규범을 만드는 입법활동이 허술하기 짝이 없다는 사실을 적나라하게 드러내고 있기 때문이다.

특강법 개정안은 정부안이다. 정부의 법률안 제출 과정은 매우 섬세하다. 주무 부처와 법제처 심의를 거쳐 차관회의와 국무회의를 통과해야 한다. 입법예고도 한다. 그런데 이번처럼 한번 범한 오류를 그 어느 곳에서도 찾아내지 못했다. 국회에서도 전문위원 심사보고와 법사위와 본회의를 정부안 그대로 통과했다.

그동안 한국 사회에 만연한 빨리빨리 풍조는 대충대충 넘어가려는 현상도 동반한다. 입법작용에서도 예외는 아니다. 민주화 이후에 구시대적인 법률들에 대한 헌법재판소의 위헌결정이 넘쳐난다. 복잡다단한 현대 행정을 반영하는 입법에 입법부의 능력은 한계를 갖기도 한다. 청목회 사건으로 드러난 로비성 입법도 많을 것이다. 그 와중에 시민단체들은 국회의원의 의정활동 평가의 핵심 항목 중 하나로 입법 발의를 든다. 이에 따라 의원입법안은 때로 의원들도 정부도 모르는 새 통과되기도 한다. 그 과정에 치명적인 오류와 독소가 숨어든다.

차제에 입법과정에 대한 근본적인 성찰이 필요하다. 우선, 정부와 국회는 왜 이와 같은 법률이 필요한지에 대한 기본적인 인식을 제고해야 한다. 하지만 이것만으로는 안 된다. 세세한 자구까지 유념해서 읽는 일은 정부의 법제처와 국회의 입법조사처 및 해당 상임위원회의 전문위원실의 몫이다. 그런데 건성으로 지나간다.

흔히 정부안은 '사무관 입법'이라고 한다. 사무관이 범한 오류가 행정 · 입법 · 사법을 거치도록 아무도 모른 채 작동한 셈이다. 더구나 특강법은 법무행정의 주무부처인 법무부의 법안이기에 더욱 충격적이다. 이번 일을 거울삼아 모든 법률안에 대해서는 원안과 개정안 사이의 관계를 보다 정밀하게 해석하고 적용하는 책임 있는 자세가 필요하다. 19세기 독일의 법학자 프리드리히 카를 폰 사비니 이래 법의 해석과 적용에 있어서 첫번째 덕목인 문의**文意**에 충실함의 중요성을 다시 한번 일깨워준다.

문화일보_2010. 11. 15.

참고 : 국회의 입법과정

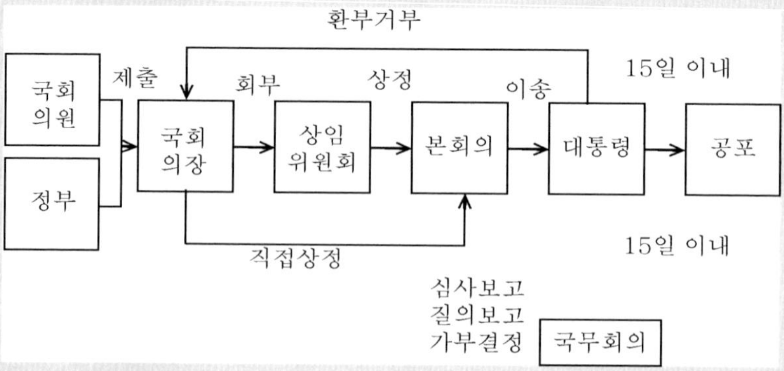

# 국정감사도 개혁해야 한다

1972년 10월 17일 정기국회의 국정감사 현장에서 야당 의원들이 대정부 비판의 날을 세워 가던 중에 박정희 대통령이 10월 유신을 단행했다. 연이어 제정된 유신헌법은 대통령 직선제와 국정감사제도를 폐지했다. 1987년 6월 민주항쟁 후 제정된 6공 헌법은 유신으로 빼앗긴 권리를 되찾으려는 국민적 염원에 따라 대통령 직선제와 더불어 국정감사제도를 부활시켰다.

국정감사는 1년에 한 번 열리는 정기국회 기간 중에 국회가 국정 전반에 걸쳐서 감사권을 행사하는 우리 헌법상 가장 강력한 국정 통제 제도이다.

외국 헌법에서는 단지 특정 의혹 사건에 대한 국정조사권만 인정할 뿐이며 국정 전반에 걸친 국정감사제도는 찾아보기 어렵다. 그런데 우리 헌법상 국정감사제도는 제헌헌법에서 채택한 이래 국회의 독보적인 권한으로 자리 매김하고 있다.

나라의 민주화, 정권 교체, 권력의 투명성, 그 어느 것도 실현되지 못했던 시대에 국정감사는 국정 비리를 파헤치는 최고의 무기였다. 권력기관의 잘못을 폭로함으로써 위정자의 비리는 언제든지 국정감사를 통하여 드러날 수밖에 없다는 의식을 심어 준 점에서 국정감사는 한국 민주주의의 발전에 큰 기여를 했다.

'국정감사 및 조사에 관한 법률'에 따르면 국정감사는 매년 9월 10일부터 20일간 실시한다. 하지만 금년에는 우여곡절 끝에 국회의 의결로 10월 17일부터 실시됐다. 12월 19일 예정된 대선을 앞둔 제17대 국회의 마지막 국감은 민생을 살피지 못하고 정쟁으로 얼룩져 국민적 비판에 직면했다. 국감은 대선 후보 비리 폭로장이 되어 버렸다. 주권자의 목소리를 대변해야 할 국회의원은 대선 후보를 위한 홍보대리인으로 전락했다. 국감 현장에서 벌어지는 의원의 저질 공방과 난무하는 막가파식 속언을 지켜보는 국민이 오히려 안쓰럽다.

이제 국감이 국정의 막힌 곳을 뚫어 내는 것보다 오히려 그 폐해가 더 많이 드러나고 있다. 의원이 국정 의혹은 제대로 파헤치지 못한 채 피감기관을 닦달하는 데 여념이 없다. 피감기관 관계자를 마치 죄인처럼 윽박지르는 모습은 결코 민주화된 의정 현장이 아니다.

수단과 방법을 가리지 않고 의원의 질책에서 헤어나려고 궁리하는 관계기관의 과공過恭 또한 민망스럽기 그지없다. 무엇보다도 국정감사를 전후해 국가기관들이 수감 준비를 하느라 행정이 사실상 마비 상태에 빠진다. 한 트럭 이상의 무리한 자료 요구를 해 놓고 정작 제대로 한 번 열어 보지도 않고 폐기 처분하는 과정에서 국가 기밀과 개인정보가 유출된다.

우리나라도 민주헌법에 기초한 정권 교체와 정부 교체가 일상화됐다. 행정의 투명성을 확보하도록 정보공개법 행정절차법 공직자윤리법이 시행되고 있다. 국회의 실질적 역할 강화를 위한 제도적 장치도 마련했다. 예산전문성 제고와 예산통제의 실질화를 위한 국회 예산정책처, 입법기능의 실질적 보좌를 위한 국회입법조사처가 설치됐다.

성숙된 한국 민주화의 현 단계에서 보면 국정감사제도는 폐지해도 무방한 시점에 이르렀다. 그러나 이는 헌법 개정 사항이다. 그렇다면 현행 국정감사제도는 존치하더라도 국정감사의 폐해를 최소화하는 적극적 조치가 필요하다. 감사 대상 기관의 대폭 축소, 지방화시대에 부응해 자치단체에 대한 감사의 지방의회 위임, 감사원과의 연계 감사를 통한 중복 감사의 시정과 같은 제도 개혁을 이뤄야 한다.

국회로서는 황금알과 같은 권한을 놓치고 싶지 않겠지만 새로운 국정감사 모델을 창출하지 않고서는 국민의 호응을 얻기 어렵다. 시대가 변하면 변화된 시대에 걸맞은 제도로 조응해야 한다.

동아일보_2007. 11. 6.

# 절차의 흠, 정치 퇴행 불렀다

1987년 헌법체제에서 20년 만에 대통령 선거에 연이어 국회의원 선거가 실시된다. 대선에서 일방적이던 민심이 총선에서 변화의 조짐을 보인다. 선거라는 정치과정은 민주주의의 꽃이요 축제여야 한다. 과정이 아름다울 때 결과에 깨끗하게 승복한다. 하지만 정치개혁과 세대교체란 이름으로 자행된 나눠 먹기식 공천은 정당의 존재 이유를 되묻게 한다.

풀뿌리 민주주의에 기초한 당원과 유권자의 목소리는 오간 데 없고 위로부터의 낙하산만 요란하다. 겨우 명맥을 유지해 온 후보 경선은 아예 물 건너갔다. 정당 개혁 논의에서 제1의 화두인 정당 내부의 민주화를 위한 기초가 송두리째 무너진 셈이다. 3김의 카리스마가 사라진 이후에는 기강조차 사라졌다. 민주화와 정치력이 동반 하락하고 있다.

개혁이란 미명 아래 급조된 외인부대가 공천을 좌우한다. 한나라당은 '보이지 않는 손'의 조정 덕분인지 공천심사위원회와 집행부가 순항한다. 반면에 민주당에선 '브레이크 없는 벤츠'처럼 내닫는 공심위와 집행부 사이의 갈등이 일촉즉발 상태다. 정당의 본업 중의 본업인 후보자 공천을 외인부대에 의탁하고서도 부끄러워할 줄도 모르는 수뇌부가 측은해 보인다. 이래 가지고는 정당정치의 미래가 없다.

한국 헌정사에서 1971년, 2007년의 야당 대선 후보 경선은 정치를 한 단계 업그레이드시켰다. 정치 발전을 향한 야당의 역사의식을 보여준 김영삼, 박근혜의 아름다운 승복은 국민적 감동을 자아냈다. 하지만 국회의원 후보 공천에 대한 불복은 일상화돼 있다.

4년 전 차떼기당의 오명과 탄핵 역풍 속에서 풍찬노숙하던 그때를 벌써 잊었나. 한나라당의 공천은 개혁과 물갈이의 탈을 쓴 권력투쟁의 전리품처럼 보인다. '웰빙 야당'이란 비판 속에 도로 찾은 권력에 벌써 취해 있다. 정치적 신뢰를 상품화한 박근혜 전 대표의 항명 속에 연출되는 탈락자들의 친박연대는 희화적이다. 노정객은 모두 쫓겨나고 형님만 남았다. 배 떠난 뒤의 형님 공천 비판론도 한심하기는 마찬가지다. 10년간 고생한 동지가 버려진 자리에는 권력에 기생한 부나방들이 득실거린다. 오죽하면 당 윤리위원장이 실명까지 거론하면서 비판하겠는가. 공천 책임을 지겠다면 대표직 사퇴가 순리이지 총선 불출마로 돌아갈 일이 아니다. 대선 민의를 외면한 탐욕은 국민적 심판을 받기 마련이다.

10년 만에 야당이 된 통합민주당도 딱하기는 마찬가지다. 대선 과정에서 온갖 이합집산을 거듭한 끝에 정통 야당인 민주당으로 되돌아온 탕아의 행색은 초라하기 그지없다. 한나라당 출신이 입당 몇 달 만에 당 대표에 취임했다. 대선 후보도 공천에서 탈락했다. 그나마 당 대표와 또 다른 대선 후보가 정치생명을 담보한 채 서울 출마라는 극약처방을 통해 야당성의 부활을 호소한다. 권력에 탐닉한 한나라당에 비하면 그래도 야당의 위기를 잘 인식하고 있는 장면이다. 하지만 어제의 동지 사이인 손학규와 박진, 정동영과 정몽준의 대회전은 정당정치와 정치인에 대한 정체성 혼란을 가중시킨다. 무엇보다 노무현 대통령의 당선을 위해 헌신하다 결별한 두 정 씨의 과거사부터 정리돼야 한다.

물갈이 공천의 와중에 그간 한국 정치를 좌우한 3김 시대가 막을 내렸다. 민주화세력의 상징인 범민주계는 1990년 3당 합당 이후 여야로 각개 약진해 정권을 장악했다. 민주화운동이 무슨 훈장일 수는 없지만 지난 15년간 충분히 부귀영화를 누렸다. 하지만 민주화세력의 연착륙 실패는 국가적 불행이다. 실용주의란 포장 아래 과거를 묻지 않는 인사와 공천은 YS의 민주계에 대한 숙청 항의로 이어진다. DJ의 불만 어린 투정도 소리 없는 메아리로 되돌아올 뿐이다.

동아일보_2008. 3. 25.

## 법과 정치가 충돌할 때

4월 9일 제18대 국회의원 선거를 앞두고 각 정당의 공천 심사가 한창이다. 한나라당과 대통합민주신당은 각기 외부 인사인 법조인이 공천심사위원장을 맡고 있다. 그런데 한나라당에서는 당헌 당규의 해석론으로 정치적 갈등이 야기됐다. 발단은 2007년 9월 개정 당규에 제3조 제2항을 신설함으로써 비롯됐다. '뇌물과 정치자금 수수 등 부정부패와 관련된 법 위반으로 최종심에서 형이 확정된 경우, 공천 신청자격을 불허한다.' 이 규정에 대해 당규대로의 엄격한 해석론과 "정당에서는 정치가 법보다 위에 있다"는 정치적 해결론이 충돌했다.

국가생활에서 법과 원칙은 소중한 덕목이지만 법만능주의적 사고나 행동 또한 금기시돼야 한다. 특히 '살아 있는 생물'이라는 정치의 세계에 엄격한 법의 잣대만 들이대기에는 한계가 있다. 종교활동에 종교법(교회법)과 세속법인 실정법이 충돌할 경우에도 실정법만을 엄격히 적용할 수 없는 것도 마찬가지 이치이다.

하지만 정당의 당헌 당규도 당원뿐 아니라 일반 국민에게도 영향을 미치므로 법과 원칙에 입각한 해석이 우선해야 한다. 비록 정당이 국가기관은 아니지만 사법상 결사와는 달리 헌법상 특별한 보호를 받는 결사체인 만큼 입헌주의의 기본 원리는 정당에도 그대로 적용돼야 한다. 헌법에서도 '정당의 목적이나 활동이 민주적 기본 질서에 위배될 때에는' 헌법재판소의 심판에 의해 해산될 수 있음을 명시하고 있다. 따라서 정당의 당헌 당규도 헌법이 추구하는 민주적 기본 질서에 위배되어서는 안 된다.

마찬가지로 정당의 당규 해석에 있어서도 헌법과 법률 해석의 일반 원리가 그대로 적용돼야 한다. 즉, 법의 해석에 있어서는 문의文意를 벗어나지 않는 범위 내에서 객관적 체계적인 해석이 뒷받침돼야 하고, 규범을 도입하게 된 제도의 목적에 충실해야 한다. 이에 따라 다음과 같은 해석론과 문제점이 제기된다.

첫째, 문제의 당규는 헌법상 소급입법 금지의 원칙에 어긋난다. 새 규범을 정립할 때에는 당사자에게 불이익한 소급입법을 해서는 안 된다는 것이 법치주의 국가의 일반 원칙이다. 소급입법을 통해 헌법상 보장된 공무담임권을 제한하는 규정은 위헌이다.

둘째, 공천 신청을 제한하는 문제의 당규는 여러 해석이 가능하다. 즉, '뇌물과 정치자금 수수 등 부정부패'라고 규정하고 있으므로 '등'의 의미를 엄격하게 해석할 것이냐, 완화해 해석할 것이냐가 논의의 초점이다. '뇌물과 정치자금 수수'를 한정적으로 해석하면 그 이외의 법 위반은 규제의 대상이 아니다. 그러나 '등'이라고 규정하고 있으므로 '뇌물과 정치자금 수수'는 한정적 열거적 규정이 아니라 예시적 규정으로 보는 것이 법해석의 일반 원리에 부합한다. 그렇다면 정당의 공직선거 후보 추천이라는 사안의 특성에 비추어 볼 때 공직선거법 위반 범죄도 당연히 포함돼야 한다.

이 같은 법의 일반원리에 입각한 해석론은 오간 데 없고 오로지 각자가 자신에게 유리하게 해석하는 바람에 법과 원칙은 실종되고 정치적 투쟁만 난무한다. 결국 공직선거법 등 다른 실정법 위반 범죄는 빠지고 '뇌물과 정치자금 수수'만으로 한정해서 해석하는 대신 금고형 이상만 해당되고 벌금형은 제외한다는 정치적 타협이 이루어졌다. 하지만 당규 해석을 제대로 하지 않았기 때문에 공천 심사과정에서 논란의 불씨는 여전히 남아 있다.

당규 해석의 여러 가능성은 논외로 하고 오로지 정치적 잣대만 들이댄다든가 아니면 대선 승리에 도취한 나머지 스스로 제정한 규범을 짓밟는다는 식의 포퓰리즘식 여론몰이는 바람직하지 않다. 정치적으로 어려운 때일수록 무엇이 법과 원칙인지 다시 한 번 곱씹어 보는 예지가 필요하다.

동아일보_2008. 2. 12.

## 정치 의혹마다 특검인가

빌 클린턴 미국 대통령의 성추문 스캔들을 파헤친 케네스 스타 특별검사가 5년간 수백억 원에 이르는 예산을 쓰면서 1998년에 발표한 '르윈스키 보고서'의 결론은 의외로 간단하다. 대통령과 백악관 인턴 사이에 '부적절한 관계'가 있었다는 내용이다. 그러니 특검제의 모국인 미국에서도 무용론이 제기될 수밖에 없다.

한국에서 정치권의 의혹 공방은 곧장 특검법으로 이어진다. 이면에는 검찰에 대한 불신이 깔려 있다. 권력분립 원리에 어긋난다는 비판 속에 도입된 우리 특검제도는 개별 사건마다 특검 설치를 위한 법률을 제정한다. 1999년 검찰총장 부인에 대한 옷 로비 사건 이후 다섯 번의 특검법이 시행됐지만 국민적 의혹을 시원하게 해소했다는 평가는 찾기 어렵다.

대선 정국의 회오리 속에 최대 쟁점으로 부각한 한나라당 이명박 후보의 BBK 의혹에 대한 정치공방이 계속되는 가운데 김용철 전 삼성그룹 법무팀장이 삼성그룹의 비리를 폭로함으로써 여섯 번째 특검을 맞이한다. '삼성비자금 의혹 관련 특별검사의 임명 등에 관한 법률'에 명시된 수사 대상은 대통합민주신당이 주장한 삼성그룹의 지배권 승계와 비자금 불법 로비에 한나라당이 주장한 2002년 대선자금 및 최고 권력층에 대한 로비자금이 포함된 정치적 타협의 결과다. 수사 대상이 지나치게 포괄적이고 광범위하여 위헌 논란을 안고 있다.

불법 로비와 당선 축하금이 사실이라면 대한민국은 삼성공화국이 아니라 부패공화국으로 전락한다. 불법적인 지배권 승계가 사실이라면 삼성그룹의 존립 자체가 위기에 처한다. 하지만 인간 사회의 건전한 상식이 통하는 만남이 불법 로비가 되어서는 안 된다. 회계처리나 전환사채의 발행 과정에서 아무리 도덕적으로 비난받을 만한 일을 저질렀어도 위법 행위가 없으면 사법처리의 대상이 아니다.

특검이 시작되면 그간의 수사 결과를 이첩해야 하는 검찰도 매우 당혹스러운 상황에 처한다. 신임 총장은 검찰의 흔들림 없는 수사 의지를 천명하고 있다. 하지만 현실은 그리 녹록하지 않다. 수사가 국민의 법 감정에 부합하지 않을 경우에 검찰의 고민이 깊어 갈 것이다. 정치적으로 예민한 사건일수록 더욱 그러하다.

'삼성이 하면 다릅니다.' 그것은 대한민국을 뛰어넘어 세계로 향한 자부심의 표현이다. 애니콜은 이제 지구촌을 휘감는 거대한 상징이다. 현대차가 해마다 노사 갈등으로 홍역을 치르지만 삼성은 무노조 노사협력의 새로운 모델을 창출한다. 하지만 2000명의 박사군단이 창출한 세계 제일의 품질에도 불구하고 소유와 경영은 아직도 우물 안 개구리 수준에 머물러 있다.

에버랜드 사건도 행위의 위법 여부를 떠나 탈법적인 상속이 문제의 핵심이다. 마이크로소프트의 빌 게이츠와 같은 세계적 기업인이 노블레스 오블리주 정신에 따라 21세기적인 사회적 헌신과 봉사를 실천하는 와중에 터진 스캔들은 대한국민의 자랑스러운 기업 삼성의 한계를 여실히 보여 준다. 하지만 언제까지나 특검으로 사기업을 묶어 둘 수는 없다. 특검의 장기화는 결코 바람직하지 않다. 특검은 속전속결로 시원한 단비를 내려 주길 기대한다.

대선이 불과 2주일 앞으로 다가왔다. 그런데 대선 후보에 대한 인물이나 정책에 대한 검증은 오간 데 없고 의혹만 온 세상을 짓누른다. 신당은 이명박 후보에 대한 특검법도 발의할 모양이다. 하지만 특검이 정치적 공세의 수단으로 전락해서는 안 된다. 산업화 민주화 과정을 온몸으로 체험한 국민은 정치인과 재벌의 유희에 지쳐 있다. 이제 국민은 의혹과 정쟁 없는 세상에서 살고 싶어 한다.

동아일보_2007. 12. 4.

# 탐욕과 손잡기 쉬운 비례대표제

대표(당선자)의 결정방식은 이상과 현실이 조화를 이뤄야 한다. 가장 간명한 제도는 제1 득표자를 당선자로 결정하는 상대적 다수대표제다. 미국 영국 우리나라의 선거제도가 이에 해당된다. 이 제도는 많은 유효투표가 사표死票가 되는 치명적 단점이 있다. 제18대 총선에서 이인제 후보는 겨우 27.7%의 득표로 당선됐다. 프랑스에서 채택하고 있는 절대적 다수대표제(결선투표제)는 유효투표의 절대과반수를 득표해야 당선되는데 선거를 두 번 실시해야 한다. 다수대표제의 단점인 사표를 최소화하는 제도가 비례대표제다. 이상적 제도이지만 특정 정당이 의회에서 과반수를 확보하기가 어려워 정국불안을 초래할 우려가 있다.

우리나라에서 비례대표제 도입은 엉뚱하게 출발했다. 상대적 다수대표제를 통해 선출된 국회의원 수에 따라 비례대표 의석을 배분했을 뿐만 아니라 심지어 정국안정을 이유로 제1당에 무조건 과반수를 배정하기도 했다. 유권자가 비례대표에 대한 투표를 하지 않는 제도는 위헌이라는 2001년 헌법재판소 결정에 따라 정당투표제가 도입됐다.

비례대표 명부는 전적으로 정당에 의해 작성되는데 선거 때마다 분란이 그치지 않는다. 찬조금 명목의 '돈 공천'이 언제나 말썽이다. 정치자금이 쪼들리는 야당은 공천을 통해 선거자금을 확보해 왔다. 하지만 선거공영제가 확대되고 선거가 있는 해에는 국민의 세금에서 수백억 원의 보조금이 정당에 추가 배분되기 때문에 더는 돈 공천을 해서는 안 된다. 그런데도 정당 수뇌부의 탐욕이 화를 자초한다.

비례대표제는 직능대표의 배려, 지역 편중의 완화, 소수자와 약자의 의회 진출을 위해 필요하다. 여성의 의회 진출 확대를 위해 공직선거법에서는 '100분의 50 이상을 여성으로 추천하되, 후보자 명부 순위의 홀수에는 여성을 추천해야 한다'라고 규정하고 있다(제47조 제3항). 그런데 같은 비례대표선거인데도 지방의원선거에서는 이를 위반하면 등록신청을 수리할 수 없고(제49조) 등록 후에도 등록을 무효로 하지만(제52조), 국회의원선거에서는 이 같은 제재조항이 없다. 이는 잘못된 입법이다. 하지만 제47조가 강행규정이기 때문에 제재조항이 없다고 해도 창조한국당, 친박연대가 행한 남성 우위 배정은 위법이라고 보아야 한다.

그간 비례대표제의 개선 방안으로 의석수를 지역구의 50%까지 확대하고 전국 단일선거구가 아닌 권역별 선거구제가 제시돼 왔다. 그런데 이번 사태를 계기로 아예 비례대표제를 폐지하자는 주장도 나온다. 하지만 빈대 잡기 위해 초가삼간을 태우는 우를 범해서는 안 된다. 소수파와 약자의 의회 진출 기회를 담보하는 비례대표제의 장점은 살려야 한다.

이제 비례대표제뿐 아니라 지역구제도까지 포함해 후보자 추천 방식과 시기의 혁신이 필요하다. 하지만 묘약이 없어 안타깝다. 헌법상 보장된 정당활동의 자유에 비춰 공천과정을 법적으로 강제하기는 어렵다. 국민의 눈높이에 맞는 정치지도자들의 성숙한 정치공학을 기대할 수밖에 없다. 공천은 가급적 빨리 마무리 지어야 한다. 그래야만 후보등록 이전에 정치적 사회적 검증과정을 거칠 수 있다. 선거일을 불과 보름 앞두고 발표되는 공천 결과는 유권자의 알 권리에 중대한 제약을 가져온다. 공천을 지금처럼 외인부대에 의탁하고 정당수뇌부가 뒤좇아 가서는 안 된다. 정당의 존립 이유와 직결되는 정당후보자의 검증과 추천은 정당수뇌부가 직접 책임져야 한다. 그래야만 선거 결과에 대한 책임소재도 분명해진다. 타협과 소통을 통한 정당 내부에서의 민주화가 이루어져야만 정당정치의 내일을 기약할 수 있다.

동아일보_2008. 4. 22.

# 전국선거구 비례대표국회의원선거제도의 바람직한 개혁 방향

## 1. 역대 선거법에 있어서의 전국선거구 국회의원선거제도의 변천

전국구국회의원선거제도는 제3공화국헌법에서 제1당에 프리미엄을 부여하기 위하여 처음으로 도입되었다. 유신헌법에서는 통일주체국민회의에서 일괄적으로 선출하는 유신정우회의원이 국회의원 정수의 3분의 1을 차지하였다. 제5공화국에 이르러 전국구의석은 지역구의원정수의 2분의 1로 하며, 지역구의석수가 제1위인 정당에 3분의 2를 배분하고, 나머지 3분의 1은 제2당 이하 5석 이상의 지역구의석을 획득한 정당에 그 의석비율에 따라 배분하였다. 1991년 선거법개정을 통하여 제1당 프리미엄제도를 폐지하고 지역구선거에서의 의석비율로 전국구를 배정하였다. 그러나 이 제도는 지역구선거제도가 갖고 있는 치명적 약점인 사표의 양산에 따른 의석수획득을 준거로 다시금 전국구의석을 배정한다는 점에서, 다수대표제의 단점을 가중시킨 제도로 비판받아 왔다. 이에 1994년에 제정된 공직선거법은 득표율을 기준으로 개정되었다. 그런데 저지규정으로 인하여 소수파의 의회진출이 쉽지 않다.

## 2. 현행 전국선거구 비례대표국회의원선거제도

현행 비례대표의원정수는 54인이다. 비례대표국회의원후보자의 등록은 추천정당이 그 순위를 정한 비례대표국회의원후보자명부를 함께 제출하여야 한다(**공직선거법 제49조 제2항 후문**).

중앙선거관리위원회는 비례대표국회의원선거에서 유효투표총수의 100분의 3 이상을 득표하였거나 지역구국회의원총선거에서 5석 이상의 의석을 차지한 각 정당(**의석할당정당**)에 대하여 당해 의석할당정당이 비례대표국회의원선거에서 얻은 득표비율에 따라 비례대표국회의원의석을 배분한다(**저지규정**). 득표비율은 각 의석할당정당의 득표수를 모든 의석할당정당의 득표수의 합계로 나누어 산출한다. 비례대표국회의원의석은 각 의석할당정당의 득표비율에 비례대표국회의원 의석정수를 곱하여 산출된 수의 정수**整數**의 의석을 당해 정당에 먼저 배분하고 잔여의석은 소수점 이하 수가 큰 순으로 각 정당에 1석씩 배분하되, 그 수가 같은 때에는 당해 정당 사이의 추첨에 의한다(**제189조**)

### 3. 2004년 이전 전국선거구 비례대표국회의원선거제도의 문제점

#### 제도의 위헌성: 헌법재판소의 한정위헌결정

헌법재판소는 2001년 7월 19일 결정에서 공직선거및부정선거방지법 제146조 제2항 중 "1인 1표로 한다" 부분은 "국회의원선거에 있어 지역구국회의원선거와 병행하여 정당명부식 비례대표제를 실시하면서도 별도의 정당투표를 허용하지 않는 범위에서 헌법에 위반된다"라고 하여 한정위헌결정을 내렸다. 헌법재판소는 공직선거법이 지역구선거에서 표출된 유권자의 의사를 그대로 정당에 대한 지지의사로 의제하여 비례대표의석을 배분하도록 하고 있는데, 이러한 규정은 민주주의원리, 직접선거의 원칙 및 평등선거의 원칙에 위반되고, 그리하여 유권자들의 선거와 관련된 기본권을 침해한다고 판단하였다.

첫째, 이른바 1인 1표제를 채택하여 유권자에게 별도의 정당투표를 인정하지 않고 지역구선거에서 표출된 유권자의 의사를 그대로 정당에 대한 지지의사로 의제하여 비례 대표의석을 배분토록 하고 있는 현행 비례대표제는 유권자가 지역구후보자나 그가 속한 정당 중 어느 일방만을 지지할 경우 지역구후보자 개인을 기준으로 투표하든 정당을 기준으로 투표하든 어느 경우에나 자신의 진정한 의사는 반영시킬 수 없고, 후보자든 정당이든 절반의 선택권을 박탈당할 수밖에 없을 뿐만 아니라, 신생정당에 대한 국민의 지지도를 제대로 반영할 수 없어 기존의 세력정당에 대한 국민의 실제 지지도를 초과하여 그 세력정당에 의석을 배분하여 주게 된다는 점에서 민주주의원리에 부합하지 아니한다. 둘째, 직접선거의 원칙은 의원의 선출뿐만 아니라 정당의 비례적인 의석확보도 선거권자의 투표에 의하여 직접 결정될 것을 내용으로 하므로 지역구의원의 선거와는 별도의 선거인 비례대표의원의 선거에 관한 유권자의 별도의 의사표시(**정당명부에 대한 별도의 투표**)가 있어야 할 것임에도 불구하고, 현행제도는 정당명부에 대한 투표를 따로 인정하지 않고 있어 결과적으로 비례대표의원의 선출에 있어서 정당의 명부작성행위가 최종적 · 결정적인 의의를 지니게 되고 선거권자들의 투표행위로써 비례대표의원의 선출을 직접 · 결정적으로 좌우할 수 없게 된다는 점에서 직접선거의 원칙에 위배된다. 셋째, 현행 1인1표제하에서의 비례대표의석배분방식에서, 지역구후보자에 대한 투표는 지역구의원의 선출에 기여함과 아울러 그가 속한 정당의 비례대표의원의 선출에도 기여하는 2중의 가치를 지니게 되는 데 반하여, 무소속후보자에 대한 투표는 그 무소속후보자의 선출에만 기여할 뿐 비례대표의원의 선출에는 전혀 기여하지 못하므로 투표가치의 불평등이 발생하게 된다. 자신이 지지하는 정당이 자신의 지역구에 후보자를 추천하지 않아 어쩔 수 없이 무소속후보자에게 투표하는 유권자들로서는 자신의 의사에 반하여 투표가치의 불평등을 강요당하게 된다면, 이는 합리적 이유없이 무소속 후보자에게 투표하는 유권자를 차별하는 것이라 할 것이므로 평등선거의 원칙에 위배된다. 넷째, 공선법 제189조 제1항은 위와 같은 이유로 헌법에 위반되며, 공선법 제146조 제2항 중 "1인 1표로 한다" 부분은 국회의원선거에 있어 지역구국회의원선거와 병행하여 정당명부식 비례대표제를 실시하면서도 별도의 정당투표를 허용하지 않는 범위에서 헌법에 위반된다 할 것이므로, 그로 인하여 유권자인 국민들의 비례대표국회의원에 대한 선거권, 무소속후보자에 대하여 투표하는 유권자들의 평등권 등의 기본권이 침해된다(**헌재 2001.7.19. 2000헌마91, 공직선거법 제146조 제2항 위헌확인(한정위헌)**).

#### 제도운용상 문제점

첫째, 비례대표제의 본질에 비추어 본 사표방지의 효과를 기대할 수 없었다. 비례대표국회의원선거제도는 일응 지역구국회의원선거에서 양산된 사표를 전국구제도를 통하여 어느 정도 중화할 수 있는 소지를 마련한 것으로 평가할 수도 있다. 그러나 지역구국회의원선거제도가 상대적 다수대표제를 채택하고 있기 때문에, 이른바 뒤베르제의 경향성법칙에 따라 양당제적 경향으로 흐르고 있는 정치적 상황에서는 그에 따라 나타난 결과를 통하여 비례대표제가 갖고 있는 이상을 실현할 수는 없었다. 둘째, 직능대표제의 기능은 사라지고 특정 정치지도자의 카리스마를 제도화시켜 주었다. 한국의 정당정치가 특정 정당지도자에 의한 사당화경향을 보이고 있는 중요한 요인 중의 하나로 비례대표국회의원선거제도를 들지 않을 수 없다. 특히 후보자명부작성에 있어서 민주적인 당내절차를 밟지 못하고 있었다. 셋째, 지역할거주의의 완화에도 기여하지 못하였다. 소선거구 다수대표제하의 지역할거주의 경향을 해결하는 데에 비례대표제도는 아무런 기여를 하지 못하였다. 선거인들은 자기지역 출신인사들이 비례대표로 당선되더라도 이들에게 지역대표성을 전혀 인정하지 않았다.

외국에서는 일반적으로 지역별 내지 권역별 비례대표제를 시행하고 있다. 다만 유럽의회의원선거의 경우 그 특수성 때문에 전국을 단위로 한 비례대표제가 시행되고 있다. 우리나라와 비슷한 국가 규모나 인구규모의 나라에서 전국선거구비례대표제를 시행하는 예는 드물다.

#### 비례대표제적인 이상의 현실적 시행의 어려움

비례대표제는 사표를 줄일 수 있는 대신 그 시행기술상 어려움이 많다. 근래에는 정당명부식을 많이 채택하고 있다. 그러나 정당명부식은 명부의 순서가 정당 지도자의 의사에 의하여 정해지기 때문에 자칫 권위적인 정당지도자에 의한 놀이로 전락할 위험이 있다. 유권자는 정당이 정해 놓은 명부에 대하여 투표한다는 점에서 이론상 직접선거의 원리에 위배될 소지도 있다. 무엇보다도 비례대표제는 그 당선자결정방식에 어려움이 있다. 비례대표제를 통한 사표의 최대한 억제라는 목적을 달성하기 위하여 다양한 방안이 강구되어 왔다. 일반적인 방식으로는 당선기수를 먼저 정하고 이어서 나머지 잔여의석을 어떻게 배분할 것인가가 주된 쟁점이다. 가장 간단한 방법으로는 최대잔여표를 기준으로 나머지 의석을 배분하는 것이다. 그러나 이보다 더 비례의 원리에 충실한 방안으로는 최대평균식과 동트식 비례대표제가 있다. 동트(d'Hondt)식은 각 명부가 획득한 유효투표수를 1부터 시작하여 당해 선거구에 배분된 총의석수에 이르기까지 순차적으로 각기 나누어서 그것을 도표화한 연후에 도표 중에서 기수가 제일 많은 것에서부터 순차적으로 의석을 배정해 나가는 이른바 제수식이다. 동트식이 오늘날 비교적 많이 채택되고 있으며 이와 유사한 방식도 많이 등장하고 있다.

#### 독일식 2중(정당)투표제의 도입가능성과 그 한계

현행 독일의 선거제도는 바이마르공화국에서 실패한 비례대표제에 대한 반성으로부터 비롯된 것이다. 각 유권자는 2개 부분으로 분리된 투표용지를 가지고 두 번의 투표권을 행사한다. 첫 번째 것으로 선거인은 당해 선거구의 후보자 이름에 투표하고, 두 번째 것으로는 란트별로 각 정당이 제시한 후보자 명부에 투표한다. 첫 번째 선거는 상대적 다수대표제에 의하고, 두 번째 선거는 비례대표제에 의한다. 종래 동트식을 채택하여 왔으나 1985년 선거법 개정을 통하여하르-니마이어 방식으로 변경하였다. 최종적인 당선자는 비례대표제로 당선될 수 있는 수에서 다수대표제로 당선된 수를 공제한 숫자가 된다. 다만 전국에서 5% 미만의 득표율이나 지역구에서 3명의 당선자를 배출하지 못한 정당은 비례대표제의 의석배분에서 제외되는 당선저지규정을 두고 있다. 이러한 독일식 2중투표제는 흔히 혼합선거제라고도 하지만 그 결과에 있어서는 비례대표제에 유사한 부진정 혼합선거제로 평가받고 있다.

한국에서 독일식 혼합선거제 도입은 일정한 한계를 가질 수밖에 없다. ㉠ 지역구・비례대표 동시 입후보제도의 도입은 정당고위당료들에 대한 편안한 안식처 제공에 불과하기 때문에, 그렇지 않아도 관료화한 한국적 정당제도에 도움이 되지 못할 뿐만 아니라 국민의 법감정에도 부합하지 아니한다. ㉡ 지역구국회의원 숫자와 비례대표국회의원 숫자를 같거나 비슷하게 할 경우 그것은 사실상 비례대표제를 도입하는 결과가 되므로 비례대표제국회의원숫자는 지역구국회의원 숫자의 반 정도로 하는 것이 타당하다. ㉢ 한국적인 지역주의가 정당투표제의 도입으로 오히려 더 심화될 소지가 있다. 각 지역구선거에서는 적어도 특정 인물의 기호에 따른 투표가 가능할 것이지만, 지역구선거와 비례대표선거를 분리하는 2중투표의 경우 과연 극단적 대치상황인 정당에 대한 투표가 이루어질지 의문이다.

#### 4. 현행제도의 개선방안

헌법과 공직선거법의 규정에 비추어 보건대 비례대표제의 존치가 불가피하다면 현행 전국선거구제도의 개혁이 요망된다. 전국선거구제도를 비례대표제의 본질에 부합하도록 하기 위하여는 현재 도입된 2중투표제(**정당투표제**) 외에도 권역별비례대표제를 도입하는 것이 바람직하다. 이를 위해 비례대표의원정수가 지역구국회의원정수의 2분의 1 정도로 상향조정되어야 한다. 그러나 이 또한 극복하여야 할 많은 과제를 안고 있다.

㉠ 정당투표식 비례대표제의 도입을 통하여 환경운동단체 등 일부 신진세력이 의회에 진입할 기회를 가진다는 점에서는 긍정적으로 평가할 수 있다. 그러나 한국적 현실에서 원내교섭단체를 구성하지 못하는 소수파의 존재가 어떠한 의미를 가질 수 있을지 의문이다. ㉡ 정당명부식 비례대표제는 정당의 민주화를 전제로 한다. 정당국가화 경향에 따라 한국에서도 이미 소선거구에서조차 유권자의 투표성향이 인물보다는 정당으로 기울고 있는 상황에서, 정당투표제의 도

입은 정당이 정해 놓은 후보자에 대한 투표라는 점에서 정당민주화의 요구가 증폭된다. ㉢ 비례대표제의 실시에 따라 제1당이 국회재적의원 과반수를 확보하지 못하는 상황이 연출될 경우 그것은 자칫 군소정당의 난립에 따른 정국불안정으로 이어질 소지가 있다. 따라서 이에 대한 대응책도 숙고되어야 한다. ㉣ 비례대표제의 시행이 여야간 평화적 정권교체의 새로운 장애요인이 될 수도 있다. 한국적 현실에서 비례대표제의 시행은 여당이 비록 의회 과반수를 확보하지는 못한다 하더라도 항시 제1당을 차지할 가능성이 높다. ㉤ 선거제도 자체와 직접 관련된 사안은 아니지만 정당의 이합집산이 심화되고 있는 상황에서 전국선거구 비례대표국회의원의 당적이탈에 따라 야기되는 문제점도 시정되어야 한다.

성낙인, 헌법학 제14판에서 발췌

## '8개 투표' 고쳐야 한다

6월 2일에 동시 지방선거가 실시된다. 사상 처음으로 유권자는 8개 투표를 한다. 광역단체장, 기초단체장, 광역의회 지역구 및 비례대표의원, 기초의회 지역구 및 비례대표의원, 교육감, 교육의원을 선출하는 투표다. 지방자치의 책임을 질 대표 선출에 직접선거는 바람직하고 이상적인 제도다. 하지만 현실적인 실천과정에서 애로사항이 한두 가지가 아니다.

일반적으로 유권자의 관심은 단체장과 교육감 선거의 후보자 정도다. 나머지는 이들과 가장 가까워 보이는 후보자를 선택할 뿐 누군지도 모르고 투표한다. 기초의원 정당공천 금지 시절에도 1번 단체장을 찍은 사람은 기초의원도 첫 번째 후보, 즉 가번을 찍는 웃지 못할 사태가 벌어졌다. 민주성 · 정통성 · 정당성의 논리에만 매몰된 지방선거제도는 결과적으로 현대판 문맹투표로 전락하고 있다. 2006년에 6개 선거에 선거구마다 입후보자가 수십 명에 이르렀지만 투표율은 겨우 50%를 상회했다. 그만큼 국민적 관심이 없다는 증거다.

주민의 무관심 속에 선출된 의원들은 당선되자마자 자기 몫 챙기기에만 급급해한다. 민주주의의 이상을 실천하고자 시작한 지방자치에 정작 주인공인 주민은 외면하고 소외되는 가운데 문제점만 드러난다. 고래등 같은 청사 짓기 경쟁, 교류를 끊은 채 꽉 막아버린 자기들만의 인사행정, 감시와 통제로부터 무방비상태에 빠진 행정의 난맥상은 바로 오늘 이 시점의 지방자치 현주소다. 우선 목전에 이른 선거제도부터 근본적인 개혁이 필요하다.

첫째, 모든 지방자치 대표자 선거에 직접선거가 바람직한 것인지 의문이다. 지방선거는 의회제적인 의원 직선 · 단체장 간선 방식과 대통령제적인 단체장 · 의원 모두 직선제가 있다. 우리는 단체장 직선을 선호한다. 이 때문에 단체장 유고 시에 행정 공백을 초래하고 연이은 재 · 보궐선거에 너무 많은 혈세가 낭비된다. 장기적으로 간접선거도 검토해 볼 필요가 있다. 민주주의 원리상 지방의원을 간접선거로 뽑을 수는 없다. 그렇지만 4개를 투표하는 현행 지방의원 선거제도는 개혁이 필요하다.

기초의원과 광역의원 사이에 선출과정에서부터 역할과 기능에 이르기까지 차별성을 부각해야 한다. 풀뿌리 민주주의의 이상에 맞게 지역주민과 밀착해야 하는 기초의원은 전면적으로 소선거구 상대적 다수대표로 선출하는 게 바람직하다. 광역의원은 지역 주민과 느슨한 연계를 형성하더라도 문제될 것이 없으므로 전면적인 비례대표제를 도입해도 무방하다. 선거구는 도의 경우 기초자치단체의 대표성을 보전하기 위해 시 · 군 단위별로 하고, 특별시 · 광역시의 경우 규모와 특성에 따라 자치구단위별 · 권역별로 하거나 아예 단일 선거구로 할 수도 있다.

둘째, 교육자치는 아직도 실험 중에 있다. 교육위원을 통한 간접선거는 극소수의 유권자를 상대로 매수 공작이 벌어졌고 마침내 교육감 과반수가 사법처리되기도 했다.

선거인단을 통해 유권자를 대폭 확대해 보았지만 소기의 성과를 거두지 못했다. 간접선거의 문제점이 드러나자 결국 직선으로 귀착됐다. 교육의 정치적 중립성이라는 이상에 따라 정당공천을 금지하고 있지만 실질적으로 어느 정당이 지원하는 후보인지 다 안다. 기초의원 선거에서 정당공천제를 배제했을 때 실질적으로 정당을 표방한 경우와 마찬가지다. 그럴 바에야 아예 단체장과 러닝메이트 제도를 도입해서 광역자치단체장이 교육감과 더불어 교육자치도 함께 책임지는 형태가 더 낫다. 시 · 도 교육의원 선거는 더욱 황당하다.

결국 지방의원 선거제도만 바꿔도 현재의 8개 투표는 5개로 줄어든다. 교육감 선거를 러닝메이트로 하면 4개로 줄어든다. 4개 정도면 모든 선거의 후보자에 관심을 가질 만하지 않겠는가. 민주화와 지방화의 꿈을 안고 닻을 올린 지방자치가 선거에서 비롯된 주민들의 무관심은 자치행정에까지 이어진다. 이제 다시 선거제도부터 새로 설계하자. 이상에 치우친 제도의 실험은 끝내고 현실과 조화를 이루어 나가자.

세계일보_2010. 2. 21.

## 바람직한 선거공영제

**고액 기탁금제 '기회균등' 훼손**
**비용 보전 기준 하향조정 바람직**

선거공영제는 선거운동에 있어서 기회균등과 선거비용의 원칙적인 국가 부담에서 비롯된다. 우리 헌법도 '선거운동은 각급 선거관리위원회의 관리 하에 법률이 정하는 범위 안에서 하되 균등한 기회가 보장돼야 한다. 선거에 관한 경비는 법률이 정하는 경우를 제외하고는 정당 또는 후보자에게 부담시킬 수 없다'(**제116조**)고 해 선거공영제를 규정하고 있다. 선거운동은 원칙적으로 자유로워야 하나 부정선거를 방지하기 위해 많은 제약을 두고 있다. 이와 같은 제약은 역설적으로 선거운동에서 기회균등을 실질화하기 위한 조치이다.

선거비용을 국가가 어느 정도 부담할 것인가는 입법정책적인 문제이다. 국가의 재정과 정치상황도 고려해야 하고, 세금이 낭비되지 않아야 한다. 하지만 국가의 부담이 최소화할수록 금권선거가 횡행하게 되고, 결과적으로 선거과정에서의 평등과 후보자의 기회균등의 원칙이 훼손될 수 있다. 선거공영제를 악용하는 자에 대한 대표적인 제한이 기탁금제도와 선거비용 보전제도이다.

첫째, 기탁금제도는 원칙적으로 용인된다. 다만 그 액수가 문제이다. 일반 서민층이 입후보할 기회를 원천적으로 차단할 우려가 있는 지나친 고액의 기탁금제도는 바람직하지 않다. 기탁금이 지나치게 고액일 경우에는 공직 취임에서 기회균등의 원칙에 어긋나는 위헌임은 말할 것도 없다. 기탁금 액수를 산정함에 있어서는 선거구의 규모, 선거가 갖는 특성, 피선거권자의 경제력 등을 충분히 고려해야 한다. 헌법재판소는 국회의원선거에서 2000만원의 기탁금은 지나치게 고액이며, 정당추천 후보자와 무소속 후보자의 기탁금 차이도 평등원칙에 어긋난다고 판시한 바 있다.

둘째, 민주주의의 축제인 선거에서 선거비용은 필요악이다. 하지만 후보자 난립으로 공정성을 해치고 과열선거를 촉발할 수 있기 때문에 선거비용의 제한이 불가피하다. 이에 선거종류, 인구수에 따라 선거비용 상한을 설정하고 있다. 그 상한의 범위 내에서 일정한 득표를 확보한 후보자는 선거비용을 보전해 준다.

공직선거법에서는 유효투표 총수의 100분의 15 이상을 득표한 후보자에게는 선거비용의 전액을 보전해 준다. 100분의 10 이상 100분의 15 미만을 득표한 후보자에게는 선거비용의 50%를 보전해 준다. 헌법재판소는 선거의 과열방지와 국가부담의 한계를 고려해 볼 때 합헌적인 규정이라고 결정했다. 15% 이상의 득표자에 대한 전액 선거비용의 보전은 당연하다. 문제는 10% 이상 득표자에게만 50%의 선거비용을 보전해 주는 것은 획일적인 잣대로 보인다. 9.9% 득표자는 전액을 보전받지 못하지만 10% 득표자는 50%나 보전받는 것은 비례의 원칙에 비추어 합리적인 기준이라고 보기 어렵다. 예컨대 비례대표 국회의원 의석을 배정받을 수 있는 저지조항인 5% 이상의 득표율을 기준으로, 이 정도 이상이면 선거비용의 보전받을 권리를 보장해 줄 필요가 있다.

셋째, 법정 선거홍보물은 각자가 작성해서 만든 것을 선거관리위원회가 제출받아 유권자에게 발송하는 것도 개선돼야 한다. 특히 6 · 2지방선거와 같이 8개 투표를 동시에 실시할 경우 어느 후보가 어느 선거에 입후보했는지를 가릴 수가 없다. 이에 관한 최소한의 가이드라인이 필요하다. 예컨대 8개 투표에 있어서 각기 상이한 색깔의 투표용지를 마련한 것에 호응해 후보자의 홍보물에 표시함으로써 누가 어느 선거의 후보자인지를 분명히 해줄 필요가 있다.

기탁금과 선거비용 보전은 각 제도의 목적에 부합하는 제도를 마련해야 한다. 기탁금제도는 후보난립 방지와 기회균등 보장의 취지에 따라 모든 후보자에게 법정홍보물을 배정할 기회균등이 보장돼야 한다. 반면 선거비용은 결과적으로 나타난 유권자의 의사에 따라 보전 정도가 결정돼야 한다.

세계일보_2010. 6. 6.

## 알 권리와 선거여론조사

현행 통합선거법은 고질적인 선거부정을 혁파하려는 의도에 따라 엄격한 규제위주의 선거법제를 정립하고 있다. 주권자의 신성한 의사표명과정에 부정이 개입되어서는 아니된다는 대원칙에 비추어 엄격한 규제는 그 타당성을 갖는다. 그러나 지나치게 규제위주의 법제를 정비하는 과정에서 현대적인 정보화사회의 진전에 따른 법적인 대응이 제대로 반영되지 못하고 있다는 점이 아쉽다. 그 단적인 예가 바로 여론조사결과의 공표금지와 출구여론조사가 사실상 불가능하도록 한 법규정을 들 수 있다.

통합선거법은 선거기간동안 여론조사결과공표를 전면적으로 금지하고 있다. 누구든지 선거기간개시일부터 선거일의 투표마감시각까지 선거에 관하여 정당에 대한 지지도나 당선인을 예상하게 하는 여론조사의 경위와 그 결과를 공표하거나 인용하여 보도할 수 없다. 또한 선거일전 60일부터 선거일까지 선거에 관한 여론조사를 투표용지와 유사한 모형에 의한 방법을 사용하거나 후보자 또는 정당의 명의로 선거에 관한 여론조사를 할 수 없다**(법 제108조)**.

오늘날 여론조사방법의 전문화 · 고도화와 더불어 여론조사의 결과가 국민의 투표결과와 거의 일치해 가는 경향을 보이고 있다. 이러한 상황하에서 각국의 선거실제에 있어서도 여론조사결과는 상당한 영향을 미치고 있음을 부인할 수 없다.

여론조사결과를 미국과 같이 선거당일에 한하여 공표하는 것을 금지할 것이냐, 또는 프랑스의 경우처럼 선거일 일주일전까지로 한정하여 일정한 시점이후 금지할 것이냐의 문제는 각국이 처한 특수한 상황을 고려하여 결정할 문제이다. 그러나 적어도 선거기간내내 여론조사결과의 공표 및 보도를 전면적으로 금지시키는 것은 현대적인 정보화사회에 있어서 국민의 알 권리 충족 기회를 원천적으로 배제할 뿐만 아니라 언론의 자유를 침해하는 위헌의 소지가 있다고 본다. 이제 유권자는 자기가 지지 혹은 반대하는 후보자에 대한 일반적이고 전체적인 여론동향을 파악하여 이에 적극적으로 대응할 수 있도록 하여야 한다.

특히 우리나라에서 현재 채택하고 있는 일회제 다수대표제 선거제도하에서 유권자가 당선될 가능성이 없는 후보자에게 투표함으로써 사실상 자신의 표가 사표로 머물도록 하는 것은 바람직한 것이 아니다. 오히려 차선의 후보라도 당선에 기여할 수 있는 투표가 되기를 기대하는 국민적 감정에도 부합하지 아니한다.

현실적으로 엄연히 이 기간동안 언론기관 또는 후보자와 정당의 의뢰에 따라 전문조사기관에서 여론조사를 행하고 있지만 단지 그 결과공표만을 금지시키고 있다. 이에 따라 여론조사를 담당한 관계자 및 여론조사를 의뢰한 관계자들은 여론조사의 향배를 충분히 숙지하고 있음에도 불구하고 다만 일반국민만 그 여론조사결과로부터 소외되어 있을 따름이다.

다만 아직 민주주의의 초기단계에 있는 한국적 현실에서 자칫 여론조사가 인민재판의 결과를 초래한다거나 또는 여론조사 자체가 특정후보에게 유리하도록 일방적으로 행해지게 함으로써 유권자의 공정한 판단을 흐리게 할 소지가 있다는 점에서 일정한 제한은 불가피해 보인다. 선거운동의 과열을 방지한다는 취지에 따라 법정선거기간이 불과 17일에 불과한 현행법의 테두리하에서 입법론적으로는 선거일 7일 전부터는 여론조사결과의 공표를 금지하는 것이 하나의 대안이 될 수 있다.

한편 선거인의 투표후 여론조사행위 즉 출구여론조사는 투표의 비밀보장의 원칙에 비추어 이를 금지하고 있는 것으로 이해되고 있다. 실제로 자칫 출구여론조사의 지나친 과열이 사실상 투표결과의 공표강요로 이어질 소지 또한 전적으로 배제할 수 없다. 하지만 국민은 빠른 정보를 원하고 있다. 지난 6 · 27지방선거시 전화를 통한 투표후 여론조사결과는 당락에 관한 한 거의 완전할 정도의 정확성을 보여 주고 있다는 점에서 투표시간 마감과 동시에 발표된 여론조사결과는 신선한 충격을 안겨 준 바 있다. 지금처럼 투표장으로부터 500미터 밖에서의 조사는 사실상 출구조사의 의미를 갖지 못한다. 앞으로 외국에서 일반화되어 있는 출구여론조사를 굳이 금지시킬 것이 아니라 제도적 보완을 통해서라도 길을 열어 주어야 한다.

한겨레신문(더불어 생각하며)_1996. 1. 30.

## 선거 D-3까지 여론 공표 허용하자

선거일이 가까워질수록 여론조사 결과 공표의 영향이 더욱 커진다. 여론조사 결과 공표는 상반되는 효과를 가진다. 투표자로 하여금 승산이 있는 쪽으로 가담하도록 하는 우세자 효과Bandwagon Effect가 있는 반면에 불리한 편을 동정해 열세에 놓인 쪽으로 기울게 하는 열세자 효과Underdog Effect도 나타날 수 있다.

그런데 여론조사의 객관성과 정확성은 언제나 논란의 대상이다. 전국을 단일선거구로 하는 대통령선거와 정당명부식 비례대표 국회의원 선거에서는 지역별 또는 득표율에 약간의 편차가 있어도 여론조사 결과가 역전되지 않는다.

하지만 지역구 국회의원 선거에서는 여론조사의 정확도가 훨씬 떨어지기 마련이다. 17대 국회의원 선거에서 여론조사와 상반된 다수의 사례가 이를 단적으로 증명한다. 초경합 선거구에서는 100표 미만의 차로 당락이 좌우되는 경우도 빈발한다. 현실적으로 선거구당 500명의 표본조사에 응답률이 20%에도 미치지 못하기 때문에 그 정확도를 가늠하기가 매우 어렵다.

최근에는 본선거 못지않게 후보경선 과정에서도 여론조사를 중히 여긴다. 2002년 대통령선거를 목전에 두고 합의한 노무현·정몽준 후보단일화는 여론조사 결과만으로 결판이 났다. 2007년의 한나라당 대선후보 경선에서 이명박 후보는 대의원 지지에서 열세였지만 여론조사 결과 반영 덕분에 박근혜 후보를 물리쳤다. 지역구 국회의원 후보 추천 과정에서도 통합민주당은 경합지역의 경우 복수의 후보자를 놓고 실시한 여론조사 결과에 따라 공천자를 결정했다. 그만큼 우리 선거에서 여론조사는 선거 판 전체를 뒤흔드는 파급 효과를 가진다. 하지만 여론조사가 정치권의 책임 회피용으로 악용되어서는 안 된다.

공직선거법은 여론조사 결과의 공표에 매우 소극적이다. 옛 법에서는 법정 선거기간에 여론조사 결과를 공표하는 것을 전면 금지했다. 후보자 등록이 임박해서야 정당공천 후보자가 확정되는 탓에 유권자는 후보자가 누구인지도 잘 모르는 채로 전개된 선거운동 기간의 여론 추이도 전혀 알 수 없었다. 그럼에도 헌법재판소는 이를 입법재량이라 하여 합헌결정을 내렸다. 이에 대한 비판이 고조되자 개정된 공직선거법은 선거일 6일 전부터 여론조사 결과 공표를 금지한다. 국회의원 선거에서 13일의 법정 선거운동 기간에 유권자는 초기 일주일 동안에 드러난 여론의 추이만 알 수 있고, 그 이후의 여론 동향은 전혀 알 수 없다.

하지만 이 기간에도 언론사와 연계된 기관들은 지속적으로 여론조사를 실시한다. 언론사와 여론조사기관 관계자는 그 결과를 알고 있음에도 공표가 금지돼 있기 때문에 일반 국민만 까막눈이다. 그러니 선거일 6일 전부터 언론 보도는 애매하기 그지없다. 각 정당의 주장을 보도하는 것처럼 하면서 자신들이 알고 있는 여론조사 결과를 뒤섞는 자의적 판세분석을 일삼는다. 더구나 오늘날과 같은 인터넷시대에 국내 언론사만 공표 금지에 묶이고 외국 언론사는 얼마든지 보도할 수 있기 때문에 규제의 실효성도 없다.

비례대표 선거는 정강정책에 좌우되지만 지역구 선거에서는 후보자의 인품도 큰 몫을 차지한다. 이제 주권자의 알 권리를 보장하기 위해서는 선거일 전 이틀 또는 선거 전날에 한해서 여론조사 결과의 공표를 금지하는 입법 조치가 필요하다.

언론사도 여론조사 결과의 공표에 더욱 신중한 자세를 보여야 한다. 여론조사 결과의 오차범위는 ±4.4%이다. 이를 엄격히 적용하면 대부분의 지역에서는 누가 우세라고 단정하기 어렵다. 언론의 생명은 객관적이고 공정한 보도자세에서 비롯된다.

동아일보_2008. 4. 8.

## 선거법, 닫힌 법에서 열린 법으로

"전통적인 선거법제SNS로 뿌리째 붕괴선거본질 충실하도록규제는 예외로 둬야"

민주주의의 고향이라는 영국에서도 선거혁명을 이루기가 쉽지 않았다. 19세기 산업혁명의 성공으로 신흥 부르주아 계층이 등장함에 따라 물신주의物神主義가 팽배하면서 선거에서도 매관매수가 난무하자 1883년에는 '부패 및 위법행위 방지법'을 통해서 정치과정을 철저하게 규제하기 시작했다. 그제야 비로소 선거부정은 사라지고 선거가 민주주의의 축제로 자리잡게 된다.

영국보다 불과 20년 뒤진 1948년에 우리도 보통 · 평등 · 직접 · 비밀선거제도를 도입했다. 하지만 허울 좋은 외형에도 불구하고 민주적 선거제도의 정착은 요원했다. 금권선거 · 관권선거가 난무하는 가운데 주권자의 표심이 찬탈당하는 상황에서 1960년 4월 학생혁명의 발발은 역사의 필연이었다. 민주화 이후에도 정치개혁의 화두는 부정선거 척결로부터 비롯된다는 취지에 따라 1994년에는 정치개혁입법으로 '공직선거 및 선거부정방지법'이 제정되었다.

선거법에서는 선거운동의 자유를 명시하고 있지만 실제로는 각종 규제로 선거자유법이 아니라 선거규제법이 돼 있다. 그런데 21세기 벽두부터 총선시민연대는 선거법을 정면으로 위반하면서 낙천 · 낙선운동에 나서고 노동조합도 정치참여를 주장함으로써 새로운 국면을 맞이한다. 이제 사회 각 세력의 균형과 평화를 어떻게 선거법에 반영할 것인가가 새로운 화두로 등장한 것이다. 소셜네트워크서비스SNS의 등장은 규제 중심의 선거법에 대한 근본적인 변화를 초래한다. 선거법의 핵심은 돈은 묶고 말은 푼다는 데 있다. 그런데 오늘날 휴대전화의 보편화에 따라 전 국민이 카메라맨이 되어 있는 상황에서 돈선거는 쉽지 않다. 문제는 SNS에 대한 규제다. 2011년 10 · 26 서울시장 보궐선거에서 드러난 바와 같이 SNS는 규제 자체가 불가능한 소통도구다.

이에 헌법재판소는 '그 밖에 이와 유사한 것'으로 가해지는 규제에 SNS가 포함되는 한 헌법에 위반된다는 한정위헌결정을 내렸다. 그런데 관권 · 금권선거가 사라진 자리에 초고속 전파속도와 폭발적인 위력을 가진 SNS를 통해서 무차별적인 흑색선전이나 허위사실을 유포하면 이를 어떻게 막을 수 있을지가 문제다. 선거 직전에 살포되는 유언비어는 어떻게 해 볼 겨를이 없다. 하지만 선거에는 치명적일 수 있다. 이에 대해서는 끝까지 추적해서 처벌하는 법 · 제도의 정립과 관계당국의 노력이 필요하다. 당선만 되면 그만이라는 인식을 뿌리 뽑아야 한다. 사전규제가 안 되면 사후 규제와 감독이 더욱 철저해야 한다.

중앙선거관리위원회는 더 나아가 선거 당일에도 SNS를 통한 선거운동이 가능하다고 한다. 그야말로 전통적인 선거법제의 틀이 SNS로 인해서 송두리째 무너지고 있다. 법상 선거운동은 선거일 전까지로 되어 있는데 SNS 선거운동에 대해서만 예외를 두면 또 다른 갈등을 예고한다. 투표 당일 지지 또는 낙선운동이 SNS는 합법이고 일반 휴대전화는 불법이며, 카카오톡은 되고 일반 문자 메시지는 안 되는 모순이 존재한다. 선거 당일의 선거운동 허용은 선거의 안정과 평온의 유지에 심각한 우려를 자아낼 수 있다.

이제 선거법제도 아날로그 시대의 선거부정 방지라는 울타리를 벗어나서 디지털 시대의 선거운동 자유의 법제로 거듭 태어나야 한다. 선거의 본질에 충실할 수 있도록 선거운동의 자유를 원칙으로 하고 규제는 예외로 해야 한다. SNS 뿐만 아니라 갖가지 규제로 점철되어 있는 선거법에 자유의 바람을 불어넣어야 한다. 그래야 선거운동도 생명력을 갖게 된다. 그래야 신진정치세력에게도 개방된 선거가 될 수 있다.

차제에 헌법기관인 중앙선거관리위원회의 역할과 기능을 제고하기 위해 대법관이 겸임하는 비상임위원장체제가 아니라 상임위원장으로 전환되어야 한다. 주권적 의사표현을 총괄하는 중앙선관위의 비상임체제는 그 어떠한 이유로도 바람직하지 않다.

매일경제[인사이드 칼럼]_2012. 1. 31.

# 선거구野合 막을 제도 보완 절실하다

대한민국 헌법은 국회의원 숫자와 선거제도에 관해서 다음과 같이 규정한다. '국회의원의 수는 법률로 정하되, 200인 이상으로 한다. 국회의원의 선거구와 비례대표제 기타 선거에 관한 사항은 법률로 정한다.'**(제41조)** 이 헌법 규정에 따라 공직선거법에서는 국회의원의 숫자와 선거제도, 즉 선거구의 크기, 대표의 결정 방식, 인구비례 등에 관해서 규정한다. 대표의 결정 방식을 상대적 다수대표제와 비례대표제를 병용하는 상황에서 소선거구에서의 인구편차가 문제된다.

국회의원 수의 마지노선은 299명이란 게 일반적인 인식이다. 헌법상 '200인 이상'의 의미는 '300명 이상' 무한대로 증원**增員**할 수 있다는 의미보다는 '200명대'를 의미한다고 봐야 한다. 그 의미를 넘어서기 어려우니까 최대치인 299명으로, 이를테면 200명대라는 눈속임을 해왔다. 300명 이상으로의 증원은 그때마다 '정치인의 정치인에 의한 정치인만을 위한 증원'이라는 국민적 저항에 부닥쳐 좌절됐다. 그런데 '공중부양'으로 상징되는 제18대 국회는 그 어느 의회기보다 가장 큰 국민적 실망을 안겨준 반면 정작 의원 숫자의 마지노선을 무너뜨렸다는 사실에 경악을 금치 못한다. 여기에 선거를 총괄하는 헌법기관인 중앙선거관리위원회까지 300명선에 부화뇌동**附和雷同**한 책임을 면키 어렵다.

국회의원 정수는 선거구 획정과 불가분의 관계에 있다. 의원 증원도 선거구 획정 과정에서 야기된 정치적 흥정의 결과물이다. 선거구 획정에 있어서는 투표가치의 평등과 게리맨더링이 문제다. 이들 사항을 정치적 야합에 의해 좌우되는 것을 막기 위해 공직선거법에서는 민간인으로만 구성되는 선거구획정위원회를 설치하고 있다. 그런데 국회는 선거구획정위원회가 제시한 획정안은 아예 무시하고 정치적 흥정만 거듭한 끝에 의원 숫자 증원으로 해결을 보고 말았다. 차제에 정치적 야합**野合**을 최소화하기 위해선 민간인으로 구성된 중립적인 선거구획정위원회를 상설화하고 특별한 사유가 없는 한 위원회의 의견을 수용토록 하는 제도적 보완이 필요하다.

이번에 국회에서는 여야 간에 나눠먹기식으로 영·호남에서 각기 1명씩 감원하고 나머지 3구만 증원하고 비례대표 54명은 그대로 유지시켰다. 즉, 경기

파주시와 강원 원주시를 갑과 을로 나누고 세종특별자치시에 독립선거구를 신설해 총 3개 지역구를 늘렸다. 결과적으로 강남갑선거구가 최대 인구수가 되고 경북 영천선거구가 최소 인구수가 됨으로써 최대 · 최소 인구편차는 2.96 대 1로 조절됐다. 이는 선거구 획정에 있어서 행정구역 기준을 무너뜨린 일이라 하지 않을 수 없다.

영 · 호남에서 각기 줄어든 선거구는 농 · 어촌이라는 점에서 그 문제의 심각성이 있다. 단원제 국회인 우리나라의 특성상 국회의원의 지역대표성도 고려돼야 한다. 만약 지역대표성을 갖는 양원제라면 당연히 하원의 인구편차는 2 대 1까지 하향 조정돼야 한다. 하지만 3 대 1을 그대로 유지하고 있는 이유는 단원제의 현실에서 산업화에 따른 이농離農현상에 따라 농 · 어촌 인구 감소에 대한 최소한의 배려다.

그런데 정작 농 · 어촌 선거구의 희생 위에 도시 선거구만 늘어나는 결과를 초래하고 있다는 점에서 참담함을 금할 수 없다. 만약 이렇게 인구비례만 강조하는 식의 농 · 어촌 선거구 축소가 계속된다면 더 이상 소선거구 상대적 다수대표제의 존재 이유도 없다. 또 아직 법적으로 미완성인 세종특별시를 독립선거구로 하지만 않았어도 위헌違憲 논란, 정치적 홍정과 숫자 증원이라는 비판을 일거에 해소할 수 있었을 것이다. 참으로 국민 입장에서는 아쉬움만 남는 의원 숫자 증원을 통한 선거구 획정이다.

문화일보〈포럼〉, 2012. 2. 29.

# 기초선거 정당공천제, 유지돼야 한다

전직 총리를 비롯한 각계원로들이 기초지방선거에서 정당공천제를 폐지해야 한다는 선언서를 발표했다. 즉 "정당공천제는 온갖 공천비리와 추악한 정치부패를 초래하고, 진정한 풀뿌리 민주주의의 성장과 발전을 저해하는 요소로 작용하고 있다"고 비판한다. 이 선언서는 그 동안 지방자치단체의 장과 의원들의 줄기찬 요구와 일치한다. 헌법재판소도 초기에는 정당표방 금지와 정당공천 금지에 대해서 합헌결정을 내렸다가 2003년에 판례를 변경하여 위헌결정을 내린 바 있다. 그 만큼 논쟁적인 사안이다.

구 공직선거법에서는 대통령선거, 국회의원선거, 광역 의회의원 및 단체장선거, 기초단체장선거에서와 달리 기초의회의원선거에서만 정당표방과 정당공천을 금지했다. 그런데 최근에는 기초의회의원선거뿐 아니라 기초단체장 선거에서도 정당공천제 금지를 주장하고 있다.

폐지론의 입장은 첫째, 당내민주주의가 제대로 정립되지 않은 상태에서 지방문제는 간과되고 지역정당이 중앙당에 예속되는 결과를 가져올 수 있다. 둘째, 전국규모 정당의 지방선거 참여는 중앙정치에 있어서의 여·야간 갈등을 지방자치단체에까지 확산시킬 우려가 있다. 셋째, 헌법상의 정당보호 및 지방자치제의 제도적 보장, 우리의 정치문화와 지방자치에 대한 국민의식 등 제반사정을 고려할 때 입법적으로 폐지해도 문제될 것이 없다.

반면에 허용론의 입장은 첫째, 정당표방을 통하여 지방선거에 있어서 지역주민들의 선택이 쉬워진다. 둘째, 중앙당과 지역정당의 유기적인 연계를 통하여 국가와 지방자치단체, 국가사무와 지역사무의 유기적 연계에 기여할 수 있다. 셋째, 지역적 이해관계의 대립이 아닌 국민의사의 통일적 형성에 기여할 수 있다. 넷째, 우리나라의 취약한 정당의 하부구조를 강화시키는 데 도움이 될 수 있다고 본다.

헌재가 유권자의 기본권침해라는 위헌결정을 내린 논거는 다음과 같다. 첫째, 공무담임권의 내용인 선거에 입후보해서 당선될 수 있는 피선거권과 모든 공직에 임명될 수 있는 공직취임권의 제한이다. 둘째, 후보자에 대한 정당의 지지 또는 추천에 관한 정보가 봉쇄됨으로써 유권자의 알 권리를 제한한다. 셋째,

정당의 지방선거참여 제한은 헌법상 보장된 정당활동의 자유의 제한이다. 넷째, 4대 지방선거 중 유독 기초자치단체선거의 경우에만 후보자에 대하여 정당표방을 금지할 본질적 차이가 없다. 이 네 가지 기본권보다 더 본질적으로 침해되는 기본권은 정치적 표현의 자유다.

후보자가 소속정당으로부터 지지 또는 추천받음을 표방하는 것은 유권자들에게 자신의 자질과 능력이 소속정당에 의해 검증되었고 자신의 정치적 신념, 지향하는 정책노선과 실천적 복안 등이 소속정당이 내세운 정책 등과 궤를 같이 한다는 사실을 알리면서 동시에 자신을 지지해달라는 의사를 표현하기 위한 것이다. 그런데 정당표방금지는 정치적 표현의 자유를 제한하고 있을 뿐만 아니라 정당원경력은 인정하면서 정당추천제를 금지한 것은 명확성의 원칙에도 어긋난다. 특히 정치적 표현의 자유는 민주주의 실현의 본질을 이루는 기본권이므로 이의 제한에는 다소 엄격한 기준이 적용되어야 한다.

생각건대 지방자치제도의 본질인 주민참여와 정당제 민주주의에서의 정당의 존재의의인 선거참여 사이에 야기되는 갈등관계는 조화롭게 해결돼야 한다. 지방자치제도와 정당민주주의 모두 헌법이 보장하고 있는 제도로 둘 중 어느 것이 더 우월하다고 보기 어려우므로 국회의 입법재량에 속한다고 판시한 종전의 헌재 판례도 나름대로 최소한의 일리가 없는 바는 아니지만 정당민주주의의 활성화가 한국 민주주의의 발전을 위한 초석이라는 점에 비추어 본다면 기초선거에서부터 정당공천제를 통하여 풀뿌리 정당제도의 착근에 기여해야 한다. 정당공천에 따른 지방정치의 중앙정치 예속화 내지 황폐화는 근본적으로 우리 정당이 안고 있는 극복해야 할 과제이지 편의적인 정당공천금지로 그 효과를 발휘하기 어렵다. 또한 정당경력표시의 금지가 원천적으로 불가능한 상황에서 정당공천금지는 과잉입법에 불과하다. 앞으로 대의민주주의가 활성화되기 위해서나 의원내각제의 한국적 접목의 결정적인 장애요인으로 들고 있는 정당의 미성숙문제를 해결하기 위해서도 정당공천제는 피할 수 없는 명제다. 풀뿌리 민주주의의 정착을 위해서도 정당제도가 기초지역에서부터 활성화돼야 한다. 그런 점에서 지구당제도를 폐지하고 시·도당제도를 도입하고 있는 현행 정당법도 근본적인 개혁이 뒤따라야 한다. 정당공천제에 따른 지방정치의 부패를 이유로 정당공천금지제도를 도입하려는 의도는 '호랑이가 무서워 산에 못가는' 치졸한 발상이다.

서울신문_2009. 7. 2.

## 공직선거와 전과기록

6 · 2지방선거전이 개시되었다. 유력한 정당들은 공직선거 후보자를 추천했다. 공직선거법은 공직선거 후보자에 대해 많은 서류 제출을 요구한다. 재산, 병역, 납세, 전과, 직업 · 학력 · 경력 등 인적 사항을 요구한다. 공직후보자의 인적 투명성을 밝히고 유권자의 선택을 위한 최소한의 기준이라 할 수 있다. 각 정당에서도 후보자를 추천하는 과정에서 이와 같은 사항을 요구한다.

다른 사항들은 원칙적으로 수용 가능한 것이지만, 전과에 관해서는 논란의 소지가 있다. 선거범으로서 형벌을 선고받은 자에 대해 일정기간 피선거권을 정지시키는 규정은 선거의 공정성과 본인의 반성을 촉구하는 법적 조치로서 공무담임권과 평등권을 침해하지 않는다는 헌법재판소의 판례가 있다. 바꿔 말하자면 법적인 제재 기간이 지나면 피선거권을 회복한다는 의미다. 그런데 각 정당의 후보자 추천과정에서 전과 특히 선거범죄의 전과자에 대해서는 원칙적으로 후보 추천을 배제하고 있다. 언론에서도 전과자를 어떻게 후보자로 추천하느냐는 식으로 비판하고 있다. 그런데 곰곰이 생각해 보면 전과자라는 이유로 공직선거 후보자가 되는데 결격사유로 매도하는 게 타당한지에 대해서는 논의를 좀 더 해 볼 필요가 있다.

전과기록의 공개는 타당하다고 본다. 헌법재판소도 공직선거 후보자의 도덕성, 청렴성 및 자질 등은 선거권자가 후보자의 공직적합성을 판단하는데 가장 중요한 요소 중의 하나이므로 선거권자에게 후보자의 객관적이고 사실적인 범죄관련 이력을 제공하여 줄 필요성도 매우 크다라고 판시하고 있다. 이에 따라 후보자의 실효**失效**된 형까지 포함한 금고 이상의 형의 범죄경력을 공개하는 것도 국민의 알권리를 충족하고 공정하고 정당한 선거권 행사를 보장하고자 하는 것으로 판단하고 있다.

후보자의 전과 기록에 대한 판단은 유권자의 몫이다. 특히 산업화와 민주화 과정을 거치면서 수많은 이들이 전과 기록을 갖고 있다. 따라서 전과의 유형이나 성격에 대해 유권자에게 현명한 판단을 내릴 수 있도록 해야 한다. 원칙적으로 파렴치 범죄가 아닌 한 이들에게 수형기간을 지나 피선거권을 회복시켜 주고 있는 한 원천적으로 피선거권을 제약하거나 비난하는 것은 법의 기본적인 입법취지에도 어긋난다. 더구나 현대 형법은 응보형이 아니라 교화형을 채택하고 있기 때문에 지은 범죄에 대한 충분한 제재를 받은 국민에게 다시금 공직선거의 후보자가 되는 것을 제한하는 것은 바람직하지 않다. 따라서 언론도 차제에 전과자가 몇 %란 식의 보도는 자제해야 한다.

매일경제[인사이드 칼럼], 2010. 5. 19.

# 제 6 장

## 대학교육

# 개천에서 용나게 하자

2008년 미국 대통령선거에서는 버락 오바마라는 새로운 스타 탄생을 예고한다. 여론조사에서는 흑인 후보를 선호한다면서도 정작 투표장에서는 백인 후보에게 투표하는 브래들리Bradley 효과의 한계도 넘어선다. '자유의 여신'으로 상징되는 미국 역사는 인종차별segregation로 얼룩져 있다. '나에게 꿈이 있다I have a dream'고 절규하던 흑인 민권운동가 마틴 루서 킹 목사는 흉탄에 쓰러졌다. 그런데 가난한 아프리카 흑인 유학생의 아들이 역경을 딛고 새 역사를 쓰고 있다.

'가난은 다만 불편할 뿐'이라는 자조를 뛰어넘어 경제적 뒷받침 없이는 현대사회에서 사회적 성공을 기대하기란 쉽지 않다. 체력을 바탕으로 하는 스포츠에서도 풍요로운 삶의 여부가 단적으로 드러난다. 힘 그 자체만으로 승리할 수 있는 육상이나 권투 같은 투기 종목에서는 단연 유색인종이 압도한다. 반면에 충분한 시간을 갖고 금전적 투자가 선행돼야 하는 테니스 골프 같은 종목에서는 백인이 압도한다. 이들 종목에서 유색인종은 남자 골프의 타이거 우즈, 여자 골프의 박세리를 비롯한 한국낭자, 테니스의 윌리엄스 자매를 손꼽을 정도다. 어디 그뿐인가. 정계 관계 재계뿐만 아니라 음악 미술과 같은 예술계조차도 백인의 독무대다. 하루하루 먹고살기도 벅찬 가난한 유색인종이 자녀 교육에 투자할 여유가 없기 때문이다.

미국인이 선호하는 일류 대학이나 대학원에 유색인종 특히 흑인의 진학은 극히 미미하다. 경제적 궁핍 상태인 부모형제를 외면한 채 혼자서 공부만 하겠다는 것은 가족에 대한 예의가 아니다. 대학원 과정은 더욱 그렇다. 장래가 보장되는 전문대학원 과정인 로스쿨이나 메디컬스쿨에 흑인의 진학은 더욱 줄어들 수밖에 없다. 이에 당국은 성적이 다소 부족하지만 흑인을 비롯한 유색인종에게 진학 기회를 마련해 주기 위해 적극적 평등실현조치 또는 잠정적 우대조치affirmative action를 시행한다.

적극적 평등실현조치란 사회로부터 차별을 받아 온 집단의 차별로 인한 불이익을 보상해 주기 위해 집단의 구성원에게 진학, 취업과 같은 사회적 이익을 직접 또는 간접적으로 부여하는 정책을 말한다. 이는 기회의 평등보다는 결과의 평등과 실질적 평등을 추구하는 정책이고, 개인보다는 집단에 초점을 맞춘 개념이며, 항구적 정책이 아니라 구제 목적을 달성하면 종료되는 잠정적 조치다. 이로 인해 흑인보다 더 좋은 성적을 획득했음에도 같은 대학의 진학에 실패한 백인 학생이 오히려 역차별이라며 위헌소송을 제기하기도 한다. 하지만 법원은 제도 자체의 합헌성을 인정한다. 이 조치 덕분에 흑인을 비롯한 유색인종이 좀 더 많은 사회 지도자를 배출한다. 가난의 대물림을 끊을 수 있는 제도적 장치인 셈이다.

우리나라에서 '헝그리 스포츠'란 은유적 표현은 개발연대의 시대상을 반영한다. 추위와 배고픔을 이겨내고 챔피언에 등극하면 일약 스타로 자리 잡으면서 부와 명예를 한손에 움켜쥘 수 있었다. 스포츠뿐 아니라 가난한 수재가 고등고시 합격을 통해 신분 상승을 이루는 경우도 마찬가지다.

정부도 남녀차별을 해소하기 위해 적극적 평등실현조치와 유사한 제도를 시행한다. 공무원의 양성평등 채용 목표는 이미 달성됐다. 여성의 정계진출 보장을 위한 비례대표 국회의원과 지방의회의원 선거의 여성공천 할당제도 있다.

헌법상 보장된 교육의 기회균등 원칙은 사회적 양극화가 심화되면서 새로운 도전에 직면한다. 대학입시에서 장애인 농어촌 학생 특별전형과 지역균형 선발제도를 시행하고 있지만 미흡하다. 능력 있고 우수한 학생들의 수학 기회가 보장돼야만 사회 통합에도 기여한다. 속된 말로 개천에서 용이 많이 나와야 우리 사회의 건전성도 담보할 수 있다.

동아일보_2008. 10. 21.

# 대학의 자유가 기업혁신 낳는다

정보기술IT은 18세기 후반 산업혁명 이후 2세기 만에 기업과 산업 지형을 송두리째 바꿔놓았다. 인간의 삶에도 코페르니쿠스적 전환을 초래한다. 정보기술의 선두 주자와 선도 기업은 모두 미국 차지다. 마이크로소프트의 빌 게이츠에서 애플의 스티브 잡스, 구글의 래리 페이지와 세르게이 브린, 페이스북의 마크 저커버그에 이르기까지. 이들의 성장 배경에는 어릴 적부터 자유를 만끽해 왔다는 공통점이 있다. 대학의 자유가 정신적 모태다. 이 회사들은 사옥을 캠퍼스라 부른다. 자유로운 분위기의 회사 안에서 모든 것을 해결할 수 있는 시스템은 여느 대학 캠퍼스를 능가한다. 칸막이 친 룸 중심의 구글에 비하면 종이가 사라지고 확 트인 사무실의 페이스북은 진화한 후발 주자의 새 모습이다.

자유의 공기는 대학으로부터 비롯돼야 한다. 대학은 자유와 자치를 생명으로 하는 학문공동체이다. 산학협동이나 학문 융합은 구호만으로 해결될 수 없다. 대학은 자유롭고 창의적인 인재들의 안식처여야 한다. 하지만 우리 대학은 온갖 통제로 숨쉬기조차 어려운 지경이다. 극소수의 일탈을 빌미로 선량한 절대다수 대학인들을 잠재적 범죄자로 취급하는 과잉규제는 철폐돼야 한다.

대학은 대학다워야 한다. 문어발식 대학 운영시대는 끝났다. 석좌교수, 초빙교수, 연구교수, 겸임교수, 특임교수, 교환교수와 같은 온갖 교수직의 잡화장도 정리돼야 한다. 연구의 중심축을 구축해야 한다. 미국 하버드대와 스탠퍼드대는 동부와 서부를 잇는 대학의 심장이다. 이 대학들에서 세계적인 IT 천재들이 배출되지 않았는가. 선도 대학과 후발 대학, 중심 대학과 지방 대학 사이에 끈끈한 학문적 연대와 협력 체계를 구축하되 옥석은 가려내야 한다.

공기만 마시고 살 수 없듯이 연구는 재능만으로 이루어지지 않는다. 연구비의 획기적 지원이 필요한 이유가 여기에 있다. 새로운 아이템이 기존 연구자의 살을 갉아먹는 상황에서는 어느 누구도 만족할 수 없다. 신규 과제에 걸맞은 연구비가 추가 지원돼야 한다.

줄기세포 연구의 새 장을 연 황우석 교수는 서울대 1호 석좌교수의 영예를 안았다. 하지만 연구 부정이 모든 명예와 권위를 송두리째 앗아갔다. 연구 부정은 척결돼야 할 악惡이지만 연구 프로젝트 그 자체를 무위로 돌려서는 안 된다. 한 때 세계를 선도하던 줄기세포 연구는 황우석 사태 이후 뿌리째 뽑힌 상태다. 자라 보고 놀란 가슴 솥뚜껑 보고 놀란 꼴이다.

삼성전자의 창업은 사돈 기업 LG에 대한 배신이라는 비난을 감내해야 했다. 창업주 이병철 회장을 포함해 어느 누구도 지금 같은 삼성전자에 대한 확신을 가질 수 없었을 것이다. 불과 30년 전만 해도 LG와 삼성은 제3세계의 보잘것없는 전자회사에 불과했다. 역설적으로 30년 후 지금처럼 세계를 호령하는 기업으로 남으리라고 누구도 장담할 수 없었다. 창조적 혁신만이 미래의 두려움을 잠재울 수 있다. 하지만 정부의 지원과 대책은 허공을 맴돈다.

IT를 통한 창조경제의 선두주자인 박병엽 팬택 부회장의 좌절을 보고만 있을 수 없는 이유다. 대학이 연구와 교육을 위한 무형의 자유공동체라면 기업은 주어진 과제를 통해서 확실한 결과물을 보여줘야 한다. 그러기에 대학과 기업은 협업연구뿐 아니라 발전적 경쟁이 필요하다. 각기 존재 이유는 달라도 공동 목표를 향해 함께 정진할 때 진정한 산학협동이 자리 잡게 된다.

대학의 자유와 기업 혁신만이 미래를 담보할 수 있다. 어스름한 달빛 뒤에 숨어서 신화를 바랄 게 아니라 밝은 햇빛 속으로 나와서 역사 창조에 동참할 때 창조경제는 숨쉴 공간을 확보할 것이다.

매일경제[인사이드 칼럼]_2014. 1. 21.

## 학력과 학벌을 뛰어 넘는 사회

국졸 작가, 중졸 기업인, 고졸 대통령. 우리에게 너무나 친숙한 인사들이다. 2002년 대통령선거에서 화려한 학력과 경력의 이회창 후보를 지지하던 인사가 상고출신 대통령을 연속해서 모실 수는 없지 않느냐라는 발언을 했다가 여론의 몰매를 맞은 바 있다. 사실 학력이 인생의 전부일 수는 없다. 더구나 영욕이 교차된 20세기를 살아 온 한국인에게 학력은 그 자체로서 결코 개인에 대한 절대적 평가기준일 수는 없다. 가난과 역경을 딛고 자수성가한 분들의 인생드라마는 대한민국을 역사상 가장 빠른 시일에 세계 10대 경제대국으로 우뚝 서게 한 원동력이었다. 상아탑이 아니라 우골탑으로 폄하되기도 하였지만 대학은 인재배출의 산실로서 안정 속의 성장을 주도하는 견인차였다. 우리 어머니들의 극성스런 치맛바람은 한강의 기적을 낳는 모태였다.

누구나 밖으로 드러내기 어려운 열등감을 가질 수 있다. 학력문제도 예외는 아니다. 심지어 같은 학력의 소유자 사이에도 컴플렉스가 있기 마련이다. 하지만 학력위조라는 자신과 사회를 속이는 범죄행위를 우리 사회의 지도적 위치에 있는 인사들이 저질렀다는 사실에 경악하고 있다. 사실 가짜 학위 파동은 좋은 학위 특히 외국학위를 선호하는 풍조에 편승한 사기행위일 뿐이다.

학력위조는 학벌지상주의가 낳은 병폐라는 지적도 있다. 하지만 학력은 각자가 자신의 노력으로 성취한 결과물이라는 점을 잊지 말아야 한다. 최선을 다한 성취는 아름답게 평가되어야 한다.

따지고 보면 학력을 이용한 학벌**學閥** 중시 풍조는 우리에게 한정된 것이 아니다. 미국의 하버드를 비롯한 아이비리그 대학, 영국의 옥스퍼드 캠브리지**(옥스브리지)** 대학, 프랑스의 대학위의 대학 그랑제콜, 일본의 동경대학은 이들 국가의 상징적 대학으로서 전 세계 젊은이들의 선망의 대상이다. 이들 대학은 우리나라에서 아직까지 단 한명도 배출하지 못한 노벨상 수상자를 수없이 배출한 명문중의 명문이다. 하지만 이들 대학 출신의 지나친 선민 엘리트 의식으로 인한 사회적 위화감 조성이 문제되기도 한다. 그래도 이들의 능력과 기여를 객관적으로 인정하고 있기 때문에 어느 누구도 그 존재이유에 의문을 제기하지는 않는다.

최근 한국사회에서는 조기유학 열풍을 타고 외국 명문대학 진학자에 대하여는 찬사를 아끼지 않으면서 역경을 딛고 국내 명문대학에 진학한 학생에 대하여는 별다른 관심을 보이지 않는다. 우리 대학이 정부와의 갈등 속에서 힘겨워하고 있는 와중에 우수한 인재들은 조기 유학으로 방향을 돌리고 있다. 국내에서의 힘든 수험생활보다는 오히려 그 효용가치가 날로 높아가는 외국대학을 선호하고 있다. 국내에서 대학진학에 실패한 학생이 외국대학에서의 교육을 훌륭히 마치고 번듯한 국내직장으로 환류하는 현상이 일상화되어가고 있다.

1970년대까지만 하여도 우리보다 풍요롭던 필리핀은 오늘날 취약한 국가경제로 인하여 마침내 대학까지도 몰락하고 있다. 필리핀국립대학은 이제 더 이상 필리핀 국민들이 선호하는 최고의 대학이 아니다. 부모의 경제적 뒷받침과 본인의 수학능력만 인정되면 모두들 외국 유학을 가버리고 국내 대학은 공동화상태에 빠져버리는 악순환의 고리 속에 필리핀대학은 멍들어 가고 있다. 우리 대학도 필리핀의 전철을 밟고 있지 않은지 의문이다. 설마하고 있는 동안에 이미 외국유학이 새로운 트랜드로 자리잡고 있지 않은가. 하지만 희망도 불씨도 살아나고 있다. 국내 대학출신 인사들이 외국에서 능력을 인정받아 초빙되는 낭보도 이어지고 있다.

이 기회에 그간 우리 사회가 학력이라는 외관에 지나치게 의탁하지 않았는지 성찰해 보아야 한다. 이제 학력을 영원히 간판으로 활용하려 하기만 하고 소위 끼리끼리 문화를 형성하는 학벌중심의 좁은 사고는 벗어나야 한다. 20세에 치러진 대학입시가 평생의 계급장이 되어서는 안 된다. 모든 사람에게 항상 열린 기회를 제공하여 지적 소통의 공간을 마련하여야 한다. 비록 대학입시에서는 실패하였더라도 대학원, 국가고시, 각종 자격시험 등을 통하여 언제든지 만회할 수 있는 패자부활전이 실질적으로 구축되어야 한다. 학력이 2% 부족하더라도 객관적으로 검증된 능력만 있으면 얼마든지 우대받고 평가받을 수 있는 성숙한 사회로 진입하여야 한다.

미발표 칼럼_2007. 10. 1.

# 교육 균등 좋지만 능력 따라야

서울시 교육위원회가 특성화 중학교 지정 동의안을 밤샘 논의 끝에 통과시켰다. 이에 따라 교육청은 두 곳의 국제중학교를 지정 고시했다. 중학교 의무교육이 실시되는 가운데 국제중은 사립대학 등록금에 맞먹는 고액의 수업료를 받는다. 국제중 입시전형은 40년 만에 중학입시의 부활을 알린다. 일부 시민단체는 헌법상 보장된 교육의 기회균등원칙에 어긋날 뿐 아니라 여론 수렴 과정에 절차상의 흠이 있다는 이유로 헌법소원을 준비 중이다.

국제중 설립인가는 진보정부 10년 동안에 진행된 교육 평준화 정책의 파기를 의미한다. 교육의 수월성과 자율성에 기초한 이명박 정부의 새 교육정책을 예고하는 신호탄이다. 교원능력개발평가제의 도입, 자율형사립고의 확대 추진을 놓고도 교육당국과 교원단체의 갈등이 시작됐다.

지난 정부에서 제기된 '서울대 폐지론'으로 상징되는 교육의 하향 평준화는 바람직하지 않다. 교육만큼 선택과 집중이 요구되는 분야도 없다. 세계적으로 대학의 경쟁력이 국가의 경쟁력으로 평가받는 시점에서 인재 양성에 온 힘을 쏟아야 한다. 하향 평준화 정책으로는 노벨상 수상자 배출도 국가경쟁력도 기대할 수 없다.

열심히 공부한 학생이 보다 좋은 환경에서 교육받을 권리는 존중해야 한다. 그러나 교육정책에서 변칙적 행태는 근절해야 한다. 특목고는 원래의 설립 취지에 충실하지 못했다. 과학영재를 양성한 과학고의 성과에도 불구하고, 외국어 인재를 양성하기 위해 설립한 외국어고는 고교입시가 폐지된 이후에 대학입시 준비학교로 전락했다. 외국어고는 해마다 대학입시철이면 제기되는 특목고 우대 논란의 중심에 있다. 평준화로 사라진 전국 명문고의 자리를 외국어고가 차지한 셈이다. 이는 누가 봐도 변칙이다. 고교 평준화 정책을 뒤엎은 현실을 교육 당국이 방기해 버린 결과다.

고교입시에 대한 확고한 정책기조도 설정되지 않은 상황에서 난데없이 중학교까지 실질적인 입시를 도입하는 방안은 시기상조일 뿐 아니라 바람직하지 않다. 여론에 떠밀린 소위 로또식 무작위 추첨 전형은 더욱 희화적이다. 우선 고교입시부터 정비해야 한다. 새로운 시대 변화에 맞춰 학생의 다양한 학교선택권과 수학권修學權을 보장해야 한다. 특목고를 폐지할 수 없다면 장점을 살려 나가야 한다. 외국어고 과학고는 전문영역에 부합하도록 교육해야 한다. 민족사관고와 상산고도 설립목적에 충실해야 한다. 자율형사립고와 선지원제도의 확대를 통해서 학교 간 경쟁을 유도해야 한다. 교원평가제도 미룰 수 없는 과제다.

특히 교육환경이 열악한 학생을 위해 새로운 교육기회의 창출이 필요하다. 전북 순창군이 설립한 기숙형 공립학교인 '옥천인재숙'은 좋은 벤치마킹의 대상이다. 눈에 띄게 실력이 향상된 인재숙 학생에 대해 다른 지방자치단체의 관심이 높다. 순창군의 파격적 지원이 없다면 대학입시에서 어떻게 농어촌 학생이 대도시 학생과 나란히 경쟁할 수 있단 말인가.

그런데 국가인권위원회는 성적에 따라 공립고교의 입학생을 결정하는 것은 평등권 위배라는 취지로 개선 권고를 내렸다. 하지만 공교육 평균화의 틀 속에 얽매여 새로운 도전을 외면해서는 안 된다. 말이 공립과 사립이지 평준화 이후에 공립고와 사립고의 차이는 사실상 허물어진 상태다.

우리 헌법은 '능력에 따라 균등하게 교육을 받을 권리'를 보장한다. 즉 수학권은 능력과 균등의 두 요소를 포괄한다. 그간 균등 이념에 치우친 나머지 능력에 따른 정당한 차별을 도외시하지 않았는지 성찰할 때다. 교육의 기회 균등과 능력에 따른 정당한 차별이 조화를 이뤄야 한다. 땜질식 처방으로 화를 자초하지 말고 이제 교육입국의 청사진을 설계하고 제시하는 데 힘을 모을 때다.

동아일보_2008. 11. 4.

## 인간존엄을 회복하는 교육의 장

제2차 세계대전을 거치면서 전쟁광들은 인종청소 작업에 골몰한 나머지 대량학살과 생체실험을 서슴치 않았다. 이에 대한 반성적 성찰로서 1949년에 제정된 독일헌법은 제1조에서 인간의 존엄성을 규정하고 있다. 우리 헌법도 국민의 권리 중에서 으뜸가는 항목으로 인간의 존엄을 규정하고 있다. 실로 인류의 발전사는 바로 인간존엄을 구현하는 과정이라 해도 과언이 아니다.

하지만 굳이 전쟁이 아니더라도 근년에도 유고의 밀로세비치와 같은 이들이 저지른 반인륜적 범죄와 더불어 지금도 아프리카 등에서는 여전히 인종 언어 종교적 갈등은 결국 대량살륙으로 이어지고 있다. 인륜에 반하는 범죄자를 처벌하기 위해 유고전범재판소에 이어 국제형사재판소가 개설되었다. 이들 재판소에 권오곤 재판관과 송상현 재판관이 참여하고 있다. 이들 재판소는 정치적 성격도 동시에 갖고 있는 국제적 차원의 문제이다.

인간이 평상심을 상실할 때 드러나는 현상들은 일일이 열거하기 어렵다. 하지만 인간이 인간이기를 포기한 상황에서 저지를 수 있는 행태는 참으로 비극적이다.

밝고 환하게 웃는 무고한 어린 생명이 무슨 죄가 있다고 이토록 끔찍한 범죄를 저지른단 말인가. 멀리는 대구 개구리소년 사건, 가까이는 네모녀 피살사건, 안양 어린이 피살사건과 같은 참혹한 사건이 끝이 보이지 않는다. 경제가 어려워지면서 어린이와 동반자살하는 가정도 늘고 있다. 어린 생명들이 무슨 죄가 있는지 묻고 싶다. 신의 섭리에 따라 탄생한 생명을 스스로 포기하는 것 자체가 죄악일진대 하물며 어린 생명을 동반하는 행태는 그 어떠한 이유로도 용납될 수 없다. 어디 그뿐인가. 시랜드 사건에서 보듯이 어른의 탐욕이 결국 죄없는 어린 생명들을 희생시키지 않았는가.

물신주의의 탓인가? 실용의 덫에 빠진 나머지 성과제일주의에 매몰되지 않았는지 성찰해 볼 일이다. 사람이 무엇으로 사는가, 참으로 어려운 일이다. 하지만 모든 인간 개체는 각기 그 나름대로의 인격과 존재이유가 있다. 그럼에도 우리는 그간 인간을 인간으로 대하지 않고 물건으로 대하지 않았는지 자성해 볼 일이다.

교육의 잘못인가? 왜 어른들은 죄없는 어린 생명을 담보로 하는가? 인간이 인간에 대한 말살정책을 바라보면서 인간성 회복을 위한 교육의 중요성을 다시 한 번 일깨워준다. 사람이 사람다울 수 있다는 것은 쉽고도 어려운 일이다. 일찍이 선현들은 인간에 대하여 성악설과 성선설로 양극화된 이론을 제기하기도 하였다.

잇따른 참혹한 살인사건을 지켜보면서 금수가 아닌 인간이 이렇게 잔인할 수 있느냐라는 생각을 지울 수 없다. 천진난만한 어린 생명을 어른들의 잘못으로 죽음으로 인도하는 비 인간적이고 인간의 존엄을 말살하는 일은 사라져야 한다.

서울대 인문대학에서 개설한 인문학최고과정AFP에 우리 사회의 지도급 인사들이 수강대열에 동참하였다는 소식을 접한다. 그나마 이제 인문학적 사고가 인류의 삶에 있어서 지혜의 보고가 될 수 있음을 보여주는 긍정적인 한 장면일 수 있다.

미발표 칼럼_2008. 5.

## 대학 경쟁력이 國格을 높인다

대선 후보는 저마다 서민을 위한 정책의 차별성을 강조하지만 유일한 공통점이 있다. 정동영 이명박 이회창 후보뿐만 아니라 전현직 대통령의 자녀는 한결같이 외국 유학을 했다. 미국 유학이 대부분인데 그것도 학비가 비싸기로 소문난 사립고교와 사립대 출신이다. 재벌가 자녀도 예외가 아니다.

대한민국은 미국 유학 열풍에 휩싸여 있다. 미국 쏠림 현상은 갈수록 심해진다. 이제 유학은 초등학교까지 내려간다. 원정출산이 유행이라니 이제 어머니 배 속에서부터 유학하는 셈이다. 미국 유학파가 국내의 정계 관계 재계에서 지배 엘리트로 터를 잡은 지 오래다.

왜 미국인가. 미국에도 인증을 받지 못한, 대학 아닌 대학이 있다. 소위 가짜 박사의 진원지이다. 경쟁에서 밀려난 이름 없는 대학도 많다. 하지만 시장원리에 입각한 대학의 자율성이 하버드대와 같은 세계 초일류 대학을 만든다.

예전엔 입시철이면 역경을 딛고 일어선 서울대 합격생이 뉴스거리였다. 이제 그 자리는 미국의 유명 대학 입학생이 차지한다. 뛰어난 인재가 국내 대학 진학을 마다하고 외국으로 빠져나가도 위정자나 교육 당국자는 여전히 우리 대학만을 옥죈다. 반면에 과학영재의 국내 귀환은 갈수록 정체된다. 서울대 공대는 금년에 단 한 명의 교수도 채용하지 못했다.

백년대계가 아니라 한두 해도 못 가는 교육정책에 실망한 나머지 교육인적자원부 폐지론까지 나온다. 제주와 인천 청라지구에 외국 대학을 유치할 모양이다. 이곳에 현재와 같은 입시 제도를 강요하면 아무도 들어오지 않을 것이다. 반대로 학생 선발의 자율권을 부여하면 국내판 외국 대학으로의 엑소더스가 현실화될 것이다.

교육 개혁은 더 기다릴 시간도 선택의 여지도 없다. 첫째, 열심히 노력한 학생은 자신이 원하는 대학에 진학할 수 있어야 한다. 값비싼 해외 유학은 고사하고 학원 갈 돈조차 없는 가난한 천재의 수학 기회도 보장해야 한다. 그러나 현행 입시제도로는 불가능하다. 3불 정책, 수능 등급제와 같은 하향평준화 정책은 철폐해야 한다. 패자부활전도 필요하다. 대학입시에서 실패하더라도 또 다른 소통의 기회가 있어야 한다.

둘째, 글로벌시대의 무한경쟁에 노출된 대학은 자치와 자율이 생명이다. 대학은 관리 대상의 미숙아가 아니다. 우리도 이제 세계 초일류 대학을 가질 때가 됐다. 대학 간 차이를 인정해 세계적인 선도 대학을 육성해야 한다. 세계적 경쟁력을 갖춘 대학은 자율과 혜택을 누릴 권리가 있다. 해외 유학파의 유치가 아니라 유학이 필요 없는 대학이 필요하다.

셋째, 선택과 집중이 이루어져야 한다. 전국 100여 개 대학이 각기 100여 개 학과를 거느리는 한 전문화 특성화는 불가능하다. 경상대 농생명학부 출신의 토종박사가 외국 유명 대학에 발탁되지 않았는가.

넷째, 대학 재정의 획기적 확충이 필요하다. 대학 총장의 최대 덕목이 얼마나 많은 발전기금을 확충하느냐에 좌우될 정도로 대학의 재정은 열악하다. 세계 50위권 대학으로 성장한 서울대의 1년 세출예산은 겨우 4000억 원 남짓이다. 중소기업 규모도 못 될 뿐 아니라 세계 유수 대학의 10분의 1도 안 된다. 기부문화가 대학으로 확산되도록 특단의 세제 혜택이 필요하다.

우리나라는 사람이 유일한 자원이다. 진리의 전당인 대학은 우골탑이 아니라 상아탑으로 환골탈태해야 한다. 치맛바람은 비난의 대상이 아니라 신바람 공부의 원조자로 승화돼야 한다.

한 나라의 장래는 뛰어난 인재에게 의탁한다. 미국의 아이비리그, 프랑스의 그랑제콜, 영국의 옥스브리지 출신이 나라를 이끌어 가는 중심축이다. 서울대 폐교론까지 거론하던 참여정부의 실패를 또다시 범해서는 안 된다.

동아일보_2007. 12. 18.

## 정치교수가 넘지 말아야 할 線

미국 최고의 로스쿨인 예일대 법대의 고홍주Harold Koh 학장은 교포 2세로서 미국 사회의 주류로 진입한 대표적 인물이다. 그는 교수로 재직 중에 빌 클린턴 정부의 인권노동 차관보도 지낸 바 있다. 하지만 그는 비판의 대상이 아니라 성공의 표상이다.

정관계에 진출한 학자를 지칭하는 정치교수political professor는 한국에서 폴리페서polifessor라는 조소적인 표현으로 약칭된다. 대중매체에 영합하는 텔레페서telefessor라는 신조어도 등장한다. 교수가 연구와 교육에 전념하지 않고 잿밥에만 관심이 있다는 질책이다. 권위주의 시절에 학자의 현실 참여는 곡학아세曲學阿世로 치부됐다. 제자들이 온몸으로 외치는 나라의 민주화에 아랑곳하지 않고, 학자로서의 양심은 저버린 채 권력에만 의탁한 어용교수에 대해 비난이 거셀 수밖에 없었다.

민주화 이후에 학자들의 현실 참여는 적극적이고 노골적이다. 대선 캠프에 참여해서 정책을 수립하고 대선 승리 이후에는 이를 구현하기 위해 국정에 참여한다. 그들의 면면과 활동상도 매우 다양하다. 첫째, 여야 구분 없이 참여한다. 야당에 참여한다고 해서 특별히 불이익을 받지도 않는다. 둘째, 전공 또한 매우 다양하다. 법 정치 경제와 같은 사회과학 분야뿐만 아니라 인문학 자연과학에 이르기까지 다양한 학문적 배경을 갖고 있다.

학자들의 현실 참여가 일반화된 분야는 비상임위원회 위원이나 자문위원이다. 전국의 대다수 교수는 크고 작은 직책을 맡고 있다. 이 경우 본연의 직분을 견지하면서 파트타임으로 정책자문에 임하기 때문에 특별히 문제되지 않는다. 오히려 전문가의 국정 참여라는 긍정적 시각이 지배적이다.

법령상 휴직을 해야 하는 정부직, 국책연구원장, 국회의원이 논란의 표적이다. 휴직하면 그 정원(TO)은 더는 충원되지 않기 때문에 강의와 교육에 지장을 초래함으로써 학생들의 수업권을 침해할 수 있고, 정치교수는 학교에 되돌아와서도 정상적인 교수생활을 하기 어렵다는 비판이다. 반면에 산학협동이 강조되듯이 전문지식에 기초한 학문적 소신은 국정운영에 도움이 될 뿐만 아니라 현장에서의 소중한 경험은 복직 이후에 연구와 교육의 훌륭한 자산이 된다는 반론도 있다. 전문적인 역량을 갖춘 인재들의 국정 참여가 절실한 마당에 학자들이 인재풀의 가장 큰 보고라는 생각이다.

우리 사회에서 교직은 군사부일체**君師父一體** 또는 "스승의 그림자도 밟지 마라"라고 하여 존경의 대상일 뿐만 아니라 일종의 성직으로 예우된다. 어쩌면 현실 속으로 발을 내딛는 그 자체가 전통적 학자상에 대한 배신일 수도 있다.

그러나 오늘날 교수사회도 엄청나게 변화하고 있다. 평생교수만이 상아탑을 지켜왔지만, 이제 실용학문 분야에서는 현장에서 활동한 많은 인재가 대학에 영입된다. 캠퍼스에 갇힌 학자들의 좁은 눈을 보완한다는 취지다. 더구나 대학과 학문의 상징인 총장직조차도 최고경영자**CEO**형 총장이라 하여 박사학위는커녕 전혀 대학에 몸담은 적이 없는 인사들이 각광을 받는다.

아무리 세상이 변해도 대학은 지성과 이성의 상징이어야 한다. 교수들이 연구와 교육이라는 본연의 책무를 외면하고 속물화되면 대학의 미래도 없고 나라의 장래도 없다. 학자의 현실 참여는 실정법 규범을 뛰어넘는 지성계의 건전한 상식에 기초해야 한다. 대학의 건전한 작동에 장해가 돼서는 안 된다. 참여 과정에서부터 역사 앞에 겸허하게 지성인다운 절제의 미덕을 보여줘야 한다. 현실세계에서 좌고우면**左顧右眄**하지 말고 학자적 양심에 충실해야 한다. 그래야만 우리 사회가 진정으로 그들의 참여를 수용할 수 있다.

동아일보_2008. 5. 6.

# 국립대법인화, 새로운 도약의 틀을 제공해야

우리나라 고교졸업생의 대학진학률은 85%를 넘어서서 세계 1위다. 대학설립준칙주의에 따라 남설된 대학은 저출산시대를 맞이하여 2014년이면 대입정원이 남아돈다. 인구대비 해외유학생은 세계최고 수준인데, 국내에도 외국대학 분교설립이 본격화된다. 그야말로 고등교육이 새로운 변화의 시대에 처해 있다. 그 와중에 국립대 법인화정책이 시행된다. 대학의 자율과 책임을 제고하기 위한 방안이다. 원래 국립대 법인화법안이 제시되었지만 대학의 동의를 확보하지 못하고 좌절되었다. 이후 선도대학을 중심으로 하는 개별적 법률로서 서울대 법인화법안이 제시됐다. 이 법이 통과되면 2012년부터 국가기관에서 법인으로 전화된다. 대학이 갖는 공공재로서의 성격에 비추어 본다면 그 어느 조직보다도 국가적 책무가 막중하지만 국가기관으로서의 대학이 갖는 한계를 뛰어넘기 위해 법인이라는 새로운 법적 형태를 작동시킨다.

법인이 되더라도 국립대학법인이라는 명칭이 적시하듯이 그 주인은 여전히 국가다. 법인의 형태를 취하기 때문에 법적인 최고의결기구로서 이사회가 필요하지만 사립대학 법인의 이사회와는 그 본질을 달리한다. 국가는 여전히 국립대학의 설립 주체로서 대학에 대한 지원과 후견적 책무를 다해야 한다.

법인이란 무엇인가? 말 뜻 그대로 법률상의 사람이다. 원칙적으로 자연인人만이 권리의무의 주체는 될 수 있다. 그런데 국가사회에서의 현실적인 필요에 따라 법률상으로 사람과 유사한 권리의무의 주체를 설정한 것이 법인이다.

국립대 법인화가 거역할 수 없는 시대적 요구는 아니다. 국가기관으로 작동하는 데 따른 대학운영의 경직성이 법인화를 통해서 완화될 수 있다는 전제에 따라 형평의 저울추를 법인화로 이끌어간다. 하지만 국가기관으로서 서울대가 갖는 위상과 좌표에 비하여 국립대학법인 서울대학교가 제대로 작동될 것인가에 대한 의문도 쉽게 풀리지 않는다. 미지의 세계에 대한 불안감이 교차되는 지점이다. 특히 교직원은 공무원 신분을 상실하고 신규교직원은 공무원연금에서 배제된다. 법인화가 되면 대학이 상업화하면서 등록금 인상을 부채질할 것이라는 비판적 시각도 수용해야 한다. 국립대학이 법인으로 전화되는 사상 초유의 전환기에 소프트 랜딩의 핵심은 거버넌스와 재정의 안정이다.

서울대 법인화법안에서는 대학의 운영은 총장과 이사회라는 이원적인 체제를 채택한다. 법인의 실질적인 주인은 대한민국이다. 따라서 명목상 법적 주인인 이사회와 실질적인 대학의 운영 주체인 총장과 이사회를 굳이 이원화할 필요는 없다. 법인화 이후에 할 일들이 태산같이 많은데 총장과 이사회 사이에 대립과 갈등이 야기될 경우에 오히려 법인화를 하지 않은 것보다 더 못할 수도 있다. 대학의 특성상 총장이 학교일을 전적으로 책임지는 책임총장제가 필요하다. 성공사례로 자주 인용되는 일본에서도 총장이 이사장을 겸하고 부총장들도 당연직 이사다. 재정안정은 대학발전의 핵심이다. 법인화 이후에도 국가는 재정지원의 책무를 다해야 한다. 서울대법안에 이에 관한 명시적 규정이 없기 때문에 등록금 인상 우려를 심화시킨다. 재정에서 국고지원이 일본 도쿄대는 50%인데 반해서 서울대 재정에서 국고는 26%에 불과하다. 보다 근본적으로는 OECD(**경제협력개발기구**) 국가의 절반에 불과한 국가의 대학재정지원을 확대해야 한다. 그렇지 않아도 열악한 재정인데 서울대 법인화법에서는 법인화가 된다는 이유로 서울대가 관리하는 국·공유재산에 대한 무상양여에 대한 명시적 규정도 제시하지 못한다. 국가는 국립대 법인화를 통해서 국가로부터 대학을 떼내는 정도의 안이한 사고를 갖고는 법인화의 목적으로 달성하기 어렵고 오히려 교육의 혼란만 부채질할 뿐이다.

법인화 과정에서 권리이익만 챙기고 책무를 소홀히 해서는 안 된다. 서울대 법인화의 가장 큰 명분은 세계 20대 선진대학의 반열에 오르기 위해서는 적어도 현재의 구도로는 어렵다는 것이다. 그렇다면 법인화 이후에 자기희생을 통한 대학의 연구와 교육 역량의 제고가 최우선의 과제다. 서울대를 세계적인 학문연구의 전당으로 구축해야 하지만 동시에 대한민국 학문의 선도대학으로서의 위상과 좌표를 구축하기 위해서는 기초 및 보호 학문에 대한 배려가 우선해야 한다. 특히 사립대학에서 할 수 없는 소수학문에 대한 배려는 국립대학법인의 몫이어야 한다. 여론은 국립대학 법인화를 시대적 흐름으로 보는 듯하다. 서울대 모델이 앞으로 제시될 다른 국립대 법안에 중요한 지침이 될 것이다.

법인화에 따른 우려를 불식시키지 못하는 한 전국적인 국립대 교직원의 법인화 반대 논리를 설득시키기 어렵다. 모두를 만족시키기는 어렵다. 우선 서울대 모델에 대한 충분한 배려를 해야 한다. 이 기반 위에 전국의 다른 국립대학들도 소기의 성과를 거둘 수 있을 것이다.

미발표 칼럼_2010. 2. 16.

# 혼돈으로 치닫는 서울대 법인화

**"서울대학교 법인화는 국립대 법인화의 시금석**
**정부 간섭 · 규제 최소화해 대학 정신 · 자치 회복 힘써야"**

1968년 봄, 새 세상을 꿈꾸는 진보적 지식인과 열혈 학생들의 시위로 전 세계 대학사회가 혼란에 빠졌다. 프랑스의 낭테르대학에서 촉발된 시위대 위세는 제2차 세계대전 영웅인 샤를 드골 대통령조차 혼비백산시킬 정도였다. 일본에서는 시위 후유증으로 도쿄대학이 전원 유급사태로 신입생을 뽑지 못하는 최악의 사태를 초래했다. 학생들의 요구에 정부가 항복해 유서 깊은 파리(소르본) 대학은 13개 대학으로 쪼개지면서 평등교육의 산실로 바뀌었다. 그나마 프랑스는 정치경제에서 이공계에 이르기까지 특수대학인 '그랑제콜'이 광범하게 포진하고 있어서 엘리트교육의 명맥을 이어간다.

우리나라 대학은 국립대와 사립대로 나누어져 있다. 그나마 사립대는 최소한의 자율과 자치를 구가한다. 그런데 국립대는 국가기관으로서 그 소속원은 공무원 신분을 갖기 때문에 대학의 자치 이전에 턱없는 공적 규제에 휘둘린다. 국립대 법인화는 국가기관이라는 이유로 가해지는 각종 규제로부터 벗어나게 하는 대신 국가기관성을 포기하도록 한다. 노무현 정부는 전국 모든 국립대를 법인으로 전환하는 국립대 법인화법(안)을 제시한 바 있다. 그러나 지방 국립대의 강력한 반발에 부딪혀 이를 포기했다. 반면 이명박 정부는 법인화에 비교적 호의적인 서울대의 법인화법을 통과시켰다.

'국립대학법인 서울대학교 설립 · 운영에 관한 법률'에 따라 내년 1월 2일부터 국립 서울대는 '국립대학법인 서울대학교'로 전환한다. 교직원은 공무원 신분에서 법인 소속으로, 연금은 공무원연금에서 사학연금으로 바뀐다. 종래 서울대가 소유 · 관리하던 재산은 원칙적으로 서울대법인으로 귀속된다.

하지만 벌써 서울대 정문에는 광양 주민이 올라와서 서울대 관리재산을 지역으로 환원해야 한다는 시위를 계속한다. 법인화에 따른 많은 희생에도 불구하고 획기적인 재정 지원은 보이지 않는다. 대학이 기업경영을 통해 수입을 창출하는 것은 결코 쉽지 않다. 정부의 재정지원이 줄어들면 결국 학생들의 등록금에 의탁할 수밖에 없다. 법인화 이후에 굳이 사립대학보다 등록금이 싸고 교직원 월급이 적어야 할 이유를 찾기 어렵다.

국립대학의 존재 이유는 공교육의 책무를 다하는 데 있다. 소수학문 · 보호학문 · 첨단학문은 국가가 책임져야 한다. 사립대에 맡길 사항이 아니다. 다른 한편 우리도 이제 세계적인 대학이 필요하다. 이 시점에서 서울대만 한 세계적인 대학을 새로 육성하기란 불가능하다. 그런데 서울대를 법인으로 내팽개치는 것이 아닌지 하는 의구심이 오늘의 혼돈사태를 촉발한다.

서울대 법인화는 다른 국립대 법인화의 시금석이 된다. 서울대조차 법인화에 이렇게 어려움이 따른다면 지방국립대의 법인화는 물 건너 간 것이나 다름없다. 혹여 서울대 법인화를 통해서 프랑스의 파리대학처럼 서울대를 '수많은 대학 중 하나one of them' 정도로 치부해 버리지는 않을 것이라 믿고 싶다. 우리 사회가 질시보다는 진정성을 가지고 법인화를 지원해 주어야 한다.

법인화의 목표는 국가적 간섭과 규제는 최소화하는 대신 적극적인 배려를 통해서 학문공동체인 대학의 자치와 대학정신을 회복하는 데 있다. 차제에 서울대인들도 대한민국 최고 엘리트 집단답게 국가와 사회에 대한 무한 책임을 다할 각오를 다져야 한다. 동시대의 난무하는 일회성 유희에 일희일비하거나 좌고우면하지 말고 지성인으로서의 혜안과 금도襟度를 지켜나가야 한다. 지성의 광장이 아니라 폴리페서polifessor 논란의 중심축에 하필 국립서울대가 있어서는 안 된다. 서울대는 배타적 애국주의자가 아니라 반기문 유엔 사무총장과 같이 인류사회의 보편적 가치에 충실한 세계적 지성인을 배출하는 요람이어야 한다. 서울대에 거는 국민적 기대에 부응하기 위해서는 헌신과 봉사에 기초한 서울대의 적극적이고 긍정적인 변신이 필요하다.

매일경제[인사이트 칼럼]_2011. 10. 25.

## 이상묵 교수의 벅찬 소송

사람이 살아가는 한평생에 그 어떠한 일이 일어날지 아무도 예단할 수 없다. 행복의 샘터를 넘어서면 예기치 않은 불행이 닥쳐올 수도 있다. 육체적 건강은 지식과 덕망을 쌓아가는 데 필수적 요인의 하나다. 건강한 신체에 건강한 정신이 깃든다는 명제도 여기서 비롯된다. 하지만 육체적 흠결을 뛰어넘어선 인간 승리는 온 세상 사람들의 감동을 자아내기에 충분하다.

지구환경과학부의 이상묵 교수는 2006년 7월 지질조사를 위한  미국 캘리포니아 출장 도중에 불의의 교통사고로 전신마비의 중증장애인이 되었다. 그럼에도 이를 극복하여 다시 교단에 복귀함으로써 한국의 스티브 호킹으로 지목받고 있다. 한국간행물윤리위원회는 이 교수가 저술한『0.1그램의행복』을 '10월의 읽을만한 책'으로 선정하였다. 이 책의 인세는 이 교수와 일정을 함께하다 유명을 달리한 제자 이름을 딴 '이혜영 장학기금'에 출연된다.

하지만 호사다마**好事多魔**라고 할까. 이 교수는 제자 유족으로부터 거액의 손해배상청구소송에 피소된 상태다.  이 교수뿐 아니라 이 교수 소속기관인 서울대, 일행을 초청한 캘리포니아공대, 사고 차의 제조회사인 포드사도 공동피고다. 외국에서 진행되고 있는 소송이라 어려움이 한 두 가지가 아닐 것이다. 무엇보다 손해배상 청구금액이 1천만달러를 넘는다고 한다. 소송천국이라는 미국에서 일어난 일이긴 하지만 청구액이 지나치게 높다. 유족 측에서 이렇게 엄청난 고액을 청구한 이면에는 단순 과실에 따른 교통사고가 아니라 무엇인가 중대한 과실이나 악의적인 잘못이 개입된 사고라는 주장이 있는 듯하다. 이런 경우 소위 징벌적 손해배상을 청구한 것으로 볼 수 있다.

원래 개인과 개인 사이의 민사법적인 법률관계에서 잘못이 있으면 실제로 잘못한 만큼의 손해를 보전해 주는 것이 불법행위로 인한 손해배상책임제도의 기본법리다. 이 경우에는 손해 그 자체의 배상으로 충분하다. 그런데 불법행위가 고의 또는 이에 버금가는 악의에 의해 발생한 경우와 같이 특별히 그 책임을 과중하게 추궁할 만한 사유가 있는 때에는 현실적으로 입은 손해를 훨씬 초과한 손해배상을 청구할 수 있다. 소위 징벌적 손해배상**punitive damages/vindictive damages** 제도란 당사자가 입은 정신적 육체적 고통에 대한 위자료의 성격과 더불어 불법행위를 저지른 자의 행위의 악성에 대하여 금전적 징벌을 가하는 제도다. 이는 민사상 불법행위책임에 국가만이 부과할 수 있는 형벌의 일종인 벌금의 성격을 혼합한 제도다.

징벌적 손해배상제도는 주로 영미법에서 통용되고 있다. 미국에서는 담배소송과 기름유출사고에서 이를 적용하여 수백억 달러에 이르는 천문학적인 손해배상 판결을 받아낸 바 있다. 이 제도는 기업의 공익성을 제고하고 소비자를 보호한다는 장점이 있는 반면에 소송남발로 인해 기업활동이 위축될 우려도 있다. 우리나라에서도 물건을 제조한 자의 책임, 남녀차별금지 위반, 언론보도로 인한 인격권 침해 같은 경우에 징벌적 손해배상제도를 도입해야 한다는 주장이 시민단체를 중심으로 제기된 바 있다. 하지만 아직 법적으로 제도화돼 있진 않다. 다만 법원은 악의적인 상대방으로부터 선량한 시민을 보호하기 위해서 비록 징벌적 손해배상은 아니라고 할지라도 고액의 손해배상을 인정하기도 한다.

대학신문(서울대)_2008. 10. 18.

## [떠나는 이들에게] 아름다운 꿈을 향하여

코스모스 졸업. 가을의 서정을 알리는 코스모스와 더불어 대학을 떠나는 이들을 향해 붙여진 이름입니다. 새 봄의 서곡을 알리기에는 차가운 2월 졸업에 비하면 8월 졸업은 결실의 서막을 알립니다. 긴 수험생활을 거쳐 찾아온 관악 동산에서의 학창생활은 불같은 청춘의 한 페이지를 장식하였겠지요. 하지만 지금 대학을 떠나는 그대들의 마음은 결코 편안하지는 않아 보입니다. 무엇인지 모를 허전함과 공허함으로 잠을 설치기도 하겠지요.

환력還曆을 넘어선 대학사는 우리 시대의 자화상을 온몸으로 보여 주었습니다. 1950년 6·25전쟁은 대학인을 전쟁터로 내몰았습니다. 1960년 4월 학생혁명에서 1980년 서울의 봄을 거쳐 1987년 6월항쟁에 이르기까지 대학은 민주화의 소용돌이 속에서 아픈 상처를 달래야만 했습니다. 그 사이 대학인들은 국가와 민족 같은 거대담론에 휩싸여 때론 자신의 정체성에 대한 혼돈상태에까지 이르기도 하였습니다.

하지만 민주화 이후의 대학은 거대담론이나 이념논쟁보다는 오히려 주변의 일상에 휘둘리고 있습니다. 대학인의 사명보다는 자신에게 주어진 삶의 과제 해결이 더 절박한 상황 때문인가요. 산업화시대에는 참으로 먹고 살기에도 고달픈 삶이었지만 그래도 대학인은 이에 연연하지 않았습니ㅋ다. 이제 국민소득 2만불을 넘어선 민주화시대에 오히려 더 집착하고 있는 현실문제는 어떻게 이해하고 풀어나가야 할까요.

역사는 가정을 허용하지 않습니다. 아쉽고 뒤돌아보고 싶은 학창생활의 흔적을 남기고 이제 여러분들은 대학을 떠나 새로운 광야로 나아갑니다. 그 길은 오랜 인고의 세월을 요하는 학문의 길일 수도 있고, 망망대해를 헤쳐 나가야 하는 체험 현장일 수도 있습니다. 내일을 향한 그대들의 발걸음은 무거움과 가벼움이 교차할 것입니다. 그 어떤 경우의 수에 처하더라도 여러분은 결코 대학인, 그 중에서도 서울대인이라는 사실을 결코 잊어서는 안 됩니다. 서울대인으로서의 긍지와 서울대인으로서의 보람은 평생 동안 여러분과 함께 하여야 합니다. 모교는 떠나는 곳이 아니라 언제나 가슴 속에 머물러 있는 곳이어야 합니다.

인생은 결코 장밋빛만으로 채워질 수는 없습니다. 주어진 삶이 때로 그대들을 슬프게 하더라도 대학인으로서의 지성은 감정의 유희를 뛰어넘어야 합니다. 학창시절에 그렸던 청운의 푸른 꿈은 현실의 삶 앞에서 난파당할 수도 있습니다. 하지만 그대들의 젊은 열정은 반드시 꿈을 현실화시킬 수 있습니다. 일진광풍이 휘몰아치고 난 자리에 피어나는 들꽃처럼 말입니다. 이 과정에서 여러분들은 진한 삶의 내음을 맡을 것입니다.

영욕이 교차하는 상황에서도 양심의 등불을 지켜나갈 때 진리는 더욱 빛을 발합니다. 여러분들의 가슴에 새겨진 진리의 빛은 바로 여러분 자신의 것으로 승화시켜야 합니다. 진리 앞에 겸허해질 수밖에 없고 진실 앞에 고개 숙이지 않을 수 없습니다. 일시적인 탐욕이 그대들의 이성을 마비시킬 수도 있습니다. 하지만 스스로 침잠하고 제어해 나가는 예지를 발휘할 때 허황된 욕망은 다시금 아름다운 꿈으로 되돌릴 수 있습니다.

현실을 두려워하지 않고 현실과 맞대응하면서 주어진 삶을 성심껏 꾸려 나갈 때 꿈은 현실화됩니다. 그대들의 아름다운 꿈이 결코 허황한 것이 되어버리지 않고 현실세계와 조응하기를 바랍니다.

대학신문(서울대)_2007. 8. 25.

# 제7장

## 정보의 보호와 공개

# 정보 보호가 우선이다

20세기 후반의 위대한 발명품은 누가 뭐라 해도 컴퓨터이다. 그간 인류 세계의 소통매체는 신문이라는 인쇄매체로부터 시작하여 20세기에 이르러 라디오와 텔레비전이라는 시청각매체로 발전을 거듭하여 왔다. 그런데 컴퓨터의 발명과 더불어 정보전달 체계는 통신매체로 이행한다. 인터넷의 등장과 더불어 정보는 대량적 집단적으로 수집 관리 처리하는 시대로 접어들었다. 21세기에 접어들면서 정보사회의 환경은 급속하게 변화한다. 그 흐름의 기본에는 정보전달 체계, 정보기기, 정보의 유통의 삼각구조가 작동한다.

정보전달 수단은 휴대전화와 이메일로 진화하여 왔다. 그런데 애플의 창업자 스티브 잡스가 새로 제시한 스마트폰은 휴대전화와 이메일을 비롯한 각종 정보를 한 꾸러미에 묶으면서 새로운 변화의 요동을 친다. 스마트폰은 단순히 정보기기의 혁신만이 아니라 정보의 수집 관리 처리에 있어서도 새로운 혁신을 초래한다. 그 와중에 한국의 삼성 LG 팬택이나  핀란드의 노키아와 같은 휴대전화 시장을 압도하던 회사들도 위기에 봉착한다. 전 세계 휴대전화 시장의 선두주자인 삼성전자는 한발 늦었지만 재빨리 응수한 갤럭시에스 덕분에 나름 선전한다. 반면에 대응이 한 박자 늦은 LG전자는 시장에서 밀려났고 급기야 오너가 직접 CEO로 나선 상황이다. 스티브 잡스의 연이은 아이패드 공략에 삼성은 갤럭시탭으로 응수한다. 하지만 여전히 물꼬를 틀어쥐고 있는 쪽은 스티브 잡스 쪽이다.

스마트폰과 아이패드는 단순히 기기의 변화만 초래하는 것이 아니라 트위터, 페이스북, 클라우드 컴퓨팅과 같은 새로운 정보전달 수단을 구축해 나간다. 일대 일의 대면대화가 아니라 다자간 복합대화가 가능한 시대가 열린다. 아이패드와 갤럭시탭을 통하면 인쇄매체의 전형인 신문과 출판물에 이르기까지 전 세계 모든 정보가 한 손안에 들어온다. 앞으로는 종이처럼 구겨서 갖고 다닐 날도 머지않은 것 같다. 신문 방송 통신이 한 꾸러미로 엮어지는 시대가 열리는 셈이다.

정보전달 체계의 혁신적 변화는 정보의 공유시대를 열어간다. 그 어떠한 정보도 어느 특정 개인이나 집단의 독점적 소유물일 수 없는 열린 사회가 전개된다. 하지만 상업적 정보유통에 매몰된 나머지 정보보호는 취약하기 그지없다. 스마트폰, 트위터, 페이스북은 혁신적인 정보전달 수단이긴 하지만 취약한 정보보안이 드러났음에도 그 개선보다는 오히려 새로운 정보전달 체계의 구축과 보급에만 몰두한다.

일상생활에서도 모든 개인의 일거수일투족이 환하게 들여다보인다. 통상적인 한국인은 하루에 평균 80여 차례 CCTV에 노출된다고 한다. 한국인이 즐겨 찾는 목욕탕이나 찜질방에서 벌거벗은 모습도 여과 없이 찍힌다. 정보만 노출되는 것이 아니라 육신도 노출되는 상황이니 영혼인들 안심할 수 있겠는가.

줄리안 어산지의 위키리크스가 케이블망을 통해 입수한 수만 건에 이르는 국가정보의 누설로 인하여 정보보호의 필요성이 새삼 배가된다. 장막에 가려진 비밀의 커텐이 열렸다는 점에서 긍정적일 수 있다. 장막 속에서 이루어진 인간의 어두운 내면을 드러냄으로써 인간사회에 성찰의 기회를 부여하고 삶의 격을 높일 수 있는 계기를 제공한다. 하지만 보호되어야 할 비밀의 장막과 열려져야 할 투명사회 사이에 갈등은 증폭된다. 정보보호는 외면한 채 정보공개로만 치닫게 될 경우에 인간은 스스로 정보사회의 노예로 전락할 수도 있다. 만연하는 상업적 물신주의는 정보이용에 더욱 박차를 가할 것이다. 정보보호를 위한 경제협력개발기구OECD 이사회, 유엔, 유럽연합이 제시한 가이드라인이나 지침은 새 시대에 맞게 새로 재정립되어야 한다. 우리도 기왕에 마련된 '공공기관의 개인정보보호에 관한 법률'이나 '정보통신망 이용촉진과 정보보호 등에 관한 법률'에서 한 걸음 더 나아가 '개인정보보호기본법'을 제정하여 정보보호의 통합적 법체계를 구축해야 한다. 여기에 CCTV, 지문날인, 의료보험, 금융거래, 교육정보와 같은 개별적인 사안마다 구체적이고 명확한 정호보호 입법을 마련해야 한다. 법이 제대로 작동하지 못하는 사이에 정보사회의 진전에 따른 개인정보의 오용과 남용은 이미 그 도를 넘어서고 있다.

세계일보 칼럼_2010. 12. 19.

## X파일 만드는 '법 위의 정보기관'

미국영화 이야기다. 미모의 금발 여인이 뉴욕에서 살인혐의로 체포된다. 수사 결과 수년 전 발생한 로스앤젤레스 살인사건의 주범이 이름과 직업을 세탁한 후에 제2의 범행을 저지른 것으로 드러났다. 주민등록번호처럼 개인의 동일성을 인식할 수 있는 법적체제가 존재하지 않아서 가능한 일이었다.

서양에서는 사람의 지문을 채취하거나 백넘버를 부여하는 행위를 인간의 인격권에 대한 모독으로 보았다. 당사자가 스스로 필요해 발급받는 사회보장번호나 여권번호만이 개인의 동일성을 식별하는 유일한 표지였다. 2001년 9 · 11 테러 이후에는 사정이 완전히 변했다. 직접 당해 봐야 정신을 차린다고나 할까. 미국 본토가 처음으로 침공당하자 국가안보 앞에 과거의 이론은 존재가치를 상실한다. 이제 미국에서는 지문 채취는 물론이고 눈동자까지 검색체계에 포섭된다.

대한민국 국민은 출생신고와 더불어 고유번호를 부여받는다. 주민등록제도는 사람을 백넘버로 옥죈다. 남용이 문제되지만 범인 색출이나 국가안보에는 유효하다. 사람이 붐비는 역이나 터미널에서 경찰관은 주민등록증 제시를 요구한다. 경찰관은 주민등록번호를 통해 무전기로 범죄혐의 등을 확인한 후 경례로 예의를 갖춘다(주민등록법 제26조). 대한민국 정부는 주민등록번호 덕분에 전 국민에 대한 정보의 보유, 관리, 처리를 전 세계에서 가장 손쉽게 한다. 소득 납세 의료 교육뿐만 아니라 부동산과 금융에 이르기까지 개인의 모든 자료가 행정전산망에 기록된다. 정부 기관이 보유한 파일을 컴퓨터로 연결하면 모든 사생활이 손바닥처럼 드러난다.

이제 국가권력은 물리적 힘에 의한 폭력적 지배가 아니라 개인에 대한 정보사냥을 통해 공작통치가 가능하다. 더구나 위치정보 이용 시스템, 폐쇄회로CCTV 등을 통해서 언제 누가 어디서 무엇을 하는지 훤히 들여다볼 수 있다. 그야말로 조지 오웰이 소설 '1984년'에서 그린 빅 브러더big brother 시대에 살고 있다.

정치의 계절에는 언제나 남의 사생활을 엿듣고 이를 악용하는 무리가 있기 마련이다. 난무하는 X파일도 실은 정보사냥꾼에 의한 분탕질이다. 여기에 권력기관이 개입하면 정보의 정확성이나 파급 효과는 가히 폭발적이다. 모든 정보의 흐름을 꿰뚫어 보는 정보기관 종사자의 유혹은 여기에서 비롯된다. 하지만 그리 쉽게 농단당하지는 않는다. 언제 누가 관련 국가전산망에 접속했는지 분명한 자국을 남기는 안전망이 설정돼 있기 때문이다.

대선후보 검증과정에서 후보의 사생활이 베일을 벗고 있다. 주권자는 국가 최고지도자가 되고자 하는 이들에 대한 정확한 정보를 파악해야 한다. 그러나 정보는 적법절차를 통해 처리되고 밝혀져야 한다. 숨어서 뒷조사하거나 정부 정보를 악용해서는 안 된다. 검증의 탈을 쓴 악마의 유혹은 뿌리쳐야 한다. 국가기관이 보유한 국민의 정보는 국익과 개인의 인격을 조화하는 방향으로 작동돼야 한다. 국가 정보가 권력기관의 대국민 사찰용으로 악용되는 시대는 종식돼야 한다.

모든 법과 제도는 장점이 있는 반면에 단점 또한 무시할 수 없다. 예컨대 CCTV는 사람의 사생활을 침해할 소지가 있지만 공공의 안녕질서 확보에는 더 유효한 수단이 없다. 정보사회의 장점을 최대한 살려나가야 하지만 인간이 발명한 기술에 의해 스스로 노예가 되어서는 안 된다.

오늘날 기술의 발달로 사람이 물화**物化**되어 인간성을 상실해 가는 중이다. 인간이 인간다울 수 있음은 인간성을 갖기 때문이다. 차제에 논의만 거듭한 개인정보보호기본법을 조속히 제정하고 개별적이며 구체적인 사항은 특별법을 제정해 권리와 법체계를 명확히 해야 한다.

동아일보_2007. 7. 31.

# 실종된 네티켓 찾습니다

중국 당唐나라 때 공직자 등용의 기준인 신언서판身言書判은 오늘날에도 유효해 보인다. 신은 용모와 풍채를, 언은 말솜씨를, 서는 글씨를, 판은 판단력을 말한다. 신언서판은 별개로 작용하기보다는 서로 상응하는 측면이 많다. 생래적 용모 못지않게 살아가면서 자기 얼굴은 스스로 책임져야 한다. 삶의 자국은 용모와 풍채에 투영되기 마련이다. 배우고 익히는 과정에서 판단력도 향상된다. 말과 글 속에는 사람의 됨됨이가 녹아들어 있다. 인격과 품위는 탁마되고 정제된 말과 글로부터 우러나온다.

'침묵은 금'이라는 격언도 있지만, 현대사회에서 고결하고 정확한 의사표현은 중요한 생활덕목이다. 인류 역사의 발전과정은 곧 표현의 자유의 발전사라 할 수 있다. 표현의 자유에 대한 억압은 바로 인간 본성에 대한 속박으로 귀결된다. 절대군주제를 타파한 프랑스 시민혁명 이후에도 언론의 자유는 절제의 한계를 넘어섰다. 결국 존 밀턴이 '아레오파지티카'에서 주창한 '사상의 자유시장'보다는 언론의 사회적 책임을 제도화했다.

우리 헌법도 언론의 자유를 보장함과 동시에 언론의 사회적 책임을 강조한다. '언론중재 및 피해구제에 관한 법률'(약칭 언론중재법)에서는 반론보도청구권과 더불어 정정보도청구권까지 보장한다. 신문 방송과 같은 전통적인 언론매체뿐 아니라 인터넷신문도 언론중재의 대상이다. 언론중재는 언론보도가 갖는 사회적 파급력에 대응해 신속하면서도 비용이 들지 않기 때문에 피해구제에 효과적이다.

그런데 인터넷의 보편화에 따라 이제 정보는 법적인 틀에 포섭되는 언론매체를 통해서만 유통되지는 않는다. 누리꾼(네티즌)은 각자가 정보의 생산 가공 유통의 주체다. 스스로 홈페이지를 개설하고 블로그를 통해서 정보시장에 참여한다. 포털사이트에는 모든 사람의 일거수일투족이 아무런 여과 없이 실시간으로 등재된다. 하지만 잘못 입력된 정보를 시정하기는 매우 어렵다. 인터넷의 특성상 확산 속도는 매우 빠르고 피해 규모도 커질 수밖에 없다.

인터넷 공간에서 네티켓은 실종되고 무질서와 폭력이 난무한 지 오래다. 이제 충동적이고 말초신경적인 인터넷 공간을 정화할 때다. 황색언론(옐로 저널리

**즘)**도 일상 속에 파고들고 있다. 자유의 과잉은 결국 자유의 유폐로 귀결된다. 내 자유와 권리가 소중하듯이 상대방의 자유와 권리도 존중해야 한다. 인간을 존엄한 인격체로 대우하지 않고 일시적 유희의 대상으로 삼는 한 사회적 비극은 계속될 것이다.

사이버 공간에서 작동하는 정보는 대부분 정보통신망을 통해서 유통된다. '정보통신망 이용촉진과 정보보호 등에 관한 법률'**(약칭 정보통신망법)**은 사이버 명예훼손과 사이버 스토킹을 규제한다. 하지만 이에 대한 대응은 사후약방문 격이라 실효성도 매우 미흡하다.

인터넷은 정보의 바다인 만큼 그 역기능도 광범하다. 사이버 공간에 숨어서 인격살인에 가까운 모욕적 인신공격을 일삼는 언행을 더는 용납해서는 안 된다. 첫째, 인터넷실명제 강화는 불가피하다. 권리 행사에는 책임이 뒤따라야만 한다. 둘째, 악플 피해자를 보호하기 위해 댓글 삭제를 신속하게 처리하는 대신 댓글 게시자의 이의신청을 제도화해서 법익의 균형을 도모해야 한다. 셋째, 사이버모욕죄의 도입 여부는 기존 법제와의 견련성과 구성요건을 종합적으로 고려해서 사회적 합의를 도출해야 한다.

이번 기회에 건강한 인터넷 문화를 자율적으로 제고하는 데 지혜를 모아야 한다. 표현의 자유와 사회감시 기능은 살리고 악성 댓글은 사라지게 하자. 굳이 악플은 아니더라도 땅에 떨어진 인터넷 언어의 품위도 복원해야 한다. 인터넷 강국의 참모습은 우리 말 우리 글 우리 사회의 품격으로부터 비롯된다.

동아일보_2008. 10. 7.

## 인터넷실명제 폐지가 능사인가

2001년 9월 11일 미국 뉴욕의 무역센터가 불길에 휩싸였다. 미국 건국 후 본토가 침공당한 최초의 사례다. 서부개척은 원주민인 인디언의 살상과 박해라는 원죄를 안고 있다. 반면에 자유를 찾아온 청교도들은 신대륙에서 자유의 향연을 펼치려 했다. 수정헌법 제1조는 미국식 자유주의의 소중함을 일깨워준 권리장전이다. 20세기 후반의 정보혁명에 따른 정보자유법과 프라이버시법 또한 미국에서 비롯되었다. 자유의 화원인 국가답게 정보사회법제도 자유 우선의 원칙이 지배한다.

'백넘버 사회'는 사람을 어항 속의 금붕어처럼 투명인간화한다. 국가권력은 개인에 대해 폭력을 통한 지배에서 정보를 통한 통제로 이행한다. 미국을 지배하는 자유의지는 이에 대한 경각심으로 점철되어 왔다. 지문 날인을 통해 획득한 정보가 악용된다는 이유로 지문 날인은 야만적이고 위헌적인 것으로 치부되었다. 하지만 9 · 11사건 이후 미국식 자유주의는 새로운 변용을 맞이한다. 지문 날인 정도가 아니라 사람의 생체인식까지 자행한다. 이제 미국은 외국인의 입국이 가장 까다로운 나라가 되었다.

우리나라에서는 주민등록법에 의해 출생 시부터 주민등록번호가 부여되고 성년이 되면 지문 날인을 한다. 이는 사람을 백넘버화하는 야만적인 법제로 비난받아 왔다. 전자주민등록증을 만들려 할 때 인권론자들은 박정희 악법의 상징인 주민등록법을 아예 폐지해야 한다고 목소리를 높였다. 하지만 모든 제도는 명암이 있기 마련이다. 주민등록 덕분에 우리나라는 전 세계에서 개인별 정보가 가장 완벽하게 정립되어 있다. 개개인의 일거수일투족이 국가 전산망에 포착된다. 이에 따라 컴퓨터 매칭을 통해서 정부가 관리하는 수백 개의 개인정보가 국가권력에 의해 일거에 악용당할 위험이 상존한다.

주민등록제도에 힘입어 인터넷상에서 이루어지는 불법 · 탈법행위를 차단하기 위해 '정보통신망 이용 촉진과 정보보호 등에 관한 법률**(정보통신망법)**'에서는 하루 방문자 10만명 이상인 153개 웹사이트에 대해 인터넷 실명제**(본인확인제)**를 도입했다. 이에 대해 헌법재판소는 표현의 자유, 개인정보자기결정권, 언론의 자유를 침해한다고 판시했다.

실명제는 등록된 개인정보가 유출되면 심각한 사생활 침해를 야기하며, 게시글을 읽기만 하는 누리꾼에게까지 요구하고, 국내 인터넷 기업의 발목만 잡는 역차별제도이며, 실명제 적용을 받지 않는 모바일게시판이나 소셜네트워크서비스SNS의 등장으로 그 효과가 반감되었고, 주민등록이 없는 외국인의 접근이 불가능한 현실 등의 문제점을 야기한다. 무엇보다도 실명제 도입 이후 악성 댓글이 줄었다는 증거가 없다고 한다.

하지만 최진실 사건에서 드러난 바와 같이 우리 사회에 만연해 있는 악성 댓글의 빠른 확산에 비해 일단 피해를 보면 회복되기 어려운 치명적 문제점을 안고 있다. 익명의 그늘에 숨은 악성 네티즌(악플러)에 대한 근본적인 대책 마련과 자체 정화를 위한 네티켓의 정착도 요망된다. 특히 실명제 폐지는 포털의 사회적 책임을 더욱 무겁게 한다. 포털은 피해자가 삭제를 원하는 정보는 언제든지 삭제해야 하고, 자체 모니터링도 강화해야 한다.

현행법상의 손해배상이나 형사처벌의 강화는 사후약방문에 불과하다. 악의적으로 인격적 희생을 야기한 명예훼손에 대해서는 징벌적 손해배상도 불사해야 한다. 헌재의 결정은 표현의 자유에 방점을 두었지만, 결과적으로 인터넷상의 인격적 이익의 침해에 대해서는 무방비 상태다. 두 개의 헌법적 가치는 동시에 보호되어야 한다. 어느 한쪽이 일방적으로 우월적 가치를 가질 수가 없는 사안이다. 무엇보다도 인터넷 실명제는 우리나라의 특유한 법과 현실의 산물이다. 그런 점에서 이번 헌재 결정은 피해자에 대한 실질적인 보호책이 마련될 때까지 한시적으로 헌법 불합치 및 입법촉구결정을 내렸으면 하는 아쉬움이 남는다.

매일경제[인사이드 칼럼]_2012. 8. 28.

## 위키리크스 폭로에서 배우는 '정보보안'

줄리언 어샌지, 호주 태생의 39세 청년이 창설한 위키리크스Wikileaks가 지구촌을 발칵 뒤집어놓고 있다. 위키리크스란 '모든 것은 누설되기 마련이다'는 의미의 'What I know is leaks'다. 또한 Wiki란 하와이어로 '빨리'라는 의미도 있다고 하니 정보의 빠른 유포도 고려한 듯하다. 우리 속담의 '낮말은 새가 듣고 밤말은 쥐가 듣는다', 즉 영원한 비밀은 없다는 점을 새삼 일깨워주는 메시지를 담고 있다.

20세기 후반 이후 컴퓨터과학의 발전에 따라 어느 특정인이나 특정 세력이 좌우할 수 없는 상태에서 정보사회는 급속히 진전됐다. 인터넷을 통해서 정보의 대량 · 집단적 유통은 국경을 초월한다. 스티브 잡스의 아이폰이 정보사회의 새로운 패러다임을 열고, CCTV가 인간 삶의 일거수일투족을 기록한다. 이제 국가권력에 의한 폭력적 지배의 시대는 종언을 고하고 정보를 통한 인간사냥의 시대가 열리고 있다. 인간은 어항 속의 금붕어로 전락한다. 하지만 시민들만 정보사회에 예속되는 것이 아니라 국가권력의 작동도 정보사회로부터 자유롭지 못하다. 모든 정보의 공유는 시대적 흐름이다. 국가라고 해서 정보를 독점할 이유도 없고 독점해서도 안 된다. 국가가 보유 처리하는 정보란 결국 주권자인 국민의 것이어야 하기 때문이다.

그런데 역설적으로 세계화 시대가 진전될수록 국가 간 벽은 더욱 견고한 성체를 쌓아 간다. 이 과정에서 국익이란 이름으로 온갖 만행이 자행된다. 하지만 국가이성raison d'Etat이라는 이름으로 자행된 일련의 행태들이 더 이상 깊숙한 비밀의 장막 속에 머물 수는 없다.

위키리크스는 이와 같은 인터넷 시대의 흐름을 간파했다. 위키리크스의 폭로에 대해 국민의 알권리 충족을 위한 시민적 자유의 발로라는 주장과 국가안전보장에 위해를 가하는 국가기밀 침해라는 주장 사이에 보호법익의 충돌이 야기된다. 하지만 분명한 것은 공적 기록이 거의 무방비 상태에서 누설되고 있다는 점에서 문제의 심각성이 있다. 또한 국익이라는 이름으로 비밀에 부쳐지던 고위공직자의 언행에 대해 더는 면죄부를 줄 수 없는 상황에 이르렀다.

미국은 언론의 자유와 인권을 소중하게 여기는 대표적인 자유주의 국가로 각인돼왔다. 하지만 2001년 9 · 11사태를 통해서 미국 역사상 처음으로 미국 본토가 침탈당하자 전통적인 개인의 자유 중심의 사고에 근본적인 변화를 초래했다. 지문날인이나 생체인식은 인간존엄을 훼손하는 행위로 치부하던 헌법학 이론은 오히려 이를 합리화하기에 급급하다. 자유의 여신상은 더 이상 자유주의적인 미국을 상징할 수만 없는 상황에 이르렀다. 바로 여기에 국익과 자유의 갈등은 새로운 양상으로 접어들었다.

우리도 천안함과 연평도 피폭으로 그 어느 때보다도 국가안보의 소중함을 일깨워주는 시점에서 국가기밀이 누설되지 않도록 정보 보안체계의 근본적인 점검이 필요하다. 현대전은 무력시위 못지않게 무력시위를 차단하고 선제적 제압을 할 수 있는 정보전이 전제됨을 명심해야 한다. 우리 내부의 적이 암약하는 한 제2의 위키리크스는 더욱 발호하기 마련이다. 이번 위키리크스의 폭로는 시대적 화두를 던져준다. 첫째, 이제 더 이상 정보가 특정국가나 특정인의 전유물이 될 수 없음을 인식해야 한다. 둘째, 국가기밀이라는 이름으로 자행되는 비밀의 커튼은 더 이상 통용될 수 없다. 셋째, 국경을 초월한 인터넷의 바다에서는 전통적인 특정국가의 법이나 규범으로 해결될 수 없다. 넷째, 궁극적으로 인터넷 시대에 더 이상 아날로그적인 행동규범은 통용될 수 없다. 궁극적으로 위키리크스의 폭로를 전화위복의 계기로 삼아 자유주의적인 인류 공영의 길을 더욱 확대해야 한다. 정보의 공유는 더 이상 외면할 수 없는 세계사적 흐름이다.

매일경제_2010. 12. 7.

## 공적 정보는 감출 이유 없다

정보사회의 진전에 따라 닫힌사회는 열린사회로 이행한다. 인간의 삶은 종이문서 시대에 비해 상상을 초월할 정도로 정보의 홍수 속에 빨려 든다. 그 과정에서 정보공개와 정보보호 사이의 갈등도 심화된다. 서양의 대학에서는 학기말이면 학교 벽면이 온통 학생들의 과목별 성적표 게시로 뒤덮인 지 오래다. 교수회의실 게시판에는 신임 교수를 채용할 때 채점 교수별로 응모자의 점수를 도표로 정리해서 공개한다. 법원의 판례명은 '원고 대 피고'로 공시되고 판결문에는 당사자의 실명實名이 그대로 노출된다. 그만큼 공적 정보에 관한 한 개인정보 보호보다는 공개를 원칙으로 한다.

우리나라에서는 사정이 딴판이다. 학생 성적은 개인정보로 취급해 당사자에게만 알린다. 교수채용 평가도 인사에 관한 사항이라는 이유로 공개하지 않는다. 과거에는 헌법재판소를 비롯한 각급 법원의 판결문에 원고와 피고의 실명이 공개됐다. 그런데 사건 당사자의 개인정보를 보호해야 한다는 이의가 제기된 이후 모든 판결문에서 원고와 피고는 익명으로 처리된다.

'공공기관의 정보공개에 관한 법률'에 따라 공적 정보의 공개제도가 시행된 지 10년을 넘었다. 정보공개제도는 주권자인 국민의 국정에 관한 알 권리를 충족하고 행정비밀주의를 극복해 행정의 투명성도 제고한다. 그렇다고 모든 공적 정보를 공개하는 것은 아니다. 정보공개법 제9조에서는 국가기밀, 개인정보 같은 비공개 대상 정보를 명시한다. 하지만 비공개 대상 정보를 지나치게 확대하면 정보공개법은 정보비공개법으로 전락한다.

한편 헌법상 명시된 사생활의 비밀과 자유도 보호돼야 한다. '공공기관의 개인정보 보호에 관한 법률' '정보통신망 이용 촉진과 정보보호 등에 관한 법률' '금융실명거래 및 비밀보장에 관한 법률'에서는 개인정보 보호를 위한 법적 장치를 마련하고 있다. 그런데 개인정보의 수집 관리 처리는 허술하기 그지없다. 정유회사에 등록된 1000만 명의 개인정보가 유출되고, 심지어 개인정보는 상거래의 대상으로 악용된다.

정보공개와 정보보호라는 두 법익은 동시에 만족시키기 어려운 갈등과 긴장관계를 형성한다. 그만큼 그 경계 획정도 어렵다. 특히 교육열이 높은 우리나라에서 교육 관련 정보는 모든 국민의 눈과 귀를 쏠리게 한다. 이에 '공공기관의 정보공개에 관한 법률'과는 별도로 특별법으로 '교육관련 기관의 정보공개에 관한 특례법'을 제정해 학교정보공시제를 강화하고 있다. 하지만 그 현실적 적용 과정에서 논란이 그치지 않는다.

첫째, 교육정보시스템NEIS에 대해 헌법재판소는 합헌 결정을 내렸다. 다만 학생의 신상에 관한 최소한의 개인정보만 입력한다는 전제조건을 충족해야 한다. 둘째, 수험생들은 자신의 운명을 좌우하는 대학수학능력시험에서 획득한 원점수를 정확하게 알 권리가 있다. 원자료 공개가 학교와 지역 간 학력차를 드러냄으로써 고교평준화 정책에 어긋난다는 교육당국의 설명은 주객이 전도돼 있다. 셋째, 교사의 교원단체 가입 현황도 공개돼야 한다. 학부모와 학생은 교사의 공공적 사회 활동에 대해 알아야 할 정당한 당사자이다. 교육당국과 학교에서는 다 알고 있는 공공연한 사실을 교육 수요자에게만 비밀로 해서는 안 된다. 이제 열린사회에 순응하는 과감한 정보의 공개와 공시를 통해 교육 현장의 자율성과 경쟁력을 키워 나가야 한다.

정보공개는 국민의 알 권리, 보호할 가치가 있는 공익, 개인정보 보호 사이에서 조화롭게 이뤄져야 한다. 시대적 흐름은 공적 정보의 국민적 공유를 위한 정보공개의 확대로 나아간다. 더는 손바닥으로 하늘을 가리려 해서는 안 된다.

동아일보_2008. 9. 23.

# 정보공개를 통한 고교교육의 정상화

2007년에 실시된 수능 성적표에는 원점수와 이를 변환한 표준점수나 백분위 등의 정보는 제공하지 않고 등급만 표시했다. 점수 서열화의 폐단을 막겠다는 정부 방침에 따른 것이다. 하지만 수험생의 불만이 고조되자 원점수 비공개와 등급제는 1회로 막을 내렸다. 지난 2월11일 대법원은 전체 수험생의 개인정보에 해당하는 개인의 인적 사항을 제외하고는 수능 원점수를 공개하라는 판결을 내렸다. 수능 원점수란 수능 각 영역에서 수험생들이 얻은 원래 점수다. 현재 대법원에는 수능 원자료 즉, 학교별 표준점수와 백분위 및 등급 정보 공개청구소송도 계류 중이다. 하급심 판결대로 공개될 가능성이 높다. 대법원 판결은 사생활과 관련된 개인정보보호와 알 권리를 통한 정보공개라는 두 개의 헌법적 가치를 조화시켜야 한다는 시대정신을 반영한 판결이라 평가할 수 있다.

당사자의 동일성을 식별하는 개인정보는 철저하게 보호돼야 한다. 우리나라처럼 모든 국민이 주민등록번호로 백넘버화된 사회에서는 더욱 그러하다. 타인의 주민등록번호만 도용하면 온갖 범죄에 악용할 수 있다. 개인의 사적인 정보들도 인터넷을 통해 무분별하게 유통된다. 인터넷에 잘못 오르면 실체적 진실과 관계없이 당사자는 자칫 인격파멸에 이를 수도 있다. 현재의 '공공기관의 개인정보보호에 관한 법률'이나 '정보통신망 이용촉진과 정보보호 등에 관한 법률'만으로는 미흡한 점이 많다. 개인정보보호기본법이 빨리 제정돼야 한다. 정보사회가 진전될수록 정보공개의 필요성은 증대한다. 공적인 기록은 공개돼야 한다는 대원칙이 헌법상 국민의 알 권리에 기초한 '공공기관의 정보공개에 관한 법률'의 기본취지다. 공공기관이 수집 · 보유 · 관리하는 일체의 정보는 엄격한 비공개 사유를 제외하고는 모두 공개돼야 한다. 그 길만이 행정비밀주의를 극복하고 정보사회에 부응한 열린 정부를 구현할 수 있다. 주권자인 국민은 정보공개를 통해 정부가 무엇을 하고 있는지 알아야 한다.

교육의 특수성을 고려한 '교육관련기관의 정보공개에 관한 특례법'도 정보공개가 원칙이라는 점에서는 동일하다. 정부는 고교평준화 정책을 뒤흔들 우려가 있고 학생들을 점수로 서열화해서는 안 된다는 취지로 수능 원점수 비공개 정책을 시행했다. 이는 잘못된 발상이다. 원점수를 공개하지 않더라도 어차피 등급은 있다. 정부는 알고 있는데 정작 당사자인 학생들은 자신의 점수는 모른 채 등급에 얽매였다.

고교평준화정책은 그 자체에서 문제점을 찾아 해결해야 한다. 하향평준화가 아닌 상향평준화로 가야 한다. 하지만 설립 목적에 어긋난 특목고는 안 된다. 특목고, 자율형 사립고, 국제고 설립에 따른 평준화의 틈새는 고교선택제의 도입으로 새 국면을 맞이한다. 고교선택제는 참신한 시도다. 지원서 접수 결과 서울 구로구 신도림동에 있는 신생 공립고인 신도림고가 최고 경쟁률을 보였다. 여기에는 신도림고 교직원들의 열정이 녹아 있다. 이제 학교 현장에서도 열심히 노력하는 이들에게 보람찬 시대가 열려야 한다. 학교 배정방식에 거주지와 추첨방식을 원용한 점에 대한 비판도 없지 않지만 84%가 원하는 학교에 배정된 것만 봐도 시행 첫해치고는 성공적이다. 무분별한 경쟁을 통한 서열화 조장은 안 된다. 하지만 경쟁원리는 학교현장에서도 작동돼야 한다. 학부모와 학생의 선택권도 보장돼야 한다. 그런 점에서 고교 유형의 다양화와 더불어 고교선택제는 시대적 요구에 부응한다. 고교선택제는 시행 첫해에 나타난 부작용의 최소화를 통해서 평준화의 틀을 새로운 모습으로 진화시키고 공교육 정상화에도 크게 기여하리라고 본다.

교육과정에서 공적인 정보는 철저하게 공개돼야 한다. 언제, 어느 학교에서, 어떻게 교육이 구현되고 그 결과는 어떠한가에 대해 국민들은 알아야 할 권리가 있다. 유리알처럼 투명한 교육현장의 공개는 건전한 경쟁력을 제고시킨다. 열린 사회의 덕목을 악용하는 세력을 두려워할 필요는 없다. 공개와 보호라는 자칫 상호 충돌할 수 있는 두 가치의 합리적 접목을 통해 교육한국의 미래를 설계할 때다.

서울신문_2010. 2. 18.

## 피의자 얼굴공개와 형평의 저울추

미국이나 유럽의 판례는 정식 명칭이 있다. 즉 X 대 Y라는 식이다. 일반적으로 X와 Y는 당해 사건의 원고와 피고를 지칭한다. 그런데 한국에서는 공식적인 판례 이름이 없다. 사건당사자를 명시적으로 밝히는 것 자체가 개인의 인권을 침해할 우려가 있다는 이유에서다.

구체적 사안을 놓고 다투는 일반 법원의 재판도 아니고 헌법적 쟁점을 판단하는 헌법재판소는 불과 몇 년 전까지만 해도 결정문에서 사건당사자의 실명을 그대로 공개했다. 그런데 개인정보를 침해할 소지가 있다는 이유로 실명을 지워버렸다. 외국과 우리의 권리에 대한 관념과 인식의 차이가 드러난다.

모든 사람이 누려야 할 인권은 소중하다. 자연법적 권리인 인간의 존엄성에 기초한 인격권은 더욱 소중하다. 인격권의 내용으로서 개인의 동일성을 식별할 수 있는 본질적 표지인 초상권은 다른 기본권보다 강하게 보호돼야 한다. 얼굴을 보면 그 사람이 누구인지 쉽게 알 수 있기 때문이다. 인터넷의 바다에 얼굴이 한번 오르고 나면 더 이상 지울 방법이 없다. 까닭에 얼굴 공개에 대해서는 법적으로 매우 신중할 수밖에 없다. 헌법재판소의 청소년성범죄자에 대한 신원공개 결정에서 팽팽한 찬반 양론이 제기된 것도 인격권과 사생활보호의 중요성을 말해준다.

한편 언론의 자유와 국민의 알 권리는 민주적이고 투명한 공동체를 형성하기 위한 생명선이다. 언론보도를 통해서 국민의 알 권리를 충족시켜 주기 때문에 언론보도가 타인을 해하지 않는 한 최대한 보장돼야 한다. 공적 관심사의 공익을 위한 보도가 통제돼야 할 정도로 중대한 사익을 침해하는가의 여부는 형평의 저울질이 필요하다.

서로 다른 권리 주체가 각기 자신의 기본권을 주장할 경우에 어느 쪽을 더 보호할 것이냐를 놓고 기본권의 충돌 문제가 발생한다. 인격권(사생활)과 언론보도의 자유(알 권리) 모두 중요한 권리이기 때문에 어느 쪽을 더 강하게 보호해야 한다는 일반적인 명제는 성립될 수 없다. 구체적 사안에 따라서 양쪽의 법익을 비교형량하여 어느 쪽을 더 보호해줄 것인가를 판단해야 한다.

최근에 다수의 언론은 연쇄살인 피의자의 인격권보다는 국민의 알 권리가 우선이라는 판단에 따라 강호순씨의 얼굴을 공개했다. 피의자가 자신의 범행을 자백했을 뿐 아니라 증거도 명백히 제시됐기 때문에 헌법상 보장된 무죄추정의 원칙에 어긋나지 않는다는 판단이다.

물론 사진의 공개가 단순한 호기심의 발로에 불과하다는 비판도 있다. 하지만 오히려 흉악범은 반드시 밝혀지고 다시는 이 땅에 설 자리가 없다는 사실을 경각시키는 효과도 있다는 점을 간과해서는 안 된다. 극악무도한 범인의 초상은 더 이상 보호할 가치가 있는 비밀스러운 존재가 아니다. 외국에서는 일반화돼 있는 반사회적·반인륜적 범죄혐의자의 얼굴 공개가 유독 우리나라에서만 이토록 논쟁적이어야 할 이유가 없다.

다만 얼굴 공개는 예외적인 경우 최소한에 그쳐야 한다. 얼굴 공개 여부는 구체적 사안에 따라 우리 사회의 저변에 흐르고 있는 건전한 상식에 기초하여 사회적 합의를 도출해야 한다. 가칭 '흉악범 얼굴 공개에 관한 법률'은 필요가 없다. 원칙이 비공개이고 예외가 공개인데, 예외를 위한 법률은 또 다른 예외를 재생산할 뿐이다. 억지로 법의 잣대를 설정한다는 것 자체가 자칫 현실적 운용에서의 경직성을 유발시킬 우려가 있다.

서울신문_2009. 2. 6.

# 언론시장 국민에게 맡겨 두라

국민의 눈과 귀를 밝게 해 주는 언론은 다른 한편으로 항상 국가권력과 사회 제諸세력의 경원의 대상이 되어 왔다.

하지만 언론은 우리 역사와 영욕을 함께하면서 시대정신을 대변해 왔다. 나라의 민주화를 열망하던 시대에 언론은 민주주의의 파수꾼이었다.

5공화국 시절 대표적 악법이던 언론기본법은 6공화국과 더불어 사라졌다. 그런데 참여정부는 정간법을 대체하는 신문법(**신문 등의 자유와 기능 보장에 관한 법률**)과 언론중재법(**언론중재 및 피해구제에 관한 법률**)을 제정했다. 사실 정간법은 외형상 그럴듯해 보이지만 실상은 반론권과 언론중재 관련 규정만 의미 있는 법률이었다. 그런데 새로 제정된 신문법은 신문의 자유보장이라는 명분 아래 오히려 신문시장을 '법의 잣대'로 재단함으로써 신문시장의 정상적인 흐름을 왜곡하고, 사상의 자유를 생명으로 하는 언론에 대해 규제적 시장 질서를 인위적으로 창출하려 하고 있다.

바로 그 언론법제에 대해 헌법재판소가 일련의 헌법적 판단을 내린 것은 나름대로 의미 있는 일이다. 헌재의 결정은 언론에 대한 규율의 범위에 대해 입법자에게 광범위한 입법재량을 부여한 취지로 이해된다. 그러나 언론규제법의 판단에 있어서 입법재량보다는 오히려 헌법이 추구하는 언론 자유의 본질이 무엇인가에 좀 더 천착하는 자세를 보였어야 했다.

신문법은 언론의 역사적 발전 방향을 제대로 제시하지 못하고 있다. 그간 언론은 종이신문에서 공중파방송을 거쳐 이제 방송과 통신의 경계영역이 허물어지는 방송통신의 융합시대에 접어들었다. 그럼에도 불구하고 신문법에서는 인터넷신문을 신문법의 적용 대상으로 삼고 있다. 인터넷신문은 비록 신문이라는 표현을 사용하고 있지만 그 실질은 최첨단의 통신매체이지 결코 (**종이**)신문일 수 없다. 하지만 통신으로서의 언론매체의 등장에 따른 언론시장의 새로운 변화에 국가실정법이 능동적으로 대응하지 못하고 있다. 인터넷 포털 사이트의 새로운 언론 기능을 즐기면서 이에 대한 합리적 좌표 설정을 못하고 있는 현실을 어떻게 설명할 것인지 의문이다.

신문법은 언론사의 겸영兼營 금지를 강화하고 있다. 세계적으로 언론시장은 급속하게 재편되어 가고 있다. 거대 자본에 의한 언론 겸영 현상이 보편화되어 가고 있다. 언론시장의 거대화와 언론기업의 독과점화는 자칫 언론의 생명인 여론 형성 기능이 특정 언론 매체에 의해 좌지우지될 소지도 있다. 하지만 언론시장의 다양성만을 논거로 설정된 겸영 금지가 자칫 한국 언론의 고립화, 왜소화를 초래해 외국 언론 자본에 의한 한국 언론의 피지배현상을 초래할 우려는 없는지 심각하게 고민해야 한다. 또한 신문, 방송, 통신이 급속하게 일체화돼 가는 과정에서 신문시장에 대한 지나친 통제가 결국 신문시장의 통신기능을 약화시켜 마침내는 신문시장 자체의 몰락을 재촉할 수도 있다.

그렇다고 현실적인 신문시장의 독과점 현상을 외면하자는 것은 결코 아니다. 신문도 주식회사라는 기업 형태로 존재하는 한 독과점에 따른 여론 쏠림 현상에 대해 항시 경계해야 한다. 하지만 신문시장은 원칙적으로 국민 여론에 맡겨 두는 것이 바람직하다. 좋은 신문, 나쁜 신문, 읽고 싶은 신문, 읽기 싫은 신문에 대한 판단은 '국민의 몫'이다. 따라서 신문시장에 대한 공권력의 개입은 자제돼야 함이 마땅하다. 그럼에도 불구하고 굳이 신문시장에 대해 공정거래법상의 3개사 75% 조항보다 더 강력한 3개사 60% 조항을 설정한 입법 취지는 논리적으로나 현실적으로 타당성을 가질 수 없다.

세계적으로도 기존의 신문시장에 대해 법의 잣대를 통하여 인위적으로 시장지배를 통제한 예는 찾아보기 어렵다. 새로운 시장 형성을 위하여 기존 독자들에게 특정 신문의 구독을 강제로 금지할 수는 없는 일이다. 이는 자칫 특정 언론사에 대한 의도적인 재갈 물리기로 오해될 소지를 배제할 수 없다. 신문시장의 독과점에 따른 폐해가 더는 용납될 수 없는 특단의 사정이 있다면 국민적 합의에 기초하여 궁극적으로 공정거래법상의 관련 조항을 적용할 수도 있을 것이다. 일반 원칙에 따른 규제를 더는 적용하지 못할 특단의 사정을 제시하지 못한 입법자의 잘못을 헌재가 위헌 선언한 것은 지극히 당연하다. 더욱이 국민의 사랑을 받는 신문에 대하여 신문발전기금의 지원을 금지한 것은 앞뒤가 모순적일 수밖에 없다.

신문사의 영업 관련 사항을 공개하도록 규정한 입법자의 의도는 언론, 특히 신문의 공적 책임을 강조한 결과이다. 사실 그간 신문시장을 왜곡하는 많은 문제점이 적시되어 온 것 또한 신문사는 겸허히 수용해야 할 것이다. 이에 신문잡지부수공사기구ABC제도의 도입을 통한 언론사 스스로의 자정 노력도 의미 있는 일이다. 하지만 아무리 언론사라 하더라도 상법상의 기업공시를 넘어서는 영업 비밀 또는 개인의 사생활에 속하는 사항까지 공개하도록 할 합리적 이유를 발견하기 어렵다.

언론중재법도 비판의 도마에 올랐다. 반론권의 실질적 제도화를 위한 언론중재위원회의 역할과 기능은 신속성, 경제성, 효율성이라는 측면에서 나름대로 평가받아 왔다. 그런데 언론중재위원회의 권한 강화로 인해 위원회가 권력기관화됐다는 사실을 가슴 아프게 새겨야 할 것이다. 그것은 중재기구, 그것도 언론 보도와 관련된 중재기구가 가져야 할 금도를 넘어서 언론 통제를 위해 일선에 나섰다는 비판을 면하기 어렵다. 중재기구는 중재할 뿐이지 결코 재판기관일 수 없다.

헌재의 한 차례 결정을 통하여 언론법제에 대한 위헌 논쟁은 한숨을 돌린 셈이다. 그러나 논의는 끝맺음이 아니라 이제 시작이라고 보아야 한다. 언론에 대한 지나친 규제는 결국 정책 당국자에게도 부메랑으로 돌아올 것이다. 언론사의 자정 노력과 권력의 자기 절제를 통해 언론과 권력은 언제나 불가근불가원**不可近不可遠**의 관계를 지켜 나가야 할 것이다.

동아일보_2006. 7. 1.

## 표현의 자유의 책임과 한계

표현의 자유는 민주주의의 생명선이다. 일찍이 언론의 자유는 사상의 자유 시장(marketplace) of ideas 이론에 따라 그 누구도 함부로 제한할 수 없도록 하여야 한다는 명제가 확립되었다.

하지만 언론의 자유가 넘치면 자유 과잉의 위험을 초래한다. 세기를 뒤흔든 프랑스 혁명 이후 언론 자유의 홍수 속에 거짓되고 허황한 언론이 난무하였다. 이에 언론의 사회적 책임social responsibility을 강조하는 반론권 제도가 최초로 입법되기에 이른다. 우리 헌법도 제21조 제1항에서 언론의 자유를 보장하지만 다른 한편 제4항에서는 언론의 책임을 분명히 하고 있다. "언론 · 출판은 타인의 명예나 권리 또는 공중도덕이나 사회윤리를 침해하여서는 아니된다. 언론 · 출판이 타인의 명예나 권리를 침해한 때에는 피해자는 이에 대한 피해의 배상을 청구할 수 있다."

20세기 후반부터 본격적으로 정보사회가 진전됨에 따라 포털이나 인터넷매체가 전통적인 신문과 방송의 기능을 대체하고 있다. 뉴미디어 시대가 활짝 열려가는 이면에는 인터넷이라는 익명의 그늘에 숨어서 인격살인도 서슴치 않는다. 이에 인터넷실명제나 사이버모욕죄같은 대안을 제시했지만 자칫 언론의 자유에 대한 위축효과 내지 실질적인 사전검열을 초래할 우려가 있다는 반론에 부닥쳤다.

종래 인터넷에서는 진보진영이 결정적인 우위를 점하여 왔다. 2008년의 광우병사태에서 일부 진보진영은 심지어 "시위하던 여학생이 경찰에게 성폭행을 당했다"는 식의 허언을 유포하기도 했다. 그런데 최근에 '일베'(일간베스트저장소)가 하루 100만 명에 이르는 접속건수를 과시하면서 단연 반진보 사이트의 선두주자로 자리매김하고 있다. 일베는 진보진영을 희화화할 뿐만 아니라 극우적인 성향까지 드러낸다. 심지어 5 · 18민주화운동을 폭동이라고 왜곡하면서 "북한군이 광주시민을 선동했다"라고 하기에 이른다.

진실과 사실fact을 외면한 채 편견과 독선에 사로잡힌 이들의 행태는 우리 사회에서 배척되어야 한다. 진보와 보수가 각기 전직 대통령들에게까지 국가원수 모독적인 언행을 계속하는 판인 데 선량한 시민 정도야 하루아침에 매장되기 십상이다. 하지만 온라인에서 일어나는 일들에 대해서 국가권력이 개입하는 데에는 한계가 있다. 이제 진보와 보수를 아우르는 클린인터넷 범국민운동을 펼쳐야 할 때가 되었다. 더 이상 이를 방치하다가는 자칫 국론분열의 도화선에 이를 수 있다. 그렇지 않아도 진보와 보수, 지역간 갈등이 첨예화된 상황에서 인터넷 사이트들이 이를 촉발시키는 휘발유 역할만 하고 있는 현실을 결코 외면해서는 아니 된다. 좁은 땅에서 촘촘히 들어선 정보통신망을 이용하는 인터넷 강국 대한민국이 자칫 악성 이용자들의 놀이터로 전락해서는 아니 된다. 네티즌들의 각성을 촉구하면서 한국적 상황에 적절하게 대응할 수 있는 윤리강령이 자리잡아야 한다. 또한 실정법 위반이 있을 시에는 엄정한 법의 집행이 요망된다.

동국대신문_2013. 6. 3.

# 포털의 월권, 法개입 자초한다

인간은 보고 듣고 말하려는 원초적 본능을 갖고 있다. 언론매체는 그 본능을 충족시켜 주는 정보 제공의 젖줄이다. 구전口傳되던 정보는 신문이라는 활자매체를 통해서 파급력을 확대해 왔다. 라디오와 텔레비전 같은 시청각매체는 언어와 영상을 복합적으로 전달해 더욱 위력적이다. 최근에는 인터넷 통신이 전통적인 언론매체를 급속하게 대체해 나간다.

종래 통신은 언론매체가 아니었다. 하지만 정보통신 과학기술의 발전은 통신과 언론매체의 구획을 무너뜨리고 있다. 인터넷 신문과 방송은 이제 우리 일상생활에 자리 잡고 있다. 기존의 신문이나 방송도 인터넷매체를 겸한다. 특히 인터넷신문이 동영상 서비스를 확대하면서 방송과 통신으로 진화한다.

독립된 인터넷매체의 활동도 눈부시다. 공직선거법에서 인터넷매체에 대한 규제를 시작한 이래 '신문 등의 자유와 기능 보장에 관한 법률'에서는 새로운 유형의 일간신문으로서 독자적인 기사 생산을 하는 인터넷신문을 수용하고 있다. 날로 영향력이 증대하는 인터넷매체에 대한 최소한의 법적 규제 필요성에 입각한 선택이다. 하지만 가장 첨단적인 통신매체인 인터넷신문을 가장 고전적인 언론법제인 신문법에 포섭한 것은 체계 정합성이 떨어진다.

젊은 층으로 내려갈수록 신문이나 방송보다는 인터넷 포털사이트가 제공하는 정보에 대한 의존도가 훨씬 높다. 자발성, 개방성, 쌍방향성에 기초한 손수제작물UCC과 웹 2.0이 포털을 매개로 폭발적으로 발전한다. 하지만 포털은 언론법상의 매체가 아니므로 가상공간에서 충실한 중개자 역할을 하는 데 그쳐야 한다. 그런데 포털이 자의적으로 편집권을 행사할 뿐 아니라 직접적인 여론 형성에 나섬으로써 정보의 흐름을 왜곡하는 화를 자초하고 있다.

최근 촛불정국의 와중에서 미디어다음이 개설한 '아고라'라는 토론방은 불꽃의 심지 역할을 구가한다. 아고라는 고대 그리스의 도시국가에서 시민들의 경제와 예술 활동이 이루어지던 공공의 광장이다. 종교와 정치의 중심지인 아크로폴리스와는 구별된다. 촛불집회가 '집회 및 시위에 관한 법률'의 규제를 회피해 가는 촛불문화제로 진화하면서 고대 그리스의 아고라에서 펼쳐진 비정치적 활동에 비견된다.

근대 시민혁명 이래 정립된 입헌주의는 대의민주주의에 기초한다. 대의민주주의가 갖는 한계를 극복하기 위해 직접민주주의의 요소를 가미한 반대표semi-representative 제도가 자리 잡았다. 장 자크 루소가 주창한 직접민주주의의 이상이 헌법상 제도로 부활한 셈이다. 하지만 제도화된 직접민주주의는 특정한 국정 어젠다에 국민투표referendum의 형식을 빌린 예외적이고 제한적인 국민 참여라는 한계를 안고 있다. 모든 시민이 국정에 두루 참여하는 고대 그리스의 직접민주주의와는 그 궤를 달리한다. 최근에 인터넷을 통한 시민 참여가 활성화하면서 고대 그리스의 직접민주주의는 제도화되지 않은 디지털민주주의로 부활하고 있다.

하지만 실체가 가려진 채 전개되는 인터넷광장을 악용해서는 안 된다. 가상의 공간에서 폭력, 외설, 명예훼손, 사생활 침해, 청소년 유해물은 근절돼야 한다. 실체적 진실에 반하는 유언비어의 확대 재생산은 사회적 혼란을 부추긴다. 인터넷 실명제만으로는 한계가 있다. 언론매체도 아니면서 언론매체 이상의 영향력을 발휘하는 포털의 역할과 기능의 재정립은 이 시대의 과제다. 인터넷의 바다는 규제하기도 힘들지만, 그렇다고 자율규제에 맡겨두기에는 불안하기 그지없다. 부실한 자기 정화淨化는 결국 법적 개입을 자초하게 될 것이다.

동아일보_2008. 6. 17.

# 인터넷은 언론매체인가?

인터넷Internet이란 일반적으로 "전 세계 수많은 컴퓨터 네트워크의 집단을 서로 연결한 거대한 네트워크", 즉 "네트워크들의 네트워크network of networks"로 정의되고 있다. 인터넷의 특성에 비추어 인터넷매체를 어떻게 정의할 것이냐도 매우 어려운 문제다. 현실적으로 "인터넷의 바다"에서 개인이나 단체는 자유롭게 인터넷을 이용하여 자신의 의사를 실시간으로 표현할 수 있다. 이와 같이 인터넷사이트를 통하여 구현되는 매체로서의 역할을 언론법제상 언론매체로 법적 자리 매김을 할 수 있을 것인가 하는 문제가 제기되고 있다.

인터넷매체는 인터넷신문과 인터넷방송으로 구별할 수 있다. 인터넷신문이란 "인터넷을 통하여 정치 · 경제 · 사회 · 문화 · 시사 등에 관한 보도 · 논평 및 여론 등을 전파하기 위하여, 문자 등의 정보를 보거나 듣거나 읽을 수 있도록 제작된 전자적 기록매체로서, 동일한 제호로 주 1회 이상 계속 제작되는 간행물"로 정의할 수 있다. "인터넷방송이라 함은 인터넷을 통하여 방송프로그램을 기획 · 편성 또는 제작하여 이를 공중(개별계약에 의한 수신자를 포함하며, 이하 '시청자'라 한다)에게 송신하는 것"으로 정의할 수 있다. 인터넷방송은 여러 가지 기술적 방식이 원용되고 있으나 일반적으로 웹캐스팅webcasting, 스트리밍 미디어streaming media방식이 이용되고 있다.

인터넷매체는 통신매체이므로 방송도 아니며 더더구나 신문법상의 인쇄매체가 아니다. 따라서 인터넷매체와 관련된 내용을 신문법을 통하여 구현하려는 것이 바람직한 것인지 의문이다. 굳이 법적 대상으로 삼으려 한다면 방송법을 통하여 규율되어야 할 것이다. 그러나 방송법은 허가제라는 특수성에 기초한 법제이므로 인터넷매체를 규율하기에는 적절한 법률이 될 수 없다. 따라서 이 경우에도 기존 방송과 인터넷매체에 관해서는 이중의 법체계가 필요하다.

인터넷신문의 법적 지위를 인정하기 위하여 신문법에 인터넷신문에 관한 새로운 조항을 설정하여 공식적으로 새로운 유형의 일간신문으로서 인터넷신문을 설정하고 있다. "'인터넷신문'이라 함은 컴퓨터 등 정보처리능력을 가진 장치와 통신망을 이용하여 정치 · 경제 · 사회 · 문화 · 시사 등에 관한 보도 · 논평 · 여론 및 정보 등을 전파하기 위하여 간행하는 전자간행물로서 독자적 기사생산과 지속적인 발행 등 대통령령이 정하는 기준을 충족하는 것을 말한다."

다만 이 경우에도 인터넷신문은 신문법이 원래 예정한 일반정기간행물이 아니라 새로운 시대적 상황에 발맞추어 도입된 새로운 매체라는 점에서 문제점이 드러날 수 있다. 따라서 이 또한 일시적인 미봉책에 불과하다.

신문법이 제정되기 이전에 공직선거법에서는 인터넷언론사를 다음과 같이 정의한 바 있다. 즉 "정치 · 경제 · 사회 · 문화 · 시사 등에 관한 보도 · 논평 및 여론 등을 전파할 목적으로 취재 · 편집 · 집필한 기사를 인터넷을 통하여 보도 · 제공하거나 매개하는 인터넷홈페이지를 경영 · 관리하는 자와 이와 유사한 언론의 기능을 행하는 인터넷홈페이지를 경영 · 관리하는 자를 말한다."

인터넷방송을 방송법상의 방송의 일종으로 편입할 경우에는 무엇보다도 기존 방송의 특성에 기초한 방송의 공공성과 공익성에 대한 근본적인 변화를 초래할 수밖에 없다. 그것은 방송법의 이념 그 자체의 변화를 의미한다. 또한 방송법상기존 방송의 특성에 근거한 허가제도, 시설기준 등도 인터넷방송의 경우에는 최소화될 수밖에 없다. 그것은 진입장벽의 해소문제로 연결된다.

인터넷의 특성상 인터넷매체에 대하여 탈규제적인 사상의 자유시장으로 맡겨둘 것인지 아니면 규제 모델로 설정할 것인지에 관한 정책적인 판단이 뒤따라야 한다. 본질적으로 탈규제 모델에 방송법상의 규제 모델을 적응시키는 것 자체가 무리이기 때문이다. 궁극적으로 인터넷신문과 인터넷방송이 통합되는 시청각법 내지 방송통신법의 제정으로 나아가야 한다. 이와 관련하여 미국의 방송통신위원회 모델이나, 프랑스의 고등시청각위원회 모델을 참조할 수 있을 것이다.

인터넷매체의 특성상 인터넷매체에 대한 내용규제의 방향은 전세계적인 인터넷매체에 대한 법적 규제의 공통적인 흐름인 폭력, 외설, 명예훼손, 사생활침해, 청소년문제, 저작권침해 등에 관한 규제에 한정될 수밖에 없다.

생각건대 인터넷매체와 관련된 법적 규제나 지위에 관한 기본적인 적용법률은 기존 언론관련법제의 틀을 뛰어넘는 정보통신관련법제가 되어야 한다. 즉, 인쇄매체 중심의 신문법과, 방송통신을 아우르는 탈규제적인 방송통신법제의 정립으로 나아가야 한다. 이 경우 방송통신법제는 전통적인 방송과 인터넷매체를 구획하는 이중의 틀을 마련하여야 한다. 언론의 사회적 책임을 강조하는 현행법의 틀을 뛰어넘는 언론 내지 사상의 자유시장이론에 터잡은 인터넷매체의 설정을 그려보는 것도 언론법제의 새로운 정립을 위하여 필요하다.

성낙인, 헌법학 제14판에서 발췌

# 언론·출판에 의한 자유와 권리의 침해에 따른 구제

헌법 제21조 제4항 제2문은 "언론 · 출판이 타인의 명예나 권리를 침해한 때에는 피해자는 이에 대한 피해의 배상을 청구할 수 있다"라고 하여 언론의 사후책임을 명시하고, 이에 따라 '언론중재 및 피해구제 등에 관한 법률'이 제정되었다.

언론보도로 인한 기본권 침해에 대한 피해의 구제방법으로는 언론사에 직접 시정요구, 피해구제기구의 이용, 소송제기 등이 있다. 언론사의 자율적인 구제나 민간단체를 통한 구제방법은 만족스러운 정도로 정착되지 못하고 있다. 이에 법적 효과를 동반하는 손해배상청구 · 사전유지**事前留止** · 사죄광고 · 반론권에 의한 구제방법 등이 원용되고 있다. 이 중 사죄광고제도는 헌법재판소의 위헌결정에 의하여 판결문공시의 방법으로 대체되었다.

그런데 사법적 구제제도는 ㉠ 고의 · 과실등 귀책사유를 전제로 하고 손해기타 법익의 침해에 대한 구체적 입증이 필요하며, ㉡ 소송제도의 성질상 신속한 구제를 기대하기 어렵고, ㉢ 금전적 배상만으로는 개인의 법익보호에 미흡한 점이 많다. 이에 언론중재법에서는 정정보도청구권 · 반론보도청구권과 추후보도청구권을 규정하고 있다.

정정보도청구권이란 사실적 주장에 관한 언론보도 등이 진실하지 아니함으로 인하여 피해를 입은 자는 해당 언론보도가 있음을 안 날부터 3개월 이내에 그 언론보도 등의 내용에 관한 정정보도를 언론사 · 인터넷뉴스서비스사업자 및 인터넷 멀티미디어 방송사업자에게 청구할 수 있다. 다만, 해당 언론보도 등이 있은 후 6개월이 경과한 때에는 그러하지 아니하다. 정정보도의 청구에는 언론사 등의 고의 · 과실이나 위법성을 요하지 아니한다.

반론보도청구권이란 사실적 주장에 관한 언론보도 등으로 인하여 피해를 입은 자는 그 보도내용에 관한 반론보도를 언론사 등에 청구할 수 있으며, 그 청구에는 언론사 등의 고의 · 과실이나 위법함을 요하지 아니하며, 보도내용의 진실 여부를 불문한다.

추후보도청구권이란 언론 등에 의하여 범죄혐의가 있거나 형사상의 조치를 받았다고 보도 또는 공표된 자는 그에 대한 형사절차가 무죄판결 또는 이와 동등한 형태로 종결된 때에는 그 사실을 안 날부터 3개월 이내에 언론사 등에 이 사실에 관한 추후보도의 게재를 청구할 수 있다.

"인터넷뉴스서비스"란 언론의 기사를 인터넷을 통하여 계속적으로 제공하거나 매개하는 전자간행물을 말한다. 인터넷뉴스서비스사업자는 언론중재법의 정정보도청구, 반론보도청구 또는 추후보도청구를 받은 경우 지체없이 해당 기사에 관하여 정정보도청구 등이 있음을 알리는 표시를 하고 해당 기사를 제공한 언론사 등에 그 청구내용을 통보하여야 한다.

언론 등의 보도 또는 매개로 인한 분쟁조정 · 중재 및 침해사항을 심의하기 위하여 언론중재위원회를 둔다. 조정은 신청접수일부터 14일 이내에 하여야 하며 중재부의 장은 조정신청을 접수한 때에는 지체없이 조정기일을 정하여 당사자에게 출석을 요구하고, 출석요구를 받은 신청인이 2회에 걸쳐 출석하지 아니한 경우에는 조정신청을 취하한 것으로 보며, 피신청 언론사 등이 2회에 걸쳐 출석하지 아니한 때에는 조정신청취지에 따라 정정보도 등을 이행하기로 합의한 것으로 본다.

'방송통신위원회의 설치 및 운영에 관한 법률'에서는 방송통신위원회와 방송통신심의위원회를 규정하고 있다. 방송통신위원회는 방송과 통신의 융합 환경에 능동적으로 대응하여 방송의 자유와 공공성 및 공익성을 높이고 방송 · 통신의 국제경쟁력을 강화하기 위하여 대통령소속으로 설치된 위원회이다**(제1조, 제3조)**. 방송통신심의위원회는 방송 내용의 공공성 및 공정성을 보장하고 정보통신에서의 건전한 문화를 창달하며 정보통신의 올바른 이용환경 조성을 위하여 독립적으로 사무를 수행하는 기구이다.

성낙인, 헌법학 제14판에서 발췌

# 미디어렙 1공영 1민영이 맞다

방송은 공정성, 공익성, 다양성을 생명으로 한다. 특히 지상파 방송은 신문이나 인터넷매체와 달리 허가제를 채택하고 있는데, 허가 그 자체가 정부로부터 특혜를 받는 일종의 특허기업이다. 방송광고에 있어서도 방송사와 광고주 사이에 직거래가 이루어져 상호 간에 부당한 압력과 영향력이 행사되면 방송의 이념을 제대로 구현할 수 없다. 이런 폐해를 시정하기 위해 방송광고를 대신 판매해주고, 방송사로부터 판매대행 수수료를 받는 미디어렙이 운영된다.

현행 방송법상 방송광고 판매는 한국방송광고공사KOBACO와 이로부터 출자를 받은 회사가 아니면 지상파 방송광고 판매대행을 할 수 없는 제한적 경쟁체제다. 여태껏 방송광고공사 이외에 특별한 회사가 설립되지 않았기 때문에 방송광고 판매대행은 방송광고공사가 독점적 영업권을 행사해 왔다.

이에 대해 헌법재판소는 2008년 11월27일의 결정을 통해 현행제도는 헌법상 보장된 직업의 자유, 평등권을 침해하는 위헌적인 제도로 판시했다. 다만 단순위헌을 선언할 경우 방송광고 판매대행의 법적 근거가 사라지므로 2009년 12월 31일까지 위헌성을 배제한 입법을 촉구하는 헌법불합치결정을 내렸다. 즉, 이달 말까지 헌재 결정을 수용한 합헌적 제도를 마련하지 않으면 현행 제도는 법적 효력을 상실한다. 그런데도 현실은 지금껏 논란만 거듭되고 있다.

지상파 방송과 방송광고 판매시장의 역사와 현실을 외면한 채 바람직한 방안을 논의할 수는 없다고 본다. 1980년 언론 통폐합의 지도이념인 공영방송에 따라 민영방송이던 동양방송TBC이 폐지되고 KBS와 MBC만 남게 되었다. 이에 독점적인 방송광고대행회사인 방송광고공사가 설립되었다. 방송광고 대행에 따른 독점적 이익은 공익기금으로 방송과 언론 발전에 기여했다.

그런데 1990년에 민영방송인 서울방송SBS이 설립되면서 공영방송 체제는 허물어졌다. 이 과정에서 방송광고에 관한 한 MBC는 공영방송이라기보다는 SBS와 비슷한 민영방송화했다. 후발주자인 SBS가 오늘날 KBS · MBC와 어깨를 나란히 할 수 있는 이면에는 방송광고공사의 도움도 결정적인 한 요인이다. 독점적 미디어렙의 긍정적인 측면이다.

이제 SBS도 안정을 확보하고 또 다른 민영 방송의 허가가 논의되고 있는 시점에서 미디어렙은 더 이상 독점체제를 유지할 수 없다는 데에 이의가 없다. 법 이론상으로만 본다면 독점적 미디어렙은 태초부터 위헌성이 농후하다. 하지만 헌법재판소가 개소된 지 20년 만에 위헌이라는 결정이 나온 이면에는 방송광고 판매대행 시장의 특성에 따른 측면도 있다.

미디어렙의 1공영에 더한 1민영 · 다민영에 관한 논의도 과거와 현재를 외면한 일의적인 법의 잣대로는 안 된다. 현 시점에서 단기적으로는 그간의 독점체제에 대한 반성과 새로운 시장질서 형성이라는 두 가지 측면을 동시에 고려하여 우선 1민영 체제로 운용하는 것이 바람직하다. 다민영 체제로 갈 경우에 MBC · SBS는 각기 미디어렙을 설립할 것이다. 특히 중장기적으로 KBS가 공영방송으로서의 특성을 강화하기 위해 KBS2의 방송광고를 실질적으로 폐지한다면 그 혜택은 MBC · SBS로 돌아가고, 열악한 종교방송 · 지역방송은 존립기반이 위태로울 수 있다. 균등한 수혜가 보장되지 않는 상태에서 일방적인 다민영은 방송광고시장의 경쟁체제 정립보다는 또 다른 독과점의 폐해를 야기할 것이다. 장기적으로는 방송통신의 융합에 따라 방송과 통신의 경계가 허물어지고, 지상파 · 케이블 · IP TV방송이 균형적 성장을 확보할 때쯤이면 미디어렙도 시장경제원리에 따른 완전경쟁으로 이행할 수 있을 것이다. 방송의 이념과 방송의 특허기업성을 외면한 채 이상만 추구하는 다민영은 미래 세대의 숙제로 남겨 놓는 것이 바람직하다.

서울신문_2009. 12. 22.

# 제 8 장

## 기본권보장과 인간다운 삶

# 용서·화해해야 역사는 발전한다

"진실은 밝혀야 한다…응징을 위해서가 아니라 상처를 치유하고 통합의 새시대 여는 화해의 첫걸음을 위해"

세간의 눈길을 벗어난 조그마한 기사가 화제다. 박연재 KBS 광주방송국 심의위원이 대학에 입학한 지 40년, 사법시험을 본 지 30년 만에 2010년 3월에 사법연수원에 입소했다. 29년 기자생활을 마감하고 최고령 사법연수생이 됐다. 박 위원은 1981년 사법시험 2차 시험에 합격했지만 민주화운동에 참여했다는 이유로 연거푸 3차 시험에서 불합격했다. 그로부터 30년 가까이 지난 2007년 '진실 화해를 위한 과거사 정리위원회'의 권고에 따라 뒤늦게 법무부로부터 사법시험 합격통지서를 받았다. 박 위원의 딸은 서울법대를 졸업하고 부산지검 검사로 재직 중이다. 필자는 작년에 제자인 박 검사의 혼례를 주재하면서 아버지가 딸의 지도로 검찰시보를 할 것 같다는 덕담을 건네기도 했다.

남의 일이라 무심코 지나갈 수도 있다. 하지만 당사자가 그동안 겪어온 가슴앓이는 그 어디에 비견할 수 있겠는가. 그 사이 우리 사회는 과거를 너무 쉽게 잊어버리고 살아온 것 같다. 세계사에 보기 드물게 초단기에 이룩한 산업화의 그늘에선 수많은 사람의 자유와 권리가 유린당했다. 1987년 6월항쟁 이후 민주화는 빠르게 전개됐다. 바로 그 민주화가 만개한 지점에 이르러서야 비로소 우리는 과거를 되돌아볼 수 있는 여유를 갖게 됐다.

'진실과 화해', 그것은 야만적 백인통치에 저항한 남아프리카공화국의 흑인 지도자 넬슨 만델라가 제안한 미래를 위한 설계다. 진실은 밝혀야 한다. 하지만 그 진실 발견은 과거사에 대한 응징을 위해서가 아니라 응어리진 상처를 치유하고 국민 통합의 새 시대를 열어 가기 위한 화해의 첫걸음이어야 한다.

인류의 역사 발전 과정에서는 언제나 온건한 개혁과 과격한 혁명 사이에 명암이 교차해 왔다. '짐朕이 곧 국가'라는 절대군주시대를 넘어서서 국민주권의 시대를 열어가는 과정에서도 두 가지 흐름이 나타났다. 영국은 점진적 개혁을 통해 국민주권주의를 개척해 나갔다. 영국 민주주의 발전 과정에서 절대군주는 상징적 군주로 전락했다. 그 과정에서 국왕이나 귀족의 비리도 많이 드러났다.

하지만 국왕을 폐위시키거나 세습귀족제도를 폐지하지는 않았다. 지금도 영국 상원은 세습귀족 중심으로 구성돼 있다. 성문헌법도 따로 만들지 않았다. 점진적 개혁을 실천했다. 그래서 영국은 신사의 나라로 평가된다. 영국신사라는 말도 여기에 연유한다.

반면에 프랑스에서는 1789년 혁명 발발 이후 일련의 혁명 기간에 국왕을 폐위시키고 세습귀족 제도를 폐지시키면서 국민주권시대를 열었다. 루이16세 국왕과 마리 앙투아네트 왕비는 공포정치가 로베스 피에르 일당에 의해 작두와 비슷하게 생긴 기요틴guillotine이라는 단두대에 목이 잘려 나갔다. 혁명 과정에서 기요틴은 인민재판의 상징물이 됐다. 하지만 로베스 피에르 자신도 기요틴의 이슬로 사라지는 부메랑이 되어 되돌아왔다.

어느 나라 어느 국민에게도 고난과 간난의 시대가 있기 마련이다. 그 과정에서 허물도 있기 마련이다. 과거를 깨끗이 청소해버리면 미래도 깨끗해질 수 있다는 착각은 언제나 존재한다. 하지만 동시대의 시대 상황을 외면한 채 미래를 위한 화해를 이끌어내지 못하는 과거사 정리는 또 다른 역사의 퇴행과 피로 물들일 보복만 가져올 뿐이다.

지난 세월의 흔적을 작위적으로 폐기처분하려는 것 자체가 역사를 거꾸로 되돌리려는 인위에 불과하다. 잘못된 과거를 용서하고 화해하면서 포용할 때만이 역사는 발전한다.

박연재 위원과 더불어 뒤늦게 사법시험 합격증을 받은 인사들의 면면을 보면 서울법대 한인섭 교수를 비롯해 학계 · 언론계 · 금융계 · 재계 등에서 자신들에게 주어진 몫을 다해 왔다. 우리 모두 경하할 일이다. 그분들은 법조인의 길을 가로막은 이들에 대한 원한을 뛰어넘어 역사와의 화해를 통해 또 다른 성공적인 삶을 살아온 것이다.

매일경제_2010. 3. 2.

## 우리 시대의 작은 영웅들을 위한 헌사

광화문 광장을 조성하면서 그동안 외로이 광화문 사거리를 지키던 이순신 장군에 이어 세종대왕까지 모셨다. 그런데 광화문 광장에 차려진 두 분의 동상이 어쩌면 측은하고 초라해 보이는 것은 필자만의 생각일까. 나라를 지키고 나라를 세운 분들에 대한 경외敬畏는 끝이 없어도 좋다. 하지만 우리는 그 사이 너무나 위대한 거인들에 대한 기대에만 충만해 오지 않았는가 하는 의문을 지울 수 없다.

영웅이 시대를 만들어 가는가, 아니면 시대가 영웅을 만들어 가는가. 그에 대한 대답은 쉽게 내려질 수 없다. 하지만 우리의 생활 주변에 너무도 많은 영웅의 삶이 자리 잡고 있다. 작년에 이어 올해에 작고한 위대한 종교지도자인 김수환 추기경과 법정 스님은 이 시대의 영웅이라 해도 좋을 것이다. 그분들의 고귀한 삶은 종교적 차원을 넘어서 속인들에게도 시대의 사표다. 현세에서 두 분이 보여준 종교를 뛰어넘는 화합의 장은 지구촌 곳곳에서 벌어지는 종교적 갈등을 이 땅에서 승화시킨다.

그러나 불세출의 영웅이나 성인만을 기릴 것이 아니라 이제 우리 곁에 있는 생활 속의 작은 영웅들을 찾아 나설 때가 됐다. 경제적 신탁통치를 의미하는 IMF를 맞아 온 국민의 삶이 피폐해 있을 때 혜성과 같이 등장한 박세리는 동시대의 영웅으로 자리매김하기에 충분했다. 물속에서 맨발의 투혼을 보여준 어린 소녀의 골프여제 등극은 골프가 무엇인지도 모르는 4000만 국민 모두에게 홍분과 감동을 넘어서서 희망의 메시지를 전해 주었다. 얼음판 위에서 펼쳐지는 피겨스케이팅이 무엇인지도 모르는 국민 앞에 홀연히 출몰한 미소녀 김연아는 온 국민의 사랑을 넘어서서 세계의 연인으로 자리 잡았다.

하지만 이 시점에서 우리의 삶을 다시 한 번 되돌아보고 성찰하는 생활의 지혜가 필요하다. 매스컴의 요란한 각광을 받지는 못했을지라도 우리의 일상 속에 자리 잡은 작은 영웅을 기리는 일은 더욱 소중하다. 며칠 전 우리 시대 최고의 대중가요 작곡가로 칭송받던 대중음악가 박춘석이 작고했다. 15년간의 투병생활을 마감했다는 안타까운 소식이다. 1956년 '황혼의 엘레지'로 시작해서 1994년에 이르기까지 2700곡을 작곡했다니 가히 초인적이다. 어렵고 힘든 시절 그의 노래는 온 국민의 심금을 울렸다.

이제 클래식한 고급 음악과 오페라만이 예술로 인정받고 대중과 함께한 대중예술은 천덕꾸러기로 취급하는 시대는 마감해야 한다. 세종문화회관이나 예술의전당도 더 이상 고급 아리아의 전속 무대일 필요는 없다. 억지로 고급스러움을 고집할 필요도 없다. 대중예술조차도 외국 것에만 경도된 행태는 버려야 한다. 비틀스의 예스터데이, 이브 몽탕의 고엽, 프랭크 시내트라의 마이 웨이만이 고급스러운 대중음악으로 치부돼서는 안 된다. 박춘석을 떠나보내는 추모무대에서 패티 김과 이미자가 보인 눈물은 진정 그분을 떠나보내는 아쉬움의 눈물만은 아닐 것이다.

척박한 환경 속에서 때로는 '뽕짝'으로 치부되는 대중음악에 대한 몰이해로 인한 모멸도 감내해온 그들이기에 대중예술에 대한 국민적 · 국가적 이해의 부족에 대한 안타까움도 동시에 배어난 것이리라.

우리는 그 사이 너무나 거룩하고 숭고한 가치에만 매몰돼 있지 않았는지 되돌아보아야 한다. 그 어떠한 인간도 완결적일 수는 없다. 따지고 보면 이 시대의 성인인 김수환 추기경과 법정 스님도 속세에 드러내 놓지 못할 부족함이 없었다고 단언하기 어려울 것이다.

모든 인간은 결점투성이다. 그 결점을 아름답게 승화시킬 때 뜨거운 박수를 보낼 줄 아는 도량도 필요하다. 우리도 이제 자랑하고 사랑하는 국민배우, 국민가수, 국민작곡가 시대를 열어가야 한다. 대중의 삶, 민중의 삶과 함께해온 이들에 대한 경의는 오늘을 살아가는 자가 보낼 수 있는 최소한의 예의일 것이다.

세계일보_2010. 3. 28.

# 사형제도는 폐지되어야 하는가?

사형제도의 위헌성 논의가 계속되어 오는 가운데 사형폐지론이 활발하게 진행되고 있다. 이런 가운데 헌법재판소와 대법원의 다수의견은 합헌론을 고수하고 있다.

대법원은 생명은 한번 상실하면 회복할 수 없다는 점과 그 존귀성을 인정하나, 사형제도는 항상 국가의 형사정책적 측면과 인도상의 문제로서 심각하게 고려되고 비판될 문제이며, 이것은 국가의 발전과 도덕적 감정의 변천에 따라 그 제도의 입법적 존폐가 문제될 것이라는 전제에서, 현재 우리나라의 실정과 국민의 도덕적 감정 등을 고려하여 국가의 형사상 정책으로서 질서유지를 위하여 형법이나 군형법 등에 사형이라는 처벌의 종류를 규정하여도 위헌은 아니라는 입장이다.

헌법재판소도 ㉠ 헌법 제110조 제4항의 단서에서 간접적이나마 법률에 의하여 사형이 형벌로서 정해지고 또 적용될 수 있음을 인정하고 있다는 점, ㉡ 사형이 인간의 존엄에 반하는 잔인하고 이상한 형벌이라고 평가되거나 형벌의 목적 달성에 필요한 정도를 넘는 과도한 것으로 평가된다면 우리 헌법의 해석상 허용될 수 없는 위헌적인 형벌이나 현재는 그렇게 볼 수 없다는 점, ㉢ 생명에 대한 법적 평가는 예외적으로 가능하여 일반적 법률유보의 대상이 된다는 점, ㉣ 사형의 위하력을 통한 범죄예방효과가 추정된다는 점, ㉤ 타인의 생명을 부정하는 범죄행위에 대하여 사형을 그 불법효과의 하나로서 규정하는 것은 불가결한 수단의 선택이라는 점 등을 이유로 사형제도를 위헌으로 보지 않는다. 다만 사형은 비례의 원칙에 따라서 최소한 동등한 가치가 있는 다른 생명 또는 그에 못지아니한 공공의 이익을 보호하기 위하여 불가피성이 충족되는 예외적인 경우에만 적용되어야 한다고 그 범위를 제한하였다.

하지만 헌법재판소 반대의견은 위헌론을 개진하고 있다. 헌법재판소의 반대의견은 ㉠ 생명은 창조주 외에는 박탈할 수 없다는 점, ㉡ 사형은 주로 전제군주제나 전체주의국가에서 군주나 독재자의 권력유지수단으로서 기능하였다는 점, ㉢ 생명의 박탈은 되돌릴 수 없는데 오판의 여지는 항상 존재한다는 점, ㉣ 생명의 박탈은 생명권의 본질적 내용을 침해한다는 점, ㉤ 사형의 일반 또는 특별예방적 기능은 무기징역으로 달성할 수 있다는 점, ⓑ 우리 헌법은 사형제도를 예정하지 않았다는 점, ⓢ 헌법 제110조 제4항은 헌법 제10조에 반하는 위헌적인 조항이라는 점, ⓞ 생명은 평범 이상의 신비스런 외경의 존재이므로 단순한 여론조사에서 표출된 국민 일반의 법감정으로 사형제도를 정당화시킬 수 없다는 점 등을 이유로 사형제도는 헌법에 위반된다고 하였다.

생각건대 생명의 박탈은 생명권의 본질적 내용을 침해한다고 볼 수도 있겠지만, 예외적인 경우 이를 용인할 수밖에 없다. 예외적인 경우란 헌법재판소가 판시한 바와 같이 다른 생명 또는 그에 못지아니한 공공의 이익을 보호하기 위하여 불가피성이 충족되는 경우이다. 따라서 이러한 경우 사형제도는 생명권의 본질적 내용을 침해하였다는 이유로 위헌이라 할 수 없다. 미국 연방대법원도 사형제도 자체가 위헌이라는 판결을 번복하여 절대적 법정형으로 사형을 규정한 경우만 위헌이라고 판시하고 있다.

문제는 외국의 경우, 사형을 법정형으로 인정하는 범죄가 5 내지 6개 정도인데 반하여 우리의 경우 무려 103개 조항(**형법 19개, 특별법 84개**)에서 사형을 규정하고 있다. 이 모두가 위의 예외적인 경우에 해당하는지는 의문이다. 사형은 되돌릴 수 없는 형벌이므로 적용의 여지를 미리 최소화할 필요가 있다. 또한 사형의 일반예방적 효과가 증명되지 않았으므로 사형은 비례의 원칙 중 최소침해원칙에 부합하지 아니한다. 그렇다면 형사정책적 측면에서 특별예방적 효과가 인정될 경우에만 사형을 예외적으로 인정하여야 한다.

성낙인, 헌법학 제14판에서 발췌

## 모든 국민은 변호인의 도움을 받을 권리가 있다

"누구든지 체포 또는 구속을 당한 때에는 즉시 변호인의 조력을 받을 권리를 가진다. 다만 형사피고인이 스스로 변호인을 구할 수 없을 때에는 법률이 정하는 바에 의하여 국가가 변호인을 붙인다"(**헌법 제12조 제4항**). 조력**助力**이라 함은 피의자 등에게 수사기관과 대등한 지위를 확보해 줄 정도의 충분하고 실질적인 변호인의 조력을 의미한다.

변호인의 도움을 받을 수 있는 사람은 다음과 같다. 첫째, 모든 체포 · 구속된 피의자와 피고인이다. 헌법 제12조 제4항 본문은 "체포 또는 구속을 당한" 경우에 변호인의 조력을 받을 수 있다고 규정하고 있다. 둘째, 불구속상태의 피의자와 피고인이 있다. 변호인의 조력을 받을 권리는 구속 여부를 떠나 형사절차와 관련된 모든 사람에게 필요한 기본권이므로 불구속상태의 피의자와 피고인에게도 변호인의 조력을 받을 권리가 인정되어야 한다. 하지만 형사절차가 종료된 수형자에게는 인정되지 아니한다. 즉 변호인의 조력을 받을 권리는 수사개시시부터 판결의 확정시까지만 인정되므로, 유죄판결이 확정되어 교정시설에 수용중인 수형자**受刑者**에게는 인정되지 않는다.

변호인의 도움을 받을 권리의 내용은 다음과 같다. 첫째, 변호인선임권이다. 변호인선임권은 변호인의 조력을 받을 권리의 출발점이다. 이는 헌법상 바로 도출되는 권리이며 법률로써도 제한할 수 없다. 둘째, 국선변호인의 조력을 받을 권리가 있다. "형사피고인이 스스로 변호인을 구할 수 없을 때에는 법률이 정하는 바에 의하여 국가가 변호인을 붙인다"(**헌법 제12조 제4항 단서**).

변호인의 도움을 받을 권리를 실질적으로 보장하기 위해서는 변호인과의 접견교통권이 보장되어야 한다. 즉 변호인과의 접견은 피의자 또는 피고인이 교도관이나 수사관 등 관계공무원의 참여가 없어 피의자 등의 심리적인 압박감이 최소화된 상태에서 이루어져야 한다. 또한 미결수용자**未決收容者**와 변호인의 서신교환시 그 비밀이 보장되어야 한다.

변호인의 피구속자를 조력할 권리의 핵심적인 부분은 조력을 받을 피구속자의 기본권과 표리의 관계에 있기 때문에 이러한 핵심부분에 관한 변호인의 조력할 권리 역시 헌법상의 기본권으로서 보호되어야 한다. 피고인이 변호인의 충분한 조력을 받기 위해서는 피고인이 그의 변호인을 통하여 수사기록을 포함한 소송관계서류를 열람 · 등사하고 이에 대한 검토결과를 토대로 공격과 방어의 준비를 할 수 있는 권리도 변호인의 조력을 받을 권리에 포함된다고 보아야 한다.

나아가서 수사기관의 피의자신문절차에서의 변호인참여요구권도 보장되어야 한다. 대법원 판결과 헌법재판소 결정의 취지를 반영하여 새 형사소송법은 수사기관의 피의자신문절차에서의 변호인참여요구권을 명문으로 규정하고 있다.

성낙인, 헌법학 제14판에서 발췌

# 품위 있게 죽을 권리

인명**人命**은 재천**在天**이라 한다. 인간이 태어나면서 누리는 권리**(천부인권 · 天賦人權)**는 어느 누구도 박탈할 수 없다. 그만큼 인간은 존엄한 존재다. 그러나 근자에 만연한 생명에 대한 훼절은 인간의 정신과 육체를 황폐화시킨다. 생명은 태어나기 이전 단계에서부터 존중돼야 하므로 인공 임신중절**(낙태)**도 법적으로 금지된다. 하물며 생명을 인위적으로 단축시키는 행위는 더 큰 범죄다. 스스로 목숨을 끊는 자살은 인간성 파멸을 불러오기 때문에 자살을 돕는 자살 방조**幇助**도 처벌한다.

회자정리**會者定離**. 늙고 병들면 이승을 떠나기 마련이지만 의학의 발전에 힘입어 생명은 그만큼 연장된다. 하지만 불치의 병으로 야기되는 고통은 본인뿐 아니라 가족과 주변 사람을 힘들게 한다. 생을 마감하는 순간이 임박하면서 생명을 연장하려는 노력도 필사적이다. 반면에 환자의 고통은 배가된다. 언제 어떻게 어떠한 조건에서 죽음이 임박한 환자에게 고통 없이 죽을 수 있는 권리를 인정할지가 현대사회에 던져진 과제다.

넓은 의미의 안락사란 심한 육체적 정신적 고통에 시달리는 불치 상태 환자의 고통을 덜어주기 위한 목적으로 죽는 시기를 앞당기는 의학적인 조치를 말한다. 고통을 완화시키는 약물 투여가 생명 단축이라는 부수효과를 가져오는 간접적 안락사는 특별히 문제되지 않는다. 이것을 문제 삼는다면 치료행위 자체가 자칫 죄악시될 수 있다.

반면에 회생 가능성이 없는 질병으로 인해 빈사상태에 빠진 환자의 생명을 인위적으로 단축시키는 적극적 안락사는 원칙적으로 금지된다. 엄격한 요건이 충족될 경우 예외적으로 허용될 수 있을 뿐이다. 외국에서는 의사의 말기 암 환자에 대한 적극적 안락사 시술행위가 영상으로 공개돼 엄청난 사회적 비난을 받은 바 있다.

일반적으로 존엄사**尊嚴死**로 지칭되는 소극적 안락사란 환자를 고통에서 빨리 벗어나게 하기 위해 생명 연장의 적극적인 수단을 사용하지 않음을 말한다. 예컨대 수혈 인공호흡장치 생명연장주사를 하지 않는 것이다. 우리나라에서는 1997년 서울 보라매병원에서 가족의 요구에 따라 의사가 인공호흡장치를 제거한 후 환자가 사망한 사건에서 의사의 살인방조죄를 적용했다. 그만큼 생명 연장을 중시한 판결이다.

이번에 비록 1심 법원이지만 소극적 안락사를 인정한 판결은 새로운 진전이다. 그동안 안락사에 대해 법적인 판단이 제대로 이뤄지지 못한 상태에서 나온 판결이라 새삼 세상의 주목을 끈다. 법원은 '행복하게 살 권리'만큼 '품위 있게 죽을 권리'도 인정해야 한다고 판시한다.

인위적 생명 단축 행위인 적극적 안락사에 비하면 소극적 안락사는 생명 연장을 위한 인위적인 수단을 취하지 않는 데 불과하므로 조건이 충족된다면 널리 인정해야 한다. 법원이 제시한 조건에서 회복 가능성 희박과 기대여명 3, 4개월은 의학적 판단이 우선적으로 고려돼야 한다. 환자가 평소에 한 의사 표시는 환자 자신의 몫이다. 죽음의 품위는 환자의 자기결정권에서 비롯된다.

이번 판결을 계기로 존엄사에 대한 사회적 합의를 도출해야 한다. 법조계 의료계 종교계가 다 같이 수긍할 수 있는 조건이 충족돼야 한다. 사안의 특성상 일정한 기준을 제시한 연후에 개별 사안마다 구체적 타당성을 고려해야 한다. 가칭 존엄사위원회를 통해서 공동체 구성원들이 널리 수긍할 수 있도록 해야 한다.

이미 한국 사회도 부모자식이 동거하지 않는 가구가 절대다수다. 갈수록 전통적인 가**家** 중심의 공동체는 해체되고 개인주의와 물신주의가 팽배한다. 이런 각박한 세태에 존엄사의 허용이 자칫 가족의 생명을 방기하는 패륜으로 이어져서는 안 된다. 존엄사 판결이 언론의 톱뉴스를 장식한 이면을 제대로 읽어야 한다.

동아일보_2008. 12. 2.

# 획일적 평등을 경계한다

"모든 국민은 법 앞에 평등하다"(**헌법 제11조**). 최고법원인 대법원 본청에는 자유 · 정의와 더불어 평등이 아로새겨져 있다. 인류역사에서 평등의 실현구조는 언제나 공동체의 화두다. 하지만 현실세계에서 평등의 구현은 그리 녹록치 않다. 근대사회에서도 불평등문제가 여전히 사회적 갈등의 한 축을 이룬다. 단일민족이 단일국가를 이룬 대한민국 공동체에서는 평등이 유난히 강조되고 그것이 생활 속에 삼투돼 있다. 다민족 다언어 국가에서는 평등구조의 실현이 더욱 갈등적이다. 21세기의 초강대국 미국에서도 인종차별segregation 문제가 여전히 최대이슈다. 아직도 실현되지 못하고 있는 최초의 유색인종 대통령이 탄생할지 초미의 관심거리다.

하지만 평등규범의 현실적 구현과 평등주의적 사고는 구별돼야 한다. 다 같이 망하는 평등주의가 아닌 다 함께하는 평등한 세상으로 나아가야 한다. 정치 경제 사회 문화의 모든 영역에서 평등의 구현은 소중한 원칙이지만 획일적 평등은 지양해야 한다.

우리 사회에서 생활 속의 평등은 일상화돼 있다. 먹는 음식부터 평등하기 그지없다. 외국문물을 숭상하던 시절에 우리의 전통음식은 천한 것으로 여겨졌다. '우리 것은 좋은 것'이라는 시대에 접어들면서 토속음식이 새삼스럽게 웰빙식품으로 각광받는다. 전통음식인 된장과 김치찌개, 여기에 한국화된 중국음식인 자장면 짬뽕에 이르기까지 다 함께 즐긴다. 대통령이나 재벌총수에서부터 일용노동자에 이르기까지 이들 음식을 즐기지 않는 이가 없다.

음식뿐 아니라 종교도 마찬가지다. 단일 언어 단일 민족문화를 구가하면서도 다언어 다민족 다문화권에서 자리 잡은 종교와 문화가 활짝 꽃피우고 있다. 동양의 전통종교인 유교와 불교는 물론이거니와 수입종교인 서양의 기독교와 중동의 이슬람교까지 안정적 기반을 확보한다. 세계적으로 불교 유교 기독교 천주교와 같은 복수의 종교가 평화롭게 균형적으로 터 잡고 있는 나라는 찾아보기 어렵다.

평등지향적 사고는 정치권력의 작동에 결정적인 영향을 미친다. 권력에 대해 조소적이고 비판적이다. 권력의 오만함을 용납하지 않는다. 권력 세계의 냉

혹함은 이제 권불10년이 아니라 권불 백일이라고 할 정도다. 언어와 피부색이 같은 너무도 가까운 이웃이 갖는 권력이 정상적이지 않을 때 그에 대한 관용은 곧바로 한계를 드러낸다. 국민적 응징도 바로 나타난다. 세계적으로 가장 잘 갖추어진 초고속 인터넷 망이 상승효과를 유발한다. 수도의 심장부를 가득 메운 촛불시위도 세계에서 유례를 찾아보기 어렵다.

교육의 기회균등에 기초한 평등주의적 사고는 새삼 우리 사회의 갈등요인이다. 과외교습금지에 대한 헌법재판소의 위헌결정에도 불구하고 과외의 시기와 방법에 대한 사회적 합의가 이루어지지 않고 있다. 고교평준화에 뒤이어 대학의 하향평준화까지 불러 올 위험이 사회 곳곳에 도사린다. 능력에 따른 기회균등보다는 획일적 평등주의가 지배하고 있지 않은지 성찰할 시점이다.

사회경제적으로 상대방에 대한 차이를 인정하지 않는 사회에서 잘난 채 하고픈 욕망은 엉뚱하게 명품 과소비로 나타난다. 명품중독증으로 인한 사건사고도 빈발한다. 이런 2중적 사고는 재벌에 대한 태도에서도 드러난다. 재벌의 행태에 대해 가장 신랄하게 공격하면서도 정작 재벌 앞에만 서면 작아진다. 부에 대한 부정적 사고와 부에 대한 부러움이 교차된 결과다.

외견상의 평등이 아니라 진정으로 평등한 사회를 구현하기 위해서는 능력에 따른 차이를 인정함과 더불어 상대방에 대한 한없는 배려가 전제돼야 한다. 자고로 선을 베푸는 집에는 반드시 경사가 있기 마련이라 했다**積善之家 必有餘慶**. 하지만 잘난 체 하면 바로 끝장이다. 사촌이 논사면 배 아프다는 식의 시기와 투기는 근절돼야 한다. 홍부놀부전으로 상징되는 선과 악의 2분법은 이제 화해와 포용으로 대체돼야 한다.

"개같이 벌어서 정승같이 쓴다"는 그릇된 관념이 가진 자와 가지지 못한 자 모두에게 팽배해 있다. 하지만 청부**淸富**를 실천함으로써 오늘의 귀감이 될 수 있는 선조들도 얼마든지 있다. 경주 최부자는 서양식의 노블레스 오블리제를 이 땅에서 정재**淨財** 사상으로 몸소 실천했다. 최부자집의 제가**齊家** 철학과 수신**修身** 가훈에는 한국적 휴머니즘이 그대로 스며들어 있다.

미발표 칼럼_2008. 5. 1.

## 적극적 평등실현조치를 더욱 적극적으로 구현해야

적극적 평등실현조치(잠정적 우대조치, affirmative action)란 역사적으로 사회로부터 차별을 받아 온 특정 집단에 대하여 차별로 인한 불이익을 보상해 주기 위하여 그 집단의 구성원에게 취업 · 학교입학 등 사회적 이익을 직접 또는 간접적으로 부여하는 정부의 정책을 말한다. 이는 미국에서 발전된 이론이다.

적극적 평등실현조치는 ㉠ 기회의 평등보다는 결과의 평등 · 실질적 평등을 추구하는 정책이고, ㉡ 개인보다는 집단에 초점을 맞춘 개념이며, ㉢ 항구적 정책이 아니라 구제목적을 달성하게 되면 종료하게 되는 잠정적 조치이다.

적극적 평등실현조치를 긍정하는 견해에 의하면, ㉠ 소수집단의 구성원들은 소수집단에 속한다는 사실만으로도 과거의 차별에 대하여 보상을 받을 자격이 있고, ㉡ 현재와 앞으로의 기회균등을 위해서는 과거에 공정한 경쟁에 참가할 기회를 박탈당한 소수인종 · 여성들에게 일시적으로 더 많은 혜택을 주어 진정한 기회균등이 이루어질 수 있도록 해야 한다고 본다.

하지만 적극적 평등실현조치를 부정하는 견해에 의하면, ㉠ 기회의 균등원칙에 반하며, ㉡ 모든 소수인종이나 여성이 개인적으로 차별받은 것은 아니고 소수인종이나 여성이 아닌 자도 차별의 피해자일 수 있으므로 우선적 처우를 개별화하는 것이 바람직하며, ㉢ 과거에 소수가 차별받은 사실 때문에 차별을 야기하지도 않은 다수를 희생하여서는 아니 되며, ㉣ 차별받은 소수를 위해 반사적인 이익을 받았을 뿐인 다수를 차별하는 것은 역차별이라고 본다.

생각건대 미국 연방대법원이 최근에 적절히 판시한 바와 같이, 적극적 평등실현조치를 위하여 일의적 기준을 제시하여 모든 관계자에게 동일하게 적용하는 것은 위헌이지만, 구체적 타당성에 기초한 적극적 평등실현조치는 합헌적이다. 예컨대, 대학입학에 있어서 유색인종에게 일의적으로 가산점을 부여하는 것은 위헌이지만, 유색인종 중에서 개별적으로 판단하여 정당한 사유가 있을 때 가산점을 부여하는 것은 합헌이다.

우리나라에서도 적극적 평등실현조치와 관련된 법제가 시행되고 있다. 국가공무원법과 지방공무원법에서는 여성 · 장애인 · 이공계전공자 및 저소득층 등 공직 내 소수집단에 대하여 대통령령 등이 정하는 바에 따라 채용 · 전보 · 승진 등에 있어 적극적인 우대와 실질적 양성평등의 구현을 위한 정책을 실시할 수 있도록 규정하고 있다(**국가공무원법 제26조 단서, 지방공무원법 제25조 단서**). 헌법재판소도 "여성공무원채용목표제는 이른바 잠정적 우대조치로 시행되는 제도"라고 판시하고 있다. 그런데 1995년 12월 공무원임용시행령 제11조의3의 신설로 채택된 여성채용목표제는 여성의 공직참여의 기회를 확대하고 공직에서의 여성의 지위향상에 크게 기여한 것으로 평가되는 반면 남성에 대한 역차별의 문제를 야기하였다. 이에 정부는 여성채용목표제를 발전적으로 개선 · 보완하여 공직 내 양성의 평등을 제고하고 남녀의 성비의 균형을 도모할 수 있도록 공무원임용시험령의 개정을 통하여 2003년부터 양성평등채용목표제를 도입하고 있다.

정치자금법에서는 공직후보자 여성추천보조금제도(**제26조**) 및 장애인추천보조금제도(**제26조의2**)를 도입하고 있고, 공직선거법(**제47조**)에서도 비례대표후보자에 대한 50% 여성공천할당제를 도입하고 있다. 여성발전기본법은 "국가와 지방자치단체는 여성의 참여가 현저히 부진한 분야에 대하여 합리적인 범위에서 여성의 참여를 촉진하여 실질적인 남녀평등이 이루어질 수 있도록 관계 법령으로 정하는 바에 따라 적극적 조치를 취할 수 있으며 여성가족부장관은 국가기관 및 지방자치단체의 장에게 이에 따른 적극적 조치를 취하도록 권고하고 그 결과를 점검하여야 한다"라고 규정하여 실질적 남녀평등을 촉진하기 위한 적극적 조치제도를 도입하고 있다(**제6조**). 그 밖에도 '남녀고용평등과 일 · 가정 양립 지원에 관한 법률' 등에서도 이러한 취지를 반영하고 있다. 이와 같이 우리나라에서는 인종문제가 아니라 주로 남녀불평등을 시정하기 위하여 적용되고 있다.

**성낙인, 헌법학 제14판에서 발췌**

## 부부평등

부부평등제를 보장하기 위하여 구 민법상 처의 무능력자조항은 폐지된 바 있다. 또한 헌법재판소는 호주제도**戶主制度**는 "혼인과 가족생활에서 개인의 존엄을 존중하라는 헌법 제36조 제1항의 요구에 부합하지 않는다"라고 하여 위헌(**헌법불합치**)으로 판시한 바 있다 : "민법 제778조는 당사자의 의사와 자결권을 외면한 채 법률로 호주의 지위를 강요한다는 점에서 개인의 존엄에 반할 뿐만 아니라 호주 지위의 획득에 있어 남녀를 차별하고 있으며, 민법 제781조 제1항 본문 후단 및 민법 제826조 제3항 본문은 당사자의 의사와 자율적 선택권을 무시한 채 혼인 및 자녀에 관한 신분관계를 일방적으로 형성한다는 점에서 개인의 존엄에 반하고 나아가 정당한 이유 없이 남녀를 차별한다." 이에 따라 2008년에 호주제도에 입각한 호적제도가 폐지되었고 국민 개인별로 가족관계등록부가 작성되고 있다. 등록부는 가족관계증명서, 기본증명서, 혼인관계증명서, 입양관계증명서, 친양자관계증명서 등 5가지 종류이다. 혼인신고시 협의하면 어머니의 성과 본을 자녀가 가질 수 있으며, 이혼한 여성이 전 남편과 사이에 얻은 자녀를 기르고 있을 경우 새 아버지의 성과 본으로 바꿀 수 있다. 자녀의 복리를 위해 양자를 법률상 안전한 친생자로 인정하는 '친양자제도'도 시행하고 있다.

또한 "심판대상 조항(**친생부인의 소를 자의 출생을 안 날로부터 1년 이내에 제기하도록 규정하고 있는 민법 제847조 제1항**)으로 인하여 친자관계를 더 이상 다툴 수 없게 된 부로서는 진실에 반하는 친자관계를 그 의사에 반하여 강요당하게 된다는 점에서 인간의 존엄과 가치, 행복추구권을 보장한 헌법 제10조와 혼인과 가족생활의 보호를 규정한 헌법 제36조에 위반할 소지가 있는 것이다"라고 하여 헌법불합치결정을 내린 바 있다. 개정 민법에서는 부부평등의 이념과 조화되도록 부**夫**만이 제기가능하였던 친생부인의 소의 제기권자로 처도 신설하여 처의 친생부인의 소 제기를 인정하고, 친생부인의 소의 제소기간도 친생부인사유를 안 날로부터 2년 내로 연장하여 친생부인제도를 개선하였다.

한편 헌법재판소는 "성명**姓名**은 개인의 정체성과 개별성을 나타내는 인격의 상징으로서 개인이 사회 속에서 자신의 생활영역을 형성하고 발현하는 기초가 되는 것이라 할 것이므로 자유로운 성의 사용 역시 헌법상 인격권으로부터 보호된다. 또 헌법 제36조 제1항은…개인의 존엄과 양성의 평등을 기초로 한 가족제도를 헌법적 차원에서 보장하고 있는바, 성은 혈통을 상징하는 기호로서 개인의 혈통관계를 어떻게 성으로 반영할 것인지의 문제이며 이는 가족제도의 한 내용을 이룬다. 따라서 성에 관한 규율에 대해 폭넓은 입법형성의 자유가 인정된다고 하더라도 그것이 개인의 인격권을 침해하거나 개인의 존엄과 양성의 평등에 반하는 내용으로 가족제도를 형성할 수 없다는 한계를 가진다"라고 판시한 바 있다.

자식이 아버지의 성만 따르도록 한 것은 원칙적으로 위헌의 소지가 높다고 판시한다. 즉 헌법재판관 7:1의 의견으로 민법 제781조 제1항 본문 중 "자는 부의 성과 본을 따르고" 부분은 헌법에 합치되지 않는다고 선고하면서 위 법률조항의 잠정적용을 명하였다. 다만 법정의견 7인의 재판관 중 5인의 재판관은 이 사건 법률조항 자체는 합헌이나 예외적인 경우에 대한 규율이 부족하여 헌법불합치결정을 하여야 한다는 것이었고 2인의 재판관은 부성주의를 규정한 이 사건 법률조항 자체가 헌법에 위반되지만 단순위헌을 선언할 경우 발생할 법적 공백을 방지하기 위해 헌법불합치의 주문을 택하였다.

그러나 민법상 여전히 불평등조항이 남아 있어 시정을 요한다. 부부관계에서 부부별산제 · 부부소득합산과세 · 자녀합산과세 등이 문제되고 있다. 헌법재판소는 부부의 자산소득을 합산하여 과세하도록 하는 "자산소득합산과세제도는…헌법 제11조 제1항에서 보장하는 평등원칙을 혼인과 가족생활에서 더 구체화함으로써 혼인한 자의 차별을 금지하고 있는 헌법 제36조 제1항에 위반된다"; 누진과세제도하에서 혼인한 부부에게 조세부담의 증가를 초래하는 부부자산소득합산과세를 규정하고 있는 구 소득세법 규정은 혼인한 부부를 비례의 원칙에 반하여 사실혼관계의 부부나 독신자에 비하여 차별하는 것으로서 헌법 제36조 제1항에 위반한다 라고 판시하고 있다.

성낙인, 헌법학 제14판에서 발췌

## 배심제와 참심제

배심제는 일반시민으로 구성된 배심원단이 직업법관과 독립하여 사실문제에 대한 평결을 내리고, 법관이 그 사실판단에 대한 평결결과에 구속되어 재판하는 제도를 말한다. 배심제는 11세기경 영국에서 시작되었으며, 형사배심의 경우 오늘날 미국 · 캐나다 · 호주 · 러시아 등 50여 국가에서 실시되고 있다. 배심제는 국민의 사법참여를 보장함으로써 사법작용에 있어서도 민주주의 원리가 관철되도록 할 뿐 아니라, 법관의 관료화를 억제하고 일반인이 쉽게 납득할 수 있는 재판결과를 기대할 수 있게 한다. 하지만 상당한 시간과 비용의 투입이 불가피하여 비효율적인 측면이 없지 않고, 여론이나 개인적인 선입관, 편견 등의 영향으로 사실인정을 그르칠 염려가 있다.

참심제**Schöffen**는 일반시민인 참심원이 직업법관과 함께 재판부의 일원으로 참여하여 직업법관과 동등한 권한을 가지고 사실문제 및 법률문제를 모두 판단하는 제도를 말한다. 참심제는 13세기경 스웨덴에서 시작되었으며, 오늘날 독일 · 프랑스 · 이탈리아 등 유럽 여러 나라에서 실시되고 있다. 참심제는 국민에게 사법과정에 참여할 수 있는 기회를 제공해 주는 동시에 소송에서 전문적 지식을 갖춘 자를 적극 활용할 수 있는 장점이 있으나, 일반시민인 참심원이 직업법관과 대등한 위치에서 소송에 관여한다는 것은 사실상 기대하기 어려워 자칫 참심원의 역할이 형식적인 것에 그칠 가능성도 있다.

참여민주주의의 활성화와 사법민주화라는 명제 아래, 사법개혁의 일환으로 국민의 사법참여를 위하여 배심제와 참심제의 도입이 논란되고 있다. 그런데 헌법 제27조 제1항은 "모든 국민은 헌법과 법률이 정한 법관에 의하여 법률에 의한 재판을 받을 권리를 가진다"라고 규정하고 있다. 따라서 우리나라에서는 배심제나 참심제의 도입문제를 둘러싸고 과연 배심재판이나 참심재판이 "헌법과 법률이 정한 법관에 의한 재판"일 수 있는가 하는 점에 초점이 모아지고 있다.

배심원은 사실판정에만 관여하고 법률판단에는 참여하지 않기 때문에 배심제는 합헌인 데 비해, 참심원은 법률판단까지 하므로 참심제는 위헌이라는 견해가 있다. 이에 대해서는 직업법관이 아닌 자에 의한 사실판단과 법률판단을 가능하게 하는 배심제와 참심제 모두 국민의 재판을 받을 권리, 법관의 신분보장 규정 등 헌법의 여러 규정에 위반되는 것이라는 견해도 있다. 반면에 일반시민은 사실인정에만 관여하고 법관은 이에 구속되지 않는 형태의 배심제와 참심제가 현행헌법의 틀 내에서도 적극적으로 도입할 수 있다는 견해도 있다. 그 방식은 "배심제의 원리에 맞는 모델" 또는 "가능한 배심제적 원리를 구현하는 참심제"의 모습이 구현되어야 한다고 본다.

생각건대 배심원이 사실을 확정한다 하더라도 이는 법관이 주재하는 재판절차에서 법관의 지도에 따라 증거의 가치를 판단하여 사실을 확정하는 것이므로, 법관에 의한 사실확정의 기회가 전면적으로 박탈당한다고 보기는 어렵다. 따라서 현행 헌법에서도 배심제는 배심원의 평결에 대하여 법관이 수용 여부를 결정하는 한 형사재판을 중심으로 일정한 수준에서 도입이 가능하다.

한편, 참심제와 관련하여서는 법률로써 참심원을 법관으로 인정한다면 문제될 것이 없다. 그러나 그럴 경우 법관이 아닌 전문가의 참여를 보장하는 참심제의 속성을 상실하게 되어 이미 참심제라고 하기 어렵게 된다. 따라서 현행 헌법상으로는 참심제의 도입은 위헌의 소지가 크다. 다만 재판에 참여하는 일반시민이 법관에게 사실인정에만 관여한다든가 혹은 양형 등 법률판단에 관한 의견을 제시하되 법관은 이에 구속되지 않는 형태의 이른바 준참심제는 법률의 뒷받침이 있을 경우 도입할 수 있을 것이다. 현행 법원조직법에서는 특허소송에서 '기술심리관제도'를 도입하여 심리참여 및 재판합의에서 의견진술권을 인정하고 있다.

우리나라에서도 사법의 민주적 정당성과 신뢰를 높이기 위하여 국민이 형사재판에 참여하는 제도를 시행함에 있어서 참여에 따른 권한과 책임을 명확히 하고, 재판절차의 특례와 그 밖에 필요한 사항에 관하여 규정함을 목적으로 '국민의 형사재판 참여에 관한 법률'이 제정되었다. 국민참여재판이란 배심원이 참여하는 형사재판을 의미하고, 배심원이란 국민의 형사재판 참여에 관한 법률에 의하여 형사재판에 참여하도록 선정된 사람을 말한다.

국민참여재판의 대상사건은 형법상의 살인죄를 포함하여 국민의 형사재판 참여에 관한 법률 제5조가 상세하게 규정하고 있다. 국민참여재판에는 원칙적으로 법정형이 사형 · 무기징역 또는 무기금고에 해당하는 대상사건인 경우 9인의 배심원이 참여하고, 그 외의 대상사건에는7인의 배심원이 참여한다. 다만, 법원은 피고인 또는 변호인이 공판준비절차에서 공소사실의 주요내용을 인정한 때에는 5인의 배심원이 참여하게 할 수 있다.

배심원의 자격은 만 20세 이상의 대한민국 국민 중에서 일정한 결격사유 또는 직업 등에 따른 제외사유가 없는 자이다.

배심원은 국민참여재판을 하는 사건에 관하여 사실의 인정, 법령의 적용 및 형의 양정에 관한 의견을 제시할 권한이 있다. 또한 배심원은 법령을 준수하고 독립하여 성실히 직무를 수행하여야 하고 직무상 알게 된 비밀을 누설하거나 재판의 공정을 해하는 행위를 하여서는 아니 되는 의무를 부담한다.

변론이 종결된 후 심리에 관여한 배심원은 재판장의 일정한 설명을 들은 후 유·무죄에 관하여 평의를 한다. 평의의 결과 전원의 의견이 일치하면 그에 따라 평결을 한다. 유·무죄에 관하여 배심원 전원의 의견이 일치하지 아니하는 때에는 평결을 하기 전 심리에 관여한 판사의 의견을 들어야 한다. 이 경우의 유·무죄의 평결은 다수결의 방법으로 한다. 평결이 유죄인 경우 배심원은 심리에 관여한 판사와 함께 양형에 관하여 토의하고 그에 관한 의견을 개진한다. 위와 같은 배심원의 평결과 의견은 법원을 기속하지 아니한다.

재판장은 판결선고 시 피고인에게 배심원의 평결결과를 고지하여야 하며 배심원의 평결결과와 다른 판결을 선고할 때에는 피고인에게 그 이유를 설명하고 판결서에 기재하여야 한다.

배심원은 사실인정과 양형 과정에 모두 참여한다는 점에서 배심제와 구별되고, 배심원의 의견은 권고적 효력만을 가질 뿐이라는 점에서 배심제나 참심제와 구별된다. 또한 평의에서 만장일치의 의견이 있더라도 법관을 구속하지 않는다. 이와 같은 제도의 설정은 위헌논의를 불식시키기 위한 불가피한 선택으로 보인다. 한편 검찰도 국민의 참여기회를 보장하기 위해서 검찰시민위원회를 운영하고 있다. 하지만 이는 법률상의 제도가 아니라 검찰 자체적으로 운영하는 제도이다.

성낙인, 헌법학 제14판에서 발췌

# 경찰 긴급출입권 도입해야 하나

### 위기대응을 위한 최소한의 수단이다

흉악범죄가 잇따르면서 경찰관에게 '긴급출입권'을 부여하는 방안이 추진되고 있다. 긴급상황 시 경찰관에게 주택 등에 강제로 들어가 사람과 물건의 상태 등을 조사할 수 있는 권한을 주자는 것이다. 그러나 신중한 접근이 필요하다는 지적도 만만치 않다. 영장 없는 긴급수색을 허용할 경우 인권과 사생활을 침해할 수 있다는 주장이다. 두 갈래의 목소리를 들어봤다.

국가의 존재 이유는 국민의 생명, 신체, 재산의 안전과 자유의 보장에 있다. 헌법 제12조의 '신체의 자유' 조항은 헌법 조문 중에서 가장 길다. 굳이 헌법에 규정되지 않아도 될 사항까지 나열돼 있다. 그만큼 권위주의 시절에 인신이 제대로 보호받지 못했음을 역설적으로 보여준다. 그 여진으로 경찰 작용에 대한 부정적 인식이 여전히 팽배해 있다.

우위안춘(오원춘) 사건에서 촉발된 부녀자 피살사건에 대한 경찰의 대응에 비난 여론이 거셌다. 경찰로서는 강제조치를 할 수 없는 법적 한계가 있는데도 이를 이해해 주지 않는다고 억울함을 호소한다. 사생활침해 논란 속에서 휴대전화 발신자의 위치추적이 가능해졌지만, 어느 정도까지 강제조치를 할 수 있는지는 여전히 논란이다. 화재 신고가 있으면 불이 난 곳을 찾아 소화를 위한 강제조치를 할 수 있다. 반면 생명 · 신체에 대한 중대한 위해危害가 있어도 주거에 강제로 진입해 이를 직접 확인하지 않고는 후속적인 보호조치가 불가능하다.

그런데 주거의 강제진입은 자칫 형사사법적인 적법절차에 위배될 소지가 있다. 압수 · 수색에는 검사의 청구에 의해 법관이 발부한 영장이 있어야 하기 때문이다. 바로 이와 같은 긴급상황에서 사법경찰 작용이 아니라 경찰행정 작용의 일환으로서 임시적인 강제조치가 절실히 요구된다. 그러나 현행법에서는 경찰이 위험 현장에 도착해도 주거인이 거부하면 강제로 들어가거나 조사할 수 있는 권한이 없다. 이에 경찰관직무집행법을 개정해 강제조치를 할 수 있는 법적 근거를 명확히 할 필요성이 있다.

긴급출입권은 긴급상황이 발생할 때 경찰이 위험 해소를 위해 타인의 주거에 강제로 출입할 수 있음은 물론 현장과 현장에 있는 사람을 조사할 수 있는 권한이다. 긴급출입권은 극단적으로 예외적인 상황을 전제로 한 것이다. 결코 평상시 국민의 평온한 삶에 개입하고자 하는 것이 아니다. 위기가 상존하는 현대사회에 위기에 상응한 법체계의 정립은 국가의 책무다. 이를테면 대통령이 유신치하에서 국가긴급권을 남용했다고 해서 대통령의 국가긴급권 자체를 부정할 수는 없다. 차제에 긴급출입권의 제도화를 통해 국민의 생명과 신체를 지키는 수호자로서 경찰의 역할을 확실하게 다져야 한다.

다만 국민의 인권침해에 대한 우려에 선제적으로 대응해야만 긴급출입권이 생명력을 가질 것이다. 절차적 투명성 확보가 선결과제다. 경찰관 신분증을 제시하고 긴급출입의 목적을 충분히 설명함으로써 주거인의 이해를 구해야 한다. 긴급출입권 행사 후에는 즉시 관할 경찰서장에게 보고토록 강제해야 한다. 음주운전 단속상황을 즉각 관할 경찰관서로 타전하는 것과 같은 수준의 투명한 보고체계를 정립해야 한다. 더 나아가 필요하다면 사전에 밟지 못한 적법절차를 사후적으로 보완하는 사법적 통제제도도 마련해야 한다. 또한 긴급출입권 도입의 직접적인 동인에 비추어 본다면 그 발동영역은 우선 국민의 생명과 신체에 대한 위해에 한정할 필요가 있다.

더불어 경찰의 공권력 발동은 국가의 이름으로 행한 것이기 때문에 그 행위가 적법한 이상 국가가 피해보상을 책임져야 한다. 또한 피해자에 대한 보상체계 정립은 사회안전망 구축 차원에서 접근해야 한다. 이는 헌법에서 보장하는 범죄피해자구조청구권의 연장선상에서 이해될 수 있다.

중앙일보_2012. 9. 1.

## 불심검문 강화는 바람직하지 않다

1970-80년대 그 엄혹하던 시절을 살아 온 세대에게 불심검문**不審檢問**은 기억하기조차 싫은 추억이다. 도시의 경계선에 이르면 모든 차는 정차하고 대로변에 바리게이트를 친 경찰의 검문을 받았다. 버스에 올라온 경찰관은 '잠시 검문이 있겠습니다'라고 경례를 한 다음 마음에 들지 않는 사람은 무조건 하차를 강요했다. 검문소에서 순순히 신분증을 제시해 보았자 버스는 이미 지나가 버린 다음이다. 어디 그 뿐인가. 역전 앞 터미널 앞은 물론이고 길을 걸어가다가도 다짜고짜 검문을 당하기 일쑤다. 정복을 착용한 경찰관 앞에서 신분증 요구를 거부할만한 위인은 없다. 순진무구한 백성들은 왜 이런 검문을 당해야 하는지도 모른 채 하루 종일 기분만 잡친다.

불심검문의 법적 근거는 경찰관직무집행법 제3조이다. '경찰관이 거동이 수상한 자를 발견한 때 이를 정지시켜 질문하고, 일정한 요건 하에 동행 요구와 소지품 검사를 할 수 있다.' 하지만 법적으로 불심검문에 응해야 할 의무가 없다는 사실을 아는 사람은 그리 많지 않다. 무엇인가 께름칙한 불심검문이 민주화 이후에 대폭 약화되었다. 인신의 안전과 자유가 제대로 보장되지 못했다는 반성적 성찰에 따라 헌법 제12조 신체의 자유는 가장 길고 상세하게 규정되어 있다. 법률로 규정해도 좋은 내용까지도 헌법상 기본권으로 정립하고 있다. 그만큼 민주사회에서 신체의 자유의 소중함을 일깨워 준다.

그런데 국회 행정안전위원회는 경찰관직무집행법의 개정을 통해서 불심검문의 법적 근거를 명확히 함으로써 범죄예방의 효과를 기대하고 있다. 명칭도 불심검문에서 직무질문으로 바뀐다. 즉 직무질문→신원확인→임의동행의 절차에 따라 진행된다. 개정안의 외관은 그럴듯해 보인다. 하지만 첫째, '검문을 거부할 수 있는 권리'를 삭제한다. 불심검문이든 직무질문이든 임의적인 절차이지 강제적인 절차가 아님을 분명히 해야 하는데 오히려 강제절차에 준하여 작동될 우려를 배제할 수 없다. 직무질문을 거부하면 경찰관서로 임의동행도 요구할 수 있다. 현행법상 불심검문은 명백한 임의절차임에도 불구하고 이를 거절하기란 쉽지 않다. 그런데 거절할 수 있는 권한을 삭제하게 되면 결국 강제절차에 가까운 외관을 갖게 되고 실제로는 강제절차로 작동될 수밖에 없다.

둘째, 소지품과 차량에 대한 검사를 강화한다. 대상자의 가방이나 차량, 선박을 수색할 수 있게 한 것은 신체의 자유 못지않게 헌법상 주거의 자유에서도 보장하고 있는 영장주의에 어긋난다. '의심할만한 상당한 이유가 있는' 경우의 소지품 검사나, 범인 검거를 위하여 '필요하다고 인정되는 상당한 이유가 있는' 경우에 설정된 차량 검색은 그 요건이 지나치게 추상적이고 포괄적이다. 이렇게 되면 경찰관의 자의에 의해 자칫 영장 없는 강제조치가 가능하게 된다는 점에서 우려하지 않을 수 없다.

셋째, 신설된 '신원확인' 조항에서는 주민등록증이나 운전면허증 같은 신분증 제시를 요구할 수 있고, 신분증이 없으면 지문채취나 연고자를 통하여 신원을 확인할 수 있다. 신원확인 과정에서 헌법상 보장된 사생활의 비밀과 자유가 침해될 소지가 있다. 현장에서 신원확인이 불가능하면 경찰관서로 임의동행을 요구할 수 있다. 단, 인권보호 차원에서 대상자가 경찰관의 동행 요구를 거절할 수 있는 조항을 신설했다. 그런데 신원확인도 안 되는 사람이 동행요구를 거절한다고 해서 순순히 내버려 두지도 않을 것이다. 이렇게 되면 신원확인은 임의절차가 아니고 강제절차로 변한다. 범죄예방을 위한 불심검문이 영장주의를 기저로 하는 신체의 자유를 무력화시킬 수 있다.

인간의 자유 중에서 가장 기본적인 자유가 인신의 안전과 자유다. 내 몸이 자유롭지 못한 상황에서 정신적 사회경제적 자유는 무의미하다. 바로 그런 점에서 인신의 자유는 자유 중의 자유다. 인류의 인권발전의 역사는 신체의 안전과 자유를 향한 역사라 해도 과언이 아니다. 미란다 원칙이 소중히 존중되는 이유도 여기에 있다. 신체적 강제를 할 경우에는 그 이유와 변호인의 도움을 받을 권리와 진술을 거부할 수 있는 권리를 고지해야 한다. 열 사람의 범인을 놓치더라도 한 사람의 선량한 시민의 자유와 권리가 희생되어서는 안 된다는 법언을 다시 한번 확인해 볼 필요가 있다. 나라의 주인인 국민이 잠재적 범인으로 의심받고 사는 사회는 바람직하지 않다. 이제 겨우 민주화의 첫걸음을 내딛고 있는 마당에 새삼스럽게 인간의 기본적 자유를 제한하는 법과 제도를 도입하는 것은 바람직하지 않다. 민주화 이후에도 그칠 줄 모르는 공권력에 대한 지나친 도전에 대한 합법적 방패박을 설정해 보고자 하는 정부당국과 경찰의 고뇌를 모르는 바 아니다. 하지만 좀더 길게 보고 크게 보면서 법과 제도가 공동체 구성원의 합의와 충분한 숙의과정을 거치도록 해야 한다.

미발표 칼럼_2010. 4. 1.

# 청소년 대상 성범죄 처벌의 한계

"사람의 몸에 대한 훼손은 기본권 본질에 대한 침해
화학적 거세도 신체 훼손이라는 점에서 기본권 침해 여지 있어"

청소년 성범죄자가 누구인지 알 수 있도록 그 범죄 사실을 관보에 게재하고 인터넷에도 게시하도록 한 '청소년의 성보호에 관한 법률'에 대해 헌법재판소는 2003년 재판관 4대5로 합헌 결정을 내렸다. 이어 청소년 성범죄에 대한 사회적 비난이 비등하자 2010년 4월에는 '아동 · 청소년의 성보호에 관한 법률'이 전면 개정됐다.

아동 · 청소년 대상 성범죄로 유죄 판결을 받은 범죄자의 신상정보 등록을 강화하고, 등록정보의 공개명령은 위헌 논란을 불식시키기 위해 법원 판결에 따르며, 여성가족부 장관이 공개정보 전용 웹사이트를 운영한다. 다만 등록정보 공개에 따른 오남용을 방지하기 위해 열람은 실명 인증을 받아야 한다.

'성폭력범죄의 처벌 등에 관한 특례법'에서는 미성년자 대상 성범죄자는 피해자가 성년이 될 때까지 공소시효를 정지시키고, 음주와 약물 복용으로 인한 감경을 배제하고, 무기징역 상한을 15년에서 30년으로 상향 조정했다. 또 가중처벌 때에는 형벌의 상한을 25년에서 50년으로 늘릴 수도 있게 됐다. 법원도 청소년 대상 범죄 재판에서 양형을 강화할 것이라고 밝힌다.

더 나아가 '특정 범죄자에 대한 위치추적 전자장치 부착 등에 관한 법률'**(소위 전자발찌법)**이 전면 개정됐다. 출소한 지 3년이 지나지 않은 경우에 법원 결정으로 전자발찌를 부착할 수 있도록 한 규정은 소급입법 논란에도 불구하고 통과됐다. 전자발찌 부착 기간은 최장 10년에서 30년으로 상향 조정됐다.

2010년 6월 29일에는 '상습적 아동 성폭력범의 예방 및 치료에 관한 법률**(일명 화학적 거세법)**'이 국회를 통과했다. 법률에서는 상습 성폭력 범죄자뿐 아니라 초범자에 대해서도 '성충동 약물치료'**(화학적 거세)**를 가능하게 했고, 대상자 연령을 19세 이상으로 하향 조정했다.

화학적 거세 대상은 정신과 전문의 진단을 거쳐 성도착증 환자로 판정되는 성폭력 범죄자며, 검사가 치료 명령을 청구하면 법원이 15년 이내 범위에서 치료 명령을 선고할 수 있게 된다. 치료 명령과 함께 실형 또는 치료 감호를 선고받은 대상자는 출소 2개월 전부터 약물치료를 시작하며 집행 기간 내내 의무적으로 보호관찰을 받아야 한다.

청소년 대상 범죄에 대한 처벌 강화 입법은 날로 늘어나는 청소년 대상 범죄의 현실을 반영한 측면이 크다. 특히 위헌 논란에 휩싸인 적법 절차나 이중처벌 문제는 법원의 결정이나 판결을 통해서만 가능하게 함으로써 일단락된 듯하다. 하지만 현대 형사법이 응보형주의에서 교화형주의로 진화하고 있는 점에 비추어 본다면 지나치게 응보형에 집착하는 것이 아닌가 하는 비판도 제기된다. 이 점은 보수 정권의 사형 집행 부활 가능성에 대한 의혹과 맞물린다.

청소년의 꿈과 희망을 짓밟는 패륜적인 성범죄는 근절돼야 하고 범인은 엄벌해야 한다. 문제는 화학적 거세다. 인간의 존엄은 인신의 안전과 자유로부터 비롯된다. 그 어떤 경우에도 '베니스의 상인'에서처럼 사람의 몸에 대한 훼손은 용납되지 않는다. 비록 우리 헌법에 명문 규정은 없지만 신체를 훼손당하지 않을 권리는 헌법적 가치를 갖는 기본권이다. 화학적 거세는 신체의 자유가 갖는 본질적인 내용의 훼손이라는 점에서, 비록 성범죄자라 하더라도 그 기본권의 본질적 내용을 침해할 여지가 있다.

처벌법제의 강화도 중요하지만 이제 청소년 보호를 위한 사회안전망 구축과 국가사회의 책임도 강화해야 한다. 미국 캘리포니아주는 18년간 성의 노예로 전락한 소녀에 대해 주정부의 성폭행범 관리 잘못을 인정해서 피해자에게 2000만달러(**약 245억원**)를 배상하기로 했다. 최근 발생한 경찰의 안이한 대응이나 성폭행범에 대한 공시 불이행으로 인한 피해 사례도 유사한 손해배상의 대상이 될 수 있을 것이다. 국가의 기본권 보장의무는 헌법적 요구사항이다.

매일경제_2010. 7. 6.

# 양심적 병역(집총)거부에 대한 대체복무제도의 도입이 필요하다

양심적 병역거부conscientious objections는 헌법상 양심의 자유로서 보장되지 않는다는 것이 우리나라의 일관된 판례이다. 양심적 병역(집총)거부란 종교적 신앙이나 윤리적 · 철학적 신념을 이유로 전쟁참가를 거부하는 것뿐만 아니라, 평화시에 전쟁에 대비하여 무기를 들고 병역의무를 이행하는 것을 거부하는 것도 포함한다. 외국에서는 특정 전쟁만을 반대하는 것이 아니라 전쟁 일반을 반대하는 경우에 대체복무제도를 인정하고 있고, 최근 우리나라에서도 대체복무제도의 도입이 논의되고 있다.

하지만 현행법상으로는 실정법(병역법 등) 위반에 따른 제재를 통하여 집총의무를 사실상으로만 벗어날 수 있고 법적으로 벗어날 수 있는 방법은 없다. 헌법재판소도와 대법원도 병역법의 합헌성을 인정하고 있다. 생각건대 양심적 병역거부는 양심유지의 자유 중에서 자기의 양심에 반하는 행위를 강요받지 않을 자유에 해당될 수 있지만, 그것은 내면적 양심의 형성이나 결정에만 머무르는 것이 아니라, 대외적으로 양심을 실현하는 자유이므로 이에 대한 제한도 가능하다고 보아야 한다.

양심적 병역거부자에 대해 형사처벌을 하고 있는 병역법 제88조가 기본권 제한입법의 한계규정인 과잉금지의 원칙에 반하는가를 살펴볼 필요가 있다. 우선 헌법상 국방의무와 관련하여 볼 때 목적의 정당성을 인정하는 데에는 이론異論이 없다. 그러나 비전투복무, 공익근무 등으로 대체복무를 하는 것이 가능한데도 굳이 형사처벌을 하는 병역법의 태도는 수단의 적합성과 피해의 최소성에 반한다는 견해가 있다.

하지만 남북분단의 현실과 대체복무제도가 갖는 병역의무수행상의 형평성 문제로 인하여 형사적 제재 이외에 적절한 대체수단을 발견하기란 쉬운 일이 아니므로 수단의 적합성과 피해의 최소성에 반한다고 단언하기는 어렵다.

다만 헌법상 양심의 자유의 존재이유를 감안하여 실정법 적용에 있어서 가능한 한 최대한의 관용을 베푸는 형사정책적 고려가 있어야 한다. 이러한 사정을 고려하여 실무에서는 입영거부에 대하여 보통 1년 6월의 징역형을 선고하여 병역면제가 되도록 하고 있으며, 입대 후에 집총거부에 대하여 적용되는 군형법 제44조 제3호 소정의 항명죄는 법정형이 3년이므로, 1회 작량감경하여 선고형을 1년 6월로 정하여 선고하고 있다. 즉 실무관행상 복무기간과 복역기간을 합하여 군생활을 다한 것에 버금갈 정도의 기간이 지나면 현역부적격 심사를 하여 제대를 시키고 있다.

성낙인, 헌법학 제14판에서 발췌

## 토지재산권의 특수성과 토지공개념

토지는 유한성 · 고정성 · 비대체성, 재화생산의 본원적 기초로서의 성질 등을 가지고 있다. 그 결과 헌법 제23조 제1항 제2문, 제23조 제2항, 제119조, 제120조, 제122조, 제123조 등에서 토지재산권의 가중적 규제에 대한 헌법적 근거를 마련하고 있다.

토지공개념은 실정법상의 개념이 아니고 강학상 내지 실무의 편의상 정립된 용어이다. 토지공개념이론이 법적인 개념이 아니라 사회정책적인 도구개념으로 등장한 것은 사실이다. 토지공개념이론은 재산권의 사회적 구속성 내지 공공복리적합의무라는 재산권에 관한 헌법상 일반이론에 대하여 토지의 특수성을 강조하기 위한 이론이다.

토지거래허가제는 치열한 찬반논쟁을 불러일으킨 가운데 88헌가13 사건에서 합헌 및 위헌불선언으로 결론이 났다.

합헌론은 ㉠ 유한한 자원인 토지의 특수성, ㉡ 토지투기는 엄청난 불로소득을 가져와 결국에는 경제발전을 저해하고 국민의 건전한 근로의욕을 저해하며 계층간의 불화와 갈등을 심화시키는 점, ㉢ 토지거래허가제는 헌법이 명문으로 인정하고 있는 재산권제한의 한 형태인 점, ㉣ 국토이용관리법이 규제하고자 하는 것은 모든 사유지가 아니고 투기우심지역 또는 지가폭등지역의 토지에 한정하고 있다는 점과 규제기간이 5년 이내인 점, ㉤ 기준에 위배되지 않는 한 당연히 당국의 거래허가를 받을 수 있어 처분권이 완전히 금지되는 것은 아닌 점 및 당국의 거래불허가처분에 대해서는 불복방법이 마련되어 있는 점, ㉥ 토지의 투기적 거래를 억제하는 조치나 수단인 등기제도 · 조세제도 · 행정지도 · 개발이익환수제 · 토지거래신고제 · 토지거래실명제 등만으로 투기억제에 미흡하므로 최소침해성에 위배되지 않는 점 등을 근거로 한다.

위헌론은 형벌부과만은 헌법에 위배된다는 의견과**(1인)**, 토지거래허가제 자체가 헌법에 위배된다는 의견이 제시되었다**(4인)**. 토지거래허가제는 토지소유권을 형해화하고, 사유재산제도의 본질적 내용을 침해하며, 거래의 효력 자체를 부인하는 것이 되어 과잉금지원칙에 위배된다는 것이다. 한편 대법원은 허가받지 않은 토지거래계약도 사후에 허가를 받으면 소급하여 유효하다고 보거나, 투기목적 없이 허가받을 것을 전제로 한 거래계약의 체결은 동법 위반이 아니어서 처벌할 수 없다고 하여 토지거래허가제규정을 탄력적으로 해석 · 적용하고 있다.

토지초과이득세법은 미실현이득에 대한 과세라는 이유로 헌법재판소가 헌법불합치결정을 내림에 따라 사실상 형해화되어 있다가 1998년에 폐지되었다.

헌법재판소는 '개발이익 환수에 관한 법률' 관련 사건에서 부과대상토지의 가액산정에 대해 일부위헌결정을 내린 것을 제외하고는, 포괄위임입법금지원칙이나 재산권보장에 위반되지 않는다고 판시하고 있다.

'택지소유 상한에 관한 법률'에 따른 택지소유상한제는 헌법 제35조 제3항의 쾌적한 주거생활을 실천하는 데 기여할 수 있다는 점에서 제도 자체는 긍정적으로 평가할 수 있다. 그런데 헌법재판소는 '택지소유 상한에 관한 법률'을 위헌이라고 판시하고 있다.

헌법재판소는 도시계획법상 개발제한구역제도 그 자체는 원칙적으로 합헌적이지만 개발제한구역의 지정으로 말미암아 일부 토지소유자에게 사회적 제약의 범위를 넘는 가혹한 부담이 발생하는 예외적인 경우에 대하여 보상규정을 두지 않은 것에 대하여 헌법불합치결정을 하였다. 이에 따라 보상의 법적 근거로서 '개발제한구역의 지정 및 관리에 관한 특별조치법'이 제정되었다.

생각건대 헌법재판소가 일관되게 판시하고 있는 바와 같이 토지재산권에 대한 제한입법도 과잉금지의 원칙을 준수하여야 하고, 재산권의 본질적 내용인 사적 유용성과 원칙적인 처분권을 인정하여야 한다.

성낙인, 헌법학 제14판에서 발췌

# 종부세, 헌재와 국민 사이

헌법재판소가 종합부동산세법을 무력화하는 결정을 내렸다. 헌재의 결정은 여야 및 보수진보 사이에 찬반 논쟁을 뜨겁게 달군다. 국민적 정당성의 한 축인 입법자로서의 국회는 헌법과 국민의 뜻에 부응하는 법률을 제정할 책무가 있다. 헌재도 입법자의 의사를 충분히 고려해 가급적 합헌적 법률해석을 해야 한다. 하지만 헌법에 어긋나는 법률은 재단裁斷당하기 마련이다.

1987년 헌법에 도입된 헌재는 산업화 이후에 불어 닥친 민주화를 법적으로 구현하기 위한 제도적 장치다. 그런데 1987년 체제는 작동 초기부터 분출하는 노사 갈등과 부동산 폭등으로 휘둘리기 시작했다. 이에 노태우 정부는 신도시 개발과 더불어 자본주의국가에서 유례가 없는 토지공개념 이론을 법제화함으로써 부동산 폭등의 불을 껐다. 토지거래허가제, 개발이익환수제, 토지초과이득세, 택지소유상한제가 그것이다.

시장경제와 재산권보장을 경제 질서의 근간으로 하는 헌법에서 사유재산의 사용 수익 처분은 불가침의 권리다. 그런데 토지거래허가제란 거래허가지역에서 토지를 사고팔 때에는 행정관청의 허가를 받아야 하는 제도다. 공동체적 가치에 기초한 극약처방적인 입법의 한 전형이다. 법학자들의 위헌 논쟁 와중에 헌재의 결정도 합헌 5, 위헌 4로 갈라졌다. 하지만 토지초과이득세와 택지소유상한제는 헌재의 위헌 결정으로 사라졌다.

한동안 잠잠하던 부동산이 다시 폭등하자 노무현 정부는 종합부동산세제로 대응했다. 종부세의 핵심은 가구별로 소유한 부동산에 대해 종합적으로 세금을 부과하고, 일정한 금액 이상의 부동산을 가질 경우에 중과세하는 것이다. 헌재는 종부세 자체의 합헌성은 인정하면서도 핵심적인 실현 방안은 위헌이라고 판시했다.

첫째, 가구별 합산과세(부부합산과세)에 대한 위헌 결정은 부부자산소득 합산과세에 대한 위헌 결정의 연장선상에 있다. 부부합산과세는 개인주의를 기반으로 하는 자본주의 법 논리에 어긋날 수 있다. 가家 중심의 전통적인 가족법 체계도 호주戶主제도의 폐지에 따라 개인별 가족등록부로 대체됐다. 하지만 주택관련 법제는 개인보다는 가를 중심으로 입안됐기 때문에 아직도 1가구 1주택을 기본 틀로 삼는다. 이는 인별과세와 합산과세 중 어느 하나만이 형평과 정의라는 명제가 성립될 수 없음을 일깨워 준다. 둘째, 1가구 1주택에 대한 중과세는 헌법불합치 결정과 더불어 잠정 적용을 명했다. 헌법불합치 결정은 실질적으로는 위헌이지만 법적 안정성을 고려해 잠정적으로 유지하는 제도다.

그런데 국민 일반의 법 인식은 1가구 1주택 장기보유자에 대한 중과세는 잘못된 것으로 보지만 가구별 합산과세는 오히려 수긍하는 것 같다. 헌재 결정과 국민의 법 감정 사이에 나타난 괴리 현상이다. 약삭빠르게 부부공동명의로 변경한 이들만 혜택을 받고 무던하게 살아 온 사람은 세금 폭탄을 맞게 된다. 결과적으로 헌재가 조세회피 방법을 가르쳐 준 셈이다.

헌법은 시대정신의 반영물이다. 시대정신은 또 헌법의 개방성에 부응해야 한다. 동시대가 요구하는 가치를 외면한 헌법 해석은 결코 국민적 동의를 얻을 수 없다. 하지만 시대정신에만 매몰된 헌법 해석은 포퓰리즘의 노예로 전락하는 위험을 감수해야 한다.

헌재의 위헌 결정으로 종부세의 새판 짜기가 시작된다. 그런데 경제위기에 따라 부동산도 거품이 꺼져 간다. 부동산 폭등 때 응급 수혈에 매달리지 말고 부동산 안정기에 장기적이고 근본적인 대책을 마련해야 한다. 부동산이 축재의 수단으로 악용돼서도 안 되지만 억울한 세금 폭탄 또한 안 된다. 부동산 투기를 근본적으로 차단하기 위해 보유에 따른 합리적 중과세는 불가피하지만, 양도소득세 감면을 통해 처분의 퇴로도 마련해줘야 한다.

동아일보_2008. 11. 18.

## 헌법상 여성보호와 여성부의 미래

어머니. 언제나 불러도 가슴이 뭉클해진다. 대통령에서 필부에 이르기까지 어머니라는 단어에 가슴이 저려오지 않는 이가 없다. 하지만 산고의 아픔을 딛고 진자리 마른자리 갈아주신 어머니는 아직도 제대로 대접받지 못한다. 인류 역사에서 여성 차별은 극복의 대상이다. '자유의 여신상'으로 상징되는 미국에서도 여성 대통령을 배출하지 못한다.

우리의 사정은 더욱 심각하다. 조선조에서 비롯된 남녀차별은 근대법의 수용과정에서 법규범상으로는 많이 탁마되었지만 현실에서는 전혀 그렇지 않다. 2008년 세계경제포럼에서 발표한 남녀격차지수Gender Gap Index에서 우리나라는 130개 국 중에 108위로 미개국 수준을 면치 못한다. 남녀차별을 극복하기 위한 적극적 평등실현조치를 채택하고 있지만 사회적 성차별은 여전하다.

오죽했으면 남성부는 없고 여성부만 있겠는가. 정권인수과정에서부터 폐지론에 시달리다가 겨우 존치된 여성부는 턱없이 부족한 인력과 예산으로 허덕인다. 명맥만 남은 여성부의 장관 후보자 인사청문회는 또 다른 성차별의 현장이 아닌지 의심스럽다. 비전을 검증하기보다는 여성정책 문외한으로 몰아세우기에 급급하다.

여성부의 역할과 기능도 발전적으로 재정립돼야 한다. 보건복지가족과 여성은 직접적으로 연계된다. 특히 가족은 어머니로부터 비롯된다. 차제에 가족기능은 보건복지가족부에서 여성가족부로 확대 개편돼야 한다.

여성부는 일 · 가정 양립 지원문제를 해결해 주고, 아동 · 청소년 · 보육 · 가족정책을 포괄하는 성인지적 생활친화 정책의 견인차가 돼야 한다. 이대로는 누가 감히 어머니이길 자처할 수 있겠는가. 세계적으로 가장 낮은 저출산 국가로 지목돼 흔들리고 있는 한민족의 앞날은 대한민국 여성의 힘에 있다.

'우생순'의 아줌마 열풍이 더는 피와 땀과 눈물의 결정체가 아니라 국가적 배려와 보호의 결과물이어야 한다. 헌법이 보장하는 여성 복지와 권익향상, 모성의 보호가 온 누리의 가슴에 스며들어야 한다.

서울신문_2009. 9. 28.

## 헌법상 인간다운 생활의 보장

1919년 바이마르헌법 제151조에서 '인간다운 생활'을 규정한 이래 세계 각국의 헌법에서 인간다운 생활을 할 권리를 규정하고 있다. 이러한 정신은 세계인권선언 등을 통해서 국제적 보장으로 나아가고 있다.

한국헌법도 제헌헌법 이래 이를 규정하고 있으며, 현행헌법 제34조에서도 이에 대해 규정하고 있다. 제1항에서 "모든 국민은 인간다운 생활을 할 권리를 가진다"라는 원칙규정을 두고 있다. 제2항 이하 제6항에서는 인간다운 생활을 실현하기 위한 구체적 규정을 두고 있다: "② 국가는 사회보장 · 사회복지의 증진에 노력할 의무를 진다. ③ 국가는 여자의 복지와 권익의 향상을 위하여 노력하여야 한다. ④ 국가는 노인과 청소년의 복지향상을 위한 정책을 실시할 의무를 진다. ⑤ 신체장애자 및 질병 · 노령 기타의 사유로 생활능력이 없는 국민은 법률이 정하는 바에 의하여 국가의 보호를 받는다. ⑥ 국가는 재해를 예방하고 그 위험으로부터 국민을 보호하기 위하여 노력하여야 한다." 또한 환경권에 관한 제35조에서 "③ 국가는 주택개발정책 등을 통하여 모든 국민이 쾌적한 주거생활을 할 수 있도록 노력하여야 한다"라고 하여 주거생활권을 규정하고 있다.

인간다운 생활의 의미는 인간의 존엄성에 상응하는 건강하고 문화적인 최저한의 생활을 말한다. 하지만 건강하고 문화적인 생활의 의미는 매우 불확정적이고 추상적인 개념이다. 이에 당해 국가의 정치 · 경제적인 현실에 비추어 어느 정도가 인간다운 생활을 할 수 있는 범주인지를 결정하여야 한다. 인간다운 생활이 단순히 사회학적 개념이 아니라 구체적인 권리로서 정립되기 위해서는, 이의 실현을 위한 국가의 적극적인 의지가 있어야 한다. 또한 쟁송에 있어서도 어느 정도의 구체적인 기준은 제시될 수 있어야 한다. 그것이 바로 최소한의 생활수준이라는 의미로 부각되고 있다.

최소한의 의미는 생물학적인 최저생존, 인간다운 최저생존, 이상적인 인간다운 최저생존 등의 차원에서 각기 이해할 수 있다. 생각건대 현실적으로 이상향만을 추구할 수는 없으므로, 인간이 정상적인 사회활동을 할 수 있는 정도의 인간다운 최저생존의 의미로 이해할 수밖에 없다.

인간다운 생활을 할 권리가 사회권(**생존권**)의 이념적 기초로서 원리적 규정이라면, 기타 생존권에 관한 헌법의 규정은 이를 실현하기 위한 구체적 규정이다. 그것은 사회보장수급권, 교육을 받을 권리, 근로의 권리, 근로3권, 환경권, 보건권 등이다. 한편 비록 기본권으로서 헌법에 규정된 것은 아니지만 제9장(**경제**)의 사회적 시장경제질서를 실천하기 위한 일련의 규정은 사회권(**생존권**)과도 간접적으로 연계되는 사항이다. 예컨대 경제에 대한 국가적 규제와 조정을 비롯해서 농어민보호, 소비자보호운동의 보장 등이 그것이다.

성낙인, 헌법학 제14판에서 발췌

## 공무원인 근로자의 근로3권제한

헌법상 "공무원인 근로자는 법률이 정하는 자에 한하여 단결권 · 단체교섭권 및 단체행동권을 가진다"(**제33조 제2항**). 헌법 제33조 제2항은 공무원인 근로자 가운데 법률이 정하는 자 이외의 공무원에게는 노동3권의 행사의 제한을 넘어서 노동3권의 금지까지도 법률에서 규정할 수 있음을 헌법에서 직접 인정하고 있다는 점에서 특별한 의미를 가진다. 헌법 제33조 제2항에 의하여 법률이 정하는 자 이외의 공무원은 노동3권의 향유자가 되지 못하므로 기본권제한에 관한 일반원칙인 과잉금지의 원칙은 적용될 수 없다. 왜냐 하면 과잉금지의 원칙은 기본권이 인정됨을 전제로 기본권에 대한 제한에 대하여 적용되는 원칙이기 때문이다.

공무원의 근로3권제한 근거로서는 공법상 특별권력관계론(**특수신분관계론**), 국민전체에 대한 봉사론, 대상조치론, 공공복리론 등이 있다. 그런데 공무원법에서는 "공무원은 노동운동 기타 공무 이외의 일을 위한 집단적 행위를 하여서는 아니 된다. 다만, 사실상 노무에 종사하는 공무원은 예외로 한다"라고 하여 원칙적으로 공무원의 집단행동을 금지하고 있다.

한편 '공무원 직장협의회의 설립 · 운영에 관한 법률'이 "공무원의 근무환경 개선 · 업무능률향상 및 고충처리 등을 위한 직장협의회의 설립 및 운영에 관한 기본적인 사항을 규정함을 목적"으로 제정되었다. 또한 '공무원의 노동조합 설립 및 운영 등에 관한 법률'이 제정되었다. "이 법은 헌법 제33조 제2항의 규정에 의한 공무원의 노동기본권을 보장하기 위하여 노동조합및노동관계조정법 제5조 단서의 규정에 따라 공무원의 노동조합 설립 및 운영 등에 관한 사항을 정함을 목적으로 한다". 이 법에서는 6급 이하의 공무원은 노동조합에 가입할 수 있으며, 공무원의 정치활동금지와 쟁의행위금지를 규정하고 있다. 공무원직장협의회는 그대로 존치한다. 앞으로 공무원노동조합을 통하여 공직사회에 근로조건의 개선과 상향식 의사수렴의 효과를 기대할 수 있을 것이다.

노동조합에 가입할 수 있는 특정직공무원의 범위를 "6급 이하의 일반직공무원에 상당하는 외무행정 · 외교정보관리직 공무원"으로 한정하여 소방공무원을 노동조합 가입대상에서 제외한 것은 업무의 공공성, 신분의 특수성을 고려한 것으로 헌법 제33조 제2항에 근거를 두고 있을 뿐 아니라 합리적인 이유가 있다. 공무원 노동조합의 설립 최소단위를 '행정부'로 규정하여 노동부만의 노동조합 결성을 제한한 공노법 제5조 제1항 중 '행정부'부분 및 노동부 소속 근로감독관 및 조사관의 공무원 노동조합 가입을 제한한 공노법 제6조 제2항 제4호 및 공노법 시행령 제3조 제4호 가, 나목은 청구인들의 단결권 및 평등권을 침해하지 아니한다.

공무원이 쟁의행위를 통하여 공무원 집단의 이익을 대변하는 것은 국민전체에 대한 봉사자로서의 공무원의 지위와 특성에 반하고 국민전체의 이익추구에 장애가 되며 공무원의 보수 등 근무조건은 국회에서 결정되고 그 비용은 최종적으로 국민이 부담하는바, 공무원이 자기요구를 관철하고자 국민을 상대로 파업하는 것은 허용되기 어려우며 공무원의 파업으로 행정서비스가 중단되면 국가기능이 마비될 우려가 크고 그 손해는 고스란히 국민이 부담하게 되고 공공업무의 속성상 공무원의 파업에 대한 정부의 대응수단을 찾기 어려워 노사 간 힘의 균형을 확보하기 어렵다는 특성이 있다. 따라서 공무원의 쟁의행위를 금지한 공노법 제11조는 헌법 제33조 제2항에 따른 입법형성권의 범위 내에 있다 할 것이고 헌법에 위배되지 아니한다.

성낙인, 헌법학 제14판에서 발췌

## ‘경제 민주화’라는 경고음

정치권력의 세습은 상상할 수 없지만 부와 기업의 세습은 당연시된다. 자본주의가 고도화될수록 정치권력은 헌법이라는 틀에 매인다. 이런 정치권력은 자신들만의 성채를 쌓아 가는 경제권력에 휘둘리기 십상이다.

### 재벌 탐욕이 국민경제 선순환 왜곡

그러나 비록 공산주의가 현실 국가사회에서는 실패했을지라도 그들이 뿌린 씨앗은 시장경제에 새로운 경각심을 일깨워 주었다. 시장경제 모델 국가인 미국에서의 독과점 규제가 이를 입증한다. 프랑스와 독일에서는 아예 국가 형태로서 경제사회적 복지국가를 지향하는 ‘사회적’ 공화국임을 헌법에 명시하기에 이른다.

우리는 1948년 제헌헌법에서 헌법에 독립된 ‘경제 장章’을 마련하는데 자유민주주의 국가에서 예를 찾아보기 어렵다. 제헌헌법 이래 1960년 제2공화국 헌법에 이르기까지 대한민국의 경제 질서는 ‘사회정의의 실현과 균형 있는 국민경제의 발전’을 기본으로 한다. 개인의 ‘경제적 자유는 이 한계 내에서 보장’될 뿐이다.

제헌헌법의 통제경제 체제에서 점차 시장경제적 요소를 강화해 왔지만 기본 틀은 변함이 없었다. 당시엔 국민경제적 기반도 취약했다. 해방공간 당시에 동아일보의 보도에 의하면 국민의 3분의 2가 자본주의보다는 사회주의를 선호했다는 여론조사 결과는 이를 더욱 뒷받침한다.

하지만 같은 1962년 제3공화국 헌법에 이르러서는 확연히 달라진다. ‘대한민국의 경제 질서는 개인의 경제상의 자유와 창의를 존중함을 기본으로 한다’. 국가는 ‘사회정의의 실현과 균형 있는 국민경제의 발전을 위하여 경제에 관한 규제와 조정’을 할 뿐이다.

이 틀은 1987년 헌법에서 제1항은 원칙적으로 유지되면서 5공헌법의 제2항과 제3항을 아우르는 제2항에서 ‘사회정의’를 대체하는 ‘경제의 민주화’라는 이름 아래 경제에 관한 국가적 규제와 조정을 더욱 강화하는 식으로 바뀐다. 결국 현행 헌법상 경제 질서는 기본권으로서의 사유재산권 보장(**제23조 제1항**)과 더불어 시장경제(제119조 제1항)가 그 기본 축을 이루게 된다.

여기에 재산권의 사회적 구속성 원리(제23조 제2항)와 경제의 민주화(제119조 제2항)는 국가적 규제와 조정을 정당화한다. 시장경제를 기본으로 하면서 경제의 민주화를 위해 규제와 조정을 한다는 점에서 나는 이를 '사회적 시장경제 질서'로 명명한다. 즉, 시장경제는 어간語幹이고 사회적은 그 수식어이다. 이처럼 '경제 민주화'를 둘러싼 논쟁의 준거는 동시대를 관류하는 공동체적 가치다.

요즘 경제 민주화의 요구는 시장경제의 왜곡에 대한 강력한 경고음이다. 국제통화기금IMF 관리체제와 세계적인 경제위기를 거치면서 양극화 현상은 공동체가 해체될지도 모른다는 위기의식에 직면한다. 순환출자 규제 같은 경제력 집중 방지를 위한 일련의 법적 규제는 한계가 있기 마련이다. 바로 여기에 가진 자의 덕virtue이 요구된다. 그것은 가진 자의 자비가 아니라 윤리성에 터를 잡아야 한다.

"양극화로 공동체 해체" 위기 고조

재벌의 탐욕은 시장을 교란하고 국민경제의 선순환을 왜곡시킨다. 하지만 재벌을 지배하는 이들은 소유지분을 뛰어넘어 초법적인 힘을 휘두른다. 그 과정에서 골목상권까지 쓸어 담는 약육강식의 승자독식과 양극화현상이 심화되기 마련이다.

기업을 사유화하는 상황에서 국민경제의 건전한 발전을 담보할 수 없다. 세계에서 유례를 찾아볼 수 없는 한국재벌의 순기능과 역기능의 조화만이 그 존재 이유를 정당화한다. 투명한 경영, 기업과 기업인의 윤리와 책임의식의 제고만이 글로벌 사회에 순응하는 길이다. 그것은 정치의 계절에 펼쳐지는 정치적 수사修辭 이전에 해결되어야 할 선결과제다.

동아일보 [시론]_2012. 8. 3.

## 상생의 길…대기업의 사회적 책임

뉴욕의 케네디공항, 파리의 드골공항 같은 국제공항에서 도심에 이르기까지 대한민국을 대표하는 대기업들의 광고를 보면 왠지 뿌듯한 자부심을 느낀다. 20년 전만 해도 좀 싼 물건이 없느냐고 물으면 구석에 박혀 있는 한국 제품을 보여주던 것에 비하면 금석지감이 든다.

그런데 한 중소기업인은 외국에서 한국 대기업의 광고를 보면 속이 뒤집힌다고 한다. 대기업들의 횡포에 얼마나 당했기에 울화통이 터질 정도일까. 외국 대기업과 거래하면 적어도 인간적인 대접은 받는다는 것이 그의 고백이다.

이명박 정부의 기업 프렌들리 정책이 대기업만 중심이라는 비판이 일자, 대통령이 직접 나서 대기업의 사회적 책임을 촉구하고 나섰다. 무無로부터 유有를 창조해야 했던 산업화 단계에서 정부가 대기업과 재벌 중심의 불균형 성장정책을 취한 것은 불가피한 측면도 있다. 하지만 중소기업인과 노동자들의 삶은 피폐해졌다.

70년대 청계천 피복노조의 전태일 사건을 필두로 노동자의 의식화가 시작됐다. 때마침 민주화를 요구하는 학생들과 노동자들은 의기투합해 80년대까지 소위 노학勞學투쟁을 해왔다. 서구사회의 발전사와 마찬가지로 국민소득 1만달러를 넘어서면서 노학투쟁 대신에 노조운동이 활성화됐다.

시간이 흐를수록 대기업 노동자들은 날로 그 위력을 더해가고 있지만 중소기업에라도 취업해야 하는 하층 노동자들은 노조운동은 고사하고 직장이 있다는 사실만으로도 감사해 한다. 더구나 노동자도 부자 노동자와 가난한 노동자로 양극화돼 가고 있는 실정이다. 고도산업사회에 진입한 국가에서 노동귀족이 등장한 것과도 맥락을 같이한다.

영리 추구가 목적인 기업에 사회적 책임론에 떠밀려 이윤 추구를 소홀히 하라는 말이냐, 공권력이 시키는 대로 하다가 기업이 어려움에 부닥쳤을 때 누가 책임질 것이냐는 식의 극단적인 반론도 제기한다. 하지만 국내 재벌은 국가적 지원과 국민적 희생으로 현재의 위치에 오른 면도 없지 않다. 오너들도 세계적인 부자 대열에 합류했다. 따라서 이젠 그에 걸맞은 인식의 전환과 책임의식을 가져야 할 때가 왔다고 본다. 재벌급 대기업의 오너래봐야 그들이 소유한 주식은 많아야 10% 이내다. 그런데 그들이 회사에 행사하는 권한은 여전히 막강하다.

특히 웬만한 대기업은 외국인의 주식 소유 비율이 과반수를 넘어섰다. 이제 경영의 투명성과 윤리성을 제고하지 않고는 세계적 기업으로 성장하기 어렵다. 하지만 대기업 오너들은 아직도 기업의 소유와 경영의 분리에 인색하다. 어느 몰락한 재벌총수의 표현대로 평생을 몸바친 CEO들을 '머슴'으로 인식하는 한 유능한 경영인이 배출되기 어렵고, 그것은 결국 기업 경영에도 악영향을 미친다.

북한 김일성 가족의 국가권력 세습은 물론이고 종교계의 세습도 사회적 비난의 표적이다. 하지만 기업의 세습만은 용납되고 있다. 다만 세계적 기업의 수준에 걸맞게 경영이 이루어지지 않는 한 대기업의 세습이 자칫 국민 경제적인 재앙으로 이어질 수도 있다. 오너의 황제 경영에 따른 실패는 누가 책임질 것인가. 재벌기업의 투명경영이 필요한 이유가 여기에 있다.

몽테스키외가 법의 정신에서 갈파한 대로 '권력을 가진 자는 항상 그 권력을 남용하려 한다.' 정치권력의 남용을 차단하기 위해 권력 분립이 작동한다. 지방자치와 더불어 수직적 권력 분립도 현실화돼 있다. 하지만 기업 오너의 권력은 강화일로에 있다. 부富도 세습된다. 한국 재벌의 문어발식 경영은 세계 경영의 연구 대상이 된 지 오래다.

재벌은 재벌답게 대기업 업종에만 한정돼야 한다. 수많은 납품업체와 동반자여야 한다. 재벌이 중소기업이나 소매상과 돈놀이에까지 눈독을 들이는 한 상생은 불가능하다.

매일경제_2010. 8. 3.

## 헌법상 경제질서와 경제민주화

불과 반세기 전만 하더라도 독립과 전쟁의 폐허로 인해 국민소득 100불 미만이던 국가에서 이제 국민소득 2만 불을 뛰어넘어 세계 10대 경제대국으로 우뚝 선 대한민국에서 18대 대통령선거를 앞두고 경제민주화 논쟁이 한창이다. 따지고 보면 '경제의 민주화'라는 용례는 현행헌법 즉 1987년 헌법에서 처음 사용되었지만, 그 이전의 헌법에서 즉 제헌헌법에서부터 '사회정의'라는 용어를 사용하여 왔기 때문에 새삼스러운 용어는 아니라고 할 수 있다.

그런데 1987년 이후 전혀 논의되지 않던 경제민주화가 갑자기 2012년 대선을 앞두고 쟁점으로 부각된 것이다. 그 직접적인 동인은 87년 헌법을 만들 당시에 '여야8인정치회담'의 한 당사자이면서 경제학자인 김종인 전 의원이 새누리당 박근혜 후보의 캠프에 가담하면서 불을 지핀 데 따른 것이다. 김 전 의원에 의하면 헌법 제119조 제2항에서 '경제의 민주화'라는 용례를 들여온 당사자가 바로 자신이라는 것이다. 이를테면 헌법 제9장의 경제 즉 경제헌법을 자신이 주도하여 새롭게 만들었다는 것이다. 그렇다면 논의의 초점은 첫째, 87년 헌법의 경제조항이 과연 그 이전의 경제조항과 확연히 구별되는 것이냐의 문제가 그 하나일 수 있다. 둘째, 또 다른 하나는 헌법에서 '경제의 민주화'라는 함의가 무엇인가에 논의의 초점이 놓여지게 된다. 셋째, 왜 하필이면 현행헌법이 시행된 지 사반세기에 이른 지금에 한국경제의 논의에 있어서 핵심적인 어젠다로 등장하였느냐에 있다.

1948년 제헌헌법에서는 헌법에 독립된 경제 장章을 마련한다. 이는 자유민주주의 국가에서 그 예를 찾아보기 어렵다. 제헌헌법은 강한 통제경제의 성격을 띠고 있다. 이는 동 시대에 아직까지 이렇다 할 시장경제체제를 구축하지 못한 상황에서의 불가피한 선택이라 할 수 있다. 해방공간 당시에 동아일보의 보도에 의하면 국민의 3분의 2가 자본주의보다는 사회주의를 선호했다는 여론조사 결과는 이를 더욱 뒷받침한다. 그만큼 국민 일반의 인식도 아직 시장경제 즉 자본주의 경제에 대한 이해가 그리 높지 않음을 증명한다. 이는 곧 국민경제의 현황이나 국민 일반의 인식에 기초하여 제헌헌법의 경제질서는 국가주도적인 경제질서로 나아가게 되었음을 알 수 있다.

제헌헌법 이래 1960년 제2공화국헌법에 이르기까지 대한민국의 경제질서는 '사회정의의 실현과 균형있는 국민경제의 발전'을 기본으로 한다. 개인의 '경제적 자유는 이 한계내에서 보장'될 뿐이다. 제헌헌법의 통제경제체제에서 1954년의 제2차 헌법개정과 1960년의 제2공화국헌법에 이르기까지 점차 시장경제적 요소를 강화하여 왔지만 제헌헌법의 원형은 변함이 없었다. 취약한 국민경제적 기반이 이를 정당화한다. 하지만 같은 경제 장을 두고서 1962년 제3공화국헌법에 이르러서는 확연히 달라진다. '대한민국의 경제질서는 개인의 경제상의 자유와 창의를 존중함을 기본으로 한다.' 국가는 '사회정의의 실현과 균형있는 국민경제의 발전을 위하여' '경제에 관한 규제와 조정을' 할 뿐이다.

제3공화국 이래 지속되어 온 경제 장의 원칙규정은 제5공화국 헌법에까지 그대로 유지되어 왔다. 다만 제5공화국 헌법에서 제3항으로 독과점 규제 조항이 신설되었다. 그러하면 이제 1987년 헌법 즉 제6공화국 헌법을 살펴보면 다음과 같다. 제9장 경제 제119조 ①대한민국의 경제질서는 개인과 기업의 경제상의 자유와 창의를 존중함을 기본으로 한다. ②국가는 균형있는 국민경제의 성장 및 안정과 적정한 소득의 분배를 유지하고, 시장의 지배와 경제력의 남용을 방지하며, 경제주체간의 조화를 통한 경제의 민주화를 위하여 경제에 관한 규제와 조정을 할 수 있다. 현행헌법의 경제질서에 관한 원칙적 조항인 제119조와 1980년 헌법의 제120조를 비교해 보면 제1항은 동일하다. 다만 현행헌법 제2항은 1980년 헌법 제2항과 제3항을 결합한 규정으로 이해될 수 있다. 이 과정에서 경제에 대한 국가적 규제와 조정을 위한 핵심어로서 제헌헌법부터 애용되어 온 '사회정의'가 '경제의 민주화'로 대체되었음을 알 수 있다. 즉 '사회정의'를 대체하는 '경제의 민주화'라는 이름아래 경제에 관한 국가적 규제와 조정을 더욱 강화한다. 결국 현행헌법상 경제질서는 기본권으로서의 사유재산권 보장(제23조 제1항)과 더불어 시장경제(제119조 제1항)가 그 기본축을 이룬다. 여기에 재산권의 사회적 구속성 원리(제23조 제2항)와 경제의 민주화(제119조 제2항)는 국가적 규제와 조정을 정당화한다. 시장경제를 기본으로 하면서 경제의 민주화를 위해 규제와 조정을 가한다는 점에서 이를 '사회적 시장경제질서'로 명명한다. 즉 시장경제는 어간語幹이고 사회적은 그 수식어이다. 물론 이에 대해서는 혼합경제질서 또는 수정자본주의적 경제질서라고도 하지만 이미 학계와 헌법재판소의 결정을 통해서 사회적 시장경제질서는 대한민국 헌법상 경제질서를 총칭하는 의미로 자리잡고 있다.

시장경제질서를 유지하는 가운데 '사회적'의 함의와 관련하여 결국 경제민주화의 의미가 달라지게 된다. 경제민주화의 준거는 동시대를 관류하는 공동체적 가치라 할 수 있다. 한국 경제는 그간 산업화 과정을 거치면서 세계에서 유례가 없을 정도로 단기간에 압축성장을 이룩하였다. 그에 따라 한국적인 재벌도 탄생하고 그 덕분에 세계적인 대기업도 배출할 수 있었다. 하지만 산업화에 드리운 그늘도 무시할 수 없는 상태에 이르렀다. 1971년 청계천 피복 노동자 전태일의 삶을 통해 추적된 노동자의 고단한 삶을 더는 외면할 수 없는 상황에 이른 것이다. 더구나 민주화 이후에도 산업화의 과실을 제대로 수혜하지 못한 세대에게 1997년의 IMF체제와 2008년에 불어닥친 세계적인 경제위기를 거치면서 양극화현상은 더욱 심화되고 마침내 이를 방치해서는 더 이상 대한민국이라는 공동체가 해체될지도 모른다는 위기의식에 직면한다. 이에 2012년 4월 11일에 실시된 제19대 국회의원총선거와 12월 19일에 실시될 대통령선거를 앞두고 경제의 민주화에 대한 국민적 요구는 더욱 강해지고 이를 정치권이 수용하면서 경제민주화는 이 시대 국가경영의 최고 화두로 등장하기에 이른다.

경제민주화의 요구는 시장경제의 왜곡에 대한 강력한 경고음이다. 그 경고음은 사실상 오래 전부터 작동되기 시작하였다가 최근에 본격적으로 국민의 마음을 휘감기 시작했다고 보아야 한다. 특히 미국의 정치철학자 마이클 샌들의 '정의란 무엇인가?'가 2년 전부터 한국에서 100만부 이상의 매출을 기록하는 최고의 베스트셀러가 되면서 한국적 양극화사회에서 온 국민이 얼마나 정의에 목말라 했으며 또 정의 사회가 이 땅에 정립되기를 기원했는가를 단적으로 보여준다. 사실 샌들의 저서는 잘 아는 바 대로 하버드 대학의 강의내용을 책으로 만든 것이기 때문에 대중서라기보다는 전문서의 일종이다. 그럼에도 유독 한국에서 대중적인 에세이집이나 소설책보다 더 팔렸으니 말이다. 바로 그런 점에서 샌들의 정의는 과거 헌법의 사회정의와 연계되면 그것은 바로 현행헌법의 경제민주화와 직결되는 명제임을 알 수 있다.

사회정의의 구현과 경제민주화를 구현하기 위해서는 갖가지 방책이 가능할 것이다. 이명박 정부에서 경제학자 출신의 정운찬 총리가 주창한 동반성장도 그 제도적 구현의 하나로 볼 수 있다. 비록 민간기구형태이긴 하지만 동반성장위원회가 가동되고 정운찬 전 총리가 위원장을 맡으면서 더욱 활성화될 것이 요망되었다. 하지만 삼성그룹 이건희 회장이 던진 화두와 같이 동반성장의 핵심적인 내용인 초과이익공유제에 대하여 경제학에도 없는 공산주의적 발상이라는 비판에 직면하면서 동반성장 카드로 수면 아래로 내려갈 수밖에 없는 한국적 현실을 안타까워 할 따름이었다. 초과이익공유제란 정운찬 동반성장위원회 위원장이 제안한 제도로, 대기업이 중소기업 육성에 협력하여 '동반성장'을 도모하도록 한다는 취지아래 대기업이 초과이익을 얻은 경우 이를 협력 중소기업과 나누는 것을 골자로 한다. 구체적으로 대기업이 해마다 설정한 경영목표치를 넘어선 이익이 발생했을 경우, 대기업에 협력하는 중소기업의 기여도 등을 평가하여 초과이익(초과이윤)의 일부를 나누어 주는 제도다. 하지만 이 제도는 연초에 대기업이 설정한 이익목표치에 따라 초과이익이 달라질 수 있어 대기업의 초과이익 생성 여부와 그 크기를 가늠하기 어렵고, 협력사의 기여도를 측정하는 것은 현실적으로 어렵다. 또한 이익을 공동분배한다는 것 자체가 시장경제 원리에 부합하지 않는다는 때문에 대기업을 중심으로 한 재계와 정치권 일부로부터 많은 반발을 불러일으켰다. 특히 이는 이념논쟁으로까지 확산되는 구실이 되어 큰 논란이 됐다. 즉 시장이 왜곡되고 있다는 주장에도 불구하고 그 시장을 더욱 활성화시켜야 한다는 목소리가 왜곡론을 잠재우고 있는 상황에 이른 것이다. 아이러니칼하게도 이명박 정부의 취임 일성은 '비즈니스 프렌들리'였다. 이에 따라 대기업집단은 엄청나게 규모와 기업의 숫자를 확대했음에도 불구하고 일반 국민의 경제적 삶 자체는 나아진 게 없다는 비판에 직면하면서 정운찬 위원장의 동반성장이 탄력을 얻게 된 것이다.

재벌기업을 중심으로 하는 독과점기업에 대한 규제도 강화되어야 한다는 데에는 이의가 없다. 이는 이미 1980년 헌법에서 독과점규제를 도입하였고 그에 따라 공정거래법(독점규제 및 공정거래에 관한 법률)이 시행되고 공정거래위원회가 독과점기업에 대한 규제를 본격적으로 시행하면서 언론에서는 공정거래법을 경제에 관한 기본법이라는 이유로 '경제헌법'이라고까지 명명하기에 이르렀다. 실제로 공정거래위원회는 매우 강력한 대기업 규제기관으로서 나름 그 역할을 하고 있다는 평가를 받고 있다. 이미 물건너 간 내용이지만 새누리당 김종인 표 경제민주화의 핵심 어젠다는 순환출자규제, 대규모기업집단규제법, 경제범죄의 국민참여재판이다. 한국적 재벌기업에 대한 규제로는 순환출자규제와 같은 경제력 집중방지를 위한 일련의 법적 규제가 최근 핵심 어젠다로 늘 논란이 되어 왔다. 순환출자를 통한 기업집단의 부조리한 지배에 대한 메스를 가하자는 것이다. 하지만 기존의 순환출자를 그대로 두고 앞으로 이를 시정하고자 하는 타협안이 현실론으로 등장한다. 대규모기업집단법도 외국에서 그 예를 찾아보기 어렵다는 이유로 공론에 그칠 공산이 크다. 경제범죄에 대한 국민참여재판 문제도 한계가 있기 마련이다. 결국 제도의 현실적 시행은 매우 낮은 단계에 머무를 수밖에 없다. 유전무죄, 무전유죄라는 속설은 그간 재벌기업인에게 정확하게 들어맞았다. 재벌기업인치고 실형實刑을 선고받은 예를 찾아보기 어려웠다. 이에 3.5방정식 즉 징역 3년에 집행유예 5년이 재벌기업인에 대한 공식화된 법원의 최종형량이었다. 징역 3년 이상에 대해서는 집행유예가 불가능하기 때문에 징역 3년이 마지노선인 셈이다. 검찰의 높은 형량 구형에도 불구하고 법원의 형량은 고정표였다. 최근에 양형위원회를 통하여 일련의 제재를 가하고 화이트 칼러 범죄에 대한 사법부 최고수뇌부의 우려에 경제민주화 논의까지 겹쳐 마침내 김승연 한화그룹 회장에 대한 1심재판에서 3.5방정식이 깨졌다. 하지만 징역 4년을 선고하였기 때문에 상급심에서 1년만 감하면 언제든지 집행유예의 가능성은 열려 있는 셈이다. 최근 민주화 과정에서 정치권에서 검찰개혁을 강조하고 있고 또 검찰이 개혁의 대상인 점도 사실이지만 법원의 이와 같은 재벌과 정치인에 대한 온정주의적 판결에 대한 비판이 전무한 것 또한 이해하기 어려운 현상이다.

바로 여기에 가진 자의 덕virtue이 요구된다. 그것은 가진 자의 자비가 아니라 윤리성에 터 잡아야 한다. 재벌의 탐욕은 시장을 교란하고 국민경제의 선순환을 왜곡시킨다. 하지만 재벌을 지배하는 이들은 소유지분을 뛰어넘어 초법적인 힘을 휘두른다. 그 과정에서 골목상권까지 쓸어담는 약육강식의 승자독식과 양극화현상이 심화되기 마련이다. 기업을 사유화하는 상황에서 국민경제의 건전한 발전을 담보할 수 없다. 세계에서 유례를 찾아볼 수 없는 한국재벌의 순기능과 역기능의 조화만이 그 존재이유를 정당화한다. 투명한 경영, 기업과 기업인의 윤리와 책임의식의 제고만이 글로벌 사회에 순응하는 길이다. 그것은 정치의 계절에 펼쳐지는 정치적 수사修辭 이전에 해결되어야 할 선결과제다.**(성낙인, "경제민주화라는 경고음", 동아일보 2012. 8. 3. 칼럼)**. 김종인 발 경제민주화가 좌초하고 있는 상황에서 경제민주화를 위한 새로운 이정표는 차기 정권에서 어떻게 그 모습을 드러낼지 국민적 기대와 우려가 교차한다. 경제학개론에서 쉽게 찾아볼 수 없는 항목인 동반성장이나 경제민주화가 대한민국 경제의 미래를 향한 핵심 화두로 등장한 이유를 국민 일반뿐 아니라 대규모기업집단의 대표나 그 관계자 궁극적으로는 경제정책을 입안하고 집행하는 과정에 직접적으로 연계되는 관료와 정치계도 깊이 숙고하여야 할 것이다.

고시계 시론_1212. 12.

## 종교화합은 공직자의 의무

보스포루스 해협을 사이에 두고 동과 서, 아시아와 유럽이 만나는 이스탄불은 지정학적 위치만큼이나 정치적 종교적으로 수많은 풍상을 헤쳐 나왔다. 동로마제국의 수도 콘스탄티노플은 로마 가톨릭의 영향권이었으나 나중에는 그리스정교의 중심이 된다. 오스만제국의 등장과 더불어 이스탄불로 개칭되면서 이슬람이 지배한다. 하지만 터키공화국의 국부 무스타파 케말은 정교분리를 구현한다.

비잔티움제국의 영화를 상징하는 소피아 성당은 중세 건축기술의 정수다. 성당을 감싸 안은 성화와 문양은 동시대 가톨릭의 표상이다. 오스만제국은 이스탄불을 지배하면서도 소피아 성당을 불사르는 대신 성당에 각인된 모자이크에 회칠을 가한 뒤 그 위에 이슬람 교리를 입혀나갔다. 문화유산을 보전하면서도 새로운 지배의식을 펼쳐나간 모범 사례라 아니할 수 없다.

그런데 20세기에 펼쳐진 이념논쟁과 종교 갈등의 와중에 많은 문화유산이 참혹하게 파괴된다. 근본주의자들은 아예 인류의 역사 자체를 지워버리려는 만행을 저지른다. 중국은 문화혁명 과정에서 홍위병을 앞세워 역사와 종교를 말살시키려 했다. 마오쩌둥을 아무리 위대한 지도자로 칭송하더라도 이 점에 관한 한 역사의 심판에서 자유로울 수 없다. 탈레반이 아프가니스탄에서 거대 석불을 박격포탄으로 파괴한 야만적 행태 또한 지탄받아 마땅하다.

역사상 수많은 종교적 갈등을 이겨낸 인류의 지혜는 근대국가의 정립과정에서 헌법상 국교부인과 정교분리 원칙을 정립시킨다. 우리만큼 이를 슬기롭게 포용한 국가와 민족은 찾아보기 어렵다. 오랜 내공을 통해 한민족의 문화적 정신적 지주로 작동하는 호국불교, 관혼상제에서 생활 예법으로 정착한 유교, 근대화에 결정적인 기여를 한 기독교와 천주교는 바로 우리의 삶 속에 터 잡고 있다. 특히 기독교는 독립운동과정에서 민주시민의식을 크게 고취시켰다. 이승만 김구 같은 민족 지도자가 기독교에 귀의한 것은 결코 우연이 아니다.

그동안 국가 지도자들은 나름대로의 금도襟度를 발휘함으로써 국민통합 종교화합의 장을 마련했다. 이명박 정부의 출범 이후 '고소영' 내각이라는 비아냥거림의 한가운데 있는 교회문제로 온 나라가 어지럽다. 일련의 친기독교 반불교적인 행태에 분출된 갈등은 마침내 사상 유례가 없는 시청 앞 광장의 불교도 대회로 이어졌다. 오얏나무 아래서 갓끈을 고쳐 쓰지 말자. 대통령은 읍참마속의 심정으로 문제의 본질에 접근해야 한다. 헌법상 천명된 정교분리 원칙은 공직자의 행위전범이다. 일부 공직자와 국가기관이 저지른 종교 편향적 행태는 발본색원돼야 한다.

차제에 종교인도 그릇된 행태에 대한 근본적 자성이 뒤따라야 한다. 굳이 천주교의 일사불란한 기강을 찬미하는 것은 아니지만 기독교와 불교계는 자기 정화를 소홀히 해서는 안 된다. 가톨릭 사제서품에 맞먹는 엄격한 성직자 양성이 필요하다. 종교의 자유라는 이름으로 자행되는 성직자의 일탈과 비리는 근절돼야 한다.

100m가 멀다 하고 이어지는 십자가 불빛과 난립을 거듭하는 신학교는 기독교의 현주소를 보여준다. 대형 교회의 부자 세습은 한국 교회를 종교의 탈을 쓴 권력기관으로 전락시킨다. 불교는 그간 호국불교의 미명 아래 권위주의 시절에 보여준 친정부적 행태에 대한 성찰이 요구된다. 승려 양성과 교육과정의 투명성도 제고해야 한다. 대형 불사에 매몰된 기복신앙도 시정해야 한다.

남북 분단과 참혹한 동족상잔의 전쟁을 이겨낸 국민에게 종교는 정신적 구원의 등불이다. 종교가 고도의 윤리성과 상대방에 대한 관용을 저버린다면 사교**邪教** 집단과 마찬가지로 매도될 수밖에 없다.

동아일보_2008. 9. 9.

## 학교 종교교육, 개인신념 고려해야

우리 헌법은 종교의 자유 및 정치와 종교의 분리(정교분리) 원칙을 규정하고 있다. 즉 모든 국민은 종교의 자유를 가진다. 또한 국교를 인정하지 않는다.

서양 각국도 정교분리 원칙을 채택하지만 기독교 문화가 국가와 국민 생활의 일부가 되어 있다. 형식은 기독교 국가가 아니지만 실질은 기독교 국가라 할 수 있다. 예컨대 미국 대통령은 성경에 손을 얹고 취임선서를 한다. 아랍 국가의 이슬람 신앙은 거의 절대적이다.

우리나라도 과거에는 종교적 박해로 이차돈이나 김대건 같은 종교적 순교자가 많이 있었다. 하지만 오늘날에는 종교적 다원성이 잘 구현되고 있다. 불교 기독교 천주교 유교가 비슷한 교세를 확보하면서 종교적 갈등이 없는 나라는 지구상에서 우리나라가 유일하다. 그런데 최근에 종교재단이 설립한 사립학교의 강요된 종교교육에 대하여 논란이 일고 있다. 종교교육은 인류의 역사와 지혜를 이해하는 데 필수적이다. 기독교 문화의 이해가 없는 서양사가 있을 수 없고, 불교와 유교 문화의 이해가 없는 동양사가 있을 수 없다.

헌법상 정교분리의 원칙에 따라 국공립학교에서 특정 종교만을 위한 종교교육은 헌법 위반이다. 초등학교는 의무교육일 뿐 아니라 대부분이 국공립이다. 따라서 특정 종교만을 위한 교육은 있을 수 없다.

반면에 종교재단이 설립한 사립대에서의 종교교육에 대한 해법은 간단하지 않다. 예컨대 기독교재단이 설립한 대학에서는 채플이 필수교과목이다. 수년 전 채플 과목을 이수하지 않았다는 이유로 졸업이 거부된 학생이 법원에 제소한 바 있다. 대학은 3년간 6학기에 걸쳐서 채플 수강을 강요했고 내용도 당사자의 종교적 신념에 어긋나는 예수 찬송과 기도를 포함했다.

대법원은 사립대 학생의 재학 관계는 사법상 계약이라는 이유로 학생의 주장을 배척했다. 대법원은 학생이 입학하면서 학칙을 준수하기로 서약했다는 점에 중점을 뒀지만 대학입시에서 학생의 선택 폭이 제한되고 입학 과정에서 많은 국가적 개입이 있다는 점에 비춰 본다면 순수한 사법관계로 판시한 것은 비판의 소지가 있다.

이 사건을 계기로 대학의 채플 수업이 기독교 문화의 건전한 이해를 증진하는 방향으로 개선된 점은 다행스럽다. 대학의 종교교육은 종교재단의 건학이념을 반영하면서 학생의 문화적 이해의 폭을 넓히는 방향으로 정립해야 한다.

문제는 중고교다. 중고교 입시가 폐지된 뒤 학생 본인이나 학교 의사와는 무관하게 교육당국에서 일률적으로 학교를 배정한다. 특정 종교를 믿는 학생도 다른 종교재단이 설립한 학교에 입학해 종교교육을 강요받는다. 이를테면 기독교를 믿는 학생이 불교재단 학교에 입학해 부처님 말씀을 배우고 관세음보살 합장을 한다.

본인의 의사와 관계없이 배정됐으므로 중고교 학생은 종교적 신념에 어긋나는 교육을 받지 않을 권리가 있다. 즉 강제 배정된 중고교에서의 특정 종교교육은 헌법상 보장된 종교의 자유와 교육을 받을 권리(**학습권**)를 침해한다. 헌법학자의 일치된 견해임에도 불구하고 제도적으로 해결되지 않았는데 대광고 사건에서 강의석 군이 외롭게 투쟁한 끝에 최근 손해배상청구소송에서 승소해 만시지탄의 감이 든다.

다행히 교육당국은 중고교 입학 제도를 선지원 방식으로 변경할 예정이다. 중학교육은 초등교육과 마찬가지로 의무교육이라는 점도 고려해야 한다. 정부당국뿐만 아니라 종교지도자는 미래 한국을 이끌 청소년이 좀 더 열린 교육을 받을 기회를 보장해야 한다.

동아일보_2007. 10. 9.

# 헌법상 정교분리

1077년 1월 25일 신성로마제국 황제 하인리히 4세는 그레고리우스 7세 교황이 머물고 있는 카노사 성에 도착하여 교황에게 용서를 구한지 사흘 만에 겨우 입성한 카노사의 굴욕Humiliation at Canossa 사건은 서양의 역사에서 교회권력에 의한 국가권력의 지배를 단적으로 보여준다. 사실 서양에서 근대국민국가의 탄생 이전의 단계에서 국가는 종교에 예속되는 정교일치의 상황이었다. 국가는 기독교 즉 로마교황청의 지배를 받고 있었으므로 교황의 권위와 권력 앞에 세속적인 국가의 수장인 왕은 무력하기 짝이 없었다. 그러나 오히려 이 사건은 국가권력 즉 국왕의 권력을 강화하는 계기가 된 것은 역사적 아이러니다. 이 사건 이후에 근대국민국가를 향한 일련의 노력이 계속되면서 점차 교권으로부터 왕권의 회복과 수호가 가속화되기에 이른다. 국가의 견고한 정립과 국가권력의 정립은 결과적으로 로마가톨릭의 교권이 약화되는 상반된 길을 걷게 되었다. 이후 절대군주시대를 거치면서 국가권력의 상징인 왕권은 더욱 견고한 성체를 쌓아 갔다.

근대 시민혁명의 성공적 정립과 더불어 이제 종교권력과 세속권력의 단절 양상은 더욱 견고해 졌다. 이름하여 정교분리를 채택하게 된다. 기독교 문화에 기초한 서양의 각국에서도 정교분리는 헌법상 보편적 가치로 자리 잡고 있다. 다만 서양의 역사와 문화 그 자체가 기독교와 불가분의 관계에 있기 때문에 일정한 역사적 가치나 전통의 수용은 불가피한 측면도 있다. 예컨대 미국대통령은 성경 위에 손을 얹고 대통령 취임선서를 하고 있지만 이를 정교분리에 어긋나는 것이라는 주장은 보이지 않는다. 오히려 역사와 전통의 한 단면이라 할 수 있다. 하지만 정교분리 문제는 때때로 헌법적 과제로 등장하기도 한다. 독일 연방헌법재판소는 '십자가판결'에서 각급학교 교실에 십자가와 십자가 예수상을 걸도록 규정한 바이에른 주 교육법은 "십자가 아래서 배우도록 강요하는 것이므로" 위헌이라고 판시한 바 있다. 그만큼 생활 속의 종교문제는 현실의 문제와 갈등과 긴장관계를 형성할 수도 있다.

오늘날 이슬람교 국가 일부를 제외하고는 대부분 정교분리를 채택하고 있다. 이슬람권에서는 그들 나름대로의 독특한 문화적 · 종교적 전통을 고수하고 있다. 예컨대 이란은 종래 팔레비 국왕체제의 왕정이었으나 이슬람혁명을 통하여 정교일치의 현대판 신정정치를 구현하여 왔다. 특히 이슬람혁명의 1세대 지도자인 아야톨라 루홀라 호메이니는 정교일치를 구현하려 하였고 오늘날까지도 이란혁명의 여진이 계속되고 있다. 하지만 대부분의 이슬람국가에서도 성직자가 바로 최고정치지도자로 군림하지는 않는다는 점에서 이슬람교를 국교로 인정하더라도 신정일치는 아니라고 할 수 있다.

우리나라도 역사적으로 정치와 종교 사이에 많은 갈등이 있어 왔다. 신라시대에 불교를 수입하는 과정에서 528년 법흥왕 재위 15년에 이차돈은 불교를 국교로 할 것을 주장하였으나 신하들의 반대로 뜻을 이루지 못하자 순교함으로써 우리 역사상 최초의 종교적 순교자가 되었다. 유교를 국교이자 국가이념의 기초로 삼고 있던 조선에서도 후반기에 이르러 서세동점**西勢東漸**의 물결에 휘둘린 채 서양의 문물의 수입되었고 이 과정에서 서양의 기독교도 본격적으로 전파되기 시작하였으나 유교적 가치에 배치되는 이단적 종교에 대한 국가적 박해로 인하여 김대건 신부 등 많은 순교자를 배태시키기도 하였다. 하지만 일제 식민지배시대에 상해임시정부를 중심으로 활동하면서 국교였던 유교적 색채는 퇴색할 수밖에 없었고 그에 따라 1948년 제헌헌법에서는 정교분리**政教分離**를 명시하기에 이른다. 현행 헌법에서도 종교의 자유와 더불어 "국교는 인정되지 아니하며, 종교와 정치는 분리된다"라고 하여 정교분리를 명시하고 있다.

사실 우리나라에 많은 종교가 있다고 하지만 국민들의 지배적 종교인 불교, 유교, 기독교는 모두 외래정교이다. 그런데도 전통적인 신앙과 이들 종교는 한국적 토양에서 잘 조화를 이루어왔다. 이들 외래 종교가 아무런 갈등 없이 평화적으로 존속하고 화합하는 나라는 대한민국밖에 없다고 할 정도이다. 대부분의 가정에서 전통의식에 따라 설 추석 명절뿐 아니라 기제**忌祭**를 모시고 있다는 점에서 유교적 문화의 생활화 현상이라고 할 수 있다. 주력 종교인 불교, 기독교, 가톨릭 신자들도 제사모시는 것을 당연하게 생각한다. 다만 일부 기독교계에서만 생략하고 있을 뿐이다. 조상의 제사를 모신다고 해서 유교도라고 할 수는 없을 것이지만 생활 속에 자리 잡은 유교적 문화를 단적으로 드러내고 있다. 실제로 불교와 가톨릭은 포교단계에서부터 우리네 전통과 습속을 존중하여 왔다는 점에서도 이를 잘 읽을 수 있다.

정교분리의 원칙은 국가적 행사에서도 단적으로 드러난다. 예컨대 국장**國葬**을 모실 때는 고인의 신교와 관계없이 불교, 기독교, 가톨릭교 성직자들이 차례로 각 종교 고유의 의식을 집전하고 있는 모습은 바로 정교분리의 살아있는 교육장이기도 하다.

그토록 종교적 분쟁이 사라지고 평화롭게 존속하여 왔던 대한민국에서 최근에 정교분리를 흔드는 듯한 행태들이 국민적 갈등의 요인을 제공하고 실제로 갈등이 현실화되기도 한다. 국가최고지도자인 대통령의 종교에 따라서 특정 종교에 대한 지지와 박해의 문제를 제기한다. 다수의 대통령을 배출하였지만 그리 심각한 사회적 문제를 제기하지 않았던 점에서 나름의 절제가 뒤따랐다고 할 수 있다. 그런데 두 분의 기독교 장로 대통령 시절에 유독 이런 문제가 심각하게 제기되곤 했다. 김영삼 대통령 시절에도 간간이 타 종교에 대한 이해 부족이 논란이 된 적이 있으나 그리 큰 정치사회적 문제로까지 비화되지는 않았던 것 같다. 김대중 대통령은 가톨릭신자이지만 영부인인 이희호 여사는 기독교신자였다는 점에서 종교적 갈등이 사회에 비치지도 않았다. 그런데 유독 이명박 대통령이 집권한 이후에 다른 종교로부터 사회적 비판과 갈등이 심화되고 있는 듯하다. 그나마 최고 종교지도자들이 함께하는 자리를 통해서 갈등적 요소를 통합과 화합의 장으로 이끌어 왔다는 점에서 긍정적인 신호이자 사회적 성숙성을 반영한 것이기도 하다.

하지만 2011년 3월 3일 개최된 국가조찬기도회가 논란의 대상이다. 이 자리에서 소망교회 장로로 독실한 기독교신자인 이명박 대통령은 "이 나라와 민족을 사랑하시는 하나님의 넘치는 은총에 무한한 감사를 드린다"고 말했다. 이 대통령은 길자연 한국기독교총연합회 회장이 인도한 합심기도 시간에 김윤옥 여사와 함께 1분여간 무릎을 꿇고 통성기도通聲祈禱를 했다. 국가조찬기도회에서 대통령이 무릎을 꿇고 기도한 것은 처음 있는 일이다. 통성기도는 영어로 Korean Prayer라고 번역될 정도로 한국 기독교계에 특유하게 자리 잡은 종교의식이다. 온 신문과 방송을 장식한 대통령과 영부인이 무릎 꿇고 있는 모습은 누가 보아도 우선 자연스러워 보이지 않는다. 그렇지 않아도 이명박 정부 출범 때부터 고려대, 소망교회, 영남 출신의 독식을 빗대어 '고소영 정부'라는 비판을 받아왔을 뿐 아니라 그 후에도 재임 내내 불교와 같은 다른 종교로부터 친 기독교라는 비판을 받아 온 터이라 더욱 논란의 표적이 되었다.

기도하는 마음이나 자세는 누가 보아도 아름답다. 하지만 국가원수인 대통령뿐만 아니라 공직자는 언제나 공인의 활동과정에서 공인의 법도를 소홀히 해서는 안 된다. 바로 그런 점에서 대통령의 처신이 어떠하여야 하는지를 통성기도 장면은 다시 한번 확인하여 준다. 국가원수인 대통령이 특정종교지도자가 인도하는 기도에서 무릎은 꿇고 있는 장면은 누가 보아도 적절치 않아 보인다.

이런 장면을 인도한 기도회의 주재자는 더 더욱 적절치 않은 기도회를 주재한 것이라 할 것이다. 대통령은 국가원수이다. 국가원수가 특정 종교 지도자가 인도하는 행사에서 무릎을 꿇고 있다는 사실 그 자체만으로도 부적절하다. 미국도 정교분리원칙을 채택하고 있지만 사실상 개신교가 국교나 마찬가지다. 메이 플라워 호를 타고 미국으로 이주한 청교도들이 세운 나라답게 역대 미국대통령 중에서 개신교 신자가 아닌 이는 가톨릭 신자인 존 에프 케네디 대통령뿐이다. 그럼에도 대통령이 조찬기도회에서 무릎 꿇고 기도한 역사는 없다. 그런데 정교분리 원칙을 가장 잘 지키고 있는 대한민국에서 이런 일이 벌어진 것 자체가 민망스럽기 그지없다.

국가원수인 대통령이 각종 종교 의식에 참여하는 것은 자연스럽다. 부처님 오신 날에는 불교도들과 함께 합장기도할 수 있다. 성탄절에는 기독교신자들과 두 손 모아 기도할 수 있다. 하지만 그 도를 넘어서는 안 된다. 공개된 장소에서의 종교의식일수록 금도를 지켜야 한다.

국가원수인 대통령은 공개된 장소가 아니더라도 대통령으로서의 위상을 고려한 종교의식이 필요하다. 그런 관점에서 보면 이명박 대통령이 대통령 자격으로 소망교회 예배에 참석하는 것은 적절하지 않다. 청와대 집무실에서 기독교식 예배를 드리는 것도 적절치 않다. 대통령이 거처하는 관저에서의 예배도 바람직하지 않기는 마찬가지다. 비공식 장소인 안가에서의 예배가 가장 적절해 보인다. 다만 독실한 기독교 신자라는 점을 고려한다면 관저에서의 예배까지는 허용될 수도 있을 것이다. 이 경우에도 사사로운 인연에 집착한 기독교 성직자 모시기는 자제하여야 한다. 기독교계를 대표하는 성직자들 중에서 내부적 합의에 기초하여 집전할 성직자를 모시는 것이 바람직하다.

이 와중에 이슬람채권, 수쿠크Sukuk가 최근 뜨거운 화두로 등장하고 있다. 정부가 수쿠크 투자로 인해 얻는 수익에 대해 면세혜택을 주기 위해 조세특례제한법을 개정하기로 하면서 기독교계를 중심으로 반대의 목소리가 거세다. 수쿠크는 지난 1990년 말레이시아의 쉘사에서 처음 개발된 이슬람 금융기법으로 알려져 있다. 수쿠크는 일반채권과는 달리 이자 대신 배당금으로 수익을 배분받는다. 이슬람율법인 샤리아Shariah가 돈을 빌려주는 대가로 이자를 받는 것을 기생행위 또는 부당이득으로 간주하기 때문이다. 이자는 부동산 등 실물자산을 활용해 배당금 혹은 리스료 형태로 지급하고 원금은 실물자산을 채권자가 채무자에게 재매입하게 만들거나 일반에 매각하는 방식으로 회수하게 된다. 이와 같은 수쿠크 방식은 이미 세계 70개 이상의 국가에서 수용하고 있다는 점에서 우리나라가 유독 예외지대가 될 필요가 있는 것인지 숙고해 보아야 할 일이다. 이 문제가 종교적 이유만으로 부인하게 되면 자칫 국익에 중대한 손실을 가져올지도 모르기 때문이다. 외국에서 보편적으로 수용되고 있는 제도라면 굳이 우리만 이단시할 필요는 없을 것이다. 더구나 이명박 정부는 아랍 에미레이트의 원자력발전소 건설을 수주함으로써 이슬람 국가와의 친교를 확대하고 있다는 점에서 그러하다. 그런 점에서 수쿠크 법안의 표류가 기독교계의 반대로 인한 것이 아니라는 점임을 분명히 해 둘 필요가 있다.

고시계 시론_2011. 4.

# 제9장

## 세계화를 향한 대한민국 입헌주의

## 지방화를 세계화로

국가형태로서의 연방국가와 단일국가는 오늘날 상호근접현상을 보이고 있다. 특히 단일국가에서 지방분권이 강화되고 있다. 종래 전형적 중앙집권국가인 프랑스도 2002년 헌법개정을 통하여 지방분권국가임을 표방하고 있다. 지방자치의 활성화는 연방국가와 단일국가의 경계선을 무너뜨리는 결과를 초래할 수 있다. 이러한 현상은 단일국가로서 지방자치를 완결된 형태로 실시하고 있는 이탈리아에서 나타나고 있다. 1947년 이탈리아 헌법에서는 레지옹région이라는 지방자치단체를 두도록 되어 있었으나 그것이 완전하게 실시된 것은 1970년이다. 20개의 레지옹은 15개의 일반지방자치단체와 5개의 특별지방자치단체로 구성되어 있다. 이러한 이탈리아의 지방자치제는 단순한 지방자치의 차원을 뛰어넘는 수준으로 평가되고 있다. 이러한 경향은 전통적으로 지방분권적인 이탈리아에서 국가분열로 연결될 수 있는 지방의 지나친 독자성을 지방자치라는 제도로 흡수한 것으로 평가되고 있다.

중앙집권과 지방분권은 세계화와 지방화라는 두 개의 목표를 동시에 달성하기 위하여 조화로운 실현이 요망되고 있다. 즉 국가적 차원에서 국익에 관한 문제를 능동적으로 처리해 나가야 하는 한편, 한 국가 내에서 지방의 문제는 당해 지방 스스로 공적 업무를 수행할 수 있도록 제도적 장치를 마련해 주어야 한다. 지방의 업무를 수행하기 위하여 지방자치단체는 고유한 업무를 관리하고, 법인격체로서 행정상 · 재정상 자치를 향유하면서 국가로부터 일정한 수준의 독립성을 견지할 수 있어야 한다. 이러한 지방분권은 지역단위를 중심으로 하는 지역적 지방분권과, 당해 기관이 담당하는 업무(예컨대, 병원이나 대학 등)의 특성에 비추어 일정한 독자성을 유지하는 기능적 지방분권의 형태로 분류할 수 있다. 일반적으로 지방분권이라 할 경우에는 지역을 기초로 한 지방자치단체의 자치를 의미한다.

지방자치제도라 함은 일정한 지역을 단위로 일정한 지역의 주민이 그 지방주민의 복리에 관한 사무 · 재산관리에 관한 사무 · 기타 법령이 정하는 사무를 그들 자신의 책임하에서 자신들이 선출한 기관을 통하여 직접 처리하게 함으로써 지방자치행정의 민주성과 능률성을 제고하고 지방의 균형있는 발전과 아울러 국가의 민주적 발전을 도모하는 제도이다. 지방자치는 국민자치를 지방적 범위 내에서 실현하는 것이므로 지방시정施政에 직접적인 관심과 이해관계가 있는 지방주민으로 하여금 스스로 다스리게 한다면 자연히 민주주의가 육성·발전될 수 있다는 소위 '풀뿌리민주주의'grass-roots democracy를 그 이념적 배경으로 하고 있다.

헌법상 지방자치이념을 구현하기 위하여 지방자치법이 제정되어 있다. 지방자치법은 "지방자치단체의 종류와 조직 및 운영에 관한 사항을 정하고, 국가와 지방자치단체 사이의 기본적인 관계를 정함으로써 지방자치행정을 민주적이고 능률적으로 수행하고, 지방을 균형있게 발전시키며, 대한민국을 민주적으로 발전시키려는 것을 목적"(제1조)으로 함으로써 지방자치의 민주성과 능률성을 강조하고 있다.

성낙인, 헌법학 제14판에서 발췌

## 아시아 입헌주의의 새 지평

100년 전 선각자들에 의한 조선의 근대화 작업에는 사법도 한몫했다. 1895년 개설된 법관양성소는 최초의 서양법제에 입각한 근대적 사법교육기관이다. 헤이그에서 순국한 이준 열사, 초대 부통령 함태영 같은 걸출한 인물을 배출했지만 조선의 실패한 개혁과 더불어 역사 속으로 사라졌다. 해방 이후 혼란의 와중에 탄생한 대한민국의 법적 · 이념적 기초인 국민주권주의는 현실의 국가 속에서 심각한 도전과 좌절을 겪어야만 했다. 마침내 1987년 헌법체제에서 그동안 쌓아온 산업화의 튼튼한 기반 아래 민주화의 새로운 이정표로 자리잡게 됐다. 두 번에 걸친 평화적 정권교체는 한국적 민주주의의 안착을 웅변한다. 이제 대한민국은 세계 속으로 뻗어가는 나라에서 한 걸음 더 나아가 세계를 대한민국의 품 안으로 끌어들인다.

헌법재판 제도의 창설은 제2차 세계대전 중에 자행된 인간 존엄성에 대한 심각한 도전에 대응하기 위한 것이었다. 더 이상 전통적인 사법제도로는 그 작동에 한계가 있음을 깨달은 것이다. 우리나라도 예외일 수 없었다. 자유에의 의지를 불태운 1960년 4월 학생혁명으로 탄생한 제2공화국 헌법에서는 헌법재판소를 도입했지만 5 · 16 군사정변으로 인해 문서상의 제도로 그치고 말았다. 1987년 6월 항쟁의 결과물인 제6공화국 헌법에서 다시 한번 헌법재판소를 창설하기에 이른다. 하지만 한 번도 체험하지 못한 입헌민주주의에 대한 의구심으로 인해 헌법재판소가 87년 체제의 꽃으로 피어날 것이라고는 그 누구도 상상하기 어려웠다. 그런 기우를 깨끗이 씻고 헌법재판소는 지난 사반세기에 걸쳐 한국적 입헌주의의 정립을 향한 찬란한 금자탑을 쌓아올렸다.

2011년 1월 브라질에서 개최된 세계헌법재판소장 회의에서는 대한민국 헌법재판소를 2014년 차기 대회 주관기관으로 결정했다. 2014년 회의의 전주곡이라 할 수 있는 아시아헌법재판소연합(아재연합) 창립총회가 오는 20일부터 서울에서 열린다. 대한민국 헌법재판소장이 초대 의장을 맡는다. 그간 유럽헌법재판소 회의, 중남미헌법재판기관 회의, 프랑스어권 헌법재판소연합과 같은 헌법재판에 관한 지역별 · 언어권별 협의체가 다수 구성되어 있다.

이번 아재연합 창립총회는 '아시아에서의 헌법재판의 현재와 미래'를 화두로 진행된다. 구체적으로는 헌법재판과 민주주의 및 법치주의 발전, 국제교류의 증대가 헌법재판에 미치는 영향, 아재연합의 역할과 미래라는 세 개의 세션으로 되어 있다. 이를 통해 아시아의 민주주의 · 법치주의 · 기본적 인권 신장을 위한 새로운 이정표를 마련할 것으로 기대된다.

이번 회의에는 러시아를 비롯한 10개 회원국과 함께 오스트리아 · 인도 등 10개국이 옵서버로 온다. 헌법재판이 가장 활성화되어 있는 독일과 베니스위원회 등 12개 국가 및 국제기구는 게스트로 참여한다. 참석 인사들의 면면을 보더라도 아시아에 한정되지 않고 세계 헌법재판의 주요 인사들을 아우르고 있다. 세계에서 최초로 헌법재판소를 설립한 오스트리아의 게르하르트 홀징거 헌법재판소장과 베니스위원회의 지아니 부키키오 위원장도 참석한다. 베니스위원회는 유럽 각국의 입법에 관한 헌법적 자문을 하는 유럽평의회 자문기구다. 그야말로 전 세계 헌법재판 전문가들이 헌법재판과 입헌적 민주주의의 발전을 위한 소중한 논의의 장을 마련할 것이다.

이번 회의가 갖는 특별한 의미는 헌법재판을 통해 구현된 한국적 입헌주의의 실상을 전 세계에 알리는 소중한 장이라는 점이다. 더 나아가 그간 정치적 혼란에서 벗어나 새로이 민주주의의 소중한 싹을 키워가고 있는 아시아 각국에 우리 헌법재판소의 성공적 체험을 전수하는 소중한 기회가 되었으면 한다.

중앙일보[시론]_2012. 5. 18.

# G20 국회의장회의에 거는 기대

백화제방百花齊放의 계절 5월에 세계 각국의 의회 귀빈들이 서울을 찾는다. 지난해 9월 캐나다 수도 오타와에서 처음으로 개최된 주요 20개국(G20) 국회의장회의의 제2회 대회 호스트는 대한민국 국회의장이다. 의회민주주의를 대표하는 세계 각국의 의회수장들이 오는 18~20일 서울에 모인다는 사실 그 자체만으로도 대한민국의 위상과 좌표가 한 단계 업그레이드된다고 볼 수 있다. 의회의 기능과 역할의 확대가 곧 민주주의의 역사라는 사실에 비추어 본다면, 이번 회의는 바로 한국적 의회민주주의의 세계적 공인을 의미한다.

오늘날 첨단 과학기술의 발전에 따라 세계는 날로 지구촌화하고 있다. 개별 국가는 더 이상 따로 노는 외톨이가 아니라 세계 속에서 자기정체성을 확인해야 한다. 국가와 국가 사이의 경계선을 허무는 작업은 정치 · 경제 · 사회 · 문화 모든 영역에서 가속화된다. 이빨 빠진 호랑이로 치부되던 유럽은 EC라는 경제공동체에서 유럽연합EU이라는 정치공동체로 진화했다. 자유무역협정(FTA)은 국가간 경제교류의 활성화를 재촉한다. 노동이나 환경 같은 사회 문화적 이슈는 블루라운드, 그린라운드로 이어진다.

G8의 수장이 만나는 정상회담은 우리의 눈과 귀를 쫑긋하게 세우는 선망의 대상이었다. 그런데 G8의 확대판인 G20 정상회의를 2010년 가을에 성공적으로 개최함으로써 전 세계의 이목을 서울로 집중시킨 바 있다. 그야말로 '세계는 서울로 서울은 세계'로 거보를 내디뎠다.

G20 정상회의의 성공적 개최가 대한민국의 성장신화를 입증하는 자리였다면, G20 국회의장회의는 대한민국의 민주주의 특히 의회민주주의의 발전상을 세계에 각인시키는 확실한 터전을 마련할 것이다. '국가의 공동번영을 위한 개발과 성장'이라는 주제로 열리는 이번 회의에서는 세계평화 · 반테러를 위한 의회 간 공조 전략, 선진국 개발경험 공유를 통한 개발도상국 발전 전략, 금융위기 이후 동반성장을 위한 국제 공조와 의회의 역할이라는 3개의 세션으로 진행된다.

지금 이 시간에도 일본 대지진과 같은 대규모 자연재해가 지구촌을 강타하고 있는 그야말로 위기시대의 상존을 목도하고 있다. 중동 · 아프리카 국가에 퍼지고 있는 재스민혁명은 인류의 보편적 가치인 민주주의를 향한 전 세계인의 의지를 보여준다. 국제적 현안이 세계인의 관심을 끌고 있는 바로 이 시점에 개최되는 서울회의는 전 인류의 눈과 귀를 집중시키게 할 것이다. 이번 회의에는 G20 국가뿐만 아니라 비회원국 5개국과 국제의원연맹(IPU)도 참여한다. 서울 G20 국회의장회의에서는 공동선언문의 채택을 통해서 대한민국 의회가 전 세계 의회의 선도적 입장에서 의회민주주의의 장래를 확인할 수 있기를 기원해 본다.

G20 정상회의, G20 국회의장회의는 한국의 산업화와 민주화를 전 인류에 전수한다. 민주화 이후의 민주주의는 법치주의 몫이다. G20 국회의장회의에 이어 6월에는 아시아태평양대법원장회의, 세계검사협회(IAP) 연례총회와 유엔검찰총장회의가 서울에서 열린다. 지난 1월 브라질에서 개최된 세계헌법재판소장회의에서는 2014년 차기대회 주관자를 대한민국 헌법재판소로 결정했다. 세계 사법관들의 서울 입성은 선진화된 사법제도와 법치주의의 앞날을 기약할 것이다. 극동의 작은 분단의 나라 대한민국은 이제 행정 · 입법 · 사법 모든 분야에서 세계인의 가슴 속에 깊게 각인될 성공적 롤모델이 될 것이다. 나아가 국제회의의 성공적 개최는 젊은이들에게 세계를 향한 꿈을 현장에서 확인할 수 있는 절호의 기회다.

문화일보_2011. 5. 9.

# 세계속의 한국 '외화내빈'

### 청목회 · 대포폰 부끄러운 현실, 대통령과 정치권 정신차려야

세계적인 금융위기의 극복과 더불어 G20(주요 20개국) 정상회의의 성공적 개최라는 호재에도 청목회나 청와대 직원의 대포폰 수사를 보면서 아직도 멀었다는 생각이 드는 것은 기우일까.

G20은 건국 이래 최대 최고의 귀빈을 안방으로 초대한 행사였다. G20의 성공적 개최는 식민지배와 전쟁의 혼란을 겪고 우뚝 일어선 대한민국의 위상을 웅변으로 말해 준다. 이제 우리도 굴종의 역사를 청산하고 당당하게 세계와 어깨를 나란히 하는 국가의 반열에 올랐음을 보여주었다. 더구나 유교적 전통을 중시하는 우리 사회에서 찾아온 귀빈을 잘 모시는 데 이의를 달 사람은 없다. 다만 과공過恭은 비례非禮라는 말이 있듯이 손님에게 지나친 환대는 바람직하지 않다. 외국에 다녀보면 우리만큼 손님을 극진하게 대접하는 나라나 국민도 드물다.

G20 정상회의 첫날 만찬은 국립중앙박물관에서 열렸다. 5000년 민족의 숨결과 문화를 간직한 대한국민의 위대한 역사와 저력을 외국 귀빈들에게 알리는 좋은 기회라는 점에서 긍정적일 수 있다. 그러나 국보를 모신 박물관에다 식당을 차려 놓은 게 영 어색하다. 온갖 풍상을 거친 민족문화 유산 앞에서 옷깃을 여며야 마땅할 텐데 건배잔을 주고받는 자리로는 적합하지 않아 보인다. 영부인들의 만찬 장소는 대한민국 최고 재벌기업인 삼성그룹 산하의 삼성문화재단에서 운영하는 '리움' 미술관이었다. 세계적인 기업 삼성을 선전하는 좋은 장소일지는 몰라도 국가적 귀빈들을 특정 기업이 운영하는 미술관에 모시는 것은 모양새가 좋아 보이지 않는다. 약간의 아쉬움에도 G20은 자화자찬할 만큼 성공적이었다.

미국 하버드대 교수인 마이클 샌델의 '정의란 무엇인가'가 우리 사회에 독서열풍을 가져 올 정도로 국민들은 정의에 목말라한다. 민주화 이후 대통령들은 취임과 더불어 정의가 강물처럼 흐르는 사회를 만들겠다는 다짐을 했다. 하지만 우리 사회가 정의로운 사회라고 화답할 수 있는 사람은 여전히 드물다. 그만큼 정의 사회 구현은 어려운 국가적 어젠다의제이다. 이명박 대통령이 공정사회를 화두로 제시하면서 정의와 공정은 더욱 상승작용을 동반한다.

그런데도 정치권에서는 청목회를 통한 정치자금의 수수가 공공연하게 자행된다. 더욱 가관인 것은 국민적 분노를 자아낸 공직윤리비서관실의 민간인에 대한 불법사찰에 더하여 청와대 직원이 일반 국민도 금기시하는 대포폰을 사용한 사실이 드러났다. 그 누구보다 타의 모범이 되어야 할 직에 있는 이들이 저지른 불법행위라 더욱 국민들을 분노케 한다. 검찰의 생명은 살아있는 권력에 메스를 가하는 데 있다. 허황된 극중 인물이긴 하지만 '대물'에서 보여준 '하도야' 검사의 인기가 바로 검찰의 나아갈 바를 제시한다. 권부에서 불법행위가 자행되고, 그 불법행위에 엄중한 법의 잣대가 작동되지 않는 한 공정사회나 정의사회는 형식적 구호에 그칠 뿐이다. 윗물이 맑아야 아랫물도 맑아지고, 법과 원칙도 정상적으로 작동할 수 있다.

지난 60년간 우리는 앞만 바라보고 질풍노도 같은 삶을 살았다. 이제 우리 모두 일상으로 돌아가서 차분하게 자신의 주변을 되돌아보는 성찰의 시간을 가질 때가 되었다. 지금이야말로 G20의 성공적 개최에 들떠 있을 게 아니라 조용히 미래를 향한 도약의 전환기로 삼아야 할 때다. 이명박 정부의 외치가 성공적으로 작동됨에도 내치는 한계를 드러낸다. 병세가 깊어지면 외과적 수술이 불가피하다. 내부에 싹트는 병을 치유하지 않고는 더 이상 선진민주국가로의 진입은 힘들다. 여의도정치에 대한 거부감을 털고 우선 주변부터 깨끗하게 정리해야 한다. 의혹에 의혹을 무는 과정에 국정은 누수현상을 초래하기 마련이다. 집권 후반기에 접어든 대통령과 그 주변 인사들의 정신적 재무장이 필요한 시점이다.

세계일보_2010. 11. 21.

## 영국식 의회주의 위기의 교훈

'영국에는 헌법이 없다.' 아니다. '영국에도 헌법은 있다.' 이 두 가지 명제가 맞는 것인지 틀린 것인지에 대한 해답은 둘 다 맞을 수도 있고 틀릴 수도 있다. 즉 영국에 헌법이 없다는 표현은 성문헌법이 없다는 의미이다. 하지만 영국에도 헌법은 있다는 의미는 비록 성문헌법전은 없지만 불문헌법 즉 관습헌법은 있다는 것이다. 한국에서는 헌법재판소가 수도이전은 수도가 서울이라는 관습헌법에 어긋난다는 결정을 내린 바 있다. 그러나 성문헌법을 갖고 있는 나라에서 관습헌법은 성문헌법을 보충하는 법원法源에 불과하다. 영국과 같이 아예 성문헌법이 존재하지 않는 나라에서는 관습헌법만 존재한다. 그런데 무엇이 관습헌법인가에 대해서는 관습헌법의 모국인 영국에서조차 논란의 대상이다.

지난 6일 실시된 영국 하원의원 총선거에서 36년 만에 제1당이 과반수에 미달되는 소위 '헝 의회Hung Parliament'가 되었다. 헝 의회의 출현은 20세기 이후 1929년과 1974년 두 번 있었다. 1974년 총선에서 집권 보수당이 과반수 획득에 실패하여 제2당이 되었지만 에드워드 히스 총리가 사임하지 않고 연정을 시도하다 실패했다. 결국 제1당인 노동당의 해럴드 윌슨 정부가 구성되었지만 얼마 못 가 의회해산으로 이어졌다. 이번에는 반대로 노동당의 고든 브라운 총리가 사임하지 않고 연정을 시도하다 결국 사임했다.

총선에서 어느 특정 정당이 의회의 과반수를 확보하지 못할 경우 제2당으로 전락한 집권당의 당수인 총리가 사임하지 않고 재집권을 위한 연정을 시도하는 것이 관습헌법인지 여부도 확실하지 않다. 우여곡절 끝에 제1당이 된 보수당의 데이비드 캐머런 당수가 자민당과의 연정에 성공했다. 하지만 양당은 정강정책을 달리할 뿐 아니라 연정에 익숙하지 않은 영국식 의회민주주의의 한계를 어떻게 극복할 것인지도 의문이다.

독일이나 프랑스처럼 다당제 하에서 연정에 익숙한 경우와 달리 연정에 익숙하지 않은 영국식 양당제 정당민주주의의 한계를 드러내고 있다. 민주주의의 고향이라는 영국에서도 민주주의의 위기가 현재 진행형이다.

선거제도가 먼저냐 정당제도가 먼저냐의 논란을 떠나서 영국과 미국은 상대적 다수대표제를 채택하고 있다. 즉 대표의 결정방식에서 한번의 선거를 통해

최다득표자를 당선자로 결정한다. 상대적 다수대표제는 당선에 기여하지 못하는 사표(死票)를 양산한다는 점에서 바람직하지 않지만 거대 양당에 유리한 선거제도이다. 따라서 정국의 안정을 기할 수 있다.

반면에 유럽 각국에서 많이 채택하고 있는 비례대표제는 사표를 최소화하고 소수파의 의회진출이 가능하다는 점에서 이상적인 제도이다. 하지만 단일정당이 의회의 절대과반수 확보가 불가능하기 때문에 정국의 불안정을 초래할 수가 있다. 이를 절충한 프랑스의 결선투표제는 1차 투표에서 유효투표의 과반수를 확보하지 못할 경우에 2차 결선투표를 실시한다. 우리나라에도 대통령선거에 결선투표를 도입하자는 논의는 프랑스 모델을 본받은 주장이다.

이상적인 민주주의의 새로운 모습을 구축할 것인가, 아니면 전통적인 모델을 답습하면서 최소한의 제도개혁에 만족할 것인가는 민주주의의 작동과정에서 영원히 미해결의 과제로 남는다. 이번 영국총선 결과는 다원화된 사회에서 양당으로 대변되는 의회구도에 대한 국민적 불신을 드러낸 것일 수도 있다. 유럽에서 유일하게 상대적 다수대표제의 전통을 고수하는 가운데 보수와 진보의 양당제 틀을 유지해 온 영국 민주주의가 이번 총선을 통해 새로운 시련에 직면한 것이다. 특히 자민당은 총선에서 23%의 득표율에도 불구하고 9% 남짓한 의석확보에 그치자 비례대표제 도입을 요구하고 있다. 소수파의 의회진출을 보장하고 연립정부 구성을 통해 새로운 형태의 대화와 타협이 착근하는 계기가 될 것인지 아니면 원래 모습대로 회귀할 것인지가 지구촌의 관심거리다. 그러나 전 세계에서 유일하게 불문의 관습헌법을 고수하고 있는 영국에서 혁신적인 개혁 모델의 정립은 쉽지 않을 것이다. 전통과 관습을 존중하는 영국식 민주주의가 한계를 드러내고 있다.

서울신문_2010. 5. 14.

# 아시아 민주주의의 위기

민주주의란 국민이 참주인이 되는 이념적 지표다. 그런데 그 민주주의가 제대로 작동하기란 결코 쉬운 일이 아니다. 민주주의의 고향이라는 영국에서도 총선 후 연정을 구성하고 겨우 안정을 되찾고 있는 중이다. 연정에 익숙하지 않은 역사적 전통에 비추어 본다면 불안한 출발이다.

서양식 민주주의를 수용한 아시아 각국에서의 민주주의는 더욱 혼미한 양상이다. 메이지 유신을 통해서 가장 먼저 산업화와 민주화를 동시에 이룩한 일본에서도 새로운 시련에 직면하고 있다. 전후 체제에서 자민당은 1당 독주시대를 열어 왔다. 정당론의 대가인 사르토리는 일본의 모델에 기초해 '1.5배 정당이론'을 정립했다. 즉 제1당이 계속해서 집권하면서도 실질적인 정권 교체에 버금가는 입헌적 민주주의의 가치를 유지하고 있는 일본의 특유한 상황을 연구한 이론이다.

그런데 일본에서도 2009년에 사실상 처음으로 자민당에서 민주당으로 정권이 교체됐다. 하지만 정권의 앞날이 순탄치만은 않아 보인다. 집권당의 최고 실력자인 오자와 이치로 간사장의 정치자금 의혹사건에 대해 시민검찰심사회가 기소해야 한다는 의견을 제시함에 따라 도쿄지검이 재수사에 들어갈 전망이다.

다른 아시아 각국의 상황은 더욱 혼미하다. 부정부패 정권의 상징으로 치부되던 마르코스 정권을 추방하고 민주정부를 구성한 필리핀에서는 사상 처음으로 아키노의 모자母子 대통령이 탄생했다. 하지만 마르코스의 부인인 이멜다는 상원의원에 선출됨으로써 여전히 건재를 과시한다.

대만은 건국의 아버지인 장제스 부자의 집권 이후 정세가 매우 어지럽다. 천수이볜 전 총통은 재임 중 독직사건으로 감옥살이 중이다. 우리나라도 예외는 아니다. 전두환 노태우 두 전직 대통령이 수감된 바 있다. 노무현 전 대통령은 검찰 수사를 받는 과정에서 자살로 생을 마감했다. 전직 대통령, 그것도 정권 교체 이후의 직전 대통령이 자살로 생을 마감한 사례는 전 세계적으로도 찾아보기 어렵다.

그나마 아시아에서 가장 오랜 독립국가의 면모를 갖추고 민주주의 실험을 착실하게 전개해온 태국의 정세가 불안하다. 태국은 아시아적 가치를 유지해온 자존심의 상징국가나 다름없었다. 입헌군주국가인 태국에서는 그간 수차례의 정변이 일어날 때마다 푸미폰 아둔야뎃 국왕의 권위를 통해서 정국의 안정을 되찾았다. 그만큼 태국에서 국왕은 존경의 대상이자 나라의 큰 어른이다.

일찍이 스페인에서 프랑코 총통의 독재정권이 무너진 이후에 추대된 후안 카를로스 국왕은 프랑코 잔당의 끈질긴 쿠데타 음모를 용서와 화해를 통해서 안정을 이룩한 바 있다. 그런 점에서 푸미폰 국왕은 아시아의 카를로스에 비견될 수 있다. 하지만 노쇠한 푸미폰 국왕의 지도력도 예전 같지 않은 모양이다.

작금의 사태는 매우 심각하다. 수개월째 지속돼온 반정부 시위대와 정부 간의 갈등은 마침내 방콕 시가지에 총성이 난무하는 사태에 이른다. 아피싯 웨차치와 총리는 시위대를 '내전 테러리스트'라고 단정한다. 공교롭게도 시위대의 핵심 지도자는 언론 인터뷰 도중에 피격된 카티야 특전사령관이다.

'레드셔츠'로 상징되는 반정부 시위대는 독직으로 망명길에 오른 탁신 친나왓 전 총리를 지지한다. 수백억 원의 재산을 몰수당한 독직 총리에 대해 이토록 열렬한 지지 세력이 존재한다는 사실 자체가 믿기지 않는다. 이 시점에서 태국 민중의 목소리가 무엇인지에 대한 정확한 해답을 찾기 어렵다.

국론은 최악의 분열로 치닫는다. 아시아의 자존심을 지켜온 태국의 앞날이 걱정스럽기만 하다.

이 지점에서 우리는 민주주의 원리가 정상적으로 작동하기 위해서는 상대방의 존재를 인정하는 용서와 화해 없이는 불가능하다는 점을 다시 한 번 깨닫게 된다. 용서와 화해를 통해서 진정한 민주주의적 소통의 구조를 정립해야 한다.

매일경제_2010. 5. 18.

# 동북아의 안정과 국태민안

**'빅2'로 부상한 中위세 놀라워 … 北 운명 따라 동북아 정세 요동**

지도자의 제1 덕목은 국민의 뜻을 잘 받드는 데 있다. 국민이 바라는 바는 국태민안國泰民安, 즉 나라가 태평성대하고 국민이 편안하게 잘사는 데 있다. 오늘날 서방세계는 국민의 자유와 권리가 최대한 보장되는 자유민주주의를 이상으로 한다. 19세기에 잉태하여 20세기 지구촌을 양분한 인민민주주의는 자유보다는 평등 지상주의적인 유토피아를 꿈꿔 왔다. 하지만 그 이상론에도 불구하고 적어도 이 시점에서는 실패한 이데올로기로 전락하고 말았다. 인간의 본성을 외면한 이상론의 한계를 드러낸 셈이다. 구 소련을 비롯한 동구권의 몰락은 이를 단적으로 증명한다.

그런데 공산당 일당 독재국가에서 자본주의적 경쟁과 경제 논리를 도입한 중국의 예는 기존의 틀을 뛰어넘는 또 다른 인식의 대상이다. 중국은 분명 서구의 관점에서 보면 인민의 자유와 권리가 보장되지 않는 인권후진국가이다. 예컨대 톈안먼天安門 사태나 티베트 독립주의자를 향한 무자비한 숙청은 이를 단적으로 증명한다. 톈안먼 시위로 아직도 옥중에 수감돼 있는 류샤오보劉曉波는 올해 노벨평화상 수상자이다.

하지만 중국은 정치적 안정을 바탕으로 경제적 성장을 이룩하고 있다. 그 덕분에 이제 세계 제2의 경제대국으로 등극했다. 지금 이 시점에서 미국과 대등하게 맞설 수 있는 나라는 중국밖에 없다는 점을 세계는 인정한다. 경제동물이라는 악평 속에서도 세계 제2의 경제부국이던 일본도 센카쿠(중국명 댜오위다오 · 釣魚島) 사건에서 중국에 백기를 들고 말았다. 동북아의 질서는 중국을 중심으로 새롭게 형성되고 있음을 보여주는 신호탄이다.

최근 중국은 5세대 지도자로 시진핑習近平이 부상했다. 비록 서구식 민주주의에 입각한 세대교체는 아니지만 최초로 대의원 선거를 통한 지도자 선출이라는 점에서 분명 민주주의를 향해 진화하고 있다. 성장제일주의를 추구한 덩샤오핑鄧小平을 거쳐서 이제 안정성장, 도농격차 해소, 구조조정을 통해 사회적 동반자관계를 강조한다.

대한민국은 이승만의 창업에 이어 박정희의 경제성장론이 오늘날 이룩한 민주주의의 토대를 마련해 주었다. 민주주의 착근이라는 점에서는 중국에 앞서간다. 우리가 갖는 체제의 우위는 공정한 경쟁을 바탕으로 한다. 이명박 정부의 친서민 정책에 이은 공정사회론은 바로 중국 지도자의 민생안정론과 일맥상통한다. 민생안정 없이는 그 어떠한 미사여구도 민심을 다잡을 수 없다는 점을 단적으로 보여준다.

불행하게도 우리는 중국과 같은 인민민주주의 공화국을 표방하는 북쪽을 바라보면서 새삼 실망하지 않을 수 없다. 중국이 순조로운 정권교체와 더불어 인민을 먹여 살리는 문제를 해결하면서 동시에 국부를 구축해 나간다면, 북쪽은 정반대의 길로 내닫고 있다. 백보를 양보해 어린 황태자의 세습이면 어떠랴마는, 인민들에게 '이밥(쌀밥)에 고깃국'을 먹일 수 없는 상황이라면 이는 누가 보아도 실패한 지도자일 수밖에 없다.

동북아의 새로운 질서 재편 과정에서 중국으로의 일방적인 힘의 불균형을 우려한다. 이럴 때일수록 공동체 내부의 안정과 결속이 중요하다. 일본의 경제신화가 추동력을 상실하는 가운데 민심도 흔들리고 있는 것 같다. 민주당으로의 정권교체 이후에 펼쳐지는 불안한 정국만큼이나 일본은 힘을 잃고 있지만 여전히 동북아에서 가장 서구식 민주화를 성공한 나라임에 틀림없다.

자유민주주의를 향한 한국과 일본의 공통 화두는 인민민주주의를 표방하는 중국과 북한으로 대척점을 이룬다. 한반도의 남과 북이 각기 자유민주주의와 인민민주주의의 전범으로 남는다면 일본과 중국 사이에서 동북아의 균형자 역할을 담당할 수 있을 것이다. 하지만 남쪽에 비하면 북쪽의 성공 가능성은 갈수록 희박해 보인다. 여기에 한반도의 불안이 고조될 수밖에 없다. 바로 그런 점에서 북쪽의 민생안정을 위한 변화 여부가 동북아에 새롭게 전개될 변화의 초점이 될 것이다.

세계일보_2010. 10. 23.

## 9·11 6주년… 증오에서 포용으로

2001년 9월 11일 아침 출근시간, 정치 경제 사회 문화의 모든 영역에서 초강대국 미국의 심장이자 유엔이 소재한 세계의 중심 도시 뉴욕이 침공당했다. 미국적인 부와 자유의 상징인 세계무역센터WTC는 납치된 여객기가 허리를 관통하면서 불길 속에 휩싸였다.

첫 번째 건물이 공격당한 이후에 두 번째 건물이 피습당하는 순간부터 붕괴에 이르는 현장을 생방송으로 지켜본 세계인은 한동안 충격에서 벗어날 수 없었다. 미국은 그야말로 신음조차 내기 어려운 초상집이 되어 버렸다America Mourning.

제2차 세계대전의 와중에서 하와이 진주만이 일본의 기습 폭격으로 침공당한 적은 있지만 건국 이후 미국 본토가 침공당하기는 9·11테러가 처음이다. 처음, 최초라는 상황은 언제나 모두를 당혹스럽게 만든다. 쌍둥이 건물이 차례로 무너지고 미국적 힘의 상징인 수도 워싱턴의 펜타곤이 화염에 휩싸인 전무후무한 상황이 벌어졌다.

20세기 말 동서냉전 시대가 종식되고 공산주의 종주국 소련이 시장경제로 편입되는 세기적 변화의 과정에서 미국은 초강대국으로 자리매김했다. 돌이켜보면 1620년 메이플라워호를 타고 종교적 자유를 찾아 유럽에서 넘어 온 필그림Pilgrim Fathers은 마침내 1776년 독립을 선언하면서 지난 4세기 동안 오늘의 초석을 다져 왔다.

미국은 지금 인권, 시장경제, 법의 지배를 무기로 전 세계를 호령한다. 하지만 그들만에 의해 설정된 원칙과 기준을 강요하는 과정에서 많은 저항을 자초했다. 인권 국가를 자처하는 미국도 따지고 보면 원주민인 아메리칸 인디언을 수없이 살육한 후에 겨우 보호구역Indian Reservation을 설정해 생존을 보전해 줬다. 유색인에 대한 인종차별을 자행하면서 인권을 내세운 세계 경영이 정당한지도 의문이다. 미국이 중국 내 소수민족의 인권을 주장할 때마다 중국의 지도자들이 '너희나 잘해라'라고 힐난하지 않는가.

하지만 어떤 명분을 내세우더라도 인간을 공포와 살상의 대상으로 할 수밖에 없는 전쟁과 테러는 억제해야 한다. 특히 공격적 전쟁은 어떠한 이유로도 합리화될 수 없다. 우리 헌법도 '침략적 전쟁을 부인'한다. 미국이 베트남에 이어 이라크에서 비난받는 이유도 공격적 전쟁을 감행했기 때문이다.

그런데 테러는 그 자체가 불법적이고 초법적이다. 빈 라덴으로 상징되는 알카에다 집단의 테러는 전 인류를 공포로 몰아넣는다. 테러는 강자에 대한 약자의 유일한 대응 방안일 수 있다. 하지만 불특정 다수인을 상대로 하는 테러는 반드시 근절해야 한다. 선량하고 무고한 시민을 상대로 한 테러는 그들의 이념과 주장이 아무리 정당해도 결코 합리화될 수 없다.

지금 이 시점에도 이스라엘의 침공에 대항하는 팔레스타인의 자폭 테러, 미국의 이라크 침공에 항의하는 테러, 러시아를 향한 체첸 반군의 테러가 일상적으로 일어난다. 우리 국민도 아프가니스탄의 탈레반에 억류되고 살상됐다.

이제 테러를 종식시키기 위해서 민족 종교 국가를 초월하여 인간 존엄이라는 인류 보편적 가치에 좀 더 충실한 제3의 길을 모색해야 한다. 인류를 전쟁과 테러의 공포에서 해방시킬 수 있는 묘약을 찾기 이전에 상대방을 악의 축axis of evil이 아니라 선善한 상호 존중의 대상으로 포용할 때 진정한 세계 평화를 구축할 수 있다.

동아일보_2007. 9. 11.

# 남미와 아프리카를 새 동반자로

미개 . 야만국가 인식부터 버려야 ,자원의 보고... 전문가 육성 시급

척박한 우리네 삶에서 미국이나 유럽 선진대국은 선망의 대상이었다. 언제 우리도 그들과 어깨를 나란히 할 수 있을까, 아니 영원히 불가능하지는 않을까 하는 의구심 속에 살아 왔다. 그런데 이제 우리도 당당히 선진 각국과 어깨를 나란히 한다. 경제협력개발기구OECD에도 가입하였고 마침내 G20(주요 20개국) 정상회의를 서울서 개최한다. 원조를 받던 최빈국에서 개발도상국을 거쳐 마침내 선진국 대열에 진입한 셈이다. 그럼에도 여전히 선진국 따라잡기에만 몰두할 뿐 과거의 자화상일 수도 있는 남미와 아프리카에는 무관심하기 이를 데 없다.

남미와 아프리카는 아직도 신대륙이나 마찬가지다. 무진장한 자원의 보고이기도 하고 역사의 향기가 가득한 전통문화 국가도 다수다. 남미와 아프리카 여러 나라는 서양의 식민 지배를 받은 아픈 전력을 갖고 있다. 수탈당한 역사적 아픔을 뛰어넘어 성장과 발전을 향한 몸부림을 치고 있다는 점에서 지나온 우리의 족적과 비슷하다. 그만큼 상호 친근감도 높다. 이를 위해 지금이라도 늦지 않았으니 확실한 동반자가 되기 위한 전략을 수립해야 한다. 마침 볼리비아의 에보 모랄레스 대통령이 찾아오고 아프리카 대륙 53개 국가 중 35개국 장관급 인사들이 코리아 모델을 배우겠다고 자청하여 왔다. 하지만 한국 사회에서 남미와 아프리카에 대한 이해는 초보적인 수준이다. 그저 먼 나라, 못사는 나라 정도로만 인식한다.

남미를 보자. 브라질은 세계적인 자원부국이다. 아르헨티나는 20세기 초까지만 해도 세계 10대 부국이었다. 하지만 이들 나라는 정치지도자들의 부패와 무능으로 제3세계국가로 전락했다. 이제 남미국가들이 오랜 잠에서 깨어나 새로운 도약을 준비하고 있다. 국가개혁을 위한 의식전환과 민주화가 맞물려 작동된다. 아프리카는 원시의 대륙이자 미지의 대륙이다. 아직도 우리의 1960년대식 군사쿠데타가 횡행하고 부자세습의 족벌 통치가 진행된다. 그런 점에서 우리는 아프리카 각국을 미개국가, 야만국가로 폄하해 왔다.

경제대국으로 부상한 중국은 남미와 아프리카 외교를 강화하면서 자원까지

싹쓸이하고 있다. 그런데 우리는 이 두 개의 대륙에 대해 제대로 된 연구와 투자가 이루어지지 못하고 있다. 지난 세기에 우리는 열강들만 쳐다보면서 '잘 살아보세'를 외쳐 왔다. 1970년대의 오일쇼크는 중동 건설특수를 통해 넘어설 수 있었다. 자존심 강한 중동 사람들은 미국 중심의 강대국에 대한 거부감을 갖고 있다. 그 틈새를 신흥 개발국인 대한민국이 파고든 것이다. G20도 중요하지만 이제 중동을 넘어서서 남미와 아프리카의 새로운 신천지를 개척해야 한다.

외국과 인연을 맺는 첫걸음은 언어의 소통이다. 그다음에는 그 나라 특유의 문화에 익숙해야 한다. 남미는 브라질을 제외하고는 대부분 스페인어를 사용한다. 아프리카는 불어가 대세다. 그런데 우리의 교육현장에서는 제2외국어는 이미 황폐화되어 있다. 서울대를 비롯한 국립대학 어디에서도 아랍어나 포르투갈어를 가르치지 않는다.

이제 남미 아프리카 전문가를 적극적으로 육성해야 한다. 대학에 남미학과 아프리카학을 연구하는 전문적인 교육 시스템을 구축해야 한다. 단순히 어학만 하는 것이 아니라 정치 경제 사회 문화를 아우를 수 있는 지역인재를 배출해야 한다. 정부와 기업도 다극화된 세계질서에 부응할 수 있도록 체제를 정비해야 한다. 열강 중심의 구도에서 새로운 신천지를 개척할 때가 되었다. 미국 중국 일본에 편향된 정치경제적 구조를 개편해야 한다. 그렇다고 성공한 국가라는 우월적 인식이 아니라 동반자적 관계를 형성해야 한다. 정치경제적 교류 못지않게 한국형 유엔한국재건단UNKRA이나 평화봉사단을 통해 민간 차원의 봉사와 교류를 확대해야 한다.

세계일보_2010. 9. 19.

## 브라질 민주화의 교훈

**룰라 지도력 이은 호세프에 큰 기대 … '부패 보수 무능 진보' 한국현실 암담**

세계적으로 새롭게 주목할 국가로 브릭스(BRICs) 즉 브라질, 러시아, 인도, 중국을 꼽아온 지 오래다. 중국과 러시아는 공산주의 종주국이었다. 반면에 인도와 브라질은 자본주의 체제지만 별로 두각을 나타내지 못한 채 그저 덩치 큰 나라 정도로만 알려져 있다. 특히 브라질은 최고 후진국가로 인식되었다. 언어부터 중남미에서도 유일하게 포르투갈어를 사용한다. 식민지 모국인 포르투갈의 위상 저하로 이를 더욱 부채질해왔다. 식민국가에서 1822년 독립한 이후 1899년에 공화정체를 확립했다. 세계에서 다섯째로 광대한 국토와 1억9000만 인구에 거대한 자원부국이다. 외견상으로는 그야말로 어느 하나 강대국의 위상을 갖추지 못한 부분이 없다.

그러나 정치적 불안정과 더불어 경제적 침체로 인해 못살고 놀기 좋아하는 나라쯤으로 여겨왔다. 세계인에게 각인된 브라질은 세계 최대 수량의 아마존강 밀림, 넘치는 열정의 삼바 축제, 화려한 기술축구 강국 정도다. 그런데 그 브라질이 오랜 잠에서 깨어나 새로운 도약의 길로 나아간다.

권위주의적이고 부패한 우파 정권을 청산하고 2003년 루이스 이나시우 룰라 다 시우바 대통령의 등장은 새로운 브라질을 예고했다. 초등학교 중퇴에 공장 노동자 출신인 좌파 운동가가 대통령이 되면서 세계는 우려의 눈빛을 보냈다. 더구나 당시 브라질은 국제통화기금IMF 구제금융 국가였다. 룰라 정권은 비록 좌파정권이지만 실용주의적 노선을 채택하고 소통과 상생의 리더십을 발휘함으로써 민주주의를 확고히 다졌다. 생산과 복지의 조화를 이룬 경제정책으로 구제금융 위기를 극복했다. 민주화와 경제 발전이라는 쌍두마차를 동시에 견인해 냈다. 그의 정치적 성공은 8년의 임기를 마치고 퇴임 3일 전 여론조사에서 드러난 90%라는 경이적인 지지율이 단적으로 증명한다.

1일 '올레Ole, 올레'라는 국민적 환성 속에 브라질 최초의 여성 대통령 지우마 호세프가 취임함으로써 새 역사가 시작됐다. 불가리아 이민 가정 출신, 오랜 반독재 투쟁에 따른 고문과 투옥, 두 번의 이혼이라는 험난한 인생역정을 걸어온 그녀의 "나는 공정하고 민주적인 국가를 꿈꾸면서 내 젊음을 보냈다. 하지만 후회도, 분노도, 원한도 없다"라는 취임 연설은 국민들을 열광시키기에 충분했다.

브라질은 이미 세계 8대 경제대국에 진입했고, 연 5%대의 고도성장을 통해서 조만간 국민소득 1만달러 시대를 맞이하게 된다. 2014년 월드컵, 2016년 올림픽을 계기로 새로운 브라질을 전 세계에 알리고 힘찬 도약을 준비한다. 브라질뿐만 아니다. 중남미 국가들이 오랜 좌우 갈등과 독재체제를 종식시키고 새로운 국가 건설에 나서고 있다. 그런데 우리 외교부는 올해에야 브릭스 국가를 특수지 근무수당이 지불되는 험지 공관에서 제외하고 있으니 늦어도 한참 늦은 셈이다.

우리가 제3세계 국가로 치부하면서 얕잡아보고 관심도 가지지 않던 나라들의 돌진이 예사롭지 않다. 우리 스스로 민주화와 산업화를 동시에 성취한 모범적인 개발도상국가라는 자아도취에 빠져 있는 사이에 이들의 새로운 발전상은 위협적이다. 산업화를 한 발 앞서 성공적으로 작동시켰다지만 우리는 이들 국가에 비하면 자원빈국이다. 인구밀도가 전 세계에서 가장 높은, 그야말로 사람만이 자원인 국가이다. 더 많은 노력이 필요한 이유다.

그런데 정치적 민주화도, 내실을 다지지 못한 채 다람쥐 쳇바퀴 도는 형국이다. 룰라의 성공적인 정치역정은 우리에게 배움의 장을 제공한다. 민주화 이후 민주투사들이나 산업화 세대의 집권에서도 권위주의 시대의 구태를 벗어나지 못하고 있다. 보수정권의 부패와 무사안일, 진보정권의 무능과 분열정치는 결국 헌정체제의 안정 속에서도 아직 민주주의의 성공적 정착은 요원함을 보여준다. 지구의 반대편 저 끝에 위치한 브라질을 새삼 부러워해야 하는 우리의 처지가 애처롭기까지 하다.

세계일보_2011. 1. 16.

## 열정의 축제가 끝난 후

짜이젠再見. 베이징에서 세계의 젊은이가 펼쳐 보인 올림픽 축제는 끝없는 신화와 전설을 남기고 대단원의 막을 내렸다. 외다리로 10km의 물길을 가른 남아프리카공화국 나탈리 뒤 투아의 투혼, 미국의 수영 황제 마이클 펠프스의 8관왕 등극, 세계에서 가장 빠른 사나이 자메이카의 우사인 볼트가 이룩한 육상 100m 신기록.

특히 대한건아가 보여준 아름다운 승전보는 온 국민을 열광의 도가니로 몰아넣기에 충분하다. 세계를 들어 올린 여자 헤라클레스 장미란, 기초체육의 새로운 장을 연 마린 보이 박태환, '우생순' 드라마를 재현한 아줌마편대의 여자 핸드볼, 마지막 순간까지 온 국민의 가슴을 졸이게 한 야구. 이보다 더 감동적인 연출은 불가능하다. 그들은 춥고 배고픔을 이겨내기 위한 '헝그리 스포츠' 시대를 마감하고 세계 7위의 위대한 금자탑을 이뤄냈다.

힘들고 어려웠던 시절에 외국에서 진행되는 스포츠 중계방송은 온 국민의 눈과 귀를 라디오에 고정시켰다. 아나운서의 흥분된 목소리는 마치 현장에 있는 듯한 착각을 불러일으키기에 충분했다. 결과가 어찌되든 간에 중계방송을 듣는 순간만은 언제나 승리는 우리의 것이었다.

예나 지금이나 스포츠는 흐트러진 민심을 일깨우는 국민적 통합의 상징으로 작동한다. 나라 잃은 서러움을 안고 달린 베를린 올림픽의 영웅 손기정의 가슴에 달린 일장기는 동아일보 지면에서 지워져 버렸다. 국제통화기금IMF 관리체제라는 경제 국난에 박세리가 보여준 맨발 투혼은 프로골프가 뭔지 모르는 국민에게도 희망의 메시지였다.

단일민족 단일국가의 국민적 열정은 응원을 통해서 더욱 극적으로 드러난다. 2002년 월드컵 축구경기에서 '대~한민국'이라는 함성과 더불어 전 세계 곳곳에서 펼쳐진 거리응원은 한국적 스포츠문화의 새로운 전기를 마련한다. 거리의 환호성은 불의의 사고로 꽃다운 생을 마감한 소녀들을 추모하는 촛불집회로 대체되고, 2008년 봄에는 미국산 쇠고기 수입을 반대하는 촛불집회로 귀결된다.

열정적 함성 뒤에는 명암이 교차하기 마련이다. 촛불집회와 거리응원은 집단적 의사를 표현하는 집회 및 시위라는 공통점을 갖는다. 거리응원은 어느새 국민 축제로 자리 잡는다. 서울 세종로 길이 막히고 교통이 통제돼도 당연하게 받아들인다. 온 국민은 거리의 함성에 매몰된다.

여기에 찬반논쟁이 있을 수 없다. 오로지 한마음으로 승리를 기원할 따름이다. 하지만 촛불집회의 성격을 아무리 촛불문화제로 규정짓는다 하더라도 찬성과 반대는 극명하게 드러난다. 수많은 사람이 모이는 집회에는 군중심리가 작동하기 마련이다. 선량한 시민의식은 실종되고 군중심리에 휩싸여 헤픈 불장난이 난무한다.

촛불을 밝히는 쪽이나 촛불을 원망하는 쪽이나 사적인 동기가 아니라 공공선**公共善**을 향한 의지의 발로라는 점에서 감성보다는 이성적 대응이 요구된다. 역지사지**易地思之**, 서로가 상대방의 마음을 헤아려 주는 공동체 정신을 복원해야 한다. 나만이 정의**正義**라는 일방통행식 외골수는 결국 국론을 분열시키고 국민통합을 저해할 뿐이다.

나랏일에 대한 자신의 의사표현은 주권자로서 당연한 노릇이다. 그런데 응원이든 촛불이든 그 순간에 표출된 열정은 감성적일 수밖에 없다. 승리를 향한 격렬한 몸싸움의 와중에서 이성이 감성을 제어하기는 어렵다. 촛불을 밝혀 든 군중에게 이성만을 요구할 수도 없다.

올림픽 열전도 끝이 나고 촛불도 날을 밝힌 지 오래다. 올림픽에서의 승리를 기원하고 국민건강을 지키기 위해 촛불을 밝힌 열정은 국민적 에너지를 발산하는 감성이 지배하는 장이었다. 이제 지난날을 성찰하고 내일을 향한 국민적 이성과 국가이성을 보듬을 때다.

동아일보_2008. 8. 26.

## 올림픽에 가려진 '동북공정'

중국은 우리에게 가깝고도 먼 나라다. 불과 15년 전만 해도 베이징 가는 길은 서울에서 홍콩과 톈진을 거쳐야만 했다. 이제 중국의 하늘 문이 열려 두 시간이면 도착한다.

역사적으로 양국관계는 조공과 책봉으로 얼룩졌다. 6 · 25전쟁에 개입한 중공군의 인해전술은 한반도를 피로 물들였다. 장제스를 내치고 천하를 통일한 마오쩌둥의 중화인민공화국은 김일성의 조선민주주의인민공화국과 혈맹관계를 유지해 왔다. 반면에 대한민국과는 적대적 관계였다. 그런데 그 중국이 개혁과 개방의 물결 속에 어느새 우리의 가장 가까운 이웃이 돼 간다.

공산주의의 한계를 극복하고 경제대국으로 치닫는 중국은 '인류 평화의 제전'인 올림픽을 통해서 세계 속에 그 위용을 드러낸다. 2008년 8월 8일에 개막된 베이징 올림픽은 중국의 자신감을 전 세계에 유감없이 펼쳐 보였다.

자금과 인력을 무제한적으로 퍼부은 개막식은 '하나의 세계, 하나의 꿈'이라는 슬로건에 걸맞지 않게 중국이 과거 현재 그리고 미래에 이르도록 세계의 중심임을 각인시켰다. 논어의 '벗이 멀리서 찾아오니 어찌 즐겁지 않으랴'라는 화두는 손님을 맞이하는 동양적 예의범절의 표현이다. 하지만 세계인들에게 익숙한 서양 음악은 중국의 전통악기로 대체되었다. 그들의 4대 발명품과 정화의 원정으로 이어진 공연은 중국적 자긍심의 발로다. 장엄한 향연은 비하적인 오리엔탈리즘을 극복하기에 충분하다. 수천 명의 군단이 수놓은 화和는 서양 중심도 아니고 중국 중심도 아닌 전 인류의 진정한 화합을 기려야 한다.

경색된 한반도의 현주소를 반영하듯 남북이 함께한 한반도기는 사라지고 남과 북은 남남으로 들어섰다. 그런데 착시현상인가. 300명이 넘는 대한건아들이 보무도 당당히 입장하는 모습을 비춘 잠시 후, 일순간 누군지를 분간할 수 없는 행렬의 하반신만 스쳐갔다. 혹여 뒤이어 입장하는 초라한 북쪽을 배려한 화면 조작이 아니길 바랄 뿐이다.

거대 중국이 세계 속에 그 속살을 드러낸 이때 우리의 대對중국 좌표는 무엇인가? 올림픽 성화 봉송 길에 수도 서울의 한복판에서 중국 유학생들이 저지른 폭력은 주권국가의 법질서에 대한 도전이다. 이어도에 대한 영유권 주장은 이곳을 분쟁지역으로 만들려는 야욕에 불과하다. 인민공화국 기본지도와 교과서에서는 동해를 일본해로 표기한다. 동북공정**東北工程**은 찬란한 고구려사를 지워 버린다. 민족의 영산인 백두산 북단은 중국 영토가 돼 버렸다. 대통령의 중국 방문 때 자행된 외교적 결례도 그냥 지나쳤다.

우리나라는 일본과 미국의 처신에는 극도로 예민한 반응을 보이면서 웬일인지 중국에 대해서는 가급적 은인자중한다. 시민단체들도 더 문제 삼지 않는다. 일본의 독도 영유권 주장에 대해 정부는 주재국 대사를 소환했다. 미국의 지명위원회가 독도를 '주권 미지정 지역'으로 변경했을 때 촛불집회는 더욱 불꽃을 밝혔다. 조지 W. 부시 대통령의 방한에 맞춘 미국의 입장 변화로 겨우 위기를 모면했다.

이제 다시 지정학적으로 우리와 가장 가까운 이웃인 중국과 일본을 되돌아본다. 과거의 상처로 인해 일본과의 관계는 언제나 이성보다는 감정이 앞선다. 그런데 중국과의 관계는 감정보다는 이성적 대응이 주류를 이룬다.

올림픽을 통해서 문명의 중심 국가임을 과시한 중국은 이젠 못살고 가난한 나라가 아니다. 초강대국답게 인류의 번영과 안정을 위한 책무를 다짐해야 한다. 세계 4대 문명의 발상지이자 넓디넓은 중원 천지에 13억 인구가 공존하는 중국은 지구촌의 모든 것을 삼키는 블랙홀이 될지도 모른다. 중원의 안정 속에 펼쳐질 국수적 중화**中華**주의의 발로에 대비해야 할 때다.

동아일보_2008. 8. 12.

# 서울대 총동창회보 인터뷰

경찰위원회 成樂寅 위원장

대담 : 鄭然旭(동아일보 논설위원)논설위원

"경찰에 대한 국민 신뢰 회복에 앞장서"

국민 눈높이에 맞는 봉사 실천 강조

이달부터 '182' 경찰민원콜센터 운영

"국가정체성 확립과 권력분점 개헌 필요"

다양한 사회활동 병행… 헌법이론 전수

학문적 공로 인정받아 '상허대상' 수상

모교 成樂寅(**법대 1969–1973**) 교수가 지난 7월 31일에 제8대 경찰위원회 위원장으로 취임하였다. 成위원장은 30년 넘게 헌법학 교수로서 재직하면서도 입법, 행정, 사법에 걸쳐 위원장으로 두루 통할 정도로 그의 헌법이론은 상아탑에만 머무르지 않고 국가적 현안을 해결하는데 직접적인 도움을 주고 있다.

"국민들께서 편안히 잠드시는 동안에도 경찰은 언제나 깨어 있어야 한다"는 말로 인터뷰를 시작한 成위원장은 "경찰에 대한 국민적 신뢰를 제고시키는 일과 함께 경찰이 자긍심을 가지고 직분에 충실히 임할 수 있는 여건 조성 마련에 힘쓰겠다"고 위원장으로서의 포부를 밝혔다. 또한 18대 대선을 앞두고 헌법학자로서 민주화 이후의 민주주의를 다잡기 위해 국가정체성의 확립과 권력분점 개헌의 필요성을 역설하기도 했다.

한편 다양한 사회활동을 해오면서 단 한 차례도 대학 강단을 쉬어 본적이 없다는 成위원장의 학문에 대한 열정은 탁월한 연구 업적을 통해 잘 드러난다. 그의 대표적 주저인 '헌법학'은 12판에 이르며 법학도의 필독서로 뽑히고 있다. 이 외에도 '대한민국헌법사', '언론정보법', '선거법론' 등이 있으며, 특히 1988년에는 '프랑스헌법상 각료제도'를 프랑스 정치헌법학전서 제70호로 파리에서 출간한 바 있다. 그간의 학문적 공로를 인정받아 2010년 상허대상(**법률부문**)을 수상했다.

成위원장은

1973년 모교 법대를 졸업하고 석사 및 박사과정을 마친 후 프랑스 파리2대학교에서 법학박사학위를 취득했으며 현재 모교 헌법학 교수로 활동하고 있다.

한국법교육학회를 창설해 초대 회장을 역임한 바 있으며, 현재 경찰위원회 위원장을 비롯해 한국법학교수회 회장, 국회 공직자윤리위원회 위원장, 대법관 후보추천위원회 위원, 중앙선거관리위원회 선거자문위원, 법무부 법교육위원회 위원장, 문화부 콘텐츠분쟁조정위원회 위원장, 육군본부 법무정책자문위원 등을 맡고 있다. 또 헌법학자로서 한국공법학회 회장을 거쳐 현재 한국공법학회와 한국헌법학회 고문을 맡고 있다.

사회활동으로는 대통령 자문 교육개혁위원회 위원, 국무총리 행정심판위원회 위원, 국회 헌법연구자문위원회 부위원장, 헌법재판소 자문위원, 대법원 법관인사위원회 위원, 대검찰청 스폰서 검사 진상규명위원회 위원장, 통일부 정책자문위원회 위원장, 감사원 정책자문위원, 정부 정보공개위원회 위원장 등을 역임한 바 있다.

대한민국 헌법학의 권위자로서 그의 헌법이론은 상아탑에만 머무르지 아니하고 국가적 현안을 해결하기 위해 직접 참여해 왔다. 한국적 민주법치주의 구현을 위한 성 위원장의 열정은 동아일보에 2년간 격주로 연재된 '성낙인의 법과 사회' 칼럼을 통해서 잘 드러난다. 지금도 매경 객원논설위원으로서 언론계와 인연을 맺고 있다. 언론중재위원회 중재위원으로도 활동하면서 체험한 실무를 이론으로 연결시켜 우리나라 최초로 언론정보법을 저술하기도 했다.

- 우선 제8대 경찰위원장으로 취임하신 것을 축하드립니다. 3개월 가까이 지났는데 업무는 많이 익숙해지셨는지요.

"경찰, 검찰 등 이쪽 분야는 제가 헌법학교수로서 평소 자주 관심을 갖던 분야이기 때문에 비교적 쉽게 적응을 하고 있습니다."

- 만장일치로 추대됐다고 들었습니다. 소감 한 말씀 해주신다면.

"저는 그동안 비상임직을 많이 맡아봐서 경찰위원장도 좀 가벼운 마음으로 수락했는데 막상 업무를 접하고 보니 능력에 비해 과분한 중책이라는 생각이 들어 부담이 큰 것도 사실입니다. 앞으로 우리 경찰의 떨어진 위상을 올리고, 자긍심을 갖고 본연의 업무에 매진할 수 있도록 최선의 노력을 다할 방침입니다."

- 경찰위원회가 어떤 성격의 기관인지 잘 모르는 분들이 많으신데, 간략한 소개 말씀을 부탁합니다.

“경찰위원회는 지난 1991년 ‘경찰의 정치적 중립성을 제고해야겠다’는 취지에 따라 경찰법에 신설됐습니다. 아시다시피 경찰은 차관급이 청장 한 명뿐일 만큼 직급이 굉장히 낮은 상황입니다. 그래서 경찰위원회를 만들어 위원회에 차관급 상임위원 한 명을 두고 위원장은 장관급 예우를 합니다. 이를테면 경찰청장 임명 동의안은 경찰위원회의 동의를 받아야 행정안전부장관이 대통령에게 임명을 제청할 수 있지요. 위원의 경우 정치적 중립성은 물론 검찰과 경찰에 휘둘리지 않도록 최근 3년간 당적이 없어야 하며 검찰, 경찰, 국정원 등의 근무 경력도 없어야 할 정도로 엄격한 조건을 두고 있습니다.

경찰위원회가 일선에서 일하는 경찰의 방파제 역할을 해야 하는 것 아닌가 생각합니다. 경찰과 관련된 주요 현안에 대해서 위원회에서 심의 · 의결하고 그에 따라 경찰청에서 집행하는 이원적 구도를 설정한 것 같습니다.”

- 실제 경찰 기구 조정도 위원회의 역할인가요.

“그렇습니다. 경찰과 관련된 인사, 기구, 예산, 조직 등 모든 주요 정책에 관해서는 경찰위원회의 심의 · 의결을 거쳐야 합니다.”

- 취임사를 통해 경찰 내부의 부정부패 척결에 대한 의지를 표명했습니다. 특별한 계기가 있으셨는지.

“경찰 조직이 계급장을 달고 있는 경찰관만 10만5천명이며 의경 및 일반직원 등을 합하면 13만명에 이르는 거대한 조직입니다. 그러니 날이면 날마다 내부적인 사건 · 사고가 생기지 않을 수 없지요. 그러나 경찰이라는 조직은 국민들이 편안하게 삶을 영위할 수 있도록 24시간 깨어있어야 되는데 비리문제 등 사건 · 사고가 끊이지 않는다면 오히려 국민들을 불편하게 할 따름입니다. 따라서 13만 조직 중 일부의 문제로 인해 24시간 잠도 못자고 열심히 일하는 선량한 경찰관들까지 덤터기를 쓰는 일은 없어야겠다는 취지로 부정부패 척결에 대해 강조한 것입니다.

한편, 경찰법상 경찰위원회의 직무에 부패척결에 대한 문제가 명시적으로 있지 않은데 이를 정식으로 상정할 방침입니다.”

- 3년 임기 내 가장 주안점을 두고 추진하고자 하는 일이 있다면 무엇입니까.

“경찰은 행정경찰과 사법경찰로 양분돼 서로의 역할이 다릅니다. 그러나 일반 국민들은 하나의 경찰로 보고 있지요. 그런 점에서 앞으로 국민의 눈높이 수준에서 봉사를 해야 한다고 봅니다. 국가의 존재 이유 중 첫 번째 덕목은 국민의 생명 · 신체 · 재산 수호이며, 여기에 가장 기본적인 역할을 하는 것이 바로 경찰입니다.

19세기 국가의 역할을 최소로 하던 '야경국가夜警國家'도 경찰警察과 같은 '경'자를 썼습니다. 밤의 질서를 지켜주는 것은 경찰이 해야 할 일이며 그만큼 경찰은 반드시 있어야 할 존재이기 때문입니다. 그런데 국민들은 아직도 경찰이 일제시대의 순사, 자유당 시절의 권력 앞잡이 정도로 인식하며 불편한 존재로 생각하고 있어 안타깝습니다.

앞으로 무엇보다도 국민들이 '정말 우리 경찰이 있어 고맙다. 나의 생명과 재산을 지켜주는구나!' 라고 생각할 수 있도록 거듭 태어나야 한다고 생각합니다."

- 신뢰회복을 위한 구체적인 방안을 생각하신 것이 있다면.

"최근 국가정책적으로 '9급 공무원은 고졸을 기준으로 선발한다'는 법안이 개정된 것을 아시나요? 이 때문에 법과 관련한 아무런 사전 지식이 없어도 9급순경모집에 응시할 수 있게 됐습니다. 그렇다면 이제는 자체적으로 형법, 헌법 등 법과 관련된 교육을 할 수 있는 시스템을 마련해야 한다고 봅니다. 현재는 조직은 큰데 반해 그 조직에 상응하는 만큼의 교육 및 직무훈련 등의 체계가 정비돼 있지 않아 순환교육이 이뤄지지 않고 있습니다.

또 하나 '182' 경찰민원콜센터를 11월 2일부터 운영하고 있습니다. 한마디로 경찰과 관련된 각종 민원 사안을 종합적으로 관리하기 위한 시스템이지요. 이처럼 국민들의 경찰에 대한 신뢰회복을 위한 노력에 힘쓸 방침입니다."

- 경찰의 실적주의에 대해서는 어떻게 생각하시는지요.

"경찰의 실적주의는 일반 직장인의 실적주의와는 다릅니다. 좋게 보면 범인을 많이 검거한다는 것일 수도 있지만 더 많은 국민을 범인으로 만들 우려가 있습니다. 실적주의로 인해 선량한 시민이 경찰의 강압에 의해 범인으로 몰리는 경우가 있어서는 안됩니다. 국민에게 끝없이 봉사하는 자세로 묵묵히 일하는 것이 바로 경찰의 실적주의여야 합니다.

경찰은 국민을 위해 봉사하는 조직이라는 인식이 있어야 하는 동시에 그 속에서 자긍심을 가져야 합니다. 그러기 위해서는 총수가 제대로 해야 합니다. 임명 동의안에 관해서는 이 부분에 대해 분명히 할 생각입니다. 정치권 연고에 의해 좌우되지 않고 경찰 내부에서 충분히 선망을 받으며 능력을 인정받는 분이어야 합니다."

- 일선 조직의 총수로서 스스로 자긍심을 갖는 것이 조직 전체의 사기를 올리는 것이고, 그리되면 총수를 자기의 마지막 공직公職으로 생각할 수 있는 자세가 필요하다는 말씀이시지요.

"그렇습니다. 또 앞에서도 언급했듯이 검찰대비 경찰총장의 직급이 너무 낮다는 말씀을 드렸는데, 직급도 13만 조직의 총수에 걸맞게 올려줘야 하는 것이 아닌가 생각합니다."

- 최근 대선 주자 내에서도 '검경 수사권 조정'이 큰 화두로 떠올랐는데요. 이와 관련 위원장님의 입장을 듣고 싶습니다.

"지금은 검찰이 법적으로 수사권을 독점하고 있는 모델인데 외국의 입법례에도 없고 현재는 과도기적 양상으로 변모했습니다. 통상적인 의미의 수사를 지금의 검찰 인력으로 모두 감당할 수 없기 때문에 지금도 일반수사의 90% 이상을 경찰이 하고 있는 실정입니다. 이런 상황을 현실화하는 것일 뿐입니다. 그런 점에서 경찰도 사법경찰의 전문성이 확보돼야 합니다. 평생 수사도 해보지 않은 행정경찰이 수사권 독립에 같이 묻어가면 안 되는 것이지요. 경찰 자체에서도 발전된 모습을 보여야 합니다. 수사와 행정 등 전문적인 특화된 영역으로 조직을 크게 재편해보는 논의가 필요한 시점이 아닌가 생각합니다."

- 잠시 화제를 바꾸지요. 한국법률가대회가 지난 10월 22일과 23일 양일에 걸쳐 진행됐지요. 구체적으로 어떤 행사인지 설명해 주세요.

"법학은 전세계적으로 법학회가 따로 없고 공법학회, 민사법학회, 형사법학회 등으로 분리돼 있습니다. 그러나 법률가 전체를 아우르는 단체가 있어야 한다는 취지에서 1960년 한국법학교수회가 창설됐습니다. 특히 1998년에는 처음으로 법학자 전체를 아우르는 제1회 한국법학자대회가 열리게 된 것입니다. 법학자 대회는 초기에는 법학자 중심으로 활동하다가 법조 실무계에서도 함께 참여하는 것이 좋겠다고 해서 지금은 대법원, 헌법재판소, 법무부, 대한변협, 한국법학교수회, 한국법학원이 모두 참여하는 법률가 전체의 학술대회 성격을 띠고 있습니다. 2년에 한 번씩 열리고 있는 사실상 국내 법학계의 가장 큰 행사입니다.

올해는 '사회통합과 법의 역할'이라는 주제로 열렸습니다."

- 학회에서 활동하시는 것 외에도 각종 위원장 역할을 많이 하고 계신 것으로 알고 있습니다만.

"많이 활동을 하는 대신 비상근직만 하고 있어 30년 동안 한 번도 학교를 떠난 적은 없어요. 법무부, 검찰에서만 5개의 위원장을 맡았었습니다. 현재 대표적인 것이 국회공직자윤리위원회 위원장과 법교육위원장, 콘텐츠분쟁조정위원회 위원장 등입니다. 특히 법교육위원장의 경우 국회의원들을 설득해 법교육지원법을 만들면서 초대 위원장부터 지금까지 하고 있습니다."

- 다양한 활동을 하시다보면 각 분야를 종합적으로 볼 수 있는 새로운 시야도 생길 것 같습니다.

"전공과 관련된 일들도 있지만 말씀하신 것처럼 다양한 사회적 활동을 하면서 공부하는데도 많은 도움이 되고 있습니다. 언론중재위원회 일을 하면서 우리나라 최초의 언론법 저서를 출판하기도 했습니다. 그전에는 언론윤리관련 저서들만 있었고 언론법 관련 저서는 없었습니다. 또 선거관리위원회 선거자문을 하면서 선거법론도 법학자로서 최초로 발간했습니다."

- 지난달 12일 **金哲洙**교수님의 '헌법과 기본권의 현황과 과제' 봉정식에 직접 참여하셨다고 들었습니다. 특별한 계기가 있는지요.

"특별한 인연이 있지요. 제가 **金哲洙**교수님 밑에서 박사과정을 마치고 프랑스 유학을 갔었습니다. 교수님의 회갑 정년 때는 많은 제자들이 참여했지만 지금은 제자들도 다수가 정년퇴임을 한 상태라 이번 봉정식 때는 제가 팔순기념논문집간행위원회를 만들어 직접 행사를 진행했습니다."

- 법조계에서만 30년 이상을 지내셨지요. 외부에서는 법조계가 폐쇄적이고 보수적이라는 인식이 여전히 강한데, 내부에서 보시기에는 어떠신지요.

"법조계에 대한 외부의 비판적 시각도 인정합니다. 법조계가 폐쇄적인 면이 크지요. 또 재판을 진행하던 법관이 옷을 벗자마자 재벌의 방패역할을 하는 모습이 국민들에게 실망감을 주기도 합니다. 이런 부분은 제도적인 장치로 규제를 해야 한다고 봅니다.

반면, 긍정적인 부분을 살펴보면 우리나라 법률가 집단은 국민소득 천 불 미만일 때도 그나마 재판을 깨끗하게 했다는 자부심이 있습니다. 지금도 제3세계 국가에서는 돈을 받고 재판을 하는 경우가 많다고 하는데, 그런 점에서 우리 사법부는 나름 역할을 잘했다고 봅니다."

- 대통령 선거를 앞두고 여야 후보 진영에서 간헐적으로 개헌에 대한 얘기가 나오고 있습니다. 이와 관련 헌법을 전공한 교수님께서 하시고 싶은 말씀이 많으실 것 같습니다.

"1948년 우리나라 정부가 수립된 이래 1987년까지 39년 동안 헌법이 9번 개정됐습니다. 그 중 전면 개정된 것이 3・5・7・8・9차 총 5번입니다. 특히 지난 1987년 9차 개헌 때는 '여・야 8인 정치협상'이 시작된 지 한 달 만에 처리하면서 헌법규범이 앞뒤가 맞지 않는 사안이 많습니다.

헌법은 모든 국민의 국가생활을 규율하는 기본법입니다. 지난 25년 간 시대도 많이 바뀐 만큼 이제 헌법 개정을 통해 현재 논쟁적인 부분들을 제대로 정리할 필요가 있다고 생각합니다. 국가 정체성을 분명히 확립하면서도 권력 분점의 시대정신을 반영하는 방향으로 개헌 논의를 시작할 필요가 있습니다."

- 위원장님은 어떤 대학시절을 보내셨는지요. 기억에 남는 에피소드가 있다면.

"동숭동 재학시절 우리는 3선개헌, 유신 등 굵직한 사회문제로 인해 공부를 제대로 하지 못했습니다. 이와 관련해서 기억에 남는 것 중 하나가 어느 날 법대의 한 교수님께서 수업시간에 '지금 박정희 대통령이 대만식 총통제를 하려고 한다'는 말씀을 하시고 나서 외국으로 망명을 가시게 돼 급히 타 대학에서 교수님 한 분을 모셔왔는데, 학생들 입장에서는 교수님이 쫓겨났다는 생각에 새로 오신 교수님을 반대하는 데모를 했었습니다. 아주 점잖은 교수님이셨는데 지금 생각하니 미안할 따름입니다."

- '이것만은 반드시 지킨다'는 철칙이 있으실 것 같은데요. 가치관이라고 해야 할까요. 그런 것을 들려주시겠습니까?

"인간사회는 진실이 결국 승리한다고 봅니다. 법과 정의란 진실이 이기도록 설계된 원리입니다. 많은 사람들은 진실이 이기지 못한다고 생각하지만 사회가 발전할수록 오히려 진실이 승리한다고 믿고 있습니다. 그렇기 때문에 사람들이 얕은 꾀, 얕은 수에 스스로 넘어가지 말고 진실해졌으면 좋겠습니다."

- 많은 업무 수행을 위해서는 체력관리가 필요하실텐데 평소 건강관리는 어떻게 하시는지요.

"지금은 제가 봐도 환갑을 지난 나이치고 굉장히 건강하다고 생각합니다만, 어릴 때는 말도 못하게 약했습니다. 20대 때는 죽을 고비도 넘겼었는데 병이 낫고 나니 다시 방심하게 돼 40대에 또 다시 병에 걸렸었지요. 그때 내가 살길이 무엇인가 생각하고 평소 친분이 있던 의사에게 자문을 구하니 '하루에 한 번씩 땀을 흘려라'라고 하더군요. 그 길로 바로 헬스클럽에 등록해 5년 동안 거의 하루도 빼놓지 않고 런닝 머신에서 땀을 뺐더니 20대 때에도 꼭 챙겨입던 내복을 지금은 입지 않을 정도로 건강해졌습니다. 건강이 좋아진 것을 피부로 느끼고 있습니다."

- 동문들에게 한 말씀 해주신다면.

"앞서 법조계가 폐쇄적인 면이 강하다고 했지만 서울대인들 역시 자신만의 성城을 쌓는 경향이 큽니다. 그래서 늘 '지혜는 있되 가슴은 따뜻하지 않다'는 말을 듣습니다. 예컨대 매년 모교에 5만 명의 초・중・고 학생들이 견학을 온다고 합니다. 그러나 대학 차원에서 그 학생들에게 가슴 따뜻한 한마디 건네주는 배려도 없습니다. 우리 서울대인이 먼저 남을 배려하는 마음을 가지길 바랍니다. 모교 역시 그런 점에서 단순히 학교홍보 비디오를 보여주는 차원에서 끝내지 말고 다양한 프로그램으로 방문객들을 맞이하는 배려가 필요합니다.

또한 서울대인이라면 어느 분야를 가더라도 그 조직의 리더가 될 사람들인 만큼 시야를 넓게 가졌으면 좋겠습니다."

2012. 11. 25. 16~17면, 동문을 찾아서

<사진=朴˙新載기자・ 정리=林香黙기자>

우리헌법읽기

지은이 ¦ 성낙인
발행인 ¦ 공병익
발행처 ¦ (주)법률저널

등록일 ¦ 2008년 9월 26일 (제15-605호)

서울 관악구 복은4길 50(서림동 120-32)
대표전화 ¦ (02)874-1144 팩스 ¦ (02)876-4312
홈페이지 ¦ www.lec.co.kr ISBN ¦ 978-89-6336-187-1